Formulaire de géométrie

▷ Quadrilatères

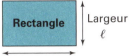
Longueur L, Largeur ℓ
Aire = $L \times \ell$

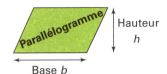
Côté c
Aire = c^2
$d = c\sqrt{2}$

Parallélogramme — Base b, Hauteur h
Aire = $b \times h$

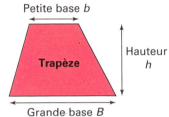
Losange — Petite diagonale d, Grande diagonale D
Aire = $\dfrac{D \times d}{2}$

Trapèze — Petite base b, Grande base B, Hauteur h
Aire = $\dfrac{(B+b) \times h}{2}$

▷ Cercles et disques

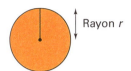
Rayon r
Périmètre = $2\pi \times r$
Aire = $\pi \times r^2$

▷ Symboles

// : parallèle
⊥ : perpendiculaire
[AB] : segment
(AB) : droite
[AB) : demi-droite
AB : longueur

▷ Triangles

• **Triangle quelconque**

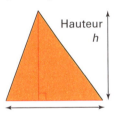
Hauteur h, Base b
Aire = $\dfrac{b \times h}{2}$
Somme des angles = 180°

• **Triangle rectangle**

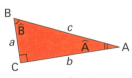
Aire = $\dfrac{a \times b}{2}$

Propriété de Pythagore : $c^2 = a^2 + b^2$

$\cos(\widehat{A}) = \dfrac{b}{c}$ $\cos(\widehat{B}) = \dfrac{a}{c}$

▷ Prismes et cylindres

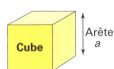
Cube — Arête a
Volume = a^3
Aire totale = $6 \times a^2$

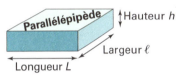
Parallélépipède — Hauteur h, Largeur ℓ, Longueur L
Volume = $L \times \ell \times h$
Aire totale = $2(L \times \ell + L \times h + \ell \times h)$

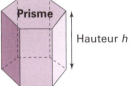
Prisme — Hauteur h
Base d'aire B et de périmètre p
Volume = $B \times h$
Aire latérale = $p \times h$

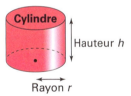
Cylindre — Hauteur h, Rayon r
Aire de la base = $\pi \times r^2$
Volume = $\pi \times r^2 \times h$
Aire latérale = $2\pi \times r \times h$

▷ Pyramides et cônes

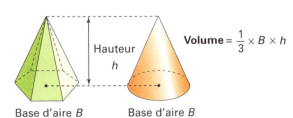
Hauteur h, Base d'aire B, Base d'aire B
Volume = $\dfrac{1}{3} \times B \times h$

UN ENTRAÎNEMENT COMPLET ET EFFICACE !

 **DANS TON LIVRE**
Revois le cours et entraîne-toi.

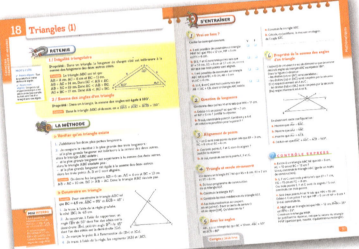

1 Je lis le rappel de **cours**

2 J'observe la **méthode** à appliquer

3 Je m'entraîne avec des **exercices progressifs**

4 Je prépare mon **contrôle**

 **SUR LE SITE HATIER-ENTRAINEMENT.COM**
Révise autrement, en t'amusant.

 Des **jeux** interactifs

 Encore plus d'**exercices** en français et maths

 Des **podcasts** en anglais

 Des **dictées** audio

 Pour cela, rendez-vous sur **www.hatier-entrainement.com**
c'est facile et gratuit grâce au mot de passe contenu dans ton livre.

Savoir faire ■ *Faire savoir*

Français
Christine Formond

Mathématiques
Moussa Gory, Laurence Lamarche, Victoire Merlin

Histoire-Géographie
Guillaume Joubert

Enseignement moral et civique
Guillaume d'Hoop

SVT
Sandrine Aussourd, Marie-Anne Grinand

Physique-Chimie
Pascal Bihouée

Technologie
Daniel Dupuis

Anglais
Corinne Touati

Espagnol
Maricel Fernandez-Theyras

sommaire

Français   4

▶ Grammaire
1. Le groupe nominal   6
2. Déterminants et pronoms indéfinis   8
3. Les adverbes   10
4. Les compléments du verbe   12
5. Les différentes propositions   14
6. La subordonnée relative   16
7. L'expression de la cause
   et de la conséquence   18
8. L'expression du but et de la comparaison   20

▶ Orthographe
9. Les accords dans le groupe nominal   22
10. L'accord du verbe avec le sujet   24
11. Les homophones grammaticaux (1)   26
12. Les homophones grammaticaux (2)   28

▶ Conjugaison
13. L'analyse du verbe   30
14. Les formes pronominale et impersonnelle   32
15. Les verbes du 3e groupe au présent de l'indicatif   34
16. Formes verbales en [i] et [y]   36
17. Impératif et subjonctif   38

▶ Lexique
18. Préfixes et suffixes   40
19. Synonymes et antonymes   42
20. Les figures de style (1)   44
21. Les figures de style (2)   46

▶ Lire et écrire
22. Énoncé et situation d'énonciation   48
23. L'emploi des temps dans une lettre
    ou un dialogue   50
24. L'emploi des temps dans un récit   52
25. Raconter (1) : narrateur et points de vue   54
26. Raconter (2) : le rythme et l'ordre du récit   56
27. Décrire   58
28. Argumenter   60
29. Construire un dialogue   62
30. Le théâtre   64
31. La poésie   66

Mathématiques   68

▶ Nombres et calculs
1. Multiplier et diviser des nombres relatifs   70
2. Multiplier des fractions   72
3. Additionner et soustraire des fractions   74
4. Diviser des fractions   76
5. Puissances de dix   78

6. Racine carrée d'un nombre positif   80
7. Calcul littéral (1)   82
8. Calcul littéral (2)   84
9. Résoudre une équation du premier degré   86

▶ Gestion de données
10. Proportionnalité (1)   88
11. Proportionnalité (2)   90
12. Moyenne pondérée, médiane, étendue   92
13. Diagrammes en bâtons et histogrammes   94
14. Probabilités   96

▶ Géométrie – Grandeurs et mesures
15. Triangles et parallélogrammes   98
16. Translations   100
17. Théorème de Pythagore   102
18. Rotations   104
19. Cosinus d'un angle   106
20. Parallélépipèdes et sphères   108
21. Pyramides et cônes   110
22. Vitesse moyenne   112
23. Grandeurs composées   114

▶ Algorithmique et programmation
24. Écrire et exécuter un programme simple   116
25. Programmer le tracé de figures   118

Histoire-Géographie, EMC   120

▶ Histoire
1. Commerce international et bourgeoisies
   marchandes au XVIIIe siècle   122
2. Les traites négrières et l'esclavage   124
3. L'Europe des Lumières au XVIIIe siècle   126
4. Révolution française et Empire (1)   128
5. Révolution française et Empire (2)   130
6. Les conséquences en Europe
   de la Révolution française   132
7. L'Europe et la « révolution industrielle » (1)   134
8. L'Europe et la « révolution industrielle » (2)   136
9. Conquêtes et sociétés coloniales   138
10. Voter en France de 1815 à 1870   140
11. La troisième République en France   142
12. Conditions féminines en France au XIXe siècle   144

▶ Géographie
13. Approches de la mondialisation   146
14. L'urbanisation du monde (1)   148
15. L'urbanisation du monde (2)   150
16. Des villes inégalement connectées aux réseaux
    de la mondialisation   152
17. Un monde de migrants   154
18. Le tourisme international   156
19. Mers et océans, un monde maritimisé (1)   158
20. Mers et océans, un monde maritimisé (2)   160
21. Les États-Unis face à la mondialisation   162
22. L'Afrique de l'Ouest face à la mondialisation   164

Enseignement moral et civique

23. Pourquoi respecter les autres dans leur diversité ? 166
24. Comment la laïcité permet-elle
   de mieux vivre ensemble ? 168
25. Comment est appliquée la justice en France ? 170
26. Pourquoi nos libertés ont-elles des limites ? 172
27. Comment le citoyen est-il au cœur
   de la démocratie ? 174
28. Pourquoi s'engager dans une association ? 176

SVT 178

La planète Terre, l'environnement et l'action humaine

1. Les phénomènes météorologiques
   et géologiques : risques et enjeux 180
2. Gérer les ressources naturelles : l'eau et le sol 182
3. Activités humaines et écosystèmes 184

Le vivant et son évolution

4. Les besoins des végétaux chlorophylliens 186
5. La reproduction sexuée des plantes à fleurs 188
6. La diversité génétique 190

Le corps humain et la santé

7. Systèmes nerveux et cardiovasculaire 192
8. Équilibre alimentaire et microbiome 194
9. Le monde bactérien et l'organisme 196
10. La capacité de transmettre la vie 198

Physique-Chimie Technologie 200

Organisation et transformations de la matière

1. Représenter l'infiniment petit 202
2. Identifier des espèces chimiques 204
3. Modéliser une transformation chimique 206
4. Identifier le caractère acide ou basique
   d'une solution 208
5. Connaître la structure de l'Univers
   et du Système solaire 210

Mouvement et interaction

6. Exploiter la relation entre distance,
   vitesse et durée 212
7. Modéliser une action mécanique par une force 214

Des signaux pour observer et pour communiquer

8. Utiliser les propriétés des signaux
   lumineux et sonores 216

L'énergie et ses conversions

9. Étudier la relation entre tension et intensité 218
10. Distinguer tension alternative
   et tension continue 220
11. Définir la puissance nominale d'un appareil
   électrique 222
12. Connaître les dangers de l'électricité
   et les règles de sécurité 224

Technologie

13. Utiliser les ressources naturelles
   pour produire de l'énergie 226
14. Coder l'information : la révolution
   du code-barres 228
15. Optimiser le couple produit/service :
   l'exemple de la garantie 230

Anglais 232

1. Le groupe nominal 234
2. L'expression de la quantité 236
3. L'adjectif. Les adverbes de manière 238
4. Les mots interrogatifs 240
5. Les temps du passé 242
6. L'expression du futur 244
7. L'expression de la condition 246
8. Les auxiliaires modaux 248
9. L'expression de la possession 250
10. Le passif 252
11. Les propositions relatives 254
12. Le gérondif 256

Espagnol 258

1. Le présent de l'indicatif. *Ser* et *estar* 260
2. Les pronoms personnels compléments.
   Les tournures affectives 262
3. Les prépositions (*a*, *en*, *por* et *para*).
   L'imparfait. Le passé composé 264
4. Le futur. Le conditionnel.
   Les phrases interrogatives et négatives 266
5. Le gérondif et la forme progressive.
   Les possessifs 268
6. L'obligation. L'expression du besoin.
   Les adverbes de quantité et de manière 270
7. Le subjonctif présent 272
8. L'impératif d'ordre et de défense 274
9. L'expression de l'habitude. Les comparatifs 276

Vers la 3e 278

Par matière, un test-bilan et la présentation du programme de l'année prochaine

Français

		DATE	ÉVALUATION

GRAMMAIRE

1. Le groupe nominal — 6
2. Déterminants et pronoms indéfinis — 8
3. Les adverbes — 10
4. Les compléments du verbe — 12
5. Les différentes propositions — 14
6. La subordonnée relative — 16
7. L'expression de la cause et de la conséquence — 18
8. L'expression du but et de la comparaison — 20

ORTHOGRAPHE

9. Les accords dans le groupe nominal — 22
10. L'accord du verbe avec le sujet — 24
11. Les homophones grammaticaux (1) — 26
12. Les homophones grammaticaux (2) — 28

CONJUGAISON

13. L'analyse du verbe — 30
14. Les formes pronominale et impersonnelle — 32
15. Les verbes du 3e groupe au présent de l'indicatif — 34
16. Formes verbales en [i] et [y] — 36
17. Impératif et subjonctif — 38

LEXIQUE

18. Préfixes et suffixes — 40
19. Synonymes et antonymes — 42
20. Les figures de style (1) — 44
21. Les figures de style (2) — 46

LIRE ET ÉCRIRE

22. Énoncé et situation d'énonciation — 48
23. L'emploi des temps dans une lettre ou un dialogue — 50
24. L'emploi des temps dans un récit — 52
25. Raconter (1) : narrateur et points de vue — 54
26. Raconter (2) : le rythme et l'ordre du récit — 56
27. Décrire — 58
28. Argumenter — 60
29. Construire un dialogue — 62
30. Le théâtre — 64
31. La poésie — 66

Le groupe nominal

RETENIR

1 / Nom et déterminant

MOT CLÉ

✓ **Expansion du nom :** c'est un élément qui complète un nom (l'adjectif qualificatif, le complément du nom, la subordonnée relative et l'apposition).

- Un **groupe nominal** (GN) est un groupe de mots dont le noyau est un **nom**.

  cette <u>bouche</u> en fer à cheval
       nom noyau

- Le **groupe nominal minimal** est constitué d'un nom et d'un déterminant.

  cette bouche

■ Quasimodo, le héros de *Notre-Dame de Paris*.

- Les différents **déterminants** :

Articles...	Déterminants...
... définis : *le, la, les, l'*	... démonstratifs : *ce, cet, cette, ces*
... définis contractés : *au (à + le), aux (à + les), du (de + le), des (de + les)*	... possessifs : *mon, ton, son, notre, votre, leur, mes, tes, ses, nos, vos, leurs*
... indéfinis : *un, une, des*	... indéfinis : *quelque(s), tout, tous, aucun, même, autre...*
... partitifs : *du, de l'*	... numéraux cardinaux : *trois, trente, cent...* ou ordinaux : *troisième, dixième...*

2 / Les expansions du nom

- Le nom peut être accompagné d'une ou plusieurs **expansions** qui le précisent :
  - un adjectif qualificatif **épithète** : ce <u>petit</u> œil <u>gauche</u>
                              adj.   adj.
  - un GN **complément du nom** (CDN) : un sourcil roux <u>en broussailles</u>
                                                              CDN
  - une proposition subordonnée **relative** :

    cette lèvre calleuse <u>sur laquelle une de ces dents empiétait comme la défense d'un éléphant</u>
                                                    proposition subordonnée relative

  - un adjectif ou un GN en **apposition** : Quasimodo, <u>le bossu de Notre-Dame !</u>
                                                                       GN en apposition

LA MÉTHODE

▷ Identifier une apposition

MINI INTERRO

1. Quelle est la classe grammaticale du mot noyau du GN ?

2. De combien de mots le groupe nominal minimal est-il constitué ?

- Une **apposition** est une expansion en construction détachée : elle s'ajoute à un GN (ou à un pronom) dont elle est séparée par un signe de ponctuation, le plus souvent une virgule. Elle apporte une **information complémentaire facultative** sur ce GN. On peut placer le signe = entre le GN et son apposition.

  Esmeralda, (=) <u>la danseuse</u>   Djali, (=) <u>la chèvre d'Esmeralda</u>
                 apposition   apposition

1 Quiz

Relie chaque nom au GN qui peut lui être associé en apposition.

a. Esmeralda ○   ○ le héros contrefait
b. Quasimodo ○   ○ un romancier au souffle épique
c. *Notre-Dame de Paris* ○ ○ la belle gitane
d. Victor Hugo ○   ○ le roman de Victor Hugo

2 Noms noyaux (1)

Souligne le nom noyau de chaque GN.

a. Le héros inoubliable d'un roman de Victor Hugo.
b. Une jeune gitane d'une beauté saisissante.
c. Une créature difforme d'une grande générosité.
d. Un bossu, sonneur de cloches, dont le nom est Quasimodo.

3 Noms noyaux (2)

Souligne les noms désignant un élément du visage de Quasimodo.

Nous n'essaierons pas de donner au lecteur une idée de ce nez tétraèdre, de cette bouche en fer à cheval, de ce petit œil gauche obstrué d'un sourcil roux en broussailles [...], de cette lèvre calleuse sur laquelle une de ces dents empiétait comme la défense d'un éléphant, de ce menton fourchu [...].

■ Victor Hugo, *Notre-Dame de Paris*, 1831.

4 Expansions du nom

Complète la description de Quasimodo avec les expansions de la liste : *le bancal* • *monstrueuses* • *énorme* • *roux* • *larges.*

Une grosse tête hérissée de cheveux .... ;
entre les deux épaules, une bosse .... ,
de .... pieds, des mains .... :
c'est Quasimodo, le sonneur de cloches !
Quasimodo le borgne ! Quasimodo .... !

5 Adjectif épithète (1)

Remplace les subordonnées relatives par des adjectifs de même sens.

a. Une héroïne qu'on ne peut oublier.
....
b. Un dénouement qu'on n'attendait pas.
....
c. Un personnage qui effraie et attendrit tout à la fois.
....

6 Adjectif épithète (2)

Remplace les CDN par des adjectifs de même sens.

a. Un héros de roman : ....
b. Une patience d'ange : ....
c. Une déclaration d'amour : ....
d. Un cri de désespoir : ....
e. Un contrat de mariage : ....
f. Une beauté du diable : ....

7 CONTRÔLE EXPRESS

Lis ci-dessous la description d'Esmeralda et de sa chèvre, puis réponds aux questions.

a. Souligne en bleu les adjectifs épithètes, en noir les adjectifs apposés, en rouge les CDN et en vert les subordonnées relatives.

b. Quelle est l'impression laissée par ces passages descriptifs sur le lecteur ?
....
....
....

Chaque fois qu'en tournoyant sa rayonnante figure passait devant vous, ses grands yeux noirs vous jetaient un éclair. Tandis qu'elle dansait ainsi, mince, frêle et vive comme une guêpe, avec son corsage d'or sans pli, sa robe bariolée qui se gonflait, avec ses épaules nues, ses jambes fines que sa jupe découvrait par moments, ses cheveux noirs, ses yeux de flamme, c'était une surnaturelle créature. Alors Gringoire vit arriver une jolie petite chèvre blanche, alerte, éveillée, lustrée.

 Corrigés p. 12 du livret.

Grammaire

2 — Déterminants et pronoms indéfinis

RETENIR

1 / Les déterminants indéfinis

MOTS CLÉS

✓ **Déterminant :** mot-outil variable qui détermine un nom.

✓ **Pronom :** mot variable qui remplace généralement un nom ou un autre élément, de manière à en éviter la répétition.

• En tant que déterminants, ils introduisent un nom avec lequel ils s'accordent en genre et en nombre.

• On peut les classer en deux catégories du point de vue de leur sens :
– les **quantifiants**, qui expriment l'idée d'une quantité, selon le cas singulière (*certain, quelque…*), plurielle (*certains, quelques, plusieurs…*), totale (*chaque, tout, tous*) ou nulle (*aucun, nul, pas un*) ;

Plusieurs indices laissent penser au narrateur qu'il y a une présence dans sa chambre pendant son sommeil.

– les **non-quantifiants** (*même, tel, autre…*).

Une **autre** présence l'accompagnait partout où il allait.

2 / Les pronoms indéfinis

• Leurs formes et leur sens sont proches de ceux des déterminants indéfinis mais, en tant que pronoms, ils s'emploient à la place d'un nom et peuvent donc avoir les mêmes fonctions que lui.

Personne n'est là et pourtant le narrateur sent une présence.
Le narrateur sent une présence étrange : **quelqu'un** d'invisible le suit.
Pendant son sommeil, **on (quelqu'un)** a bu l'eau de sa carafe.

LA MÉTHODE

▷ **Orthographier *tout* et *même***

• ***Tout* et *même* déterminants** s'accordent en genre et en nombre avec le nom auxquels ils se rapportent : **tous** les indices d'une présence • **toutes** les traces d'un passage • le **même** cauchemar • les **mêmes** cauchemars.

• ***Tout* et *même* pronoms** peuvent être au singulier ou au pluriel selon le contexte : **Tout** angoisse le narrateur • Ses cauchemars anciens reviennent et **tous** mettent en scène une présence obsédante.

• ***Tout* et *même* adverbes** sont invariables.

Même (= **aussi**) la porte fermée (les portes fermées), le narrateur craint la présence redoutée.
Le narrateur est **tout** (= **complètement**) anéanti par la présence obsédante.
Les lecteurs sont **tout** angoissés par ce récit.

Cependant, *tout* adverbe fait exception devant un adjectif féminin terminé par une consonne ou un *h* aspiré.

Cette lectrice est **tout** angoissée et **toute** terrifiée par cet étrange récit.

MINI INTERRO

1. Les déterminants s'accordent-ils toujours avec le nom ?

2. Le pronom a-t-il les mêmes fonctions qu'un nom ?

S'ENTRAÎNER

1 Quiz

Complète les phrases avec le déterminant ou le pronom indéfini qui convient.

a. .... nuit, le narrateur fait d'étranges cauchemars.

☐ Toute   ☐ Chaque

b. .... les nuits, il sent une présence angoissante qui l'accompagne dans son sommeil.

☐ Toutes   ☐ Tous

c. .... ne permet d'expliquer ces étranges troubles.

☐ Nul   ☐ Rien

2 Accord des déterminants

Accorde les déterminants indéfinis.

Le narrateur se sent harcelé par une présence étrange qu'il appelle le « Horla ».

14 août – Je suis perdu ! Quelqu'un possède mon âme et la gouverne ! quelqu'un ordonne tou...... mes actes, tou...... mes mouvements, tou...... mes pensées. Je ne suis plus rien en moi, rien qu'un spectateur esclave et terrifié de tou...... les choses que j'accomplis. Je désire sortir. Je ne peux pas. Il ne veut pas ; et je reste, éperdu, tremblant, dans le fauteuil où il me tient assis. Je désire seulement me lever, me soulever, afin de me croire encore maître de moi. Je ne peux pas ! Je suis rivé à mon siège ; et mon siège adhère au sol, de tel...... sorte qu'aucune force ne nous soulèverait.

■ Guy de MAUPASSANT, *Le Horla*, 1887.

3 Déterminants et pronoms

Surligne les déterminants indéfinis en bleu et les pronoms indéfinis en vert.

25 mai. – Aucun changement !
Vers dix heures, je monte dans ma chambre. À peine entré, je donne deux tours de clef, et je pousse les verrous ; j'ai peur... de quoi ?... Je ne redoutais rien jusqu'ici... Puis je me couche et j'attends le sommeil et tout mon corps tressaille dans la chaleur des draps.
Je dors – longtemps – deux ou trois heures, puis un rêve – non – un cauchemar – m'étreint. Je sens bien que je suis couché et que je dors... je le sens et je le sais... et je sens aussi que quelqu'un s'approche de moi, me regarde, me palpe.

■ D'après Guy de MAUPASSANT, *Le Horla*, 1887.

4 Rédiger une description

Dans un court paragraphe, essaie de décrire le Horla tel que tu l'imagines. Utilise quelques déterminants et pronoms indéfinis dans ton texte.

....
....
....
....

5 LECTURE D'IMAGE

Observe cette illustration du *Horla*.

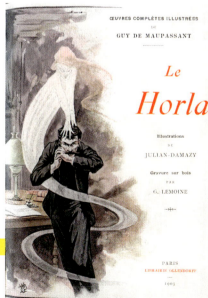

Illustration de William JULIAN-DAMAZY pour *Le Horla* de Maupassant.

a. Comment le « Horla » est-il représenté par l'illustrateur ?

b. Dans quel état le narrateur est-il représenté ? Quels sentiments semble-t-il éprouver ?

c. Quel est l'arrière-plan, le décor ?

Corrigés p. 12 du livret.

3 Les adverbes

RETENIR

1 / Genre et forme des adverbes

- Un adverbe est un mot **invariable** : il ne faut pas l'accorder. *Tout* fait exception lorsqu'il se trouve devant un adjectif féminin commençant par une consonne ou un *h* aspiré : C'est une enquête **toute** mystérieuse et **tout** orginale.

- Un adverbe peut être un **mot simple** (*maintenant, ultérieurement, soudain…*) ou être composé de **plusieurs mots** (*tout à l'heure, sur le champ, tout à coup…*) ; on parle alors de **locution adverbiale**.

- Un **adjectif** peut parfois être employé comme un adverbe : Il a travaillé **dur**.

2 / Rôle des adverbes

- Un adverbe permet de **modifier le sens** :
  – d'un verbe : L'inspecteur Adamsberg s'intéresse **activement** à ce mystère.
  – d'un adjectif : Adamsberg est un inspecteur **extrêmement** original.
  – d'un autre adverbe : Adamsberg a été nommé **très** récemment commissaire à Paris.
  – d'une proposition : **Finalement**, Adamsberg résoud l'énigme de l'homme aux cercles bleus.

- Certains adverbes sont appelés **adverbes de liaison** : puis, ensuite, enfin…

3 / Classement des adverbes selon leur sens

- On distingue les adverbes :
  – de **manière** : bien, vite, mal… et la plupart des adverbes en *-ment* ;
  – de **lieu** : ici, là, ailleurs…
  – de **temps** : maintenant, hier, demain, autrefois, toujours, jamais…
  – d'**intensité** : très, fort, peu, si, tant…
  – de **négation** : non, ne … pas, ne … guère, ne … jamais…
  – d'**affirmation** : oui, certainement, évidemment…
  – de **doute** : peut-être, sans doute…

MOTS CLÉS

✓ **Adverbe** : mot invariable qui modifie le sens d'un verbe, d'un adjectif ou encore d'une proposition.

✓ **Locution adverbiale** : adverbe composé de plusieurs mots.

LA MÉTHODE

▷ **Orthographier les adverbes en –*ment***

- Pour former un adverbe en *-ment*, on ajoute ce suffixe à l'adjectif correspondant. Attention cependant à bien distinguer trois cas.

Type d'adjectif	Règle de formation
La plupart des adjectifs. Ex. : clair	féminin de l'adjectif + ment : clair**ement**
Adjectifs en **-ant**. Ex. : élégant	radical de l'adjectif + a + mment : éléga**mment**
Adjectifs en **-ent**. Ex. : prudent	radical de l'adjectif + e + mment : prud**emment**

- Quelques exceptions à noter : gaîment (ou gaiement), crûment, immensément, gentiment…

MINI INTERRO

1. Quel est le seul adverbe qui n'est pas toujours invariable ?

2. Quel est l'adverbe en *–ment* formé à partir de l'adjectif *étonnant* ?

10

1 Quiz

Barre l'intrus dans la liste suivante.

mystérieusement • étrangement • étonnement • courageusement • fréquemment • prudemment • élégamment • récemment

2 Créer un adverbe

Remplace les GN par un adverbe en -ment.

a. en silence → ....
b. avec intelligence → ....
c. avec patience → ....
d. avec gentillesse → ....
e. avec cruauté → ....

3 Repérer les adverbes

Surligne les adverbes de l'extrait suivant.

On l'avait nommé commissaire à Paris dans le 5ᵉ arrondissement. À pied, il avançait vers son nouveau bureau, pour la douzième journée.
Heureusement, c'était à Paris.
C'était la seule ville du pays qu'il pouvait aimer. Il avait cru longtemps que l'endroit où il vivait lui était indifférent […].
Mais finalement, pour le lieu où vivre, ce n'était pas aussi simple. […]
Ce qui était sûr, c'est que Paris seul savait lui restituer le monde minéral dont il s'apercevait qu'il avait besoin.
Paris, la ville de pierre.

4 Employer des adverbes

Complète les phrases avec les adverbes suivants : *gentiment • encore • toujours.*

Adamsberg attrapa la pile des journaux qu'on lui avait préparés. Il trouva dans trois d'entre eux ce qu'il cherchait. Le phénomène ne prenait pas .... de grandes proportions dans la presse, mais il était certain que ça viendrait. […]
Il lui fallait .... beaucoup de concentration pour lire […]. Adamsberg avait été un mauvais élève […] s'efforçant à faire semblant de travailler .... pour ne pas attrister ses parents […].
Le journal relate que des cercles à la craie bleue sont tracés de nuit dans les rues de la capitale.

5 CONTRÔLE EXPRESS

Lis le texte, puis réponds aux questions.

Un article plus fin était paru dans un journal de province :
« […] Les seules "victimes" de cette étrange obsession sont les objets que ce personnage enferme dans ses cercles, toujours en exemplaire unique. La soixantaine de cas qu'il a déjà fournis permet d'en dresser une liste singulière : douze capsules de bière, une cagette de légumes, quatre trombones, deux chaussures […] ce qui intrigue le plus, c'est qu'autour de chaque cercle la main trace d'une belle écriture penchée, celle d'un homme cultivé paraît-il, cette phrase qui plonge les psychologues dans un abîme de questions : Victor, mauvais sort, que fais-tu dehors ? » […]
Le troisième article était moins précis et très court, mais il signalait la découverte de la nuit dernière, rue Caulaincourt : dans le grand cercle bleu se trouvait une souris crevée […]
Adamsberg fit une grimace. C'était exactement ce qu'il pressentait.

■ Fred VARGAS, *L'Homme aux cercles bleus*,
© Fred Vargas et les Éditions Viviane Hamy, 1996.

a. Surligne les adverbes présents dans l'extrait suivant.

b. Complète le tableau ci-dessous avec des adverbes trouvés dans l'extrait.

Adv. de manière	
Adv. de lieu	
Adv. de temps	
Adv. d'intensité	

Corrigés p. 12 du livret.

4 Les compléments du verbe

1 / Verbes intransitifs et transitifs

● Un verbe **intransitif** n'est pas suivi d'un complément. Un verbe **transitif** est suivi d'un complément d'objet. Si le complément d'objet suit directement le verbe, le verbe est **transitif direct** ; s'il est rattaché au verbe à l'aide d'une préposition, il est **transitif indirect**.

Verbes intransitifs		venir, s'exprimer
Verbes transitifs	directs	dire (qqch), rencontrer (qqn), se rappeler (qqc)
	indirects	penser (à qqch), se souvenir (de qqch)

2 / Les différents compléments du verbe : COD, COI et COS

● Les compléments d'objet directs (**COD**) sont construits **sans préposition** : En 1941, Joseph et Maurice quittent avec regret le Paris de leur enfance.

● Les compléments d'objet indirects (**COI**) sont construits **avec une préposition** : Obligés de fuir, Joseph et Maurice renoncent au Paris de leur enfance.

● Certains verbes sont suivis d'un COD et d'un COI. Ce dernier est alors appelé complément d'objet **second** (**COS**) et se trouve après les verbes tels que *donner, prendre, attribuer, dire…* : Le père explique les dangers à ses jeunes fils.
　　　　　　　　　　　　　　　　　　　　　　　　　　　　　COD　　　　COS

3 / Classes grammaticales des compléments d'objet

● Peuvent être compléments d'objet :
– un nom ou un GN : Les enfants juifs doivent quitter **Paris** et **leurs parents**.
– un pronom : Les deux enfants **les** quittent avec beaucoup de tristesse.
– une proposition : Ils savent **qu'ils ne les reverront peut-être pas**.
– un verbe à l'infinitif suivi ou non d'un complément : Ils doivent **partir** ; ou encore une proposition infinitive : Les parents regardent **leurs deux fils partir dans la nuit**.

▷ Accorder le participe passé employé avec l'auxiliaire *avoir*

● Avec l'auxiliaire *avoir*, le participe passé ne s'accorde pas avec le sujet, mais **avec le COD si celui-ci est placé avant le verbe** (antéposé).

Ils ont traversé la ligne de démarcation.　　La ligne de démarcation, ils l'ont traversée.
　　　　　　COD placé après = pas d'accord　　　　　　　　COD placé avant = accord

● Attention à bien identifier le COD dans les deux cas suivants :
– lorsque le COD est un des **pronoms personnels *le, la, l', les*** :

　Ils l'ont traversée avec l'aide d'un passeur.

– lorsque le COD est **le pronom relatif *que*** :

　Les épreuves qu'il a vécues, Joseph Joffo les raconte dans son livre.

MOTS CLÉS

✓ **COD** : complément d'objet direct, c'est-à-dire construit sans préposition.

✓ **COI** : complément d'objet indirect, c'est-à-dire construit avec une préposition.

MINI INTERRO

1. Comment appelle-t-on un verbe qui est suivi d'un complément d'objet ?

2. Employé avec l'auxiliaire *avoir*, le participe passé s'accorde-t-il toujours avec le COD ?

12

S'ENTRAÎNER

1 Quiz

Relie par des flèches.

- a. donner ○
- b. courir ○ ○ transitif direct
- c. penser ○ ○ transitif indirect
- d. obéir ○ ○ intransitif
- e. briller

2 Transitif ou intransitif ?

Classe les verbes soulignés dans le tableau ci-dessous.

a. En courant, nous avons monté les rues qui mènent au Sacré-Cœur. Il y a des escaliers terribles par là, avec des rampes tout exprès pour que les enfants les descendent à fond de train, les fesses brûlées par le froid du métal.
b. En bas, la ville s'étendait, déjà grisonnante, comme la chevelure d'un homme vieillissant. Nous avons regardé un moment sans rien dire. J'aimais ces toits, ces monuments qui s'estompaient au loin. Je ne savais pas encore que je ne reverrais plus ce paysage si familier.
c. Dans la nuit sans lumière, dans les rues désertes à l'heure où le couvre-feu allait bientôt sonner, nous disparûmes dans les ténèbres.

■ Joseph JOFFO, *Un sac de billes*, © Éditions J.-C. Lattès, 1973.

Verbes transitifs	Verbes intransitifs

3 COD, COI, COS

Précise si les compléments soulignés sont des COD, des COI ou des COS.

a. – Alors les petits, on s'offre le château d'If (………) ? On embarque et on s'en va.
Nous avons levé la tête (………).

Il avait une tête de faux marin (………), tout engoncé dans un caban, avec une casquette galonnée. Il nous (………) montrait un bateau jaune (………) qui tanguait doucement, avec des banquettes rouges et un bastingage qui aurait eu besoin d'un grand coup de peinture.
Il y en avait des choses à Marseille !
b. Nous sommes simplement allés près de la cathédrale, là où le port ressemble le plus à une usine (………), avec ses grues, ses treuils.

■ D'après Joseph JOFFO, *Un sac de billes*, © Éditions J.-C. Lattès, 1973.

4 Accord du participe passé

Accorde si nécessaire après avoir souligné le COD.

a. La mer, Joseph ne l'avait jamais vu…… .
b. Joseph n'avait jamais vu…… la mer.
c. La mer, que Joseph n'avait jamais vu……, s'étalait à perte de vue.
d. Un marin a invité…… les deux frères à aller au château d'If.
e. Un marin les a invité…… dans son bateau.
f. Joseph se souvient des grues qu'il a aperçu…… dans le port.

5 CONTRÔLE EXPRESS

Lis le texte, puis réponds aux questions.

Nous avons longé le port du côté du quai de Riveneuve, il y avait des barils, des rouleaux de corde, toute une odeur salée qui était celle de l'aventure, des rues Fortia, de la place aux Huiles, je m'attendais à voir surgir des légions de pirates et de flibustiers, il fallait avouer que c'était autre chose que les canaux de la rue Marcadet où flottaient nos navires confectionnés dans une feuille de cahier.

■ Joseph JOFFO, *Un sac de billes*, © Éditions J.-C. Lattès, 1973.

a. Donne la classe grammaticale des compléments d'objet soulignés.
b. Rédige un paragraphe dans lequel tu décriras la ville où tu habites.

Corrigés p. 12 du livret.

5 Les différentes propositions

RETENIR

1 / Propositions indépendantes, principales et subordonnées

MOTS CLÉS

✓ **Indépendante :** qui ne dépend pas d'une autre proposition.

✓ **Subordonnée :** qui dépend d'une principale.

• Une proposition **indépendante** est autonome, mais on peut avoir dans une même phrase deux propositions indépendantes :
– **juxtaposées** entre elles, c'est-à-dire séparées par un signe de ponctuation : Vanina est intriguée : son père ferme avec soin la porte d'un petit escalier.
– **coordonnées,** c'est-à-dire reliées par une conjonction de coordination ou un adverbe de liaison : Vanina est intriguée **car** son père ferme la porte avec soin.

• Une proposition **subordonnée** ne peut pas exister toute seule. Elle est reliée à une proposition **principale** par un mot subordonnant (conjonction de subordination, pronom relatif ou mot interrogatif).

2 / Les différentes subordonnées

• Une proposition subordonnée **relative** est introduite par un pronom relatif (voir page 16) : Le père de Vanina ferme avec soin la porte d'un petit escalier [**qui** mène à l'étage].

• Une proposition subordonnée **conjonctive** est introduite par une conjonction de subordination. On distingue :
– les conjonctives **complétives,** introduites par la conjonction *que* et qui sont compléments d'objet de la principale : Vanina voit [**qu'**une fenêtre est restée ouverte].
– les conjonctives **circonstancielles** de temps, de cause, de conséquence, d'opposition, de but… Vanina se procure la clé [**parce qu'**elle veut regarder par la fenêtre].
subordonnée circonstancielle de cause

• Une subordonnée **interrogative indirecte** est introduite par un mot interrogatif (*si, qui, ce que, quel, quand, pourquoi…*). Vanina ne sait pas [**pourquoi** son père ferme la porte avec tant de soin].

LA MÉTHODE

▷ Identifier les subordonnées de temps (ou temporelles)

• On distingue les subordonnées qui expriment :
– l'**antériorité** → l'action de la principale a lieu **avant** celle de la subordonnée : Vanina s'approche de la fenêtre **avant que** son père ne s'en aperçoive.

– la **simultanéité** → l'action de la principale a lieu **en même temps** que celle de la subordonnée : **Quand** elle est dans la cour, Vanina voit une fenêtre ouverte.

– la **postériorité** → l'action de la principale a lieu **après** celle de la subordonnée : **Après qu'**elle s'est procuré la clé, Vanina monte sur la terrasse.

MINI INTERRO

1. Si deux propositions sont juxtaposées, par quoi sont-elles séparées ?

2. Quel type de proposition accompagne nécessairement une subordonnée ?

• Attention au **mode** employé dans la subordonnée temporelle :
– on emploie l'**indicatif** lorsque l'action du verbe principal est simultanée ou postérieure à celle exprimée dans la subordonnée (s'est procuré) ;
– on emploie le **subjonctif** lorsque l'action du verbe principal est antérieure à celle exprimée dans la subordonnée (aperçoive).

14

1 Quiz

Combien de propositions y a-t-il dans chaque phrase ?

a. Le lendemain du bal, Vanina remarqua que son père fermait avec beaucoup d'attention la porte d'un petit escalier qui conduisait à un petit appartement.
❏ 1   ❏ 2   ❏ 3   ❏ 4

b. Vanina leva les yeux et vit avec étonnement qu'une des fenêtres de l'appartement que son père avait fermée avec tant de soin était ouverte.
❏ 1   ❏ 2   ❏ 3   ❏ 4

2 Juxtaposées ou coordonnées ?

Qualifie les propositions indépendantes en cochant la bonne réponse.

a. Vanina veut regarder par la fenêtre ouverte : elle est intriguée.   ❏ juxtaposées   ❏ coordonnées

b. Vanina veut regarder par la fenêtre ouverte car elle est intriguée.   ❏ juxtaposées   ❏ coordonnées

3 Relatives ou conjonctives ?

Souligne en bleu les propositions subordonnées relatives et en vert les conjonctives.

Elle [Vanina] s'approcha à pas de loup de la fenêtre qui était encore ouverte. [...] Il y avait un lit et quelqu'un dans ce lit. Son premier mouvement fut de se retirer ; mais elle aperçut une robe de femme jetée sur une chaise. En regardant mieux la personne qui était au lit, elle vit qu'elle était blonde, et apparemment fort jeune. [...] La robe jetée sur une chaise était ensanglantée. [...] L'inconnue fit un mouvement ; Vanina s'aperçut qu'elle était blessée.
■ Stendhal, *Vanina Vanini*, 1829.

4 Conjonctions de subordination

Complète les pointillés par la conjonction de subordination qui convient.

a. Vanina apprend .... l'inconnue est en réalité un jeune homme, Pietro Missirilli, pourchassé pour des raisons politiques.

b. Elle se dévoue pour le jeune homme .... elle en tombe éperdument amoureuse.

c. .... ils soient très amoureux, les deux jeunes gens doivent se séparer.

5 Complétive, interrogative indirecte ou circonstancielle ?

Identifie les subordonnées entre crochets.

a. Vanina découvre [que son père cache un jeune révolutionnaire]. ....

b. Vanina se demande [comment elle pourrait aider le jeune homme]. ....

c. Vanina est prête à tout sacrifier à son jeune amant [parce qu'elle l'aime]. ....

6 CONTRÔLE EXPRESS

Lis le texte, puis réponds aux questions.

Vanina rend visite à Pietro en prison pour l'aider à s'échapper. Il accepte son aide mais rejette son amour car il lui préfère la patrie.

Vanina était atterrée. En lui parlant, l'œil de Pietro n'avait brillé qu'au moment où il avait nommé la patrie.
Enfin l'orgueil vint au secours de la jeune princesse ; elle s'était munie de diamants et de petites limes. Sans répondre à Missirilli, elle les lui offrit.
– J'accepte par devoir, lui dit-il, car je dois chercher à m'échapper [...]. Adieu, Vanina [...] ; laissez-moi tout à la patrie, je suis mort pour vous : adieu.
– **Tout cela n'est rien**, dit Vanina : **j'ai fait plus, par amour pour toi.**
Alors elle lui dit sa trahison.
– Ah ! monstre, s'écria Pietro furieux, en se jetant sur elle, et il cherchait à l'assommer avec ses chaînes.
Il y serait parvenu sans le geôlier qui accourut aux premiers cris. [...] Vanina resta anéantie. Elle revint à Rome ; et le journal annonce qu'elle vient d'épouser le prince don Livio Savelli.
■ Stendhal, *Vanina Vanini*, 1829.

a. Quelle est la nature des deux propositions soulignées ? en gras ?

b. Mets entre crochets la proposition subordonnée relative.

c. Surligne la proposition subordonnée conjonctive.

Corrigés p. 12 du livret.

15

6 La subordonnée relative

RETENIR

1 / Définition

MOTS CLÉS

✔ **Pronom relatif :** pronom qui introduit la subordonnée relative et évite la répétition d'un mot déjà cité.

✔ **Antécédent :** mot ou groupe de mots qui précède la subordonnée et qui est repris par le pronom relatif.

• C'est une proposition **subordonnée** introduite par un **pronom relatif**. Ce pronom relatif reprend un terme déjà cité (**l'antécédent**) pour en éviter la répétition.

Mateo Falcone s'était débarrassé d'un rival [qui passait pour redoutable].
　　　　　　　　　　　　　　　　　antécédent　pronom relatif

• Une subordonnée relative fait généralement partie d'un **groupe nominal** dont elle constitue une **expansion,** au même titre qu'un adjectif qualificatif ou un CDN. Elle est **complément de l'antécédent**.

2 / Les pronoms relatifs

• On distingue les pronoms relatifs **simples** : *qui, que, dont, où* ; et les pronoms relatifs **composés** : *lequel* et ses combinaisons avec des prépositions (*auquel, duquel, avec lequel, sur lequel…*).

• Le choix du pronom relatif varie selon sa fonction dans la subordonnée relative.

	Sujet	COD	CDN, COI	CCT/CCL
qui	✗			
que		✗		
dont			✗	
où				✗

À Corte, **où** il avait pris femme, il a tué
　　　　　CCL
un rival **qui** passait pour redoutable.
　　　　sujet

À l'époque **où** se déroule cette histoire…
　　　　　CCT

• Il ne faut pas confondre **le pronom relatif *que*** et **la conjonction de subordination *que*.** Le pronom relatif se trouve après un nom ou un groupe nominal qu'il reprend, la conjonction de subordination ne remplace rien.

On raconte **que** Mateo Falcone a tué un rival **que** tous considéraient comme redoutable.
　　　conj. de subordination　　　　　　pronom relatif mis pour l'antécédent *un rival*

LA MÉTHODE

▷ Accorder le relatif composé *lequel*

• Il faut accorder *lequel* avec l'antécédent.

un homme auquel il faut apporter de l'aide • des hommes auxquels il faut apporter de l'aide • des femmes auxquelles il faut apporter de l'aide

	Singulier	Pluriel
Masculin	lequel, auquel, duquel	lesquels, auxquels, desquels
Féminin	laquelle, à laquelle, de laquelle	lesquelles, auxquelles, desquelles

MINI INTERRO

1. Quelle est la fonction du pronom relatif *qui* ?

2. Avec quoi ne faut-il pas confondre le pronom relatif *que* ?

16

S'ENTRAÎNER

1 Adjectifs et subordonnées

Remplace les adjectifs qualificatifs par des subordonnées relatives de même sens, et les subordonnées par des adjectifs.

a. un homme redoutable → ....

b. un père impitoyable → ....

c. un homme qu'on ne peut fléchir → ....

d. une mort qu'on ne peut éviter → ....

2 Les antécédents

Encadre les propositions subordonnées relatives et souligne leur antécédent.

Le jeune fils de Mateo Falcone est seul à la maison, lorsqu'il voit arriver un blessé.
Le petit Fortunato était tranquillement étendu au soleil, quand il fut soudainement interrompu dans ses méditations par l'explosion d'une arme à feu. Il se leva et se tourna du côté de la plaine d'où partait ce bruit ; enfin, dans le sentier qui menait de la plaine à la maison de Mateo parut un homme, coiffé d'un bonnet pointu comme en portent les montagnards, barbu, couvert de haillons, et se traînant avec peine en s'appuyant sur son fusil. Il venait de recevoir un coup de feu dans la cuisse.

■ D'après Prosper Mérimée, *Mateo Falcone*, 1829.

3 Pronoms relatifs composés

Construis et accorde correctement les pronoms relatifs composés.

a. une loi .... chacun doit obéir

b. un homme .... Fortunato devait l'hospitalité

c. le tas de foin .... était caché le bandit

d. des gendarmes .... l'enfant livre le bandit

4 Pronom ou conjonction ?

Indique dans ces phrases si *que / qu'* est un pronom relatif (PR) ou une conjonction de subordination (CS).

a. Fortunato découvre que (......) cet homme est un bandit que (......) les gendarmes poursuivent.

b. L'homme dit à Fortunato qu' (......) il lui donnera une pièce s'il veut bien le cacher.

c. En échange d'une montre, Fortunato livre à l'officier le bandit qu'(......) il a caché dans un tas de paille.

5 Fonctions des pronoms

Donne la fonction dans la subordonnée des pronoms relatifs soulignés.

a. Mateo tue son jeune fils qu'il considère comme un traître. ....

b. Mateo refuse de pardonner à Fortunato qui le supplie de l'épargner. ....

c. Mateo emmène son fils dans un petit ravin où il pourra facilement l'enterrer. ....

d. Fortunato dont le petit corps repose dans le ravin a été sacrifié par son père. ....

6 LECTURE D'IMAGE

Observe cette couverture de livre.

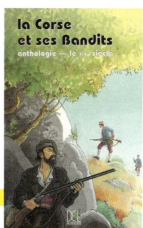

Couverture du recueil *La Corse et ses bandits*, anthologie, premier tome : *le XIXᵉ siècle*, DCL Éditions, 2000.

a. Dis si l'image donnée du « bandit corse » est positive ou négative.

b. Rédige un court portrait du bandit. Tu emploieras des GN enrichis de subordonnées relatives.

Corrigés p. 12 du livret.

7 L'expression de la cause et de la conséquence

 **RETENIR**

1 / Moyens d'expression

Différents moyens sont employés pour exprimer la cause et la conséquence.

- Un **groupe prépositionnel** complément (CC) de cause ou de conséquence.

  Les scientifiques pensent que Tuvalu en Océanie peut disparaître d'ici à 50 ans <u>à cause du réchauffement climatique</u>. (cause)

- **Deux propositions indépendantes juxtaposées.** Le lien logique est alors sous-entendu (implicite).

  [Tuvalu aura peut-être disparu d'ici à 50 ans] : [le niveau des océans monte.] (cause)

  [Le niveau des océans monte] : [Tuvalu aura peut-être disparu d'ici à 50 ans.] (conséquence)

- **Deux propositions indépendantes coordonnées.**

  Tuvalu aura peut-être disparu d'ici à 50 ans **car** le niveau des océans monte. (cause)

  Le niveau des océans monte, **donc** Tuvalu aura peut-être disparu d'ici à 50 ans. (conséquence)

- Une **proposition subordonnée circonstancielle** de cause ou de conséquence.

  Tuvalu aura peut-être disparu **parce que** le niveau des océans monte. (cause)

  Le niveau des océans monte **si bien que** Tuvalu peut disparaître. (conséquence)

2 / Les conjonctions de subordination (ou locutions conjonctives)

- Pour reconnaître des subordonnées circonstancielles de cause et de conséquence, il faut connaître les conjonctions de subordination qui les introduisent.

Cause	parce que, puisque, comme…
Conséquence	de telle sorte que, si bien que, si… que, au point que, tellement… que

MOTS CLÉS

✓ **Cause :** ce qui fait que quelque chose existe ou se produit, son origine.

✓ **Conséquence :** résultat, effet produit par une cause.

 LA MÉTHODE

▷ **Identifier les différents emplois de *comme***

- La conjonction de subordination *comme* peut exprimer **la cause**.

  Comme (= **puisque**) leur terre va disparaître, les Tuvalais devront s'exiler vers d'autres îles d'Océanie.

- Elle peut aussi introduire une subordonnée circonstancielle de **temps**.

  Il est arrivé **comme** (= **quand**) je partais.

- Elle peut enfin introduire une subordonnée de **comparaison**.

  Les îles sont menacées **comme** (= **de la même manière que**) l'est la banquise.

MINI INTERRO

1. Quelle conjonction de coordination permet d'exprimer la cause ?

2. Quelle conjonction de coordination permet d'exprimer la conséquence ?

S'ENTRAÎNER

1 Devinette

Retrouve les catastrophes naturelles dont les initiales sont les suivantes.

S _ _ _ _ E
T _ _ _ _ I
É _ _ _ _ _ N V _ _ _ _ _ _ _ _ E
C _ _ _ _ E

2 Exprimer la conséquence

Souligne la conjonction de coordination qui permet d'exprimer la conséquence, puis réécris la phrase en remplaçant la coordination par la subordination.

Le réchauffement climatique fait fondre la banquise donc les États pourront accéder plus facilement aux eaux arctiques et en exploiter les ressources.

■ D'après Chloé LARRE, pour www.notre-planete.info.

3 Cause et conséquence

Souligne en rouge la conjonction de coordination qui exprime la cause et en vert celle qui exprime la conséquence.

Cette conquête du Nord engendre à la fois des tensions entre les pays concernés, mais aussi parmi les écologistes car ils savent que cette dernière engendrera beaucoup d'exploitation et donc, de pollution.

■ Chloé LARRE, pour www.notre-planete.info.

4 Exprimer la cause

Réécris la phrase suivante en remplaçant la coordination exprimant la cause par un lien de subordination.

Les écologistes redoutent la fonte de la banquise car les États en profiteront pour exploiter les ressources jusqu'ici préservées.

5 Cause ou conséquence ?

Complète les phrases suivantes au moyen de conjonctions de subordination.

a. La banquise fond .... les ours sont menacés.

b. Les ours polaires sont menacés par la fonte de la banquise .... leur zone de chasse est amenée à disparaître.

c. .... elle réverbère les rayons du soleil, la banquise joue un rôle clé dans la régulation climatique.

d. Les eaux de la mer se sont .... réchauffées .... la Grande Barrière de corail a vu blanchir la moitié de ses coraux.

6 De la cause à la conséquence

Remplace la cause par la conséquence.

a. La fonte des glaciers en montagne est préoccupante car elle risque d'entraîner une hausse du niveau des mers.

b. La fonte des glaciers est préoccupante parce qu'elle risque d'entraîner une hausse du niveau des mers.

7 LECTURE D'IMAGE

Écris un paragraphe dans lequel tu exprimeras tes réflexions face à cette image. Tu essaieras d'employer des connecteurs logiques pour exprimer la cause ou la conséquence.

....
....
....
....
....
....

La fonte de la banquise réduit le territoire des ours polaires : leur survie est menacée.

Corrigés p. 13 du livret.

8 L'expression du but et de la comparaison

1 / Moyens d'expression du but

MOTS CLÉS

✔ **But** : intention, dessein, objectif.

✔ **Comparaison** : relation établie en raison d'une ressemblance, d'une analogie.

Pour exprimer le but, on peut utiliser les moyens suivants.

- Un **infinitif**.
  Certains venaient <u>agacer</u>
  (= pour agacer) <u>Loulou</u>.

- Un **groupe prépositionnel** introduit par : *pour, afin de, dans le but de, de peur de…*
  Bourais se cachait **de crainte du** perroquet.
  Bourais se cachait **de peur d'**être vu.

■ Dans *Un cœur simple* de Flaubert, la servante Félicité s'attache à un perroquet nommé Loulou.

- Une **proposition subordonnée** de but introduite par : *pour que, afin que, de sorte que, de peur que…*
  Bourais se cachait **de peur que** le perroquet ne le voie.

Le mode employé dans la subordonnée de but est **le subjonctif**.

2 / Moyens d'expression de la comparaison

Il existe également plusieurs moyens d'exprimer la comparaison.

- Une **proposition subordonnée** introduite par : *comme, de même que, tel que…*
  Félicité s'occupe de son perroquet **comme** elle l'aurait fait d'un enfant.

- Un **adjectif (ou un adverbe) au comparatif**, suivi du complément de comparatif.
  Félicité est **aussi** généreuse **qu'**elle est affectueuse. (comparatif d'égalité)
  Félicité est **plus** attentive à ses maîtres **qu'**à elle-même. (comparatif de supériorité)

La **comparaison** et la **métaphore** sont étudiées dans le chapitre sur les **figures de style (1)**, page 44.

LA MÉTHODE

▷ **Différencier le but et la conséquence**

MINI INTERRO

1. Cite deux conjonctions de subordination introduisant une subordonnée de but.

2. Cites-en deux autres introduisant une subordonnée de comparaison.

- La **conséquence** est le résultat d'une action ou d'un fait. Elle ne dépend pas d'une volonté.
  Loulou devint malade **si bien qu'il ne pouvait plus parler**.

- Le **but** correspond à une intention, une volonté, un objectif visé par l'action. C'est intentionnel.
  Félicité soigna son perroquet **pour qu'il pût de nouveau manger et parler**.

20

S'ENTRAÎNER

1 Quiz

Lis cet extrait puis coche les bonnes cases.

Il [le perroquet de Félicité] s'appelait Loulou. [...] La figure de Bourais, sans doute, lui paraissait très drôle. Dès qu'il l'apercevait, il commençait à rire, à rire de toutes ses forces. [...] ; et, <u>pour n'être point vu du perroquet</u>, M. Bourais se coulait le long du mur, en dissimulant son profil avec son chapeau [...]

Il [Loulou] devint malade, ne pouvant plus parler ni manger. C'était sous sa langue une épaisseur, <u>comme en ont les poules, quelquefois</u>.

■ Gustave FLAUBERT, *Un cœur simple,* 1877.

a. La première phrase soulignée exprime :

❏ le but   ❏ la conséquence

b. La deuxième phrase soulignée exprime :

❏ la cause   ❏ la comparaison

2 Expression du but (1)

Souligne le moyen d'expression du but et donne sa classe grammaticale. Puis remplace-le par une proposition subordonnée de même sens.

Félicité avait posé son perroquet sur l'herbe pour le rafraîchir, s'absenta une minute ; et, quand elle revint, plus de perroquet !

3 Expression du but (2)

Souligne le moyen d'expression du but, puis remplace-le par un GN complément circonstanciel de but.

Pour la distraire, Loulou reproduisait le tic tac du tournebroche, l'appel aigu du vendeur de poisson, la scie du menuisier qui logeait en face.

4 Expression du but (3)

Relève les deux moyens d'expression du but.

Le ruissellement de l'eau excitait son délire ; il voletait, éperdu, montait au plafond, renversait tout et par la fenêtre allait barboter dans le jardin ; mais revenait vite sur un des chenets, et, sautillant pour sécher ses plumes, montrait tantôt sa queue, tantôt son bec.

Infinitif : ....

Groupe infinitif prépositionnel : ....

....

5 Expression de la comparaison

Dans l'extrait suivant, souligne les propositions subordonnées de comparaison.

Son agonie [celle de Félicité] commença. [...] Les mouvements de son cœur se ralentirent un à un, plus vagues chaque fois, plus doux, comme une fontaine s'épuise, comme un écho disparaît ; et, quand elle exhala son dernier souffle, elle crut voir, dans les cieux entrouverts, un perroquet gigantesque, planant au-dessus de sa tête.

■ Gustave FLAUBERT, *Un cœur simple,* 1877.

6 CONTRÔLE EXPRESS

Pour chaque proposition soulignée, reporte la lettre de la phrase dans la bonne case du tableau.

a. Loulou ennuyait Madame Aubain <u>si bien qu'elle le donna à sa servante, Félicité</u>.

b. Madame Aubain donna à Félicité son perroquet <u>pour s'en débarrasser</u>.

c. À la mort de son perroquet, Félicité l'a fait empailler <u>afin qu'elle puisse le garder avec elle</u>.

d. À la mort de son perroquet, Félicité l'a fait empailler <u>de telle sorte qu'elle a pu le garder avec elle</u>.

e. <u>Comme elle adorait son perroquet</u>, elle l'avait fait empailler.

f. Félicité aimait Loulou <u>comme elle aurait aimé un enfant</u>.

g. <u>Comme elle exhalait son dernier souffle</u>, Félicité eut la vision d'un gigantesque perroquet.

But	
Conséquence	
Temps	
Cause	
Comparaison	

Corrigés p. 13 du livret.

ORTHOGRAPHE

9 Les accords dans le groupe nominal

RETENIR

1 / L'accord du déterminant

- Le déterminant s'accorde en genre et en nombre **avec le nom** qu'il détermine.
  Un gaillard **au** teint basané ; un gaillard **aux** poings énormes.
  Cette après-midi-là, il avait **cet** air grave qui me faisait peur.

Attention aux **déterminants indéfinis *tout* et *même*** (voir chapitre 2, p. 8).

2 / L'accord de l'adjectif qualificatif

- L'adjectif, qu'il soit **épithète** ou **apposé**, s'accorde en règle générale avec le nom qu'il qualifie. Des collégiens exaspérés, révoltés contre la morue de la cantine.

- Restent cependant invariables les adjectifs de couleur :
  – **composés** : des yeux bleus mais des yeux bleu foncé ;
  – **formés à partir de noms** de fleurs, de fruits ou de pierres précieuses : des yeux émeraude (= du vert de l'émeraude).
  Quelques exceptions : *rose, mauve, écarlate, fauve, incarnat…* s'accordent.

3 / L'accord au sein d'un GN comprenant un CDN

- L'adjectif s'accorde avec le nom noyau du GN ou du CDN **en fonction du sens**.
  Une révolte de collégiens mal nourris.
  Il est possible d'hésiter. Une bande de collégiens mal nourrie ou bien une bande de collégiens mal nourris.

- Le nom noyau du CDN se met au singulier ou au pluriel en fonction du sens :
  un sac de terre • un sac de pommes de terre • un sac de billes en terre.

4 / L'accord au sein de la subordonnée relative

- Dans une subordonnée relative introduite par le **pronom relatif sujet *qui***, il faut chercher l'antécédent (le terme remplacé par *qui*) pour accorder correctement le verbe. Toi qui restes à l'écart, viens par ici ! (2e personne du singulier).

- Le pronom relatif composé ***lequel*** s'accorde avec l'antécédent (voir p. 16).

LA MÉTHODE

▷ Accorder les déterminants numéraux *vingt*, *cent*, *mille*

- *Mille* est toujours **invariable**.
- Quand ils sont multipliés, *vingt* et *cent* sont :
  – **variables**, s'ils ne sont pas suivis d'un autre déterminant numéral (on a un nombre entier de vingtaines ou de centaines) ;
  quatre-**vingts** • quatre **cents**

  – **invariables**, s'ils sont suivis d'un autre déterminant numéral.
  quatre-vingt-deux • quatre-vingt-dix • quatre cent-deux

MOT CLÉ

✓ **Accorder :** faire concorder des éléments grammaticaux en genre et en nombre.

MINI INTERRO

1. Quels sont les adjectifs de couleur invariables ?

2. *Mille* est-il variable ou invariable ?

S'ENTRAÎNER

1 Mots mêlés

Retrouve dans la grille des adjectifs de couleur dérivés de noms de fruits, de fleurs ou de légumes.

M	T	F	U	C	H	S	I	A	H
L	A	V	A	N	D	E	A	G	T
O	Z	R	S	H	L	R	T	U	D
S	U	C	R	C	E	R	I	S	E
M	R	I	Y	O	Z	W	L	Q	A
U	X	T	P	L	N	P	Q	A	Q
P	E	R	V	E	N	C	H	E	S
K	D	O	X	O	U	S	A	O	A
I	B	N	G	P	E	Q	M	L	U
A	U	B	E	R	G	I	N	E	I

2 Adjectifs de couleur (1)

Utilise les adjectifs de l'exercice 1 pour compléter les groupes nominaux suivants.

• des yeux .... • un pull jaune ....
• une bouche .... • une jupe ....
• un ciel .... • des yeux ....

3 Adjectifs de couleur (2)

Forme des adjectifs de couleur composés.

bleu ○   ○ turquoise
rouge ○   ○ bouteille
jaune ○   ○ marine
vert ○   ○ paille
                          ○ sang
                          ○ ciel
                          ○ pivoine
                          ○ d'eau

4 Accord du CDN

Mets les CDN au pluriel si nécessaire.

a. un plat de haricot.....
b. un chapelet d'oignon.....
c. des pots de confiture.....
d. dix minutes de récréation.....

5 Accord de l'adjectif

Accorde les adjectifs comme il convient.

a. un plat de morue détesté.....
b. un plat de haricots vert.....
c. des plats en terre vert..... olive.
d. une révolte de collégiens vite réprimé.....
e. une révolte de collégiens insatisfait.....

6 Les déterminants numéraux

Ajoute des s si nécessaire.

a. une punition de deux mille..... vers
b. quatre-vingt.....-trois
c. trois cent..... quatre-vingt.....-deux
d. quatre cent..... quatre-vingt.....
e. trois cent.....

7 CONTRÔLE EXPRESS

Dans l'extrait suivant, coche la case de la proposition qui convient.

Le narrateur participe à une révolte de collégiens menée par le grand Michu…

Les meneurs avaient résolu que nous devions à la fin nous révolter contre la morue à la sauce rousse et les haricots à la sauce blanche. Le soir, au réfectoire, la grève commença. Le grand Michu, dont une faim atroce devait troubler la tête, se leva brusquement. Il prit l'assiette du pion, qui mangeait ❑ *à belle dent* ❑ *à belles dents*, la jeta au milieu de la salle, puis entonna *La Marseillaise* d'une voix forte. La révolte tournait à la révolution. Trois heures ❑ *de tapage* ❑ *de tapages* suffirent pour nous calmer. Les plus timides, ❑ *épouvanté* ❑ *épouvantés* de la longue impunité dans ❑ *laquelle* ❑ *lequel* on nous laissait, ouvrirent doucement une des fenêtres et disparurent. Bientôt le grand Michu n'eut plus qu'une dizaine ❑ *d'insurgé* ❑ *d'insurgés* autour de lui.

■ D'après Émile ZOLA, *Le Grand Michu*, 1874.

Corrigés p. 13 du livret.

ORTHOGRAPHE

10 L'accord du verbe avec le sujet

RETENIR

1 / Les difficultés liées à la position du sujet

- Le sujet est **inversé** (placé après le verbe).

   Devant Jonathan Harker se ten**ait** un grand vieillard. (sujet placé après le verbe)

- Le sujet est **séparé du verbe** par un pronom complément ou un groupe de mots plus ou moins long.

   Lucy, victime de Dracula, raconte ce qui lui est arrivé sur des feuillets afin qu'**on** les trouv**e** (et non *trouvent*) et qu'**on** les lis**e** (et non *lisent*).

Il faut accorder le verbe avec le sujet **on** et non avec le pronom complément **les**. Attention aussi au pronom **vous** ! **Je** vous verr**ai** (et non *verrez*).

2 / Les difficultés liées à la nature du sujet

- Le sujet est le **pronom relatif qui**. Il faut accorder le verbe de la relative avec l'antécédent.

   Jonathan Harker raconte dans son journal les incidents étranges, **qui** se produis**ent** chez Dracula. → *qui* : pronom sujet mis pour l'antécédent *les incidents étranges*.

- Le sujet est composé de **pronoms personnels de différentes personnes**.
   → moi + toi (ou lui) = nous ; toi + lui (ou eux) = vous.

- Lorsque le sujet est le **pronom indéfini on**, le verbe est au **singulier**.

   On est venu pendant la nuit.

- Si le sujet est *chacun, aucun, pas un,* le verbe est au **singulier**.

   Chacun redouterai**t** de rencontrer un vampire.

Mais s'il s'agit de *beaucoup, peu, trop,* le verbe est au **pluriel**.

   Cependant **peu** croi**ent** en leur existence.

- Lorsque le sujet est un GN de sens **collectif**, le verbe peut être au **singulier** ou au **pluriel**.

   Une **bande** de loups envahiss**ait** la cour. → Accord avec le nom noyau du GN, *bande*.

   Une bande **de loups** envahiss**aient** la cour. → Accord avec le nom CDN, *loups*.

MOT CLÉ

✓ **Sujet :** fonction grammaticale qui gouverne l'accord du verbe (personne, nombre, genre). Il répond à la question « Qui ? » suivie du verbe.

LA MÉTHODE

▷ Identifier le sujet

La lune, en ce moment, triomphait des nuages.

- On peut poser la question ***qui est-ce qui*** ou ***qu'est-ce qui*** devant le verbe.

Qu'est-ce qui triomphait des nuages ? = la lune.

- On peut également employer le procédé de mise en relief ***c'est… qui.***

C'est la lune qui triomphait des nuages.

MINI INTERRO

1. Le verbe s'accorde-t-il toujours avec le sujet ?

2. Qu'est-ce qu'un sujet inversé ?

24

S'ENTRAÎNER

1 Quiz

Coche le sujet du verbe en gras puis accorde celui-ci.

☐ des hautes fenêtres obscures

☐ aucun rai de lumière

Le narrateur, Jonathan Harker, est envoyé en Transylvanie pour rencontrer le comte Dracula.
Tout à coup, je m'aperçus que le cocher faisait entrer les chevaux dans la cour d'un grand château en ruine. Des hautes fenêtres obscures ne s'**échappai**….. aucun rai de lumière ; les vieux créneaux se découpaient sur le ciel où la lune, en ce moment, triomphait des nuages.
■ Bram STOKER, *Dracula*, 1897.

2 Sujet inversé

Souligne les sujets inversés dans ces phrases.

a. De part et d'autre se creusait un grand précipice.

b. J'étais dans une vieille chapelle en ruine. Je descendis même dans les caveaux où parvenait une faible lumière. Là, dans une des grandes caisses posées sur un tas de terre fraîchement retournée, gisait le comte.

3 Accord du verbe

Coche la terminaison qui convient.

En face de moi ☐ se tenait ☐ se tenaient trois jeunes femmes. Deux d'entre elles avaient de grands yeux noirs, perçants, qui, dans la pâle clarté de la lune, ☐ donnait ☐ donnaient presque la sensation du feu. Toutes les trois avaient les dents d'une blancheur éclatante, et qui ☐ brillait ☐ brillaient comme des perles entre leurs lèvres rouges et sensuelles. Quelque chose en elles me ☐ mettais ☐ mettait ☐ mettaient mal à l'aise.

4 Sujets et verbes

Accorde correctement les verbes après avoir souligné leurs sujets.

Tandis que j'écris, j'entends dans le couloir, en bas, que l'on **marche**….. lourdement et qu'on **laisse**….. tomber… oui… ce sont sans doute les caisses remplies de terre. Écoutez ! Dans la cour et au-delà, dans le sentier rocailleux, **passe**….. et s'**éloigne**….. les charrettes ; je les **entend**….. qui **roule**….. et j'**entend**….. les fouets qui **claque**….. .

5 Décrire en variant les sujets

Écris un paragraphe dans lequel tu décriras les vampires tels que tu les imagines. Utilise des sujets de natures différentes et varie leur position dans les phrases.

....
....
....
....
....

6 LECTURE D'IMAGE

Observe l'affiche.

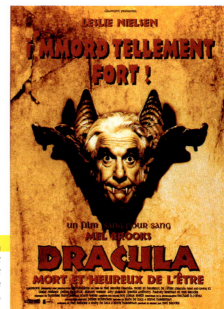

Affiche du film *Dracula mort et heureux de l'être* de Mel BROOKS, 1995.

a. Relève un élément du portrait qui correspond à l'image traditionnelle de Dracula, puis un élément qui ne lui correspond pas.

b. Ce film est-il une adaptation fidèle du roman de Bram Stoker ou une parodie ?

c. « Un film sang pour sang Mel Brooks ». Explique le jeu de mots.

Corrigés p. 13 du livret.

ORTHOGRAPHE

11 Les homophones grammaticaux (1)

RETENIR

Les homophones grammaticaux se prononcent de la même façon ou de façon proche, mais ils appartiennent à des **classes grammaticales différentes**.

1 / es, est, ai, aie, ait, aient

Homophones	Classe grammaticale	Exemple
es, est	2e et 3e personnes du singulier du **présent de l'indicatif** du verbe *être*	Charles **est** ruiné.
ai	1re personne du singulier du **présent de l'indicatif** du verbe *avoir*	J'**ai** de l'or, pense Eugénie.
aie, aies, ait, aient	1re, 2e et 3e personne du singulier et 3e personne du pluriel du **subjonctif présent** du verbe *avoir*	Qu'il **ait** du courage !
aie	2e personne du singulier de l'**impératif présent** du verbe *avoir*	**Aie** du courage !

> **MOT CLÉ**
>
> ✓ **Homophones** : mots qui se prononcent de la même manière mais qui diffèrent par le sens et l'orthographe. On distingue les homophones lexicaux et les homophones grammaticaux (voir les mots clés du chapitre 12).

2 / les, l'es(t), l'ai, l'ait, l'aie(nt)

Homophones	Classe grammaticale	Exemple
les	article défini	Eugénie lit **les** mots écrits par Charles.
	pronom personnel complément	Eugénie **les** lit.
l'es, l'est	le pronom personnel *le* (ou *la*) élidé + le verbe *être* au présent de l'indicatif	Émue, Eugénie **l'est** par les malheurs de Charles.
l'ai	le pronom personnel *le* (ou *la*) élidé + le verbe *avoir* au présent de l'indicatif	Cet or, je **l'ai** ! se dit Eugénie.
l'aie, l'ait, l'aient	le pronom personnel *le* (ou *la*) élidé + le verbe *avoir* au présent du subjonctif	Son or, Eugénie désire que Charles **l'ait**.

LA MÉTHODE

▷ **Éviter les confusions orthographiques**

• En conjuguant le verbe à une autre personne, on retrouve la bonne forme grammaticale.

Homophone	Peut être remplacé par…	Exemple
es, est	suis	Tu **es** venu ; il **est** venu. → Je **suis** venu.
ai	avons	J'**ai** tout perdu. → Nous **avons** tout perdu.
aie, aies, ait, aient	ayons	Je crains qu'il **ait** tout perdu. → Je crains que nous **ayons** tout perdu. **Aie** pitié ! → **Ayons** pitié !
les — article	un(e)	J'ai lu **les** lettres. → J'ai lu **une** lettre.
les — pronom	l'antécédent du pronom	Ces lettres, je **les** ai lues. → J'ai lu **ces lettres**. (*les* = ces lettres)
l'ai	l'avons	Cette lettre, je **l'ai** lue. → Nous **l'avons** lue. (*l'* = cette lettre)
l'es(t)	le sommes	Malheureux, il **l'est** ! Malheureux, tu **l'es** ! → Nous **le sommes**. (*le* = malheureux)

> **MINI INTERRO**
>
> **1.** Par quoi peut-on remplacer *ai* pour ne pas le confondre avec *est* ?
>
> **2.** Identifie la forme verbale *aie* (2 réponses attendues).

26

S'ENTRAÎNER

1 Devinette

Retrouve les homophones correspondant aux définitions suivantes.

a. Le contraire de beau : ....

b. Poème : ....

c. Femelle du sanglier : ....

d. Liquide blanc : ....

e. Pronom + verbe *être* : ....

2 Homophones de *est*

Relève les homophones de la forme verbale *est*.

Eugénie lit une lettre de Charles, son cousin.
« Ma chère Annette, rien ne devait nous séparer, si ce n'est le malheur qui m'accable. Mon père s'est tué, sa fortune et la mienne sont entièrement perdues. Je n'ai pas cent francs à moi pour aller tenter le sort aux Indes ou en Amérique. Quant à rester à Paris, je ne saurais. Ton amour, le plus tendre et le plus dévoué qui jamais ait ennobli le cœur d'un homme ne saurait m'y attirer. Hélas ! ma bien-aimée, je n'ai pas assez d'argent pour aller là où tu es. »
« Pauvre Charles, j'ai bien fait de lire ! J'ai de l'or, je le lui donnerai », dit Eugénie.

■ D'après Honoré de Balzac, *Eugénie Grandet*, 1833.

3 Trouver les homophones (1)

Remplace les pointillés par l'homophone qui convient sous ses différentes formes.

Eugénie a donné sa fortune à son cousin. Le père Grandet, avare au dernier point, entre en fureur lorsqu'il découvre que sa fille « n'a plus son or ».

– Mon père, je vous aime et vous respecte, malgré votre colère : […] j'....... fait de mon argent ce qu'il m'a plu d'en faire, et soyez sûr qu'il .... bien placé.
– Où ?
– C'....... un secret inviolable […].
– Mais tu .... une enfant.

[*Le père Grandet fait enfermer sa fille dans sa chambre.*]

– Je ne la verrai ni ne lui parlerai. Elle restera dans sa chambre au pain .... à l'eau jusqu'à ce qu'elle .... satisfait son père.

■ Honoré de Balzac, *Eugénie Grandet*, 1833.

4 Trouver les homophones (2)

Même exercice avec un autre homophone.

a. .... promesses de fidélité faites à Eugénie, Charles ne .... tiendra pas.

b. Ambitieux, Charles .... au point de vouloir se marier avec une jeune aristocrate qu'il n'aime pas mais qui lui apporte un titre et une position.

c. « Je .... attendu pendant sept ans en vain », pense Eugénie en recevant la lettre de son cousin.

5 LECTURE D'IMAGE

Observe cette illustration.

Illustration d'Auguste Leroux pour une édition de 1911 d'*Eugénie Grandet*, BNF Paris.

a. Quels sont, selon toi, les deux personnages présents sur l'illustration ?

b. Que nous apprend l'attitude du personnage au premier plan ?

c. Décris-le en insistant sur l'expression de son visage et sur ses mains.

d. À quel autre personnage de la littérature peut-il être apparenté ?

Corrigés p. 13 du livret.

12 Les homophones grammaticaux (2)

RETENIR

1 / *Ces, ses, c'est, s'est*

MOTS CLÉS

✓ **Homophones grammaticaux :** homophones qui relèvent de la grammaire et de la conjugaison.

✓ **Homophones lexicaux :** homophones qui relèvent du vocabulaire.

Homophones	Classe grammaticale	Exemple
ces	déterminant démonstratif	**Ces** marins ont eu une fin tragique. (= ces marins-là)
ses	déterminant possessif	Le commandant n'a pas pu sauver **ses** hommes. (= les siens)
c'est	pronom démonstratif *ce* élidé + le verbe *être*	**C'est** la perte du gouvernail qui aurait précipité le naufrage.
s'est	pronom réfléchi *se* élidé + le verbe *être*	Le navire **s'est** brisé sur les écueils. (verbe pronominal *se briser*)

2 / *Quand, quant, qu'en*

Homophones	Classe grammaticale	Exemple
quand	**conjonction de subordination** qui introduit une subordonnée temporelle	**Quand** le navire a perdu son gouvernail, il n'a pu éviter les écueils.
	adverbe interrogatif	**Quand** les marins ont-ils compris qu'ils allaient mourir ?
quant	**locution prépositive** = en ce qui concerne	**Quant** au capitaine, on l'a identifié grâce à son uniforme.
qu'en	*que* élidé + *en* *en* pouvant être un pronom ou une préposition	C'est une histoire tragique. **Qu'en** (pronom) pense Alphonse Daudet ? (*en* = de cette histoire tragique) Daudet nous relate **qu'en** (préposition) 1855, la *Sémillante* a fait naufrage.

LA MÉTHODE

▷ **Éviter les confusions**

• En reformulant la phrase, on peut différencier les homophones et éviter les erreurs d'orthographe.

Homophones	Peut être remplacé par...	Exemple
ces	ce, cet, cette	**ces** marins → **ce** marin
ses	mes, tes, leurs	**ses** hommes → **mes** hommes
c'est	cela est	**C'est** une histoire tragique. → **Cela est** une histoire tragique.
s'est	me suis	L'équipage **s'est** noyé. → Je **me suis** noyé.
quant à	en ce qui concerne...	**Quant** à moi → **En ce qui** me concerne
qu'en (*en* = pronom)	que... de cela	**Qu'en** penses-tu ? → **Que** penses-tu **de cela** ?

MINI INTERRO

1. Par quoi peux-tu remplacer *ses* pour éviter les confusions orthographiques ?

2. Par quoi peux-tu remplacer *quant* ?

S'ENTRAÎNER

1 Homophones grammaticaux

Relie chaque homophone à sa description.

a. ses ○ — ○ déterminant démonstratif
b. s'est ○ — ○ pronom démonstratif élidé + verbe *être*
c. ces ○ — ○ pronom réfléchi élidé + verbe *être*
d. c'est ○ — ○ déterminant possessif

2 Trouver les homophones

Souligne, avec deux couleurs, deux groupes d'homophones étudiés page 28.

Un soir que nous fuyions devant la tempête, notre bateau vint se réfugier à l'entrée du détroit de Bonifacio, au milieu d'un massif de petites îles…
« Où sommes-nous donc ?
– Aux îles Lavezzi. C'est ici que sont enterrés les six cents hommes de la *Sémillante*, à l'endroit même où leur frégate s'est perdue il y a dix ans. »
Quand les écuelles furent vidées, on alluma les pipes et on se mit à causer un peu.
Naturellement, on parlait de la *Sémillante* : la mer l'avait broyée d'un coup. Quant aux hommes, presque tous défigurés, mutilés affreusement… c'était pitié de les voir accrochés les uns aux autres, par grappes…

■ D'après Alphonse DAUDET, *L'Agonie de la Sémillante*, 1866.

3 *Ces* ou *ses* ? *C'est* ou *s'est* ?

Complète l'extrait suivant avec l'homophone qui convient.

– Comment la chose ……. passée ? Tout ce que nous savons, ……. que la *Sémillante*, chargée de troupes pour la Crimée, était partie de Toulon, la veille au soir, avec le mauvais temps. Le matin, le vent tomba un peu, mais la mer était toujours dans tous ……. états, et avec cela une sacrée brume du diable à ne pas distinguer un fanal à quatre pas. …….brumes-là, on ne se doute pas comme ……. traître.

■ D'après Alphonse DAUDET, *L'Agonie de la Sémillante*, 1866.

4 *Quand*, *quant* ou *qu'en* ?

Complète les phrases avec le bon homophone.

a. ……. la *Sémillante* a fait naufrage, il n'y a eu aucun survivant.
b. On sent ……. écrivant ces pages, Daudet revit le drame de ces hommes.
c. ……. au lecteur, il est troublé par ce récit.
d. ……. on retrouva les corps des marins, on les enterra dans un cimetière sur une des îles Lavezzi.
e. ……. au capitaine, on l'identifia à son uniforme.

5 LECTURE D'IMAGE

Observe ce tableau.

a. Que représente ce tableau ? Décris la scène.
b. Ce tableau se réfère à un événement historique. Lequel ? Consulte les documents dont tu disposes : sites web, dictionnaires…
c. Quelle forme architecturale trouve-t-on dans la composition de ce tableau ?
d. Ce tableau te semble-t-il réaliste ? Justifie ta réponse.

Théodore GÉRICAULT, *Le Radeau de la Méduse* (entre 1817 et 1819).

13 L'analyse du verbe

RETENIR

1 / Définition

- Un verbe est l'élément autour duquel s'organise la phrase et peut se **conjuguer**. Il y a trois groupes de verbes :
  - ceux du 1er groupe (en **–er**) se conjuguent comme *aimer* ;
  - ceux du 2e groupe (en **-ir**, participe présent en **-issant**) se conjuguent comme *finir* ;
  - ceux du 3e groupe (tous les autres) ont une conjugaison irrégulière.

- Un verbe varie en fonction de la **personne** et du **nombre** (sing. ou pl.) du sujet.

  La jeune femme n'av**ait** pas de dot. • Les femmes distinguées av**aient** une dot.

2 / Les temps

- Ils situent un fait dans le temps par rapport au moment où l'on parle. Il y a les temps du **présent**, du **passé** et du **futur**.

- Il y a les **temps simples** et les **temps composés** (auxiliaire + participe passé). À chaque temps simple correspond un temps composé qui exprime une action antérieure à celle du temps simple.

  Elle **souffrait**. = imparfait (temps simple)

  Elle **avait** toujours **souffert**. = plus-que-parfait (temps composé)
  auxiliaire à l'imparfait + participe passé

3 / Les modes, les voix et les formes

- **L'indicatif** présente un fait comme réel. Les **autres modes personnels** sont le conditionnel, le subjonctif et l'impératif (voir chap. 17). **Les modes impersonnels** sont l'infinitif, le participe et le gérondif.

- À la **voix active**, le sujet agit : Toutes ces choses la torturaient. À la **voix passive**, le sujet subit l'action : Elle était torturée par toutes ces choses.

- À la forme **pronominale**, le verbe est précédé d'un pronom réfléchi (voir chap. 14).

MOT CLÉ

✓ **Verbe** : classe grammaticale qui joue un rôle majeur dans l'organisation de la phrase. Il peut être conjugué.

LA MÉTHODE

▷ Transformer à la voix passive

- Il faut transformer **le COD en sujet** et **le sujet en complément d'agent**.

  Toutes ces choses la torturaient. → Elle était torturée par toutes ces choses.
  sujet   COD   sujet   complément d'agent

- Il faut mettre **le verbe à la forme passive** en employant l'auxiliaire ***être* suivi du participe passé** du verbe (attention à bien accorder le participe passé avec le sujet). torturaient → était tortur**ée**

  L'auxiliaire doit être conjugué au même temps que le verbe à la forme active.

  Toutes ces choses la **torturèrent**. → Elle **fut** torturée par toutes ces choses.

  Toutes ces choses l'**ont torturée**. → Elle **a été** torturée par toutes ces choses.

MINI INTERRO

1. Cite les quatre modes personnels.
2. Que deviennent le sujet et le COD lors de la transformation passive ?

30

1 Quiz

Dans cet extrait, le verbe souligné est au :
❑ futur simple
❑ passé simple

Le portrait de Madame Loisel introduit La Parure *de Maupassant.*

C'était une de ces jolies et charmantes filles, nées, comme par une erreur du destin, dans une famille d'employés. Elle n'avait pas de dot, pas d'espérances, aucun moyen d'être connue, comprise, aimée, épousée par un homme riche et distingué : et elle <u>se laissa</u> marier avec un petit commis du ministère de l'Instruction publique.

■ Guy de MAUPASSANT, *La Parure*, 1884.

2 2ᵉ ou 3ᵉ groupe ?

Classe les verbes selon le groupe de conjugaison auquel ils appartiennent.

pâlir • sentir • venir • grandir • partir • glapir • guérir • courir

3 Analyse du verbe

Pour chaque verbe souligné, complète les cases du tableau qui conviennent.

Or, un soir, son mari <u>rentra</u>, l'air glorieux et tenant à la main une large enveloppe.
– <u>Tiens</u>, dit-il, voici quelque chose pour toi.
Elle déchira vivement le papier et en tira une carte imprimée qui portait ces mots :
« Le ministre de l'Instruction publique et Mme Georges Ramponneau <u>prient</u> M. et Mme Loisel de leur <u>faire</u> l'honneur de venir passer la soirée à l'hôtel du ministère, le lundi 18 janvier. »
Au lieu d'être ravie, comme l'espérait son mari, elle jeta avec dépit l'invitation sur la table, murmurant :
– Que veux-tu que je <u>fasse</u> de cela ?

■ Guy de MAUPASSANT, *La Parure*, 1884.

	Groupe	Personne	Nombre	Mode	Temps
rentra					
tiens					
prient					
faire					
fasse					

4 Mode et temps

Indique le temps et le mode des verbes soulignés.

– Mais ma chérie, je <u>pensais</u> que tu <u>serais</u> contente. Tu ne <u>sors</u> jamais et c'est une occasion, cela, une belle ! J'<u>ai eu</u> une peine infinie à l'obtenir. [...] Tu <u>verras</u> là tout le monde officiel.
Elle le regardait d'un œil irrité, et elle <u>déclara</u> avec impatience :
– Que veux-tu que je me <u>mette</u> sur le dos [...] ?

■ Guy de MAUPASSANT, *La Parure*, 1884.

5 Forme passive

Transforme ces phrases à la voix passive.

a. Mme Loisel emprunte un collier de diamants à une amie pour aller au bal.

b. La jeune femme a perdu le collier.

c. M. et Mme Loisel rachèteront un collier identique en s'endettant.

6 CONTRÔLE EXPRESS

Lis le texte, puis réponds aux questions.

Bien des années après, Madame Loisel révèle à son amie la perte du collier...

« Tu <u>te rappelles</u> bien cette rivière de diamants que tu m'as prêtée pour aller à la fête du ministère.
– Oui. Eh bien ?
– Eh bien, je l'ai perdue. Je t'en ai rapporté une autre toute pareille. Et voilà dix ans que nous la payons. »
Mme Forestier <u>s'était arrêtée</u>.
« Tu dis que tu as acheté une rivière de diamants pour remplacer la mienne ? »
Mme Forestier, fort émue, lui prit les deux mains.
« Oh ! ma pauvre Mathilde ! Mais la mienne était fausse. Elle valait au plus cinq cents francs !... »

■ D'après Guy de MAUPASSANT, *La Parure*, 1884.

a. Trouve un exemple de chaque forme verbale.
– Indicatif présent → ....
– Passé simple → ....
– Passé composé → ....

b. Quel est le point commun aux verbes soulignés ?

c. Quelle réaction provoque la fin de cette nouvelle ?

d. Comment appelle-t-on ce type de dénouement ?

Corrigés p. 14 du livret.

CONJUGAISON

14 Les formes pronominale et impersonnelle

RETENIR

1 / La forme pronominale

MOTS CLÉS

✓ **Forme pronominale :** le verbe est précédé d'un pronom réfléchi (*me, te, se...*) qui représente la même chose que le sujet.

✓ **Forme impersonnelle :** le verbe est construit avec le pronom sujet *il*, qui n'est que le sujet grammatical.

- La forme pronominale se caractérise par la présence du **pronom réfléchi** *me, te, se...* devant le verbe. Le sujet exerce l'action sur lui-même.

- Les verbes **essentiellement pronominaux** sont toujours à la forme pronominale : s'évanouir, s'enfuir...

■ Nicolas Gogol est un écrivain russe du XIXᵉ siècle. *Le Nez* fait partie d'un ensemble de nouvelles satiriques, grotesques et fantastiques appelées *Nouvelles de Pétersbourg*.

- D'autres verbes sont **occasionnellement pronominaux** :
  – de **sens réfléchi** : s'éveiller = éveiller soi-même
  – de **sens réciproque** : s'embrasser = s'embrasser l'un l'autre
  – de **sens passif** : Hirondelle s'écrit avec deux « l ». Cette maison se voit de loin.

2 / La forme impersonnelle

- À la forme impersonnelle, le verbe est conjugué avec le **pronom *il*** ; ce pronom *il* ne représente rien : c'est un sujet grammatical, vide de sens.

- Les verbes **essentiellement impersonnels** sont toujours à la forme impersonnelle : **Il neige** depuis hier soir.

- Certains verbes sont **occasionnellement impersonnels**. Dans ce cas, le **sujet réel** est exprimé à la suite du verbe :

  Il arrive parfois des malheurs. = Des malheurs arrivent parfois.
  sujet grammatical   sujet réel

LA MÉTHODE

▷ Accorder le participe passé des verbes pronominaux

- Le plus souvent, le participe passé **s'accorde** de fait **avec le sujet**.

  Elle s'est évanoui**e**. • Ils se sont réveill**és** à l'aube. • Jules et Julie se sont embrass**és**.
  • L'affaire s'est régl**ée** grâce à son arbitrage.

MINI INTERRO

1. Cite deux verbes essentiellement impersonnels.

2. Cite deux verbes essentiellement pronominaux.

- Mais cette règle ne s'applique pas lorsque le pronom réfléchi est **COI** ou **COS** du verbe.

  Ils se sont téléphoné. = Ils ont téléphoné l'un à l'autre.
       COI

  Elle s'est lavé les mains = Elle s'est lavé les mains à elle-même.
       COS   COD

32

S'ENTRAÎNER

1 Quiz

Coche la ou les bonnes cases.

	Forme impersonnelle	Forme pronominale
a. Il s'est produit une chose étrange !	☐	☐
b. Il arrive parfois de drôles de choses !	☐	☐
c. Il s'est éveillé de bonne heure.	☐	☐

2 Forme pronominale

Surligne les verbes à la forme pronominale.

Lors d'un petit-déjeuner, le barbier Iakovlévitch fait une étrange découverte…

[…] Ivan Iakovlévitch enfila son habit par-dessus sa chemise et s'étant installé à table, il éplucha deux oignons, les saupoudra de sel, prit en main son couteau et, la mine solennelle, se mit en devoir de couper le pain. […] il aperçut à son grand étonnement une masse blanchâtre dans la mie […].
Il plongea ses doigts dans la mie et en retira… un nez !

■ Nicolas Gogol, *Le Nez*, 1836.

3 Verbes pronominaux

Pour chaque verbe à la forme pronominale, indique s'il est essentiellement (EP) ou occasionnellement pronominal (OP).

Il <u>se frotta</u> (……) les yeux et palpa l'objet : oui, c'était bien un nez. Et, de plus, un nez qu'il lui semblait connaître. La terreur <u>se peignit</u> (……) sur le visage d'Ivan Iakolévitch. Mais cette terreur n'était rien auprès de la colère qui <u>s'empara</u> (……) de son épouse.
– Où as-tu coupé ce nez, animal ? <u>s'écria</u> (……)-t-elle, furieuse. […] J'ai déjà entendu trois clients <u>se plaindre</u> (……) que tu tirais tellement sur leur nez en leur faisant la barbe que tu as failli le leur arracher.

■ Nicolas Gogol, *Le Nez*, 1836.

4 Accord du participe passé

Accorde les participes passés si nécessaire.

a. Elle s'est frotté…… les yeux.
b. Elle s'est frotté…… contre le mur.
c. Ils se sont serré…… l'un contre l'autre.
d. Ils se sont serré…… les mains.

5 Forme impersonnelle (1)

Surligne les verbes à la forme impersonnelle.

L'assesseur de collège Kovaliov s'éveilla assez tôt […]. Kovaliov s'étira et se fit apporter un petit miroir […] à son immense stupéfaction, il vit que l'endroit que devait occuper son nez était parfaitement lisse. […] Il tâta avec la main, se pinça pour se convaincre qu'il ne dormait pas : il était bien éveillé, semblait-il. […]
« Mais peut-être n'est-ce qu'une illusion ? Il est impossible que mon nez disparaisse comme ça, sans rime ni raison… »

■ Nicolas Gogol, *Le Nez*, 1836.

6 Forme impersonnelle (2)

Dans cette phrase, souligne en rouge le sujet grammatical et en bleu le sujet réel, puis remplace la forme impersonnelle par une forme personnelle.

Il est étrange de ne plus avoir de nez.

7 CONTRÔLE EXPRESS

Lis le texte, puis réponds aux questions.

Il se passe des choses complètement extravagantes dans l'existence […] : ce nez qui circulait en ville […] se retrouva soudain, comme si de rien n'était, à sa place naturelle, c'est-à-dire entre les joues du major Kovaliov.
[…] Il se fit aussitôt apporter de l'eau pour ses ablutions et, tout en se lavant, il se regarda de nouveau dans la glace : le nez était bien là !

■ Nicolas Gogol, *Le Nez*, 1836.

a. Relève une construction à la fois pronominale et impersonnelle.
b. Souligne les quatre autres verbes pronominaux.
c. Surligne le pronom *se* qui est COI.

Corrigés p. 14 du livret.

15 Les verbes du 3ᵉ groupe au présent de l'indicatif

 **RETENIR**

1 / Les verbes du 3ᵉ groupe

- Font partie du 3ᵉ groupe tous les verbes qui n'appartiennent ni au 1ᵉʳ groupe (infinitif en -*er*) ni au 2ᵉ groupe (infinitif en -*ir*, participe présent en -*issant*).

- Ces verbes sont dits **irréguliers** car leur conjugaison présente **plusieurs radicaux**.
  Par exemple, pour venir : ven-/vien- (au présent de l'indicatif), viend- (au futur), vienn- (au présent du subjonctif), etc.

- Les **terminaisons** de ces verbes présentent également des irrégularités.
  Au présent de l'indicatif, la plupart prennent les terminaisons :
  – -*s*, -*s*, -*t*, au singulier ;
  – -*ons*, -*ez*, -(*e*)*nt* au pluriel ;
  mais on compte un certain nombre d'exceptions (voir ci-dessous).

2 / Les terminaisons particulières

Terminaisons	Personnes	Verbes concernés
-e, -es, -e	pers. du singulier	*offrir, ouvrir, cueillir* et leurs composés. Ex. : j'offre, tu offres, il offre
-x, -x, -t	pers. du singulier	*pouvoir, valoir, vouloir*. Ex. : je peux, tu peux, il peut
-ds, -ds, -d	pers. du singulier	les verbes en -*dre* qui ne se terminent pas par -*indre* ou par -*soudre*. Ex. : je prends, tu prends, il prend
-ts, -ts, -t	pers. du singulier	les verbes en -*tre* tels *battre* et *mettre*. Ex. : je me bats, tu te bats, il se bat
-cs, -cs, -c	pers. du singulier	*vaincre* et ses composés. Ex. : je vaincs, tu vaincs, il vainc
-tes	2ᵉ pers. du pluriel	*faire, dire* et leurs composés. Ex. : vous faites, vous dites

 LA MÉTHODE

▷ **Orthographier les verbes en -*dre***

- Les verbes en -*dre* prennent les terminaisons **-ds, -ds, -d** aux trois personnes du singulier du présent de l'indicatif : je couds, tu couds, il coud • je rends, tu rends, il rend

- Les verbes en -*soudre* en -*indre* font exception et prennent les terminaisons **-s, -s, -t** : je résous, tu résous, il résout • je peins, tu peins, il peint

▷ **Distinguer *croire* et *croître***

- Le verbe *croître* garde l'**accent circonflexe** chaque fois qu'on peut le confondre avec le verbe *croire* : je croîs ≠ je crois • tu croîs ≠ tu crois • il croît ≠ il croit

- Aux personnes du pluriel, il n'y a plus de confusion possible et donc plus d'accent circonflexe.

  nous croissons ≠ nous croyons

MOTS CLÉS

✓ **Radical** : racine du verbe à laquelle on ajoute la terminaison. Les verbes du 3ᵉ groupe peuvent avoir plusieurs radicaux.

✓ **Terminaison** : elle permet d'indiquer le mode, le temps, le genre et le nombre.

MINI INTERRO

1. Quels sont les trois verbes qui se terminent par un -*x* aux deux premières personnes du singulier du présent de l'indicatif ?

2. Les verbes *moudre* et *dissoudre* se conjuguent-ils de la même manière ?

S'ENTRAÎNER

1 Devinette

Retrouve les verbes qui manquent. Attention à bien les conjuguer !

COLLOQUE SENTIMENTAL

Dans le vieux parc solitaire et glacé

Deux formes ont tout à l'heure passé.

Leurs yeux sont morts et leurs lèvres sont

[molles,

Et l'on .... à peine leurs paroles.

[…]

– Te ....-il de notre extase ancienne ?

– Pourquoi voulez-vous donc qu'il m'en

[souvienne ?

– Ton cœur ....-il toujours à mon seul nom ?

Toujours ....-tu mon âme en rêve ? – Non.

■ Paul VERLAINE, *Fêtes galantes*, 1869.

2 Infinitif

Relie chaque forme verbale à son ou ses infinitifs.

a. je crois ○
je croîs ○   ○ croire
vous croyez ○   ○ croître
vous croissez ○
b. je peigne ○
je peins ○   ○ peindre
nous peignons ○   ○ peigner
ils peignent ○

3 Terminaisons verbales

Relie le radical du verbe à la terminaison qui convient.

je sen ○
je veu ○
je ren ○   ○ s
il pein ○   ○ ds
il pren ○   ○ x
il dissou ○   ○ t
il paraî ○   ○ d

4 Conjugaison

Complète les tableaux en conjuguant les verbes au présent de l'indicatif.

Verbe	1re pers. sing.	3e pers. sing.
valoir		
combattre		
défaire	je défais	

Verbe	2e pers. pl.	3e pers. pl.
valoir	vous valez	
combattre	vous combattez	
défaire		

5 CONTRÔLE EXPRESS

Complète les vers suivants avec les terminaisons verbales qui manquent.

a. Je crain..... toujours, — ce qu'est d'attendre !
Quelque fuite atroce de vous.
■ VERLAINE, « Spleen » in *Romances sans paroles*, 1874.

b. Voici des fruits, des fleurs, des feuilles
et des branches / Et puis voici mon cœur,
qui ne ba..... que pour vous.
■ VERLAINE, « Green » in *Romances sans paroles*, 1874.

c. Surtout les soirs d'été : la rougeur du couchant
Se fon..... dans le gris bleu des brumes qu'elle
[teinte
D'incendie et de sang ;
■ VERLAINE, « Dans les bois » in *Poèmes saturniens*, 1866.

d. De la musique encore et toujours !
Que ton vers soit la chose envolée
Qu'on sen..... qui fui..... d'une âme en allée
Vers d'autres cieux à d'autres amours.
■ VERLAINE, « Art poétique » in *Jadis et naguère*, 1884.

e. Dans l'interminable / Ennui de la plaine
La neige incertaine / Lui..... comme du sable.
■ VERLAINE, « Ariettes oubliées » in *Romances sans paroles*, 1874.

Corrigés p. 14 du livret.

CONJUGAISON

16 Formes verbales en [i] et [y]

RETENIR

Les sons [i] et [y] peuvent correspondre à plusieurs formes verbales. Il faut les reconnaître pour les orthographier correctement.

1 / Le son [i]

■ Edgar Allan Poe (1809-1849) est un auteur américain qui a écrit de nombreuses nouvelles fantastiques.

- Quand tu entends le son [i] à la fin d'un verbe, demande-toi en premier lieu s'il s'agit d'un participe passé ou d'une forme conjuguée. Puis reviens à l'infinitif pour trouver le groupe du verbe. Dans le cas d'une forme conjuguée, n'oublie pas d'identifier la personne.

Participe passé	verbes du 2ᵉ groupe	-i	j'ai fini
	verbes du 3ᵉ groupe	-i	je suis parti
		-is	j'ai mis
		-it	j'ai dit
Forme conjuguée	verbe du 1ᵉʳ groupe au présent	-ie	je crie, il crie
		-ies	tu cries
		-ient	ils crient
	verbes d'un autre groupe au présent ou au passé simple	-is	je ris, tu ris, je pris
		-it	il rit, il prit
		-ient	ils rient

2 / Le son [y]

- Le son [y] à la fin d'un verbe peut s'écrire :
— *-ue, -ues, -ue, -uent* : il s'agit d'un verbe du 1ᵉʳ groupe au **présent de l'indicatif** ; je mue, tu mues, il mue, ils muent.
— *-us, -ut* : il s'agit d'un verbe du 3ᵉ groupe au **passé simple** ; je lus, tu lus, il lut.
— *-u* : c'est un **participe passé** ; il est venu.

MOTS CLÉS

✔ **Forme verbale conjuguée** : forme verbale obtenue en ajoutant au radical du verbe une terminaison qui varie selon la personne, le temps et le mode.

✔ **Participe passé** : forme verbale qui permet d'obtenir un temps composé lorsqu'elle est combinée avec un auxiliaire (*être* ou *avoir*).

LA MÉTHODE

▷ **Trouver la lettre finale d'un participe passé**

- Pour trouver la lettre finale d'un participe passé, il faut le mettre au **féminin**.

	féminin	lettre finale	participe passé au masculin
pri…	prise	s	pris
di…	dite	t	dit
parti…	partie	i	parti
venu…	venue	u	venu

MINI INTERRO

1. Que faut-il identifier avant de conjuguer une forme verbale ?

2. Comment procéder pour trouver la lettre finale d'un participe passé ?

36

S'ENTRAÎNER

1 Mots mêlés

Retrouve dans la grille cinq synonymes de *fantôme*. Le mot peut être écrit horizontalement, verticalement ou en diagonale.

A	R	E	V	E	N	A	N	T	F
S	D	M	O	N	U	V	D	S	O
A	P	P	A	R	I	T	I	O	N
K	R	E	X	B	S	Z	D	U	T
Q	T	S	C	I	T	G	H	J	I
R	O	P	F	T	C	V	B	V	M
E	K	R	Y	G	R	X	C	W	U
U	J	I	K	T	H	E	U	B	W
Q	Y	T	P	R	G	I	E	X	S
E	C	T	O	P	L	A	S	M	E

2 Les formes verbales

Relie la forme verbale à sa ou ses descriptions.

a. couru
b. dit
c. fit
d. mis
e. ri
f. prit
g. pris
h. crie

- 3ᵉ pers. sing., indicatif présent
- participe passé
- 3ᵉ pers. sing., indicatif passé simple
- 2ᵉ pers. sing., indicatif passé simple

3 Lettre finale du participe passé

Complète le tableau pour trouver la terminaison des participes passés.

	féminin	lettre finale	part. passé au masculin
perdu...			
contredi...			
envahi...			
écri...			
fleuri...			
attendu...			
mi...			

4 -i ou -is ? -us ou -ut ?

Complète dans l'extrait suivant les formes verbales inachevées.

Le narrateur a épousé l'amour de sa vie, la brune lady Ligeia. Mais elle vient à mourir.

[Elle] mour..... ; et moi, anéant....., pulvérisé par la douleur, je ne p..... supporter plus longtemps l'affreuse désolation de ma demeure [...]. Je parlerai seulement de cette chambre où dans un moment d'aliénation mentale je conduis..... à l'autel et pr..... pour épouse – après l'inoubliable Ligeia ! – lady Rowena Trevanion de Trémaine, à la blonde chevelure et aux yeux bleus.

■ Edgar Allan POE, *Ligeia*, 1838.

5 -i, -is ou -it ? -u, -us ou -ut ?

Même exercice.

Lady Rowena vient elle aussi à mourir.

J'étais ass..... seul, son corps enveloppé dans le suaire, dans cette chambre fantastique qui avait reç..... la jeune épouse. Il pouvait bien être minuit quand un sanglot, très bas, très léger, mais très distinct, me tira de ma rêverie. Je sent..... qu'il venait du lit d'ébène – du lit de mort. Se levant du lit, et vacillant, d'un pas faible, l'être qui était enveloppé du suaire s'avança audacieusement et palpablement dans le milieu de la chambre. Et alors je v..... la figure qui se tenait devant moi ouvrir lentement, lentement les yeux.

[*Le fantôme est en fait celui de la première épouse du narrateur dont le souvenir ne cesse de le hanter.*]

■ D'après Edgar Allan POE, *Ligeia*, 1838.

6 CONTRÔLE EXPRESS

a. À quel genre littéraire appartient la nouvelle de Poe ?

b. Rédige une suite à l'extrait de l'exercice 5. Tu emploieras les temps du récit au passé.

Corrigés p. 14 du livret.

37

17 Impératif et subjonctif

RETENIR

1 / L'impératif

- L'impératif est le mode des **phrases** injonctives : il exprime l'**ordre** (Fuyez !) ou la **défense** (Ne bougez pas). Il n'a que **trois personnes** et s'utilise sans pronom sujet : prends, prenons, prenez.
Il comprend deux temps : **le présent** et **le passé** (emploi assez rare).
    Finis ce qui reste dans ton assiette. • Aie fini tes devoirs avant de regarder un film.

- On le forme généralement sur le même radical que le présent de l'indicatif : viens, venez • prends, prenez • crois, croyez. Il y a des exceptions (voir tableau de « La méthode »).

- Il n'y a **pas d's** à la 2ᵉ pers. du sing. des verbes du **1ᵉʳ groupe** ni du verbe **aller** : va, venge-moi, donne ≠ vien**s**, prend**s**. Sauf si la liaison l'exige : Donne**s**-en, va**s**-y. Attention aussi à va t'en.

2 / Le subjonctif

- Le subjonctif exprime des faits simplement envisagés (le locuteur émet une opinion, exprime un sentiment, un souhait) :
    Je doute qu'il soit à l'heure. • Je crains qu'il abandonne. • Qu'il vienne et on verra bien.

- Le mode comprend **quatre temps** : le présent, le passé, l'imparfait et le plus-que-parfait. Les deux derniers sont peu utilisés et très littéraires.

Présent	Passé	Imparfait	Plus-que-parfait
qu'il chante	qu'il ait chanté	qu'il chantât	qu'il eût chanté
qu'il vienne	qu'il soit venu	qu'il vînt	qu'il fût venu

- Le verbe au subjonctif est le plus souvent précédé de *que*. On forme généralement le présent en prenant la 3ᵉ personne du pluriel de l'indicatif présent et en ajoutant les terminaisons -e, -es, -e, -ions, -iez, -ent : Que je vienne • que je prenne • que je fleurisse.

MOTS CLÉS

✓ **Impératif** : mode verbal qui exprime un ordre, une défense, une prière, une exhortation…

✓ **Subjonctif** : mode verbal qui exprime un doute, un fait souhaité, une action incertaine ou non réalisée. On le trouve après les verbes exprimant le souhait, l'émotion, l'obligation, le doute ou l'incertitude.

LA MÉTHODE

▷ **Conjuguer *être*, *avoir* et quelques verbes irréguliers**

Verbes	Impératif présent	Subjonctif présent
avoir	aie, ayons, ayez	que j'aie, qu'il ait…
être	sois, soyons, soyez	que je sois, qu'il soit…
faire	fais, faisons, faites	que je fasse, qu'il fasse…
pouvoir	–	que je puisse, qu'il puisse…
savoir	sache, sachons, sachez	que je sache, qu'il sache…
vouloir	veux/veuille, voulons, voulez/veuillez	que je veuille, qu'il veuille…

→ On observe que les verbes *avoir*, *être*, *savoir*, *vouloir* ont parfois les mêmes formes à l'impératif et au subjonctif.

MINI INTERRO

1. Combien de personnes comprend l'impératif ?

2. Par quel mot le subjonctif est-il généralement précédé ?

38

1 Quiz

Lis le texte, puis coche les bonnes réponses.

Don Diègue, le père de Rodrigue, a été humilié par Don Gomès, le père de Chimène. Il va demander à son fils de le venger.

DON DIEGUE
Et toi de mes exploits glorieux instrument,
Mais d'un corps tout de glace inutile ornement,
Fer, jadis tant à craindre, et qui dans cette offense
M'as servi de parade, et non pas de défense,
Va, quitte désormais le dernier des humains,
Passe pour me venger en de meilleures mains ;
Si Rodrigue est mon fils, il faut que l'amour cède,
Et qu'une ardeur plus haute à ses flammes succède.
■ Pierre CORNEILLE, *Le Cid*, 1636.

	Impératif	Subjonctif
a. va, quitte, passe	☐	☐
b. cède, succède	☐	☐

2 Les modes

Classe les formes verbales selon leur mode.

prenne • prends • prennent • dise • disent • dis • dites • fassent • fasse • fais • faisons

3 Impératif (1)

Ajoute un *s* aux impératifs si nécessaire.

a. aime.....   b. attend.....   c. mange.....-en
d. venge.....-toi   e. cueille.....-en

4 Impératif (2)

Dans cet extrait, souligne les impératifs.

DON DIEGUE
Viens mon fils, viens mon sang, viens réparer
ma honte, / Viens me venger. […]
Montre-toi digne fils d'un père tel que moi ;
Accablé des malheurs où le destin me range
Je m'en vais les pleurer, va, cours, vole,
[et nous venge.
■ Pierre CORNEILLE, *Le Cid*, 1636.

5 Impératif et subjonctif

Souligne les verbes à l'impératif en bleu et les verbes au subjonctif en rouge.

Rodrigue doit choisir entre venger l'honneur de son père ou protéger son amour pour Chimène. Il choisit finalement l'honneur.

DON RODRIGUE, *seul*
Allons, mon bras, du moins sauvons l'honneur,
Puisqu'aussi bien il faut perdre Chimène.
Oui, mon esprit s'était déçu,
Dois-je pas à mon père avant qu'à ma maîtresse ?
Que je meure au combat ou meure de tristesse,
Je rendrai mon sang pur comme je l'ai reçu.
■ Pierre CORNEILLE, *Le Cid*, 1636.

6 CONTRÔLE EXPRESS

Lis ces deux extraits, puis réponds aux questions.

Rodrigue a tué Don Gomès, mais revient en héros d'une bataille contre les Maures.

1. LE ROI (*à Rodrigue*)

Sois désormais le Cid, qu'à ce grand nom tout
[(céder) ....,
Qu'il (devenir) .... l'effroi de Grenade et
[Tolède

2. LE ROI (*à Rodrigue*)
Rodrigue cependant il faut prendre les armes,
[…]
DON RODRIGUE
Pour posséder Chimène, et pour votre service
Que peut-on m'ordonner que mon bras
[n'(accomplir) .... ?
■ Pierre CORNEILLE, *Le Cid*, 1636.

a. Souligne le verbe à l'impératif.

b. Conjugue les verbes entre parenthèses au subjonctif présent.

c. Rédige une tirade d'une dizaine de lignes adressée par Rodrigue à Chimène pour reconquérir son amour.

18 Préfixes et suffixes

RETENIR

Un mot est généralement composé d'un **radical** qui peut être précédé d'un **préfixe** et suivi d'un **suffixe**.

im / mange / able
préfixe radical suffixe

1 / Le préfixe

- Il est placé **devant** le radical et modifie le sens d'un mot (mais pas sa classe grammaticale) : coudre / découdre.

anté	dé/dés	co/com	anti	mal/mau/mé	en	trans
avant : antécédent	séparé de : découdre	avec : compatir = souffrir avec	contre : antipathique	sens négatif : médire = dire du mal	loin de : enlever à l'intérieur de : enterrer	au-delà de : transfigurer

- Les préfixes permettent de former des **antonymes** : enterrer ≠ déterrer.

2 / Le suffixe

- Le suffixe **suit** le radical. Il peut modifier le sens d'un mot : vert / verdâtre (nuance péjorative). Il peut en changer la classe grammaticale : étrange (adjectif) / étrangement (adverbe) / étranger (nom ou adjectif).

Suffixes		Exemples
permettant de créer des noms	-ise -eur -ité	hantise, friandise lenteur, torpeur obscurité, vérité
permettant de créer des adjectifs	-ible -able -ion -esque	audible, lisible condamnable interdiction chevaleresque
permettant de créer des adverbes	-ment	lentement, doucement

LA MÉTHODE

▷ **Orthographier correctement des préfixes variables**

Préfixes	Variations	Exemples
in- (sens négatif)	*il-* devant un **l** *im-* devant un **m** ou un **p** *ir-* devant un **r**	**il**lisible **im**mangeable, **im**pardonnable **ir**raisonné, **ir**réalisable
a-	*ac-* devant un **c** *af-* devant un **f** *ag-* devant un **g** *al-* devant un **l**	**ac**croître **af**fermir **ag**graver **al**léger

MOTS CLÉS

✓ **Radical** : partie centrale d'un mot, sa racine à partir de laquelle se forment les mots de même famille.

✓ **Préfixe / suffixe** : élément court placé avant / après le radical.

MINI INTERRO

1. Quelle nuance le suffixe *-âtre* apporte-t-il au mot formé ?

2. Devant quelles lettres le préfixe *in-* devient-il *im-* ?

40

S'ENTRAÎNER

1 Quiz

Forme des adjectifs en reliant les différents éléments entre eux.

dé — ant — trans — ible — mérit — buv — support — in — résist — im — é — form — il — able — ir — lis

2 Formation des mots

Décompose les mots suivants et donne leur sens.

	préfixe	radical	suffixe	sens
contredire				
antédiluvien				
incontrôlable				
alunir				

3 Préfixes

Retrouve les mots correspondant aux définitions suivantes et souligne leur préfixe.

a. qui ne peut être déchiffré : ....
b. se poser sur la mer : ....
c. qui laisse passer la lumière : ....

4 Suffixes

Forme des noms à partir des adjectifs suivants et souligne leur suffixe.

a. beau : ....
b. doux : ....
c. petit : ....
d. exact : ....
e. immense : ....
f. prompt : ....
g. lent : ....
h. large : .... et ....

5 CONTRÔLE EXPRESS

Dans l'extrait suivant, complète les mots inachevés au moyen d'un préfixe et/ou d'un suffixe.

Un crime d'une féroc...... inouïe, et que rendait encore plus ......marqu...... le rang élevé de la victime, vint mettre Londres en émoi. Les détails connus étaient brefs mais stupéfi.......

Une domestique qui se trouvait seule dans une maison assez voisine de la Tamise était montée se coucher vers onze heures. Celle-ci, qui était sans doute en dispositions roman......, s'assit sur sa malle qui se trouvait placée juste devant la fenêtre. Or, tandis qu'elle était là assise elle vit venir du bout de la rue un vieux et beau gentleman à cheveux blancs ; et allant à sa rencontre, un autre gentleman tout petit, qui d'abord attira moins son atten....... Elle eut l'étonne...... de ......connaî...... en lui un certain M. Hyde, qui avait une fois rendu visite à son maître et pour qui elle avait conçu de l'......pathie. Il semblait écouter avec une ......pati...... mal contenue. Et puis tout d'un coup il éclata d'une rage folle.

Le vieux gentleman fit un pas en arrière ; sur quoi M. Hyde perdit toute ......tenue, et le frappant de son gourdin l'étendit par terre. Et à l'instant même, avec une fur...... toute simi......, il se mit à fouler aux pieds sa victime, et à l'accabler d'une grêle de coups telle qu'on entendait les os craquer et que le corps ......bond...... sur les pavés. Frappée d'horr...... à ce spectacle, la fille perdit connaiss.......

Il était deux heures lorsqu'elle revint à elle et alla ......ven...... la police. L'assassin avait depuis longtemps ......paru, mais au milieu de la chaussée gisait sa victime, ...croyable...... abîmée.

■ D'après Robert Louis STEVENSON, *Le Cas étrange du Dr Jekyll et de M. Hyde*, 1886 (trad. Th. Verlet).

 Corrigés p. 15 du livret.

19 Synonymes et antonymes

RETENIR

MOTS CLÉS

✓ **Synonymes** : mots appartenant à la même classe grammaticale et qui ont le même sens ou un sens voisin.

✓ **Antonymes** : mots appartenant à la même classe grammaticale et qui ont un sens contraire.

1 / Les synonymes

• Deux synonymes ont **le même sens ou un sens voisin**. Cependant, ils peuvent **varier** :
– en **précision** : chat est plus précis que félin ;
– en **intensité** : appréhension, crainte, frayeur, hantise, terreur sont tous des synonymes de peur mais avec un sens de plus en plus fort ;
– en **subjectivité** : une femme (neutre), une mégère (péjoratif), une dame (mélioratif) ;
– en fonction du **registre de langue** (ou **niveau de langage**) : peur (niveau courant) et pétoche (niveau familier).

• Deux synonymes ont **la même classe grammaticale** : le synonyme d'un nom est un nom, celui d'un verbe, un verbe, etc. On utilise un synonyme pour éviter une répétition ou pour être plus précis.

2 / Les antonymes

• Deux antonymes ont **un sens contraire** :
folie ≠ sagesse • démoniaque ≠ angélique

• Ils peuvent **varier**, comme les synonymes, en **intensité** et en fonction du **registre de langue**. Petit, minuscule, lilliputien sont des antonymes de grand mais avec un sens de plus en plus fort. Trouillard est un antonyme de valeureux mais n'appartient pas au même niveau de langage.

LA MÉTHODE

▷ **Choisir le bon synonyme ou antonyme dans un dictionnaire**

MINI INTERRO

1. Le synonyme d'un verbe peut-il être un nom ?

2. Deux synonymes peuvent-ils appartenir à des niveaux de langage différents ?

1. Choisir la bonne **définition** du mot. Un même mot peut avoir plusieurs sens et donc différents synonymes et antonymes : marcher peut signifier se déplacer à pied ou fonctionner. Il faut donc s'aider du contexte.

2. Être **précis**. Il vaut mieux proposer colossal comme synonyme de gigantesque plutôt que grand.

3. Choisir le **bon niveau de langage**. Choisir frousse comme synonyme de trouille et anxiété comme synonyme d'appréhension.

S'ENTRAÎNER

1 Vrai ou faux ?

Coche la bonne case.

	V	F
a. *Fou* et *dingue* sont synonymes.	☐	☐
b. *Démoniaque* et *diabolique* sont des antonymes.	☐	☐
c. *Patient* et *impatience* sont des antonymes.	☐	☐

2 Synonymes et antonymes

Donne un synonyme et un antonyme pour les mots suivants.

a. démon : .... et ....

b. cruauté : .... et ....

c. haïr : .... et ....

d. détestable : .... et ....

3 Variations de synonymes

Indique si les synonymes proposés varient en précision (P) ou en intensité (I).

a. *crier* et *hurler* : .... b. *dire* et *crier* : ....

4 Synonymes (1)

Propose un synonyme pour les mots soulignés.

Le narrateur, sous l'emprise de l'alcool, considère son chat comme un animal démoniaque.

Ma femme (................) , qui ne se plaignait jamais, hélas ! était mon souffre-douleur ordinaire, la plus patiente victime des soudaines, fréquentes et indomptables éruptions d'une furie à laquelle je m'abandonnai (................) dès lors aveuglément. Un jour, elle m'accompagna pour quelque besogne (................) domestique (................) dans la cave. Le chat me suivit sur les marches roides de l'escalier, et, m'ayant presque culbuté la tête la première, m'exaspéra jusqu'à la folie (................). Levant une hache, j'adressai à l'animal (................) un coup qui eût été mortel (................), s'il avait porté comme je le voulais ; mais ce coup fut arrêté par la main de ma femme.

Cette intervention m'aiguillonna jusqu'à une rage (................) plus que démoniaque (................) ; je lui enfonçai ma hache dans le crâne.

■ D'après Edgar Allan POE, *Le Chat noir*, 1843.

5 Synonymes (2)

Souligne les synonymes du mot *cri*, puis trouves-en d'autres.

Le narrateur emmure le corps de sa femme dans la cave. Lors d'une perquisition, les policiers entendent un bruit venant du mur...

[...] une plainte, d'abord voilée et entrecoupée, comme le sanglotement d'un enfant, puis, bientôt s'enflant en un cri prolongé, sonore et continu, tout à fait anormal et antihumain, un hurlement, un glapissement, moitié horreur et moitié triomphe, comme il peut en monter seulement de l'enfer [...].
[*Les policiers abattent le mur et découvrent le cadavre.*]
Sur sa tête, avec la gueule rouge dilatée et l'œil unique flamboyant, était perchée la hideuse bête [...]. J'avais muré le monstre dans la tombe !

■ Edgar Allan POE, *Le Chat noir*, 1843.

6 LECTURE D'IMAGE

Observe cette illustration de la nouvelle de Poe.

Illustration d'Aubrey BEARDSLEY pour *Le Chat noir* (1894-1895).

L'illustratrice a-t-elle cherché à donner du chat une image démoniaque ? Justifie ta réponse.

Corrigés p. 15 du livret.

43

20 Les figures de style (1)

RETENIR

Les figures de style sont utilisées pour rendre le discours plus expressif.

1 / Figures par analogie

MOT CLÉ

✔ **Figure de style :** procédé littéraire qui vise à rendre un texte plus expressif, plus convaincant, plus original.

• La **comparaison** est une image qui rapproche deux termes au moyen d'un **outil de comparaison**, pour mettre en évidence leur ressemblance. Elle comprend :
– un **comparé** : ce que l'on compare ;
– un **comparant** : ce à quoi on compare ;
– un **outil de comparaison** : *comme, tel que, ainsi que, de même que…*

Sous des vapeurs en écharpe, la Seine, / Comme un mystérieux et magique miroir
                           comparé   outil   comparant

• La **métaphore** est une comparaison **sans outil pour l'introduire**.

Aimez-vous à ce point les oiseaux
Que paternellement vous vous préoccupâtes
De tendre ce perchoir à leurs petites pattes ?
    métaphore = le nez de Cyrano

Si elle se poursuit sur plusieurs lignes ou vers, c'est une **métaphore filée**.

• L'**allégorie** permet de rendre concrets une idée, un sentiment, en les représentant de façon imagée, par exemple la mort sous les traits d'un squelette portant une faux. Proche de l'allégorie, la **personnification** consiste à donner une attitude humaine à une idée ou une chose.

Chaque arbre est immobile, attentif à tout bruit. (Jules Supervielle, « L'orage »)

2 / Figures d'opposition

• L'**antithèse** consiste à rapprocher **dans un même énoncé** deux mots ou deux idées qui s'opposent par le sens.

Plus fin diseur de ces jolis **riens** qui sont **tout**. *riens ≠ tout*

• L'**oxymore** rapproche deux mots qui s'opposent par le sens **dans un même groupe de mots** : Devenir un **petit grand** homme dans un rond, […] Non merci !

LA MÉTHODE

▷ **Identifier une métaphore**

• Une métaphore peut être difficile à identifier. Il faut donc être un lecteur vigilant.

La lune (comparé), dans le ciel, luisait comme une montre,
Quand soudain, je ne sais quel soigneux horloger
S'étant mis à passer *un coton nuager* (= un nuage)
Sur le boîtier d'argent de *cette montre ronde*, (= la lune)
Il se fit une nuit la plus noire du monde. (D'après Rostand).

Il faut comprendre qu'un nuage vient à cacher la lune, comme un morceau de coton nettoyant une montre. C'est une **métaphore filée**.

MINI INTERRO

1. Qu'est-ce qui différencie une métaphore d'une comparaison ?

2. Donne un exemple d'allégorie.

S'ENTRAÎNER

1 Quiz

CYRANO

Ah ! non ! c'est un peu court, jeune homme !
On pouvait dire… Oh ! Dieu !… bien des
[choses en somme.
En variant le ton, – par exemple, tenez :
[…]
« C'est un roc !… c'est un pic !… c'est un cap !
Que dis-je, c'est un cap ?… C'est une péninsule ! »
■ Edmond ROSTAND, *Cyrano de Bergerac*, 1897.

Cyrano parle de : ☐ son épée ☐ son nez

2 Comparaisons

Dans les comparaisons suivantes,
souligne les comparés en bleu, les comparants
en rouge et les mots comparatifs en vert.

CYRANO
a. […] dites-moi pourquoi vous regardez mon nez.
[…]
Est-il mol et ballant, monsieur, comme une
[trompe ?…
[…]
Ou crochu comme un bec de hibou ?
b. Retroussant mon esprit ainsi qu'une moustache,
Je fais, en traversant les groupes et les ronds,
Sonner les vérités comme des éperons.
■ Edmond ROSTAND, *Cyrano de Bergerac*, 1897.

3 Métaphores

Souligne les métaphores dans cet extrait
de la tirade du nez.

CYRANO
Curieux : « De quoi sert cette oblongue capsule ?
D'écritoire, monsieur, ou de boîte à ciseaux ? »
[…]
Dramatique : « C'est la mer Rouge quand
[il saigne ! »
■ Edmond ROSTAND, *Cyrano de Bergerac*, 1897.

4 Antithèses

Retrouve les mots ou expressions qui s'opposent
dans les vers suivants de façon à créer une antithèse.

CYRANO
a. Ah ! non, cela, jamais ! Non, ce serait trop laid,
Si le long de ce nez une larme coulait !
Je ne laisserai pas, tant que j'en serai maître,
La divine beauté des larmes se commettre
Avec tant de laideur grossière ; […]
divine ≠ ………………… beauté ≠ …………………

b. Non, non, mon cher amour, je ne vous aimais
pas !
………………… ≠ …………………
■ Edmond ROSTAND, *Cyrano de Bergerac*, 1897.

5 Figure d'opposition

Identifie la figure de style soulignée.

*Rumeurs d'admiration dans la salle. Roxane vient
de paraître dans sa loge.*
[…]
DEUXIÈME MARQUIS, *avec des petits cris*
Ah ! messieurs ! mais elle est
Épouvantablement ravissante !
■ Edmond ROSTAND, *Cyrano de Bergerac*, 1897.

6 CONTRÔLE EXPRESS

Dans les vers suivants, essaie de retrouver les mots
qui manquent de façon à restituer les antithèses.
N'oublie pas la rime !

Mais oui, c'est adorable. On se devine à peine.
Vous voyez la noirceur d'un long manteau qui
[traîne,
J'aperçois la …………… d'une robe d'été :
Moi je ne suis qu'une ombre, et vous
[qu'une …………… !
■ Edmond ROSTAND, *Cyrano de Bergerac*, 1897.

Corrigés p. 15 du livret.

45

21 Les figures de style (2)

RETENIR

MOTS CLÉS

✓ **Amplification :** procédé visant à renforcer l'expression d'un fait, d'une idée, d'un sentiment.

✓ **Atténuation :** procédé visant à modérer l'expression d'un fait, d'une idée, d'un sentiment.

1 / Les figures d'amplification

• L'**hyperbole** consiste à exagérer ou amplifier l'expression d'une idée ou d'un fait pour agir avec force sur l'imagination.

Ô **servitude infâme** imposée à l'enfant !
Rachitisme ! travail dont le souffle étouffant
Défait ce qu'a fait Dieu ; qui tue, œuvre **insensée**,
La beauté sur les fronts, dans les cœurs la pensée,
Et qui ferait – c'est là son fruit le plus certain !
D'Apollon un bossu, de Voltaire un crétin !

• La **gradation** est une énumération de mots ou d'idées de sens proche, rangés en ordre croissant ou décroissant : Va, cours, vole et nous venge. (Corneille, *Le Cid*)

2 / Les figures d'atténuation

• La **litote** est l'expression volontairement atténuée d'une idée ou d'un fait. Elle suggère beaucoup en disant peu : Va, je ne te hais point pour dire « je t'aime ».

• L'**euphémisme** est l'atténuation d'une expression qui pourrait choquer : Il a vécu pour dire « il est mort ».

3 / Les figures de construction

• L'**anaphore** est la répétition d'un même mot ou groupe de mots au début de plusieurs phrases ou vers successifs pour créer un effet d'insistance.

Maudit comme le vice où l'on s'abâtardit,
Maudit comme l'opprobre et comme le blasphème !

• Le **parallélisme** consiste à faire se succéder des groupes de mots construits sur le même modèle syntaxique : D'Apollon un bossu, de Voltaire un crétin !

• Le **chiasme** consiste à inverser une construction de manière à mettre en contact les mots de même classe grammaticale ou de même sens :

La beauté sur les fronts, dans les cœurs, la pensée
  COD   CCL   CCL   COD

LA MÉTHODE

▷ Produire une hyperbole

• L'hyperbole repose sur l'emploi de moyens lexicaux et de figures de style :
– emploi d'un **lexique fort**, qu'il soit mélioratif ou péjoratif : génie, géant, extraordinaire, incroyable, insensé, infâme… → Ô **servitude infâme**.
– **accumulation de superlatifs** : le plus grand, le plus terrible…
– emploi de certains **préfixes** : hyper, méga ou **suffixes** -issime
– emploi de **comparaisons** et de **métaphores** : des torrents de larmes
– emploi d'**antithèses** (voir page 44).

MINI INTERRO

1. Qu'est-ce qu'une gradation ?
2. Qu'est-ce qu'une anaphore ?

S'ENTRAÎNER

1 Quiz

Coche la figure de style correspondant aux termes soulignés.

a. Où vont tous ces enfants dont pas un seul ne rit ?
<u>Ces</u> doux êtres pensifs que la fièvre maigrit ?
<u>Ces</u> filles de huit ans qu'on voit cheminer seules ?
☐ anaphore   ☐ chiasme

b. Ils vont, de l'aube au soir, faire éternellement
Dans la même prison le même mouvement.
Accroupis sous les dents d'une machine sombre,
<u>Monstre hideux</u> qui mâche on ne sait quoi dans
[l'ombre,
☐ hyperbole   ☐ euphémisme
■ Victor Hugo, *Les Contemplations*, Livre III, 1856.

2 Anaphores

Dans les vers suivants, surligne l'anaphore.

– Silence aux cris sauvages !
Non ! assez de malheur, de meurtre et de ravages !
Assez d'égorgements ! assez de deuil ! assez
De fantômes sans tête et d'affreux trépassés !
Assez de visions funèbres dans la brume !
■ Victor Hugo, « L'échafaud », *Les Quatre Vents de l'esprit*, 1881.

3 Hyperboles

Souligne tous les mots et expressions qui relèvent de l'hyperbole.

L'échafaud, bloc hideux de charpentes funèbres,
S'emplissait de noirceur et devenait ténèbres ;
Les horloges sonnaient, non l'heure, mais le glas ;
Et toujours, sur l'acier, quoique le coutelas
Ne fût plus qu'une forme épouvantable et sombre,
La rougeur de la tache apparaissait dans l'ombre.
Un astre, le premier qu'on aperçoit le soir,
Pendant que je songeais, montait dans le ciel noir.
Sa lumière rendait l'échafaud plus difforme.
L'astre se répétait dans le triangle énorme ;
■ Victor Hugo, « L'échafaud », *La Légende des siècles*, 1859.

4 Comparaisons et métaphores

Souligne en bleu les comparaisons et en rouge les métaphores (voir les définitions page 44).

[…] il semblait
Que sur la hache horrible, aux meurtres coutumière,
L'astre laissait tomber sa larme de lumière.
Son rayon, comme un dard qui heurte et rebondit,
Frappait le fer d'un choc lumineux ; on eût dit
Qu'on voyait rejaillir l'étoile de la hache.
Comme un charbon tombant qui d'un feu se détache,
■ Victor Hugo, « L'échafaud », *La Légende des siècles*, 1859.

5 Figure à identifier

Comment appelle-t-on la figure de style soulignée ?

Il [l'astre] se répercutait dans ce miroir d'effroi,
<u>Sur la justice humaine et sur l'humaine loi</u>
De l'éternité calme auguste éclaboussure.
■ Victor Hugo, « L'échafaud », *La Légende des siècles*, 1859.

6 CONTRÔLE EXPRESS

Donne le nom des figures de style identifiées dans les passages soulignés.

Le fatal couperet relevé triomphait.
Il n'avait rien gardé de ce qu'il avait fait
Qu'une petite tache imperceptible et rouge.
[…]
J'étais là. Je pensais. Le couchant empourprait
Le grave Hôtel de Ville aux luttes toujours prêt,
<u>Entre Hier qu'il médite et Demain dont il rêve.</u>
= ....
[…]
Le crépuscule vint, aux fantômes pareil.
Et j'étais toujours là, je regardais la hache,
<u>La nuit, la ville immense et la petite tache.</u>
= ....
■ Victor Hugo, « L'échafaud », *La Légende des siècles*, 1859.

Corrigés p. 15 du livret.

22 Énoncé et situation d'énonciation

RETENIR

L'énonciation est un acte de communication par lequel un énonciateur (émetteur) adresse un énoncé (message) à un destinataire.

1 / Définir la situation d'énonciation

À MADAME DE GRIGNAN

Aux Rochers, dimanche 20 octobre [1680]
Quand vous recevrez cette lettre, ma bonne, vous pourrez dire : « Ma mère est à Paris. » Je pars demain matin [...]. (Madame de Sévigné, *Correspondance*.)

- Qui est **l'énonciateur du message** ? (qui parle ?) Dans l'extrait ci-dessus, c'est Mme de Sévigné. Plusieurs mots dans la lettre font référence à elle : le pronom personnel *je* mais aussi le déterminant possessif *ma (bonne)*.

- Qui en est **le destinataire** ? (à qui ?) Ici, c'est « Madame de Grignan », la fille de Mme de Sévigné, à laquelle sa mère s'adresse avec tendresse à travers l'apostrophe *ma bonne*, et le pronom personnel *vous* (le vouvoiement était alors d'usage entre une mère et sa fille).

- Quel est **le lieu de l'énonciation** ? (où ?) La lettre a été écrite aux Rochers, résidence de la famille de Sévigné en Bretagne.

- Quel est **le moment de l'énonciation** ? (quand ?) La lettre date du 20 octobre 1680.

2 / Distinguer deux types d'énoncé

Selon que l'énoncé fait ou non référence à la situation d'énonciation, on distingue deux types d'énoncé.

- La lettre de Mme de Sévigné appartient aux énoncés **ancrés dans la situation d'énonciation**. Le pronom *je* représente l'énonciateur ; le pronom *vous*, le destinataire. Le CC de temps *demain matin* fait référence au moment de l'énonciation. Dans cette catégorie, on trouve les lettres, les journaux intimes ou les dialogues.

- Dans un récit à la 3e personne, à l'inverse, il n'y a pas de référence à un énonciateur ou à un destinataire : les événements semblent se raconter d'eux-mêmes. On dit de ce type d'énoncé qu'il est **« coupé » de la situation d'énonciation**. C'est aussi le cas des textes purement informatifs, tels les articles d'encyclopédie.

MOT CLÉ

✓ **Situation d'énonciation** : situation dans laquelle a été produit un énoncé, un message : « Qui l'a produit ? À l'intention de qui ? Où ? Quand ? »

LA MÉTHODE

▷ Adapter une lettre à son destinataire

- Choisir **le bon niveau de langage** :
  – le **niveau familier** convient pour un échange avec un camarade ;
  – le **niveau courant** convient pour un échange informel avec un adulte ;
  – le **niveau soutenu** s'impose parfois, comme dans un échange formel, officiel.

- Connaître certaines **règles et formules** qui régissent la correspondance officielle :
  – nom de l'émetteur en haut à gauche et du destinataire en haut à droite ;
  – usage de formules : *Veuillez agréer l'expression de mes sentiments distingués*…

MINI INTERRO

1. Quelles sont les quatre questions à se poser pour définir la situation d'énonciation ?

2. Dans une lettre, où trouve-t-on mention du nom de l'énonciateur ?

S'ENTRAÎNER

1 Quiz

Coche la case qui convient.

L'énoncé est :	coupé de la situation d'énonciation	ancré dans la situation d'énonciation
a. Je t'attends chez moi. Paul	☐	☐
b. Cher journal La journée d'hier fut un véritable cauchemar !	☐	☐
c. Il était une fois trois amis inséparables.	☐	☐
d. Allo ? C'est toi ?	☐	☐

2 L'énonciateur

Dans cette lettre de Madame de Sévigné à sa fille Madame de Grignan, souligne les mots qui renvoient à l'énonciateur : pronoms personnels et déterminants possessifs.

À Paris, ce vendredi 14 janvier [1689]
Me voici, ma chère fille, après le dîner, dans la chambre du Chevalier ; il est dans son fauteuil avec mille petites douleurs qui courent par toute sa personne. [...] Il fait un froid extrême. Notre thermomètre est au dernier degré. Notre rivière est prise. Il neige, et gèle et regèle en même temps.
■ Madame de Sévigné, *Correspondance*.

3 Moment de l'énonciation

Dans ces deux autres extraits, précise pour chaque indication de temps la date à laquelle elle correspond.

a. À Paris, mardi au soir 12 avril [1689]
Si vos lettres que j'attends arrivent ce soir (................), j'y ferai réponse en chemin, ou tout au plus tard à Malicorne. Nous partons demain matin (................) pour aller coucher à Bonnelle.

b. À Paris, ce mercredi, un peu tard, 13 avril [1689]
Non seulement, ma chère fille, nous ne sommes point parties ce matin (................), mais nous ne partons pour la Bretagne que dans douze jours (................), à cause d'un voyage de Nantes que fait M. de Chaulnes.
■ D'après Madame de Sévigné, *Correspondance*.

4 S'adapter à son destinataire

Voici un mail destiné dans un premier temps à un de tes camarades. Reformule-le de façon à pouvoir l'envoyer à un professeur.

Salut ! Hier, je suis arrivé à la bourre car j'ai pas entendu mon réveil. DSL. Biz.

5 CONTRÔLE EXPRESS

Lis cette lettre, puis réponds aux questions.

À Paris, ce lundi 7 mars [1689]
Vous auriez pleuré samedi, ma fille, aussi bien que nous, si vous aviez vu partir votre cher enfant ; il n'y a pas moyen de s'en empêcher. [...]
Il était joli, gai, se moquant de nous et tout occupé de son équipage, qui est en fort bon état.
M. du Plessis est avec lui ; il en aura un soin extrême jusqu'à ce qu'il l'ait remis entre les mains des officiers du régiment de son oncle [...].
Vous pouvez revoir encore une partie des choses que vous regrettez de n'avoir pas vues. Racine commence une nouvelle pièce pour cet hiver.
■ Madame de Sévigné, *Correspondance*.

a. Souligne en bleu les pronoms personnels et les déterminants possessifs qui renvoient à l'énonciateur et en rouge ceux qui renvoient au destinataire.

b. Précise le lieu et le moment de l'énonciation.

Corrigés p. 15 du livret.

23 L'emploi des temps dans une lettre ou un dialogue

 RETENIR

Dans un **énoncé qui fait référence à la situation d'énonciation**, les temps employés sont essentiellement : le présent, le passé composé, l'imparfait et le futur.

1 / Le présent

- Le **présent** s'emploie pour les faits qui se produisent au moment où l'énonciateur émet son énoncé.

   La tête me tourne d'embêtement, de découragement, de fatigue !

On parle de **présent d'énonciation.**

2 / Les temps du passé

- Le **passé composé** et l'**imparfait** permettent d'exprimer les faits qui se sont produits avant le moment de l'énonciation.

   J'ai passé quatre heures sans pouvoir faire une phrase.

3 / Le futur

- Le **futur** s'utilise pour les faits qui ne se sont pas encore produits mais sont envisagés par l'énonciateur d'une manière certaine.

   Ah ! la Bovary, il m'en souviendra !

MOT CLÉ

✓ **Temps de l'énonciation :** par opposition aux temps du récit, on les emploie dans un énoncé ancré dans la situation d'énonciation : une lettre, un dialogue ou encore un journal intime.

 LA MÉTHODE

▷ **Distinguer les différentes valeurs du présent de l'indicatif**

- Le **présent d'énonciation** sert à exprimer des actions qui se déroulent au moment où l'énonciateur émet son énoncé : *Maintenant, le soleil brille.*

- Le présent peut aussi avoir la valeur :
  – d'un **passé récent** : *Il vient de pleuvoir.*
  – d'un **futur proche** : *Il va pleuvoir.*

- Le **présent de vérité générale** s'emploie dans les proverbes, pour des faits scientifiques ou avérés : *Pierre qui roule n'amasse pas mousse.* • *Deux et deux font quatre.* • *La création artistique demande beaucoup d'énergie.*

- Le **présent de narration** se rencontre dans des récits au passé : il a la même valeur qu'un passé simple. Il permet de donner plus de vie au récit.
Dans la scène du bal de *Madame Bovary*, Flaubert écrit : *Le cœur d'Emma lui* battit *un peu lorsque, son cavalier la tenant par le bout des doigts, elle* vint *se mettre en ligne et* attendit *le coup d'archet pour partir.* Il emploie le passé simple.
Il aurait pu choisir d'utiliser ensuite le présent de narration pour renforcer le récit : *Mais bientôt l'émotion* disparaît *; et, se balançant au rythme de l'orchestre, elle* glisse *en avant, avec des mouvements légers du cou.*

 **MINI INTERRO**

1. Quelles sont les cinq valeurs du présent ?

2. Pour quels faits emploie-t-on le futur ?

S'ENTRAÎNER

1 Quiz

Parmi ces temps, coche ceux qui ne sont pas des temps de l'énonciation.

☐ passé simple ☐ passé composé
☐ présent d'énonciation ☐ imparfait
☐ présent de narration ☐ futur

2 Les valeurs du présent

Précise pour chaque emploi du présent s'il s'agit d'un présent d'énonciation, de vérité générale, à valeur de passé récent ou à valeur de futur proche.

a. Je viens de lire *Madame Bovary*.

....

b. Je referme le livre avec regret.

....

c. *Madame Bovary* est un roman de Flaubert.

....

d. Demain j'entame la lecture de *L'Éducation sentimentale*, un autre roman de Flaubert.

....

3 Temps de l'énonciation (1)

Classe les verbes soulignés dans un tableau selon le temps employé (passé composé, présent, futur).

À LOUISE COLET
[Croisset] 1 heure, nuit de lundi.
[17 octobre 1853]

J'ai fait ce matin mes adieux à Bouilhet. Le voilà parti pour moi. Il reviendra samedi ; je le reverrai peut-être encore deux autres fois. Mais c'est fini, les vieux dimanches sont rompus. Je vais être seul, maintenant, seul, seul. Je suis navré d'ennui et humilié d'impuissance. […] J'ai beau me creuser la tête, le cœur et les sens, il n'en jaillit rien. J'ai passé aujourd'hui toute la journée, et jusqu'à maintenant, à me vautrer à toutes les places de mon cabinet, sans pouvoir non seulement écrire une ligne, mais trouver une pensée, un mouvement ! Vide, vide complet.

■ Gustave Flaubert, *Correspondance*.

4 Temps de l'énonciation (2)

Conjugue les verbes entre parenthèses au temps qui convient.

À LOUISE COLET
[Croisset] mercredi soir, minuit.
[6 avril 1853]

Voilà trois jours que je (être) .... à me vautrer sur tous mes meubles et dans toutes les positions possibles pour trouver *quoi dire* ! Il y a de cruels moments où le fil (casser) ...., où la bobine (sembler) .... dévidée. […] Comme je (aller) .... lentement ! Et qui est-ce qui (s'apercevoir) .... jamais des profondes combinaisons que m'aura demandées un livre si simple ? […] Sais-tu, chère Muse, depuis le jour de l'an combien j' (faire) .... de pages ? Trente-neuf.

■ Gustave Flaubert, *Correspondance*.

5 CONTRÔLE EXPRESS

Lis cet extrait de lettre, puis réponds aux questions.

À LOUISE COLET
[Croisset] lundi soir, minuit et demi.
[12 septembre 1853]

[…] Je n'ai pas aujourd'hui écrit une ligne, ou plutôt j'en ai bien griffonné cent ! Quel atroce travail ! Quel ennui ! Oh ! l'Art ! l'Art ! Qu'est-ce donc que cette chimère enragée qui nous mord le cœur, et pourquoi ? […] Ah ! la Bovary, il m'en souviendra !

■ Gustave Flaubert, *Correspondance*.

a. Relève un verbe au passé composé et un verbe au futur.

b. Ce sont des temps :

☐ de l'énonciation ☐ du récit

c. Relève un présent de vérité générale.

d. De quel travail Flaubert parle-t-il ?

e. Comment Flaubert considère-t-il la création littéraire ?

Corrigés p. 15 du livret.

51

24 L'emploi des temps dans un récit

RETENIR

Dans **un récit au passé à la 3e personne**, les deux temps de base sont le passé simple et l'imparfait.

1 / Passé simple

- C'est le temps du récit proprement dit. Il permet d'exprimer **des actions successives qui forment la trame d'un récit**. C'est un temps qu'on emploie uniquement à l'écrit.

  Le patron **saisit** la barre, un matelot **prit** une hache pour trancher le câble d'amarre.

2 / Imparfait

- L'imparfait évoque des actions en cours qui forment **l'arrière-plan d'un récit**. C'est le temps de la **description**.

  Un des hommes du groupe qui **s'embarquait** avait un air de chef. Tous **portaient** de longues capes.

- L'imparfait permet aussi d'exprimer la **répétition**, l'**habitude**.

  Tous les jours, il **lisait** quelques pages de Victor Hugo.

3 / Plus-que-parfait et futur du passé

- Les **temps composés** (auxiliaire + participe passé du verbe) servent à exprimer des actions **antérieures** aux temps simples : ainsi l'action au **plus-que-parfait** a lieu avant celle au **passé simple** ou à l'**imparfait**.

  La barque **avait pris** la mer. [...] Ceux qui **étaient venus** avec l'enfant au bord de cette mer **s'en étaient allés** sans lui.

- Le **futur dans le passé** est exprimé au moyen du **conditionnel présent**.

  L'enfant savait que les hommes ne **reviendraient** pas. → Conditionnel présent (= futur du passé).

MOT CLÉ

✓ **Récit :** narration, fait de raconter une histoire réelle ou fictive. On peut raconter au présent ou au passé.

LA MÉTHODE

▷ **Utiliser le temps qui convient dans un récit**

- **Récit au passé :** on emploie le **passé simple** pour la trame du récit et l'**imparfait** pour les passages descriptifs, l'arrière-plan et les circonstances de l'action. On n'utilise le **présent**, le **passé composé** et le **futur** que dans les dialogues. Le présent peut aussi être employé pour les **vérités générales**.

- **Récit au présent :** il est tout à fait possible de raconter au présent. On emploie alors le **présent de narration**.

→ Quel que soit le système choisi, il faut s'y tenir et le respecter.

MINI INTERRO

1. Quel est le principal temps du récit au passé ?

2. Si l'on choisit de raconter au présent, quel temps emploie-t-on ?

S'ENTRAÎNER

1 Quiz

Lis le texte, puis coche la ou les bonnes cases.

Gwynplaine a été enlevé par des voleurs d'enfants qui l'ont défiguré. Embarquant de nuit sur un bateau, ces derniers vont l'abandonner.

C'étaient des silhouettes dans la nuit. Ils étaient huit. [...]
Une ombre plus petite, allant et venant parmi les grandes, indiquait un nain ou un enfant.
C'était un enfant. [...]
Sa taille laissait deviner un garçon de dix à onze ans. Il était pieds nus. [...]
[...] le moment de prendre le large arriva. [...]
Le mouvement de départ se fit dans le navire, le patron saisit la barre, un matelot prit une hache pour trancher le câble d'amarre.
■ Victor Hugo, *L'Homme qui rit,* 1869.

a. Il s'agit d'un récit :   ☐ au passé   ☐ au présent
b. Les verbes sont conjugués :
☐ au passé composé   ☐ à l'imparfait   ☐ au passé simple

2 Passé simple

Souligne les verbes au passé simple qui constituent la trame du récit.

L'enfant se précipita sur la planche pour passer le premier. Comme il y mettait le pied, deux des hommes se ruant, au risque de le jeter à l'eau, entrèrent avant lui, un troisième l'écarta du coude et passa, le quatrième le repoussa du poing et suivit le troisième, [...].
■ Victor Hugo, *L'Homme qui rit,* 1869.

3 Imparfait ou passé simple

Conjugue les verbes entre parenthèses aux temps qui conviennent : imparfait ou passé simple.

a. [...] le cinquième, qui (être) .... le chef, (bondir) .... plutôt qu'il n'(entrer) .... dans la barque, et, en y sautant, (pousser) .... du talon la planche qui (tomber) .... à la mer, un coup de hache (couper) .... l'amarre, la barre du gouvernail (virer) ...., le navire (quitter) .... le rivage, et l'enfant (rester) .... à terre.
b. L'enfant (demeurer) .... immobile sur le rocher, l'œil fixe. L'enfant, comme cloué sur la roche que la marée haute (commencer) .... à baigner, (regarder) .... la barque s'éloigner. Il (jeter) .... les yeux autour de lui. Il (être) .... seul.
■ D'après Victor Hugo, *L'Homme qui rit,* 1869.

4 Valeurs de l'imparfait

Mets une croix dans la case qui convient.

a. La barque s'éloignait à l'horizon.
b. L'enfant était pieds nus et portait des guenilles.
c. Chaque fois qu'un homme prenait la parole, il chuchotait.

	a	b	c
Action passée ou en cours d'accomplissement			
Action passée qui s'est répétée			
Description			

5 CONTRÔLE EXPRESS

Lis le texte, puis réponds aux questions.

<u>L'enfant était dans un désert, entre des profondeurs où il voyait monter la nuit et des profondeurs où il entendait gronder les vagues.</u> Il étira ses petits bras maigres et bâilla. Puis, brusquement, [...] il tourna le dos à la crique et se mit à monter le long de la falaise. Il escalada le sentier, le quitta, y revint, alerte et se risquant. Il se hâtait maintenant vers la terre. [...] Il n'allait nulle part pourtant.
■ Victor Hugo, *L'Homme qui rit,* 1869.

a. Quelle est la valeur de l'imparfait dans le passage souligné ?
b. Surligne les verbes au passé simple qui constituent la trame du récit.
c. Réécris l'extrait au présent de narration.

Corrigés p. 16 du livret.

25 Raconter (1) : narrateur et points de vue

1 / Statut du narrateur : qui raconte ?

- Le **narrateur** – à ne pas confondre avec l'auteur – est **celui qui raconte**.
- S'il s'agit d'un récit à la 1re personne, on parle de **narrateur interne**.
- Dans un récit à la 3e personne, le narrateur est **externe**. À noter qu'un narrateur externe peut parfois intervenir par de brèves remarques.

2 / Différents points de vue : qui voit ?

- Le **point de vue externe** est objectif, c'est celui d'un témoin extérieur à l'histoire. Le narrateur se contente d'une narration neutre, comme dans cette première phrase de *Germinal*, roman d'Émile Zola sur l'univers des mines :

    > Dans la plaine rase, sous la nuit sans étoiles, d'une obscurité et d'une épaisseur d'encre, **un homme** suivait seul la grande route de Marchiennes à Monsou.

- Le **point de vue interne** est celui du narrateur (récit à la 1re personne) ou d'un des personnages. C'est un point de vue subjectif.

    > **Devant lui**, il ne **voyait** même pas le sol noir, et il **n'avait la sensation** de l'immense horizon plat que par les souffles du vent de mars.

- Le **point de vue omniscient** est celui d'un narrateur qui sait tout et connaît tout des personnages : leur passé, leur futur, leurs pensées intimes…

MOTS CLÉS

✓ **Auteur** : celui qui écrit, l'écrivain.

✓ **Narrateur** : celui qui raconte. Il peut être interne ou externe.

LA MÉTHODE

▷ **Identifier un point de vue interne dans un récit à la 3e personne**

- Il faut rechercher des indices qui montrent la subjectivité du personnage :
  – des **verbes de perception** (*voir, apercevoir, sentir…*) et un lexique (noms, adjectifs…) exprimant les sensations du personnage ;
  – des verbes d'**opinion** et de **jugement** (*croire, penser, estimer, regretter…*) et un lexique péjoratif ou mélioratif exprimant l'opinion du personnage ;
  – des verbes de **sentiment** (*aimer, craindre, s'étonner…*) et un lexique affectif exprimant les sentiments du personnage ;
  – des **comparaisons** et des **métaphores** mettant en évidence la subjectivité du point de vue, comme dans cet extrait où le héros de *Germinal* découvre la mine : Cette fosse, […] dressant sa cheminée **comme une corne menaçante**, lui **semblait** avoir **un air mauvais de bête goulue, accroupie là pour manger le monde**.
  – l'expression d'un **dialogue intérieur** et des **pensées** du personnage : Tout en l'examinant [la fosse], il songeait à lui, à son existence de vagabond, depuis huit jours qu'il cherchait une place ; […] qu'allait-il faire ainsi par les chemins, sans but, ne sachant seulement où s'abriter contre la bise ?

1. Combien existe-t-il de points de vue ?

2. Que signifie « narrateur omniscient » ?

54

S'ENTRAÎNER

1 Quiz

Relie les points de vue à leur narrateur.

a. point de vue omniscient ○   ○ témoin extérieur

b. point de vue externe ○   ○ narrateur ou personnage

c. point de vue interne ○   ○ narrateur qui sait tout

2 Interne ou externe ?

Précise le point de vue choisi.

Il [l'homme] marchait d'un pas allongé, grelottant sous le coton aminci de sa veste et de son pantalon de velours. Un petit paquet, noué dans un mouchoir à carreaux, le gênait beaucoup ; et il le serrait contre ses flancs, tantôt d'un coude, tantôt de l'autre, pour glisser au fond de ses poches les deux mains à la fois [...].
■ Émile ZOLA, *Germinal*, 1885.

Point de vue :   ☐ externe   ☐ interne

3 Qui voit ?

Détermine qui voit qui. Aide-toi des passages soulignés.

Alors l'homme reconnut une fosse. Il fut repris de honte : à quoi bon ? il n'y aurait pas de travail. [...]
– Bonjour, dit-il en s'approchant d'une des corbeilles.
<u>Tournant le dos au brasier, le charretier était debout, un vieillard vêtu d'un tricot de laine violette, coiffé d'une casquette en poil de lapin ;</u> [...]

a. [C'est .... qui voit le charretier.]

– Bonjour, répondit le vieux.
Un silence se fit. L'homme, qui <u>se sentait regardé d'un œil méfiant</u>, dit son nom tout de suite.
– Je me nomme Étienne Lantier [...] Il n'y a pas de travail ici ?
<u>Les flammes l'éclairaient, il devait avoir vingt et un ans, très brun, joli homme, l'air fort malgré ses membres menus.</u>
Rassuré, le charretier hochait la tête.

b. [C'est .... qui voit Étienne Lantier.]
■ Émile ZOLA, *Germinal*, 1885.

4 Point de vue interne

Souligne les indices qui permettent de reconnaître un point de vue interne.

a. Maintenant, Étienne dominait le pays entier. Les ténèbres demeuraient profondes [...]. N'était-ce pas un cri de famine que roulait le vent de mars, au travers de cette campagne nue ? Les rafales s'étaient enragées, elles semblaient apporter la mort du travail, une disette qui tuerait beaucoup d'hommes. Et les yeux errants, il s'efforçait de percer les ombres, tourmenté du désir et de la peur de voir. Tout s'anéantissait au fond de l'inconnu des nuits obscures, il n'apercevait, très loin, que les hauts fourneaux et les fours à coke.
b. Cependant, une hésitation le troublait, une peur du Voreux [nom du puits de mine], au milieu de cette plaine rase, sous une nuit si épaisse. Aucune aube ne blanchissait dans le ciel mort, les hauts fourneaux seuls flambaient [...]. Et le Voreux, au fond de son trou, avec son tassement de bête méchante, s'écrasait davantage [...], l'air gêné par sa digestion pénible de chair humaine.
■ Émile ZOLA, *Germinal*, 1885.

5 LECTURE D'IMAGE

Observe l'illustration et réponds aux questions.

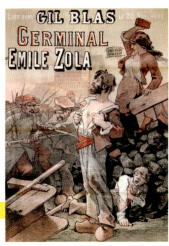

Couverture de *Gil Blas* pour la parution de *Germinal*, 25 novembre 1884.

a. Qui voit-on charger sur la gauche de l'image ?
b. Quelle est l'attitude des personnages à droite de l'image ?
c. Le combat paraît-il équilibré ?

Corrigés p. 16 du livret.

26 Raconter (2) : le rythme et l'ordre du récit

1 / L'ordre du récit

• Un récit suit le plus souvent l'ordre chronologique. Mais on peut rencontrer :
– un **retour en arrière** : le narrateur revient sur des événements **antérieurs** à ceux qu'il est en train de rapporter ;

> Jeanne venait de passer de longues années au couvent pour parfaire son éducation.

– une **anticipation** : une allusion à des événements **postérieurs** à ceux que le narrateur est en train de rapporter.

> La jeune héroïne se rêvait un avenir heureux... Jamais elle n'aurait pu imaginer les tourments qui l'attendaient.

2 / Le rythme du récit

Il peut varier au cours du récit. Le temps peut **s'accélérer** ou **ralentir**.

• Dans une **scène**, le récit semble **se dérouler en temps réel** et comprend généralement des dialogues.

> Une voix, derrière la porte, appela : « Jeannette ! »
> Jeanne répondit : « Entre, papa. » Et son père parut.

• Dans les **sommaires**, le récit semble **subir une accélération** : l'action est résumée. Une longue période peut être racontée en quelques lignes.

> Elle était demeurée jusqu'à douze ans dans la maison, puis, [...] fut mise au Sacré-Cœur.

• L'**ellipse** fait subir au récit **une accélération plus grande encore** : elle passe sous silence des faits et établit des raccourcis.

• Les **pauses ralentissent le récit**. Il s'agit de descriptions ou d'explications.

> Le baron était un gentilhomme de l'autre siècle, maniaque et bon.

MOTS CLÉS

✓ **Chronologie :** suite des événements dans le temps.

✓ **Rythme :** variations de la vitesse d'un récit, accélérations, ralentissements, pauses.

LA MÉTHODE

▷ **Structurer un récit dans le temps**

• Il faut utiliser des **connecteurs temporels** (ou **chronologiques**) qui permettent au lecteur de se repérer : adverbes (*hier, avant, autrefois, maintenant, demain, soudain, puis, enfin...*), propositions subordonnées circonstancielles introduites par des conjonctions de subordination (*avant que, après que, pendant que...*), GN CCT introduits ou non par une préposition (*avant, après, pendant...*).
– Ils mettent en évidence l'**ordre chronologique** des faits.
– Ils peuvent créer un **lien** entre les propositions.

→ Ainsi, Maupassant emploie des indications temporelles qui sont de véritables **repères** pour le lecteur : Jeanne, sortie **la veille** du couvent, libre **enfin pour toujours**, prête à saisir tous les bonheurs de la vie dont elle rêvait **depuis si longtemps**, [...]

MINI INTERRO

1. Quels moyens peut-on employer pour accélérer le rythme d'un récit ?

2. Qu'appelle-t-on « scène » dans un récit ?

56

1 Quiz

Relie les moments du récit au rythme correspondant.

a. ellipse ○   ○ temps réel
b. sommaire ○   ○ accélération
c. pause   ○   ○ ralentissement
d. scène   ○

2 Retour en arrière

Mets entre crochets les retours en arrière.

Jeanne, ayant fini ses malles, s'approcha de la fenêtre, mais la pluie ne cessait pas. L'averse, toute la nuit, avait sonné contre les carreaux et les toits. [...]
Jeanne, sortie la veille du couvent, libre enfin pour toujours, prête à saisir tous les bonheurs de la vie dont elle rêvait depuis si longtemps, craignait que son père hésitât à partir si le temps ne s'éclaircissait pas.
Une voix, derrière la porte, appela : « Jeannette ! » Jeanne répondit : « Entre, papa. » Et son père parut. [...] Homme de théorie, il méditait tout un plan d'éducation pour sa fille, voulant la faire heureuse, bonne, droite et tendre.
Elle était demeurée jusqu'à douze ans dans la maison, puis, malgré les pleurs de la mère, elle fut mise au Sacré-Cœur.

■ Guy de Maupassant, *Une vie*, 1883.

3 Connecteurs temporels (1)

Souligne les connecteurs temporels.

Alors de jour en jour le troublant désir d'aimer l' [Jeanne] envahit davantage. Elle se consultait sans cesse, consultait aussi les marguerites, les nuages, des pièces de monnaie jetées en l'air.
Or, un soir, son père lui dit : « Fais-toi belle, demain matin. » Elle demanda : « Pourquoi, papa ? » Il reprit : « C'est un secret. »
Et quand elle descendit, le lendemain toute fraîche dans une toilette claire, elle trouva la table du salon couverte de boîtes de bonbons ; et, sur une chaise, un énorme bouquet.

■ Guy de Maupassant, *Une vie*, 1883.

4 Connecteurs temporels (2)

Complète l'extrait suivant au moyen des connecteurs de la liste.
jusqu'au soir • puis • un matin • vers six heures • lorsqu'il fut tout près • avant qu'elle fût levée

Le baron, ..., entra dans la chambre de Jeanne ...., et s'asseyant sur les pieds du lit : « M. le vicomte de Lamare nous a demandé ta main. »
Elle vécut .... sans savoir ce qu'elle faisait.
..............., le vicomte parut. Le cœur de Jeanne se mit à battre follement. Le jeune homme s'avançait sans paraître ému. ...., ..., il prit les doigts de la baronne et les baisa. Comme elle était assise avec petite mère sous le platane, soulevant à son tour la main frémissante de la jeune fille, il y déposa de toutes ses lèvres un long baiser tendre et reconnaissant.

■ D'après Guy de Maupassant, *Une vie*, 1883.

5 CONTRÔLE EXPRESS

Scène, sommaire ou ellipse ?

a. Quatre jours plus tard arriva la berline qui devait les emporter à Marseille.

b. Une vie charmante commença pour Jeanne. Elle lisait, rêvait et vagabondait, toute seule, aux environs.

c. Les deux fiancés allaient sans fin, à travers le gazon, du bosquet jusqu'au perron, du perron jusqu'au bosquet. [...]
Jeanne tout à coup aperçut dans le cadre de la fenêtre la silhouette de la vieille fille que dessinait la clarté de la lampe.
« Tiens, dit-elle, tante Lison qui nous regarde. » [...]
Et ils continuèrent à rêver, à marcher lentement, à s'aimer. [...]
« Rentrons maintenant », dit-elle.
Et ils revinrent.

■ Guy de Maupassant, *Une vie*, 1883.

Corrigés p. 16 du livret.

27 Décrire

RETENIR

On peut décrire **un personnage** (**portrait**), un **lieu** ou un **objet** (les exemples qui suivent sont tirés du roman de Zola *La Bête humaine*).

1 / Portraits statique ou en action

- Selon le cas, un portrait peut :
- être **intégré dans un passage narratif** : le personnage est alors décrit en action ;

  Séverine poussa la porte, parut **toute fraîche**, **toute joyeuse**.

- marquer **une pause dans le récit** : description statique.

  Dans l'éclat de ses vingt-cinq ans, elle semblait grande, mince et très souple, grasse pourtant avec de petits os. Elle n'était point jolie d'abord, […]. Mais, à la regarder, elle séduisait par le charme, l'étrangeté de ses larges yeux bleus, sous son épaisse chevelure noire.

2 / Le point de vue

- Comme pour le récit (voir chapitre 25), on distingue :
- le point de vue **interne** (celui du narrateur ou d'un personnage) ;
- le point de vue **externe** (celui d'un observateur objectif) ;
- le point de vue **omniscient** (celui d'un narrateur qui sait tout).

- Dans une description marquée par la subjectivité, la description peut être :
- **méliorative** : positive et valorisante ;
- **péjorative** : négative et dévalorisante ;
- **nuancée**, comme dans l'exemple du portrait de Séverine ci-dessus.

MOTS CLÉS

✓ **Description** : fait de décrire, de rendre visible, de représenter au lecteur un lieu, un objet ou un personnage, par exemple au moyen d'adjectifs qualificatifs.

✓ **Portrait** : description d'un personnage.

LA MÉTHODE

▷ Organiser une description

- Il faut choisir un **ordre** et s'y tenir : de bas en haut ou inversement, de gauche à droite, du plus lointain au plus près, etc. Dans l'exemple ci-dessous, Zola décrit la gare Saint-Lazare.

  <u>Sous la nuit commençante</u>, les maisons lointaines se découpaient en noir, le vaste champ de la gare s'emplissait d'une brume violâtre. <u>**Du côté des Batignolles surtout**</u>, la tranchée profonde était comme noyée d'une cendre où commençaient à s'effacer les charpentes du pont de l'Europe.

  <u>Vers Paris</u>, un dernier reflet de jour pâlissait les vitres des grandes halles couvertes, tandis que, <u>dessous</u>, les ténèbres amassées pleuvaient. Des étincelles brillèrent, on allumait les becs de gaz, <u>le long des quais</u>. Une grosse clarté blanche était <u>là</u>, la lanterne de la machine du train de Dieppe, bondé de voyageurs, les portières déjà closes, et qui attendait pour partir l'ordre du sous-chef de service.

- Il faut employer des **connecteurs spatiaux** :
- des adverbes : *là, là-bas, ici*…
- des GN CCL : Sous la nuit commençante • Du côté des Batignolles surtout • Vers Paris • le long des quais.

MINI INTERRO

1. Qu'est-ce qu'un portrait en action ?

2. Qu'est-ce qu'un portrait péjoratif ?

58

S'ENTRAÎNER

1 Quiz

La fenêtre, au cinquième, à l'angle du toit mansardé qui faisait retour, donnait sur la gare, cette tranchée large trouant le quartier de l'Europe, tout un déroulement brusque de l'horizon, que semblait agrandir encore, cet après-midi-là, un ciel gris du milieu de février, d'un gris humide et tiède, traversé de soleil.
■ Émile Zola, *La Bête humaine*, 1890.

D'où la gare est-elle vue ?
❏ d'en bas   ❏ d'en haut

2 Statique ou en action ?

a. Dans l'extrait suivant, souligne les éléments descriptifs.

Roubaud, un sous-chef de gare, attend sa femme Séverine.
Lorsqu'il eut ouvert la boîte de sardines, Roubaud perdit patience. Le rendez-vous était pour trois heures. Où pouvait-elle être ? […] Et comme il passait de nouveau devant la glace, il s'aperçut, les sourcils hérissés, le front coupé d'une ligne dure. […] Un flot de sang montait à son crâne, ses poings d'ancien homme d'équipe se serraient, comme au temps où il poussait des wagons.
■ Émile Zola, *La Bête humaine*, 1890.

b. S'agit-il d'une description statique ou en action ?

3 La description

S'agit-il d'une description méliorative ou péjorative ? Justifie ta réponse en soulignant des mots du texte.

Zola décrit la locomotive de Jacques Lantier.
C'était une de ces machines d'express, à deux essieux couplés, d'une élégance fine et géante, avec ses grandes roues légères réunies par des bras d'acier, son poitrail large, ses reins allongés et puissants, toute cette logique et toute cette certitude qui font la beauté souveraine des êtres de métal, la précision dans la force. Ainsi que les autres machines de la Compagnie de l'Ouest, en dehors du numéro qui la désignait, elle portait le nom d'une gare, celui de Lison, une station du Cotentin. Mais Jacques, par tendresse, en avait fait un nom de femme, la Lison, comme il disait, avec une douceur caressante.
■ Émile Zola, *La Bête humaine*, 1890.

4 Les connecteurs spatiaux

Souligne les connecteurs spatiaux qui organisent la description de la gare Saint-Lazare.

À gauche, les marquises des halles couvertes ouvraient leurs porches géants, aux vitrages enfumés, celle des grandes lignes, immense, […] ; tandis que le pont de l'Europe, à droite, coupait de son étoile de fer la tranchée que l'on voyait reparaître et filer au-delà, jusqu'au tunnel des Batignolles.
[…] Sous la marquise des grandes lignes, l'arrivée du train de Mantes avait animé les quais. […] la vapeur siffla au ras du sol, en un jet assourdissant.
■ Émile Zola, *La Bête humaine*, 1890.

5 LECTURE D'IMAGE

Quels sont les éléments communs entre ce tableau de Monet et le texte précédent ?

Claude Monet, *La Gare Saint-Lazare*, 1877.

Corrigés p. 16 du livret.

28 Argumenter

RETENIR

Argumenter, c'est **défendre une idée**, on dit aussi une thèse. On distingue deux façons de procéder : **convaincre** et **persuader**.

1 / Convaincre

• Convaincre, c'est apporter des **arguments logiques** dans un **discours organisé**. On fait alors appel au **raisonnement** du destinataire (auditeur ou lecteur). Voici différentes étapes d'une argumentation logique, illustrées par des exemples tirés du chapitre « Esclavage » dans *Mes pensées*, de Montesquieu, 1899 (posthume).

MOT CLÉ

✓ **Argumenter** : C'est défendre un point de vue, amener son interlocuteur à en changer. On peut essayer de *convaincre* en faisant appel à la raison au moyen d'arguments logiques ou de *persuader* en faisant appel à la sensibilité et à l'imagination.

	Action	Exemple
1	Commencer par exposer la thèse à défendre.	L'esclavage est contre le droit naturel.
2	Organiser les arguments à l'aide de connecteurs : – par ordre d'importance : *tout d'abord, puis, enfin* ou : *premièrement, deuxièmement…* – pour mettre en évidence la logique des arguments, utiliser des connecteurs exprimant la cause, la conséquence, l'opposition, la concession : *car, parce que, donc, mais, quoique.*	Il n'y a que deux sortes de dépendances qui ne lui soient pas contraires : celle des enfants envers leurs pères ; celle des citoyens envers les magistrats : **car** […] il faut bien que la puissance des magistrats, qui est opposée à l'anarchie, y soit conforme.
3	Proposer des exemples pour illustrer et appuyer la thèse.	Les Romains admettaient trois manières d'établir la servitude, toutes aussi injustes.
4	Terminer par une phrase de conclusion.	Pour conclure… En conclusion…

2 / Persuader

• Persuader, c'est **agir sur la sensibilité ou l'imagination** du destinataire pour obtenir son adhésion à l'aide de divers procédés :
– l'**adresse directe** au destinataire (apostrophes, recours à la 2e personne) ;
– un **lexique exagéré**, des hyperboles ;
– des **images** pour frapper l'imagination (comparaisons, métaphores, etc.).

LA MÉTHODE

▷ **Déceler l'ironie dans un texte**

• L'ironie consiste à **dire le contraire de ce qu'on pense** pour choquer et amener le destinataire du discours à prendre conscience de l'absurdité des propos tenus.

> Si j'avais à soutenir le droit que nous avons eu de rendre les nègres esclaves, voici ce que je dirais : […] On ne peut se mettre dans l'esprit que Dieu, qui est un être très sage, ait mis une âme, surtout bonne, dans un corps tout noir.
> (Montesquieu, *De l'esprit des lois*, V, 15, 1748)

→ Bien entendu, Montesquieu ne défend pas l'esclavage des Noirs et ne pense pas un mot de l'argument énoncé. Il emploie l'ironie pour amener le lecteur à réagir et à comprendre l'absurdité de telles opinions. Prendre le texte au premier degré serait un grave contresens !

MINI INTERRO

1. Quelles sont les relations logiques principalement employées dans l'argumentation ?

2. Qu'est-ce que l'ironie ?

S'ENTRAÎNER

1 Quiz

Diderot imagine un discours de l'esclave à l'esclavagiste.

Hommes ou démons, qui que vous soyez, oserez-vous justifier les attentats contre ma liberté naturelle par le droit du plus fort ? […]. Si tu te crois autorisé à m'opprimer, parce que tu es plus fort et plus adroit que moi, ne te plains donc pas quand mon bras vigoureux ouvrira ton sein pour y chercher ton cœur.

■ Denis Diderot, *Sur l'esclavage. Contribution à l'Histoire des deux Indes de l'abbé Raynal*, 1780.

Diderot défend :

❏ la loi du plus fort

❏ la liberté naturelle de l'homme

2 Connecteurs logiques (1)

Classe les connecteurs suivants dans le tableau :

parce que • de telle sorte que • mais • car • malgré • quoique • en raison de • donc • en conséquence

cause	conséquence	opposition - concession

3 Connecteurs logiques (2)

Complète les arguments suivants au moyen des connecteurs qui conviennent.

a. Rien ne peut justifier l'esclavage ………. les hommes naissent libres et égaux en droits.

b. Réduire un homme à l'esclavage, c'est le considérer comme une marchandise et comme une machine. C'est ………. un crime contre l'humanité.

c. ………. bien des voix se soient élevées contre la barbarie de l'esclavage, celui-ci a continué à sévir ………. nombreux étaient ceux qui y trouvaient un avantage économique.

4 Procédés argumentatifs (1)

Dans les extraits suivants, Montesquieu cherche-t-il à convaincre ou à persuader ? Aide-toi des éléments soulignés dans le texte.

a. Je hais, je fuis l'espèce humaine, composée de victimes et de bourreaux ; et si elle ne doit pas devenir meilleure, puisse-t-elle s'anéantir !

…………………………………………………………

b. Pour le droit des maîtres, il n'est point légitime, parce qu'il ne peut point avoir eu une cause légitime.

…………………………………………………………

■ Montesquieu, *De l'esprit des lois*, 1748.

5 Procédés argumentatifs (2)

Dans l'extrait suivant, identifie le procédé argumentatif employé.

Les peuples d'Europe ayant exterminé ceux de l'Amérique, ils ont dû mettre en esclavage ceux de l'Afrique, pour s'en servir à défricher tant de terres. Le sucre serait trop cher, si l'on ne faisait travailler la plante qui le produit par des esclaves.

■ Montesquieu, *De l'esprit des lois*, 1748.

6 LECTURE D'IMAGE

Observe l'illustration, puis rédige quelques lignes dans lesquelles tu feras part de tes réflexions.

Chaînes et instruments employés par les commerçants d'esclaves, XIXe siècle.
© *The Atlantic Slave Trade and Slave Life in the Americas.*

Corrigés p. 16 du livret.

29 Construire un dialogue

Un dialogue ne joue pas le même rôle et ne se présente pas de la même façon dans une pièce de théâtre ou dans un récit. Un **dialogue théâtral** se caractérise par la mention du nom des personnages devant les paroles et l'absence de verbes introducteurs (les didascalies précisent le ton et la manière de prononcer les paroles). Dans un **récit**, les dialogues s'intègrent dans la narration.

1 / Le discours direct

- Les paroles sont rapportées telles qu'elles ont été prononcées, au mot près. On utilise :
  - la **ponctuation spécifique du dialogue** (deux-points, guillemets, tirets) ;
  - des **verbes introducteurs**, parfois accompagnés de compléments circonstanciels de manière. Cléonte **déclara avec fougue** : « Monsieur, je n'ai voulu prendre personne pour vous faire une demande que je médite depuis longtemps. »

- On peut placer les verbes de parole au cœur du dialogue au moyen d'**incises**. On note alors que le sujet est **inversé**.
  « Monsieur, **déclara Cléonte avec fougue**, je n'ai voulu prendre […] »

2 / Le discours indirect

- Les paroles sont **subordonnées à un verbe de parole**. Certains éléments sont transformés ou disparaissent. Cléonte déclara qu'il n'avait voulu prendre personne pour lui faire une demande qu'il méditait depuis longtemps.

- On peut parfois utiliser un **infinitif** plutôt qu'une **subordonnée**.
  Monsieur Jourdain demanda à sa femme **qu'elle se tût** → Monsieur Jourdain demanda à sa femme **de se taire**.

3 / Le discours indirect libre et le discours narrativisé

- Le **discours indirect libre** est un compromis entre les discours direct et indirect. Cléonte se lança dans une longue déclaration : il n'avait voulu prendre personne pour lui faire une demande qu'il méditait depuis longtemps.

- Le **discours narrativisé** est le résumé des paroles échangées. Cléonte se lança dans une longue et cérémonieuse demande en mariage.

MOT CLÉ

✓ **Dialogue** : échange de paroles (ou de gestes parfois) entre au moins deux personnes. Si un personnage dialogue avec lui-même, le flux de ses pensées est appelé au théâtre un monologue et dans un récit, monologue intérieur.

▷ Construire un dialogue efficace

- Il doit permettre tout d'abord de **caractériser les personnages**. Le discours direct, parce qu'il met en évidence la façon de s'exprimer de chaque personnage (registre de langue, défaut d'élocution, etc.) est le plus à même de le faire.

- Il doit aussi permettre de **faire évoluer les relations entre les personnages** et **progresser l'action**.

MINI INTERRO

1. Quelle est la ponctuation spécifique d'un dialogue dans un récit ?

2. Qu'est-ce que le discours indirect libre ?

S'ENTRAÎNER

1 Quiz

CLÉONTE. – Monsieur, je n'ai voulu prendre personne pour vous faire une demande que je médite depuis longtemps. Elle me touche assez pour m'en charger moi-même ; et, sans autre détour, je vous dirai que l'honneur d'être votre gendre est une faveur glorieuse que je vous prie de m'accorder.
MONSIEUR JOURDAIN. – Avant que de vous rendre réponse, Monsieur, je vous prie de me dire si vous êtes gentilhomme.

■ MOLIÈRE, *Le Bourgeois gentilhomme*, 1670.

De quel sorte de dialogue s'agit-il ?

❑ dialogue dans un récit   ❑ dialogue théâtral

2 Verbes de parole

Utilise les verbes de la liste suivante pour introduire les paroles : *bafouiller • chuchoter • exiger • conseiller*.

a. « Il ne faut pas qu'on nous entende », ... l'enfant à son camarade.

b. « Je ne sais pas », ... l'élève intimidé.

c. « Il vaut mieux dire la vérité », ... la mère à son enfant.

d. « Soyez à l'heure », ... le professeur.

3 Incises

Réécris les phrases suivantes, avec le verbe de parole en incise.

a. Le comédien annonça : « À la rentrée, je vais interpréter le rôle de Cléonte. »

b. Jeanne se réjouit : « À mon anniversaire, je vais avoir une guitare électrique ! »

4 Dialogue non théâtral

Transforme ce dialogue théâtral en dialogue non théâtral au discours direct, à l'aide les verbes de parole suivants : *répondit • annonça • s'insurgea • expliqua • s'étonna • se fâcha*.

CLÉONTE. – [...] je vous dirai franchement que je ne suis pas gentilhomme.
MONSIEUR JOURDAIN. – Touchez là, Monsieur : ma fille n'est pas pour vous.
CLÉONTE. – Comment ?

MONSIEUR JOURDAIN. – Vous n'êtes point gentilhomme, vous n'aurez pas ma fille.
MADAME JOURDAIN. – Que voulez-vous donc dire avec votre gentilhomme ? [...]
MONSIEUR JOURDAIN. – Taisez-vous, ma femme : je vous vois venir.

■ MOLIÈRE, *Le Bourgeois gentilhomme*, 1670.

5 Discours indirect

Transforme ensuite le discours direct en discours indirect.

a. Cléonte reconnut avec franchise ....

b. Monsieur Jourdain lui répondit ....

c. Madame Jourdain demanda à son mari ....

d. Celui-ci lui ordonna .... et lui dit ....

6 Construire un dialogue

Rédige une déclaration d'amour :

a. sous la forme d'un dialogue théâtral ;

b. sous la forme d'un dialogue inséré dans un récit.

7 LECTURE D'IMAGE

Observe cette affiche de cinéma.

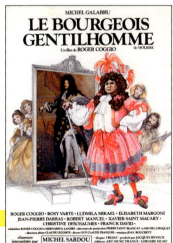

Affiche d'un film adapté de la pièce de Molière, *Le Bourgeois gentilhomme*.

a. Qui est le personnage au centre de l'image ?

b. Quelle est la figure historique représentée dans le tableau derrière lui ?

c. À qui le personnage cherche-t-il à ressembler ? Quel regard les autres personnages portent-ils sur lui ?

Corrigés p. 16 du livret.

30 Le théâtre

RETENIR

Une pièce de théâtre est essentiellement écrite pour être **représentée** et **jouée**. Elle n'est constituée que de **dialogues** et de **didascalies** (indications de mise en scène et de jeu). Le théâtre repose sur un certain nombre de **conventions** et de **règles**.

1 / La double énonciation

- Un personnage s'adresse à un autre personnage ou à lui-même (en aparté par exemple) mais aussi au **public**. C'est ce qu'on appelle la **double énonciation**.

- Dans les tragédies plus particulièrement, les **monologues** permettent aux personnages, seuls sur scène, de s'épancher à haute voix et aux spectateurs de connaître leurs pensées les plus intimes.

2 / La structure d'une pièce

- Une pièce est organisée en **actes**. Un acte est constitué d'un certain nombre de **scènes**. On passe d'une scène à l'autre en fonction de l'entrée ou de la sortie des personnages.

- La ou les premières scènes sont appelées **scènes d'exposition** : elles sont chargées d'apporter les informations nécessaires à la compréhension de l'action. Les autres scènes constituent la trame de l'**intrigue** : les personnages sont confrontés à des problèmes qu'ils doivent résoudre.

- Le dernier acte conduit au **dénouement**, à une fin, heureuse ou malheureuse.

3 / Le théâtre classique et la règle des trois unités

- Au XVIIe siècle, le théâtre obéit à la **règle des trois unités** : d'**action**, de **lieu**, de **temps**. À cela s'ajoute la règle de **bienséance** : il ne faut pas choquer le spectateur.

MOTS CLÉS

✓ **Pièce de théâtre** : texte composé uniquement de dialogues et de didascalies. Une pièce de théâtre est destinée à être jouée devant des spectateurs.

✓ **Didascalie** : indication de mise en scène (gestes, attitudes, tons…) destinée au metteur en scène et aux comédiens.

LA MÉTHODE

▷ Distinguer une comédie et une tragédie

	But	Personnages	Dénouement	Exemples
Comédie	Faire rire Quatre **types de comique** : – **comique de geste** (coups de bâton, poursuites…) – **comique de mots** (mots inventés, déformés, jeux de mots…) – **comique de situation** (quiproquos, malentendus…) – **comique de caractère** (manies, comportements des personnages…)	bourgeois, serviteurs ou servantes	généralement **heureux**	XVIIe siècle : comédies de Molière ; *L'Illusion comique* de Corneille XVIIIe siècle : comédies de Beaumarchais (*Le Barbier de Séville* ; *Le Mariage de Figaro*) et de Marivaux (*L'Île aux esclaves*)
Tragédie	Émouvoir	rois, reines, princes, princesses, confidents ou suivantes	**malheureux** : généralement mort d'un ou plusieurs personnages	XVIIe siècle : tragédies de Corneille (*Polyeucte* ; *Cinna*) et de Racine (*Phèdre* ; *Andromaque*)

MINI INTERRO

1. Comment appelle-t-on la ou les premières scènes d'une pièce de théâtre ?

2. Qu'est-ce qu'un monologue théâtral ?

1 Quiz

Précise pour chaque affirmation s'il s'agit d'une comédie ou d'une tragédie.

a. Mes personnages sont des rois, des reines et leurs confidents.

☐ comédie ☐ tragédie

b. Mes personnages sont souvent des serviteurs ou servantes à la langue bien pendue.

☐ comédie ☐ tragédie

c. Mon dénouement est généralement heureux.

☐ comédie ☐ tragédie

d. Mes personnages ont des travers et des ridicules qui font rire les spectateurs.

☐ comédie ☐ tragédie

e. Mes personnages choisissent parfois la mort comme seule issue à leurs tourments.

☐ comédie ☐ tragédie

2 Exposition et dénouement

Indique pour chaque définition s'il s'agit de l'exposition ou du dénouement.

a. Première scène d'une pièce : ....

b. Apporte une solution aux problèmes rencontrés par les personnages : ....

c. Est malheureux dans les tragédies, souvent heureux dans les comédies : ....

d. Apporte les renseignements nécessaires à la compréhension de l'action : ....

3 Dialogue théâtral

Lis cette scène et réponds aux questions.

HARPAGON. – Certes ce n'est pas une petite peine que de garder chez soi une grande somme d'argent ; [...] On n'est pas peu embarrassé à inventer dans toute une maison une cache fidèle ; car pour moi, les coffres-forts me sont suspects, et je ne veux jamais m'y fier ; [...] Cependant je ne sais si j'aurai bien fait d'avoir enterré dans mon jardin dix mille écus qu'on me rendit hier. Dix mille écus en or chez soi est une somme assez... (*Ici le frère et la sœur paraissent s'entretenant bas.*) Ô Ciel ! je me serai trahi moi-même : la chaleur m'aura emporté, et je crois que j'ai parlé haut en raisonnant tout seul. Qu'est-ce ?
CLÉANTE. – Rien, mon père.
HARPAGON. – Y a-t-il longtemps que vous êtes là ?
ÉLISE. – Nous ne venons que d'arriver.
■ MOLIÈRE, *L'Avare*, acte I, scène 4, 1668.

a. À qui s'adresse Harpagon au début de la scène ?

....

b. Que nous apprend la didascalie ?

....
....

c. À qui sont adressés les mots soulignés ?

....

4 CONTRÔLE EXPRESS

Lis cette scène et réponds aux questions.

HARPAGON. – (*Il crie au voleur dès le jardin, et vient sans chapeau.*)
Au voleur ! au voleur ! à l'assassin ! au meurtrier ! Justice, juste Ciel ! je suis perdu, je suis assassiné, on m'a coupé la gorge, on m'a dérobé mon argent. Qui peut-ce être ? Qu'est-il devenu ? Où est-il ? Où se cache-t-il ? Que ferai-je pour le trouver ? Où courir ? Où ne pas courir ? N'est-il point là ? N'est-il point ici ? Qui est-ce ? **Arrête. Rends-moi mon argent, coquin...** (*Il se prend lui-même le bras.*) Ah ! c'est moi. Mon esprit est troublé, et j'ignore où je suis, qui je suis, et ce que je fais. <u>Hélas ! mon pauvre argent, mon pauvre argent, mon cher ami ! on m'a privé de toi ; et puisque tu m'es enlevé, j'ai perdu mon support, ma consolation, ma joie ; tout est fini pour moi, et je n'ai plus que faire au monde : sans toi, il m'est impossible de vivre</u>. C'en est fait, je n'en puis plus ; je me meurs, je suis mort, je suis enterré.
■ MOLIÈRE, *L'Avare*, acte IV, scène 7, 1668.

a. Combien y a-t-il de personnages sur scène ?

b. Comment appelle-t-on ce type de scène ?

c. Que nous apprend la première didascalie ?

d. À qui s'adresse la réplique en gras ?

e. À qui s'adresse la réplique soulignée ?

f. Quels types de comique trouve-t-on dans cette scène ?

Corrigés p. 17 du livret.

31 La poésie

RETENIR

Le mot « poésie » vient du grec ποιειν (*poiein*) qui signifie « faire, créer » : le poète est de fait un inventeur de formes. La poésie peut être en **vers** ou en **prose**.

1 / Les vers et les strophes

- Le **vers** est une unité poétique. Chaque vers commence par une majuscule.
- Les vers sont organisés en **strophes**.

2 / Les images

- La poésie est riche d'images, comme dans ce poème de Guillaume Apollinaire, « Les colchiques » :
  – les **comparaisons** (voir page 44) : Tes yeux sont comme (outil) cette fleur-là
  – les **métaphores** (voir page 44) : Et ma vie pour tes yeux lentement s'empoisonne

3 / Les sonorités et le rythme

- Le langage poétique est **musical**. Le poète a recours à des procédés sonores ou rythmiques.

Procédés	Définitions et exemples
Rime	Reprise du même son à la fin d'un vers : Le colchique couleur de cerne et de lilas / Y fleurit tes yeux sont comme cette fleur-là Les rimes peuvent être **suivies** (AABB), **croisées** (ABAB) ou **embrassées** (ABBA)
Allitération ou assonance	Reprise d'un même son, voyelle ou consonne, à l'intérieur d'un vers : Le pré est vénéneux mais joli en automne (= sonorités dures qui évoquent la dangerosité du pré)
Rejet	Mise en relief d'un mot ou groupe de mots lié au vers précédent par la syntaxe : Le colchique couleur de cerne et de lilas / Y fleurit tes yeux sont comme cette fleur-là

MOTS CLÉS

✓ **Vers** : ensemble de mots formant une unité rythmique et régi par des règles de poésie. Un vers ne correspond pas nécessairement à une phrase.

✓ **Strophe** : ensemble organisé de vers. Entre chaque strophe, on saute une ligne. Une strophe de 4 vers est un quatrain ; une strophe de 3 vers, un tercet.

LA MÉTHODE

▷ **Identifier les différents types de vers**

L'unité de mesure du vers français est la **syllabe**. **Le mètre** est le nombre de syllabes comptées dans un vers.

- On ne compte pas une syllabe terminée par un *e* muet :
  – si le *e* est placé à la fin du vers ;
  – s'il est suivi d'un mot commençant par une voyelle ou un *h* muet.

  Son / ge à / la / dou / ceur   D'a / ller / là- / bas / vi / vre en / semble !
  1   2   3   4   5   1   2   3   4   5   6   7

  → Dans ces deux vers de « L'invitation au voyage » de Charles Baudelaire, les *e* à la fin de *songe* et de *vivre* ne comptent pas car on fait la liaison avec la voyelle qui suit. Le *e* muet en fin de vers (*ensemble*) n'est pas comptabilisé non plus.

- Les vers les plus fréquents sont l'**octosyllabe** (huit syllabes), le **décasyllabe** (dix syllabes) et l'**alexandrin** (douze syllabes).

MINI INTERRO

1. La poésie est-elle nécessairement en vers ?
2. Comment appelle-t-on un vers de 12 syllabes ?

66

S'ENTRAÎNER

1 Devinette

Retrouve les rimes qui manquent.

Je fais souvent ce rêve étrange et pénétrant
D'une femme inconnue, et que j'aime, et qui m'aime
Et qui n'est, chaque fois, ni tout à fait la ....
Ni tout à fait une autre, et m'aime et me ....
■ Paul VERLAINE, « Mon rêve familier », *Poèmes saturniens*, 1866.

2 Les vers

Précise pour chaque groupe de vers s'il s'agit d'octosyllabes, de décasyllabes ou d'alexandrins.

a. Mignonne, allons voir si la rose
Qui ce matin avoit desclose
Sa robe de pourpre au Soleil,
A point perdu ceste vesprée
Les plis de sa robe pourprée,
Et son teint au vostre pareil.
■ Pierre de RONSARD, *Odes*, 1550.

b. Demain, dès l'aube, à l'heure où blanchit
 [la campagne,
Je partirai. Vois-tu, je sais que tu m'attends.
J'irai par la forêt, j'irai par la montagne.
Je ne puis demeurer loin de toi plus longtemps.
■ Victor HUGO, *Les Contemplations*, 1856.

c. Nous aurons des lits pleins d'odeurs légères,
Des divans profonds comme des tombeaux,
Et d'étranges fleurs sur des étagères,
Écloses pour nous sous des cieux plus beaux.
■ Charles BAUDELAIRE, *La Mort des Amants*, 1857.

3 Les rimes

Précise pour chaque strophe si les rimes sont suivies, croisées ou embrassées.

a. Je ne parlerai pas, je ne penserai rien :
Mais l'amour infini me montera dans l'âme,
Et j'irai loin, bien loin, comme un bohémien,
Par la Nature, – heureux comme avec une femme.
■ Arthur RIMBAUD, « Sensation », 1870.

b. Là, tout n'est qu'ordre et beauté,
Luxe, calme et volupté.
■ Charles BAUDELAIRE, « L'invitation au voyage », *Les Fleurs du mal*, 1857.

c. Ô rêves des saisons heureuses,
Temps où la lune et le soleil
Écument en rayons vermeils
Au bord des âmes amoureuses…
■ Anna de NOAILLES, « Les saisons et l'amour », *Le Cœur innombrable*, 1901.

4 Le rejet

Dans les vers suivants, souligne les rejets.

Si j'ai parlé
De mon amour c'est à l'eau lente
Qui m'écoute quand je me penche
Sur elle ; si j'ai parlé
De mon amour, c'est au vent
Qui rit et chuchote entre les branches
■ Henri DE RÉGNIER, « Odelette IV », *Les Jeux rustiques et divins*, 1897.

5 CONTRÔLE EXPRESS

Lis ce poème, puis réponds aux questions.

Le pré est vénéneux mais joli en automne
Les vaches y paissant
Lentement s'empoisonnent
Le colchique couleur de cerne et de lilas
Y fleurit tes yeux sont comme cette fleur-là
Violâtres comme leur cerne et comme cet automne
Et ma vie pour tes yeux lentement s'empoisonne
[…]
Le gardien du troupeau chante tout doucement
Tandis que lentes et meuglant les vaches
 [abandonnent
Pour toujours ce grand pré mal fleuri par l'automne
■ Guillaume APOLLINAIRE, *Les Colchiques*, 1913.

a. Souligne les comparaisons.

b. Dans les trois derniers vers, surligne les différentes assonances. Ce sont des assonances en .... et en ....

c. Quelle est, selon toi, l'impression produite par ces assonances ?

d. Quel est le thème de ce poème ?
❏ l'automne   ❏ la fin d'un amour

e. Quel est l'état d'âme du poète ?

Corrigés p. 17 du livret.

Mathématiques

Plus d'entraînement sur
www.hatier-entrainement.com

Maths

			DATE	ÉVALUATION

NOMBRES ET CALCULS

1	Multiplier et diviser des nombres relatifs	70
2	Multiplier des fractions	72
3	Additionner et soustraire des fractions	74
4	Diviser des fractions	76
5	Puissances de dix	78
6	Racine carrée d'un nombre positif	80
7	Calcul littéral (1)	82
8	Calcul littéral (2)	84
9	Résoudre une équation du premier degré	86

GESTION DE DONNÉES

10	Proportionnalité (1)	88
11	Proportionnalité (2)	90
12	Moyenne pondérée, médiane, étendue	92
13	Diagrammes en bâtons et histogrammes	94
14	Probabilités	96

GÉOMÉTRIE – GRANDEURS ET MESURES

15	Triangles et parallélogrammes	98
16	Translations	100
17	Théorème de Pythagore	102
18	Rotations	104
19	Cosinus d'un angle	106
20	Parallélépipèdes et sphères	108
21	Pyramides et cônes	110
22	Vitesse moyenne	112
23	Grandeurs composées	114

ALGORITHMIQUE ET PROGRAMMATION

24	Écrire et exécuter un programme simple	116
25	Programmer le tracé de figures	118

1 Multiplier et diviser des nombres relatifs

RETENIR

Règle des signes

• Le produit ou le quotient de deux nombres relatifs de **même signe** est **positif**.

Exemples $(-5) \times (-3) = 15$ $(-12) \div (-3) = 4$ $54 \div 6 = 9$

Attention ! $(-5)^2 = (-5) \times (-5) = 25$ mais $-8^2 = -(8 \times 8) = -64$.

• Le produit ou le quotient de deux nombres relatifs de **signes différents** est **négatif**.

Exemples $(-9) \times 5 = -45$ $7 \times (-6) = -42$ $-36 \div 4 = -9$

Remarque : Le produit de deux nombres relatifs opposés est négatif ; le quotient de deux nombres relatifs opposés est égal à -1.

Exemples $(-9) \times 9 = -81$ $17 \div (-17) = -1$

MOTS CLÉS

✓ **Carré d'un nombre :** C'est le produit d'un nombre par lui-même.

✓ **Nombres opposés :** Deux nombres de même valeur et de signes différents sont des nombres opposés.

✓ **Facteurs :** On appelle facteurs les nombres que l'on multiplie.

LA MÉTHODE

▷ Trouver le signe d'un produit de plusieurs facteurs

Pour connaître le signe d'un produit de plusieurs nombres relatifs, je compte les facteurs négatifs :

• si le nombre de facteurs négatifs est **pair**, alors le produit est **positif** ;
• si le nombre de facteurs négatifs est **impair**, alors le produit est **négatif**.

Exemples $A = (-8) \times 7 \times (-4) \times 5 \times (-2) \times 3 \times (-5) \times (-6)$

Je compte 5 facteurs négatifs ; 5 est un nombre impair.
Le produit A est négatif : je note $A < 0$.

$B = 12 \times (-3) \times 7 \times (-2) \times 5 \times (-6) \times 3 \times (-4)$

Je compte 4 facteurs négatifs ; 4 est un nombre pair.
Le produit B est positif : je note $B > 0$.

▷ Trouver le signe d'un quotient

1. Je cherche le signe du numérateur et le signe du dénominateur en appliquant la règle des signes.
2. Je cherche le signe du quotient.

Exemples

$C = \dfrac{(-5) \times (-8) \times 7 \times (-3)}{2 \times (-6) \times (-9) \times (-4)}$

(Je peux aussi directement remarquer qu'au total, il y a 6 facteurs négatifs. Donc le quotient C est positif.)

Je compte 3 facteurs négatifs au numérateur et 3 au dénominateur : le numérateur et le dénominateur sont négatifs. Le quotient C est donc positif.

$D = \dfrac{2 \times (-5) \times 7}{(-3) \times (-4)}$

Au total, je compte 3 facteurs négatifs, donc le quotient D est négatif.

MINI INTERRO

Calcule.
1. $(-8) \times 9$
2. $(-6) \times (-5)$
3. $63 \div (-9)$
4. $-48 \div (-8)$

70

S'ENTRAÎNER

 1 Vrai ou faux ?

Coche la case qui convient.

	V	F
a. $-9 \times 7 = 63$	☐	☐
b. $-56 \div -7 = 8$	☐	☐
c. $-5 \times (-3) \times (-7) < 0$	☐	☐
d. $\dfrac{-27}{-3} = 9$	☐	☐
e. $(-4) \times (-9) = 6 \times (-6)$	☐	☐

 2 Tables de multiplication

Calcule.

a. $(-7) \times (-5)$ **d.** $(-9)^2$
b. $(-8) \times 4$ **e.** -6^2
c. $7 \times (-7)$ **f.** $(-8) \times (-6)$

 3 Quotients

Calcule.

a. $(-27) \div 3$ **d.** $\dfrac{-56}{7}$

b. $(-40) \div (-8)$ **e.** $-\dfrac{-24}{-6}$

c. $18 \div (-3)$ **f.** $\dfrac{21}{-3}$

 4 Opérations incomplètes

Complète les pointillés avec le nombre relatif qui convient.

a. $(-9) \times \ldots = 45$ **d.** $\dfrac{-35}{\ldots} = -5$

b. $(-54) \div \ldots = -6$ **e.** $\dfrac{\ldots}{-6} = -7$

c. $\ldots \times (-7) = -28$ **f.** $\dfrac{-36}{\ldots} = 4$

 5 Plusieurs facteurs

Calcule.

$A = (-3) \times (-4) \times (-2)$
$B = 2 \times (-4) \times 5 \times (-3)$
$C = (-250) \times (-123) \times (-457) \times 0 \times (-21)$

 6 Quotients

Calcule.

$A = [(-4) \times (-5) \times 7] \div (-14)$ $B = \dfrac{-5 \times (-3) \times 4}{(-70) \div (-7)}$

7 Signes

Indique le signe des résultats (> 0 ou < 0).

$A = (-123) \times (-124) \times 19 \times (-31)$
$B = 19 \times (-32) \times (-27) \times 16 \times (-12) \times (-14)$
$C = 13 \times 25 \times (-1) \times (-11) \times (-14) \times (-8) \times (-1) \times (-15)$

$D = -\dfrac{-152}{-27}$ $E = \dfrac{-25^2}{12}$ $F = \dfrac{(-17)^2}{-32}$

 8 Positif ou négatif ?

Complète les phrases suivantes par les mots *positif* ou *négatif*.

a. Un produit formé de 53 facteurs a 37 facteurs négatifs, donc il est ....

b. Un produit formé de 83 facteurs a 23 facteurs positifs, donc il est ....

c. Le produit d'un nombre A et de 26 facteurs négatifs est négatif, donc le nombre A est ....

d. Le produit de 35 facteurs négatifs et d'un nombre B est positif, donc le nombre B est ....

9 Programme de calcul

• Choisir un nombre et le mettre au carré.
• Multiplier le résultat par -8.
• Diviser le tout par -2.

a. Quel est le résultat si tu choisis 3 ?

b. Quel est le résultat si tu choisis -5 ?

c. Quelle remarque peux-tu faire sur le signe du résultat ?

10 CONTRÔLE EXPRESS

Calcule.

$A = (-2) \times 5 \times (-4)$ $C = \dfrac{6^2}{-9}$

$B = (-5)^2 \times (-4)$ $D = \dfrac{-10^2}{4}$

Corrigés p. 17 du livret.

2 Multiplier des fractions

RETENIR

Règle

Pour multiplier des fractions :
- on multiplie entre eux les numérateurs ;
- on multiplie entre eux les dénominateurs.

Exemples $\dfrac{7}{3} \times \dfrac{2}{5} = \dfrac{7 \times 2}{3 \times 5} = \dfrac{14}{15}$ $\dfrac{-5}{8} \times \dfrac{3}{4} = \dfrac{-5 \times 3}{8 \times 4} = \dfrac{-15}{32}$

Cas particulier : $\dfrac{7}{8} \times \dfrac{8}{7} = \dfrac{56}{56} = 1$. On dit que $\dfrac{7}{8}$ et $\dfrac{8}{7}$ sont des fractions **inverses**.

Remarque : Prendre la fraction d'un nombre signifie multiplier ce nombre par la fraction.

MOTS CLÉS

✔ **Nombres inverses :** Deux nombres sont inverses lorsque leur produit est égal à 1.

✔ **Fraction simplifiable :** Une fraction est simplifiable quand son numérateur et son dénominateur sont multiples d'un même nombre.

LA MÉTHODE

▷ **Multiplier et simplifier deux fractions**

• **Multiplication des deux fractions puis simplification du résultat**

Exemple $A = \dfrac{4}{5} \times \dfrac{7}{8} = \dfrac{28}{40}$

28 et 40 sont des multiples de 4. Je peux simplifier le résultat par 4.

$A = \dfrac{28}{40} = \dfrac{4 \times 7}{4 \times 10} = \dfrac{7}{10}$

• **Simplification avant multiplication**

Exemples $A = \dfrac{4}{5} \times \dfrac{7}{8}$

Dans l'exemple précédent, je peux aussi directement remarquer que 4 et 8 sont des multiples de 4, et simplifier par 4 avant de calculer.

$A = \dfrac{4 \times 7}{5 \times 2 \times 4} = \dfrac{7}{5 \times 2} = \dfrac{7}{10}$

$B = \dfrac{15}{7} \times \dfrac{9}{20}$

15 et 20 sont des multiples de 5. Je peux simplifier par 5 avant de calculer.

$B = \dfrac{3 \times 5 \times 9}{7 \times 4 \times 5} = \dfrac{3 \times 9}{7 \times 4} = \dfrac{27}{28}$

MINI INTERRO

Calcule.
1. $\dfrac{8}{7} \times \dfrac{9}{5}$
2. $\dfrac{9}{8} \times 5$
3. $\dfrac{3}{4}$ de $\dfrac{5}{6}$

▷ **Multiplier un nombre entier par une fraction**

Je sais qu'un nombre entier peut toujours s'écrire sous la forme d'une fraction de dénominateur 1.

Exemples $C = 14 \times \dfrac{9}{35} = \dfrac{14}{1} \times \dfrac{9}{35} = \dfrac{2 \times 7 \times 9}{1 \times 5 \times 7} = \dfrac{2 \times 9}{1 \times 5} = \dfrac{18}{5}$

$D = \dfrac{1}{15} \times 15 = \dfrac{1}{15} \times \dfrac{15}{1} = \dfrac{15}{15} = 1$. Donc l'inverse de 15 est $\dfrac{1}{15}$.

1. Vrai ou faux ?

Coche la case qui convient.

	V	F
a. $\frac{2}{7} \times \frac{5}{3} = \frac{10}{21}$	☐	☐
b. La fraction inverse de $\frac{9}{7}$ est $\frac{-9}{7}$.	☐	☐
c. 8 et $\frac{1}{8}$ sont des nombres inverses.	☐	☐
d. $\frac{11}{19}$ est l'inverse de $\frac{19}{11}$.	☐	☐
e. On ne peut pas simplifier le produit $\frac{16}{25} \times \frac{15}{12}$.	☐	☐

2. Simples multiplications

Calcule.

$A = \frac{7}{4} \times \frac{3}{8}$ $B = \frac{-5}{7} \times \frac{3}{2}$ $C = -6 \times \frac{2}{7}$ $D = \frac{-7}{9} \times \frac{-4}{3}$

3. Inverses

Complète le tableau suivant.

Nombre N	−4	$\frac{1}{7}$		$\frac{7}{5}$	$\frac{-9}{16}$	
Inverse du nombre N			$\frac{-1}{2}$			$\frac{-11}{3}$

4. Produits simplifiés

Calcule et donne le résultat sous la forme d'une fraction simplifiée.

Pense à décomposer les grands nombres pour simplifier avant de multiplier.

$A = \frac{8}{5} \times \frac{2}{6}$ $C = \frac{9}{14} \times \frac{21}{36}$

$B = \frac{-5}{6} \times \frac{12}{10}$ $D = \frac{36}{42} \times 28$

5. Fraction d'un nombre

a. Kylian a dépensé les $\frac{5}{8}$ de 240 € pour acheter un cadeau de fête des mères. Détermine le prix de ce cadeau.

b. 40 % des 60 élèves de 4ᵉ A et de 4ᵉ B sont externes. Détermine le nombre d'externes.

c. Tu as bu les $\frac{2}{5}$ d'une bouteille de $\frac{3}{4}$ de litre de jus de fruits.
Quelle quantité de jus de fruits as-tu bue ?

6. Défi

Calcule astucieusement.

$A = \frac{2}{3} \times \frac{3}{4} \times \frac{4}{5} \times \frac{5}{6} \times \frac{6}{7}$

7. Question d'ordre

Calcule en faisant attention à l'ordre des opérations.

$A = \frac{15 - 7}{9} \times \frac{3 \times 6}{16}$

$B = \frac{5}{18 \div 3} \times \frac{3}{10} \times \frac{13 - 7}{13}$

8. À la cantine

Les deux tiers des élèves d'une classe sont des garçons. Parmi ceux-ci, un quart mange à la cantine. Les trois quarts des filles sont demi-pensionnaires.

Complète les phrases suivantes par la fraction qui convient.

a. La fraction de la classe représentant les garçons demi-pensionnaires est ……… .

b. Les filles représentent ……… de la classe.

c. Dans la classe, la proportion de filles demi-pensionnaires est ……… .

d. Sachant qu'il y a 24 élèves dans cette classe, détermine le nombre d'élèves demi-pensionnaires.

9. CONTRÔLE EXPRESS

Calcule et donne le résultat sous la forme d'une fraction simplifiée.

$A = \frac{-3}{5} \times \frac{7}{2}$ $C = \frac{35}{42} \times \frac{54}{40}$

$B = \frac{-12}{7} \times \frac{-9}{16}$

Corrigés p. 17 du livret.

3 Additionner et soustraire des fractions

RETENIR

Règle

Pour ajouter ou soustraire des fractions qui ont le **même dénominateur** :
- on ajoute ou on soustrait les numérateurs ;
- on conserve le dénominateur commun.

Exemples

$$\frac{5}{12} + \frac{2}{12} = \frac{5+2}{12} = \frac{7}{12} \qquad \frac{7}{25} - \frac{13}{25} = \frac{7-13}{25} = \frac{-6}{25}$$

$$\frac{-9}{17} - \frac{-5}{17} = \frac{-9-(-5)}{17} = \frac{-9+5}{17} = \frac{-4}{17}$$

MOTS CLÉS

✓ **Fraction simplifiée :** Il s'agit d'une fraction dont le numérateur et le dénominateur sont les plus petits possible.

✓ **Fractions opposées :** Ce sont des fractions dont la somme est égale à zéro.

LA MÉTHODE

▷ **Additionner ou soustraire des fractions de dénominateurs différents**

1er cas : $A = \dfrac{7}{6} - \dfrac{5}{18}$ — Je regarde les dénominateurs 6 et 18 : 18 est un multiple de 6.

$A = \dfrac{7 \times 3}{6 \times 3} - \dfrac{5}{18}$ — Je mets la fraction $\dfrac{7}{6}$ au dénominateur 18.

$A = \dfrac{21}{18} - \dfrac{5}{18}$ — J'applique la règle de calcul.

$A = \dfrac{16}{18}$ — Je regarde si je peux simplifier le résultat obtenu. 16 et 18 sont des nombres multiples de 2, donc je peux simplifier le résultat par 2.

$A = \dfrac{8 \times 2}{9 \times 2} = \dfrac{8}{9}$

2e cas : $B = \dfrac{9}{7} + 4$ — Je sais que tout nombre entier peut s'écrire sous la forme d'une fraction de dénominateur 1.

$B = \dfrac{9}{7} + \dfrac{4}{1}$

$B = \dfrac{9}{7} + \dfrac{4 \times 7}{1 \times 7}$ — Je mets la fraction $\dfrac{4}{1}$ au dénominateur 7.

$B = \dfrac{9}{7} + \dfrac{28}{7} = \dfrac{37}{7}$ — J'applique la règle de calcul.

3e cas : $C = \dfrac{5}{8} - \dfrac{7}{6}$ — Je cherche le(s) multiple(s) commun(s) aux dénominateurs 8 et à 6 : il y en a deux. $24 = 3 \times 8 = 6 \times 4$ et $48 = 6 \times 8$. Je choisis le plus petit.

$C = \dfrac{5 \times 3}{8 \times 3} - \dfrac{7 \times 4}{6 \times 4}$ — Je mets les fractions au même dénominateur.

$C = \dfrac{15}{24} - \dfrac{28}{24}$ — J'applique la règle de calcul.

$C = \dfrac{-13}{24}$

MINI INTERRO

1. Calcule $\dfrac{8}{15} + \dfrac{6}{15}$.

2. Calcule $\dfrac{17}{6} - \dfrac{4}{6}$.

3. Simplifie $\dfrac{48}{42}$.

1 Vrai ou faux ?

Coche la case qui convient.

                              V   F

a. $\dfrac{8}{13} + \dfrac{9}{13} = \dfrac{17}{13}$. ☐ ☐

b. $\dfrac{-5}{17} = \dfrac{7}{17} - \dfrac{12}{17}$. ☐ ☐

c. On peut simplifier $\dfrac{45}{54}$ par 5. ☐ ☐

d. Les fractions $\dfrac{9}{8}$ et $-\dfrac{8}{9}$ sont opposées. ☐ ☐

e. La fraction opposée à $\dfrac{7}{3}$ est $-\dfrac{7}{3}$. ☐ ☐

2 Opérations incomplètes

Complète les égalités suivantes.

a. $\dfrac{5}{2} + \dfrac{\ldots}{\ldots} = \dfrac{8}{2}$

b. $\dfrac{4}{7} - \dfrac{\ldots}{\ldots} = \dfrac{1}{7}$

c. $\dfrac{4}{12} - \dfrac{9}{12} = \dfrac{\ldots}{12}$

d. $\dfrac{-4}{25} + \dfrac{6}{25} = \dfrac{\ldots}{\ldots}$

e. $\dfrac{16}{12} - \dfrac{-7}{12} = \dfrac{\ldots}{\ldots}$

f. $\dfrac{4}{5} - \dfrac{1}{5} + \dfrac{3}{5} = \dfrac{\ldots}{5}$

3 Simplifications

Simplifie le plus possible les fractions suivantes.

A = $\dfrac{12}{21}$

B = $\dfrac{13}{7}$

C = $\dfrac{40}{48}$

D = $\dfrac{72}{54}$

E = $\dfrac{120}{160}$

4 Au même dénominateur

Calcule et donne le résultat sous la forme d'une fraction la plus simplifiée possible.

A = $\dfrac{5}{6} + \dfrac{7}{18}$

B = $\dfrac{5}{4} + \dfrac{2}{7}$

C = $\dfrac{3}{4} - \dfrac{31}{36}$

D = $\dfrac{11}{3} - \dfrac{3}{2}$

5 Avec des entiers

Calcule et donne le résultat sous la forme d'une fraction simplifiée.

A = $1 - \dfrac{3}{5}$

B = $\dfrac{18}{7} - 3$

C = $\dfrac{7}{9} + 1$

D = $5 + \dfrac{4}{7}$

6 Triathlon

Lors d'une épreuve sportive, Thomas parcourt $\dfrac{2}{7}$ du trajet en course à pied, $\dfrac{10}{21}$ du trajet à vélo et le reste à la nage.

Quelle fraction du trajet parcourt-il à la nage ?

7 Dans la bouteille

Jessica boit la moitié d'une bouteille d'eau minérale. Samuel en boit un quart. Nadia en boit un huitième et Marie un seizième.

Les enfants ont-ils bu toute la bouteille ?

8 Priorités

Calcule en respectant les priorités des opérations et donne le résultat sous la forme d'une fraction simplifiée.

A = $\dfrac{3}{10} - \left(\dfrac{3}{5} - \dfrac{1}{4} \right)$

B = $\left(\dfrac{1}{4} + \dfrac{5}{8} \right) \times \left(\dfrac{2}{3} + \dfrac{3}{7} \right)$

9 CONTRÔLE EXPRESS

Calcule.

a. $\dfrac{17}{15} + \dfrac{18}{15}$

b. $2 + \dfrac{2}{5}$

c. $\dfrac{21}{12} - \dfrac{9}{12}$

d. la somme de deux tiers et cinq neuvièmes

 Corrigés p. 18 du livret.

4 Diviser des fractions

RETENIR

Règle

Diviser un nombre N par une fraction $\frac{a}{b}$ revient à multiplier ce nombre par l'**inverse** $\frac{b}{a}$ de la fraction (avec $a \neq 0$ et $b \neq 0$).

$$N \div \frac{a}{b} = N \times \frac{b}{a}$$

MOT CLÉ

✓ **Inverse d'une fraction :** C'est la fraction dont on a échangé le numérateur et le dénominateur.

Exemples
$$9 \div \frac{2}{5} = 9 \times \frac{5}{2} = \frac{45}{2}$$

$$\frac{2}{7} \div \frac{3}{4} = \frac{2}{7} \times \frac{4}{3} = \frac{8}{21}$$

LA MÉTHODE

▷ Diviser avec des fractions

J'applique la règle de calcul en pensant à décomposer les grands nombres afin de simplifier avant de multiplier.

Exemples
$$A = \frac{12}{25} \div \frac{18}{35}$$

$$A = \frac{12}{25} \times \frac{35}{18}$$

$$A = \frac{2 \times 6 \times 5 \times 7}{5 \times 5 \times 3 \times 6} = \frac{14}{15}$$

Une division peut aussi s'écrire sous une forme fractionnaire :

$$B = \frac{\frac{15}{14}}{\frac{5}{21}}$$

$$B = \frac{15}{14} \div \frac{5}{21} = \frac{15}{14} \times \frac{21}{5}$$

$$B = \frac{3 \times 5 \times 3 \times 7}{2 \times 7 \times 5} = \frac{9}{2}$$

Un nombre entier peut toujours s'écrire sous la forme d'une fraction de dénominateur 1 :

$$C = \frac{21}{16} \div 14$$

$$C = \frac{21}{16} \div \frac{14}{1} = \frac{21}{16} \times \frac{1}{14}$$

$$C = \frac{3 \times 7 \times 1}{16 \times 2 \times 7} = \frac{3}{32}$$

MINI INTERRO

1. Quel est l'inverse de $\frac{9}{17}$?

2. Complète : « Diviser 29 par $\frac{5}{9}$ revient à .... 29 par .... »

3. Calcule $\frac{3}{5} \div \frac{2}{7}$.

76

S'ENTRAÎNER

1 Vrai ou faux ?

Coche la case qui convient.

	V	F
a. $\dfrac{4}{9}$ est l'opposé de $\dfrac{9}{4}$.	☐	☐
b. $\dfrac{11}{17}$ est l'inverse de $\dfrac{17}{11}$.	☐	☐
c. $\dfrac{-21}{13}$ est l'opposé de $\dfrac{21}{13}$.	☐	☐
d. $\dfrac{3}{5} \div \dfrac{7}{2} = \dfrac{21}{10}$.	☐	☐
e. $25 \div \dfrac{5}{2} = 10$.	☐	☐

2 Divisions simples

Calcule.

$A = \dfrac{2}{5} \div \dfrac{3}{4}$

$B = \dfrac{-1}{7} \div \dfrac{-6}{5}$

$C = \dfrac{-5}{9} \div \dfrac{2}{5}$

3 Avec des entiers

Calcule.

$A = 4 \div \dfrac{5}{7}$ $\qquad$ $C = \dfrac{3}{7} \div 5$

$B = -9 \div \dfrac{2}{3}$ $\qquad$ $D = \dfrac{-2}{5} \div 3$

4 En simplifiant

Calcule et donne le résultat sous la forme d'une fraction simplifiée.

$A = \dfrac{4}{7} \div \dfrac{8}{9}$ $\qquad$ $C = 28 \div \dfrac{7}{5}$

$B = \dfrac{18}{12} \div \dfrac{3}{6}$ $\qquad$ $D = \dfrac{25}{18} \div 15$

5 En fractions

Calcule et donne le résultat sous la forme d'une fraction simplifiée.

$A = \dfrac{\frac{2}{7}}{\frac{3}{5}}$ $\qquad$ $C = \dfrac{32}{\frac{40}{3}}$

$B = \dfrac{\frac{25}{28}}{\frac{20}{21}}$ $\qquad$ $D = \dfrac{\frac{16}{7}}{12}$

6 En bouteilles

Combien de bouteilles de $\dfrac{3}{4}$ de litre peux-tu remplir avec le contenu d'un fût de 60 L ?

....

....

7 En français

Le quotient d'un tiers par huit est-il égal à l'inverse de huit tiers ?

....

....

8 Priorités

Calcule en respectant les priorités des opérations.

$A = \dfrac{-1}{5} + \dfrac{2}{5} \div \dfrac{3}{7}$

$B = \left(\dfrac{4}{3} - \dfrac{1}{2} \right) \div \left(\dfrac{5}{4} + \dfrac{2}{3} \right)$

9 CONTRÔLE EXPRESS

Calcule et simplifie.

$A = \dfrac{5}{7} \div \dfrac{3}{4}$ $\qquad$ $C = 56 \div \dfrac{8}{5}$

$B = \dfrac{-12}{21} \div \dfrac{15}{14}$ $\qquad$ $D = \dfrac{45}{12} \div 18$

Corrigés p. 18 du livret.

5 Puissances de dix

NOMBRES ET CALCULS

RETENIR

1 / Définition

Le produit de n facteurs tous égaux à 10 se note 10^n.

MOT CLÉ

✓ **Exposant :** L'exposant est le nombre situé en haut à droite de la notation d'une puissance.

Le nombre n s'appelle l'exposant. 10^n est la **puissance de « dix exposant n »**.

Pour tout entier n supérieur ou égal à zéro :

$$10^n = \underbrace{10 \times 10 \times 10 \times ... \times 10}_{n \text{ facteurs}} = \underbrace{1\,000\,...\,000}_{n \text{ zéros}}$$

Exemples $10^5 = 100\,000$ 1 milliard $= 10^9$ $10\,000\,000 = 10^7$

Cas particuliers : $10^1 = 10$ $10^0 = 1$

2 / Écriture scientifique

L'écriture scientifique d'un nombre est égale au produit d'un nombre décimal supérieur à 1 et strictement inférieur à 10 par une puissance de dix.

Exemples L'écriture scientifique de $250\,000$ est $2,5 \times 10^5$.
$0,84 \times 10^8$ n'est pas une notation scientifique puisque $0,84 < 1$.

LA MÉTHODE

▷ **Additionner ou soustraire des puissances de dix**

Je dois écrire les nombres sous la forme de nombres entiers.
Exemples $10^4 + 10^2 = 10\,000 + 100 = 10\,100$
$10^3 - 10^2 = 1\,000 - 100 = 900$

▷ **Multiplier des puissances de dix**

$10^2 \times 10^3 = 100 \times 1\,000 = 100\,000 = 10^5$. Donc j'ajoute les exposants.
Exemples $10^7 \times 10^4 = 10^{7+4} = 10^{11}$ $10^{21} \times 10^9 = 10^{21+9} = 10^{30}$

MINI INTERRO

Complète.
1. $1\,000\,000\,000\,000 = 10^{...}$
2. $10^5 = ...$
3. $10^4 \times 10^5 = 10^{...}$
4. $7\,590\,000\,000$ a pour écriture scientifique ...
5. $\dfrac{10^5}{10^2} = 10^{...}$

▷ **Diviser des puissances de dix**

$\dfrac{10^7}{10^3} = \dfrac{10\,000\,000}{1\,000} = 10\,000 = 10^4$. Donc je soustrais les exposants.

Exemples $\dfrac{10^{19}}{10^8} = 10^{19-8} = 10^{11}$ $\dfrac{10^{35}}{10^{17}} = 10^{35-17} = 10^{18}$

▷ **Écrire un nombre en écriture scientifique**

Exemples $364\,000\,000 = 3,64 \times 100\,000\,000 = 3,64 \times 10^8$
$268,75 \times 10^5 = 2,6875 \times 10^2 \times 10^5 = 2,6875 \times 10^7$

1. Vrai ou faux ?

Coche la case qui convient.

	V	F
a. $1\,000\,000 = 10^7$		☒
b. $10^3 \times 10^3 = 10^9$	☒	
c. $10^8 = 100\,000\,000$	☒	
d. $\dfrac{10^{21}}{10^{15}} = 10^{21-15}$	☐	☐
e. $10^5 + 10^3$ peut s'écrire sous la forme 10^n.	☐	☐

2. Préfixes

Complète le tableau suivant.

Nombre d'unités	Préfixe	Symbole	Puissance de dix
mille milliards d'unités	téra	T	....
un milliard d'unités	giga	G	....
un million d'unités	méga	M	....
.... unités	kilo	k	10^3
cent unités	hecto	h	....
dix unités	....	da	10^1

3. En entiers

Traduis les nombres suivants par des nombres entiers.

a. La vitesse de la lumière dans le vide est d'environ 3×10^5 km/s, soit .... km/s.

b. Une carte SD de 32 Go (gigaoctets) permet d'enregistrer .... octets.

4. En puissances

Calcule.

$A = 10^7 - 10^4$ $B = 10^5 + 10^3$ $C = 6,3 \times 10^4$

5. Quiz

Coche la bonne réponse.

a. $100\,000\,000\,000 = $ ...   ☐ 10^{11} ☐ 1^{11} ☐ 10^{-11}

b. 512 mégaoctets = ...
☐ 512×10^3 octets   ☐ 512×10^6 octets
☐ 512×10^{12} octets

c. L'écriture scientifique de 8 964 est :
☐ $0,8964 \times 10^5$ ☐ $8,964 \times 10^3$ ☐ $89,64 \times 10^2$

d. $10^7 \times 10^9 = $ ...
☐ 10^{63} ☐ 10^{16} ☐ 10^2

6. Écriture scientifique

Écris les nombres suivants en écriture scientifique.

a. 152 000
b. 12 milliards
c. $3\,260\,000 \times 10^9$
d. $2\,560 \times 10^{15}$
e. La vitesse de la lumière est de 300 000 000 m/s, c'est-à-dire .... m/s.

7. Produits

Écris les résultats des opérations suivantes sous la forme d'un produit d'un nombre entier par une puissance de dix.

$A = 7 \times 10^9 \times 8 \times 10^{11}$ $B = \dfrac{6 \times 10^7 \times 4 \times 10^5}{8 \times 10^4}$

8. Dans l'espace

La distance Terre-Lune est environ de trois cent mille kilomètres. La distance Terre-Soleil est cinq cents fois plus grande que la distance Terre-Lune.

Calcule la distance Terre-Soleil en km en utilisant les puissances de 10.

9. Le juron préféré du capitaine

Le juron préféré du capitaine Haddock est « mille milliards de mille sabords ! ».

Écris cette expression sous la forme « ....téra sabords », puis sous la forme « 10^n sabords ».

10. CONTRÔLE EXPRESS

Écris les résultats des opérations suivantes sous la forme d'une puissance de dix.

a. $10^{12} \times 10^{15}$ b. $10^{21} \times 10^8$ c. $\dfrac{10^{25}}{10^{12}}$ d. $\dfrac{10^{56}}{10^{23}}$

Corrigés p. 18 du livret.

6 Racine carrée d'un nombre positif

RETENIR

Définition

La **racine carrée** d'un nombre positif N est le nombre positif dont le carré est égal à N. Elle se note $\sqrt{N}$.

$$N \geqslant 0 \qquad \sqrt{N} \geqslant 0 \qquad (\sqrt{N})^2 = \sqrt{N} \times \sqrt{N} = N \qquad \sqrt{N^2} = N$$

Exemples
$(\sqrt{25})^2 = 5^2 = 25 \qquad (\sqrt{19})^2 = 19 \qquad (\sqrt{137})^2 = 137$
$\sqrt{6^2} = \sqrt{36} = 6 \qquad \sqrt{13^2} = 13 \qquad \sqrt{129^2} = 129$

MOTS CLÉS

✓ **Radical** : Le radical est le nom donné au symbole $\sqrt{}$.

✓ **Carré parfait** : Il s'agit d'un nombre dont la racine carrée est un nombre entier.

LA MÉTHODE

▷ Déterminer la racine carrée d'un nombre

Une racine carrée peut être :

• un **nombre entier** ;

Exemples Je sais que $8 \times 8 = 64$, donc $\sqrt{64} = 8$.
64 est appelé un carré parfait.
$11 \times 11 = 121$, donc $\sqrt{121} = 11$ et 121 est un carré parfait.
$12 \times 12 = 144$, donc $\sqrt{144} = 12$ et 144 est aussi un carré parfait.

• un **nombre décimal** ;

Exemple Je sais que $0{,}5^2 = 0{,}25$, donc $\sqrt{0{,}25} = 0{,}5$.

• un **nombre rationnel**, c'est-à-dire qu'il peut s'écrire comme le quotient de deux nombres entiers ;

Exemple Je sais que $\left(\dfrac{2}{3}\right)^2 = \dfrac{4}{9}$, donc $\sqrt{\dfrac{4}{9}} = \dfrac{2}{3}$.

• un autre nombre qui ne soit ni un entier, ni un nombre décimal, ni un nombre rationnel : un tel nombre est appelé **nombre irrationnel**.

Exemple Je sais que $(\sqrt{2})^2 = 2$, donc la valeur exacte de la racine carrée de 2 s'écrit $\sqrt{2}$ et la calculatrice permet d'en donner une valeur approchée : $\sqrt{2} \approx 1{,}414213562\ldots$

MINI INTERRO

Complète.
1. $\sqrt{81} = \ldots$
2. $\sqrt{0{,}16} = \ldots$
3. $\sqrt{7} \approx \ldots$
4. $\sqrt{\dfrac{100}{9}} = \ldots$

▷ Encadrer la racine carrée d'un entier positif par deux nombres entiers

Exemple Je cherche à encadrer la racine carrée de 132.
Je sais que $121 < 132 < 144$ et que 121 et 144 sont des carrés parfaits dont les racines respectives sont 11 et 12.
Donc je peux en déduire que $11 < \sqrt{132} < 12$.

S'ENTRAÎNER

1 Vrai ou faux ?

Coche la case qui convient.

	V	F
a. 144 est un carré parfait.	☐	☐
b. La racine carrée de 9 est 3.	☐	☐
c. Le carré de 5 est égal à 10.	☐	☐
d. $\sqrt{64} = 8$	☐	☐
e. $\sqrt{11}$ est un nombre entier.	☐	☐

2 À compléter

Complète par le nombre qui convient.

a. $\sqrt{9} = ...$ d. $\sqrt{1} = ...$ g. $\sqrt{...} = 7$

b. $9 = \sqrt{...}$ e. $\sqrt{...} = 10$ h. $(\sqrt{12})^2 = ...$

c. $\sqrt{0} = ...$ f. $\sqrt{64} = ...$ i. $(\sqrt{...})^2 = 81$

3 Carrés parfaits

Dans la liste, entoure les carrés parfaits.

   4   12   49   100   28   900   144   123   7

4 Avec la calculatrice (1)

Donne la valeur arrondie à l'unité près des nombres suivants.

a. $\sqrt{8} \approx ...$ c. $\sqrt{2} + \sqrt{3} \approx ...$

b. $\sqrt{20} \approx ...$ d. $2 \times \sqrt{11} \approx ...$

5 Avec la calculatrice (2)

Donne la valeur approchée au centième près des nombres suivants.

a. $\sqrt{13} \approx ...$ c. $3 \times \sqrt{5} - \sqrt{3} \approx ...$

b. $\sqrt{107} \approx ...$

6 Encadrement

a. Encadre les nombres suivants par les carrés parfaits les plus proches.

...... < 28 < .... < 42 < ......

...... < 12 < .... < 112 < ......

b. Déduis-en un encadrement des racines carrées des nombres suivants par des entiers.

...... < $\sqrt{28}$ < .... < $\sqrt{42}$ < ......

...... < $\sqrt{12}$ < .... < $\sqrt{112}$ < ......

7 Additions

Calcule.

$A = \sqrt{36} + \sqrt{64}$ $B = \sqrt{36 + 64}$ $C = \sqrt{36} + 64$

8 Avec des carrés parfaits

Calcule.

$A = 3 \times \sqrt{81} - \sqrt{64} + 2 \times \sqrt{36}$

$B = 5 \times \sqrt{121} - 3 \times \sqrt{49} + \sqrt{144}$

9 Géométrie

Le théorème de Pythagore permet de calculer une longueur dans un triangle rectangle (voir le chapitre 17). Voici son énoncé : « Si un triangle est rectangle, alors le carré de la longueur de l'hypoténuse est égal à la somme des carrés des longueurs des deux autres côtés. »

Complète le calcul de la longueur AB (tu donneras une valeur arrondie au dixième près).

Soit ABC triangle rectangle en C tel que BC = 5 cm et AC = 6 cm.
Le triangle ABC est rectangle en ... .
D'après le théorème de Pythagore : $AB^2 = AC^2 + BC^2$.
Donc $AB^2 = ...^2 + ...^2$
$AB^2 = ... + ...$
$AB^2 = ...$
$AB = \sqrt{...}$ cm
$AB \approx ...$ cm

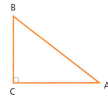

10 CONTRÔLE EXPRESS

Calcule.

$A = \sqrt{9^2}$ $E = 4 \times \sqrt{25}$

$B = (-\sqrt{5})^2$ $F = \sqrt{\dfrac{100}{4}}$

$C = -\sqrt{16}$ $G = \dfrac{\sqrt{100}}{2}$

$D = \sqrt{25 \times 4}$

Corrigés p. 19 du livret.

7 Calcul littéral (1)

RETENIR

Définition

- Une expression dans laquelle un ou plusieurs nombres sont désignés par des lettres s'appelle une **expression littérale**.
- Pour **simplifier l'écriture** des expressions, on ne note pas le symbole × devant une lettre ou devant des parenthèses.

Exemples
$4 \times c = 4c$ $\quad 5 \times (x+4) = 5(x+4)$ $\quad a \times b = ab$
$(x-7) \times (2 \times x + 3) = (x-7)(2x+3)$ $\quad 3x \times 5x = 15x^2$

Attention ! $\quad x \times x = x^2$

MOTS CLÉS

✓ **Développer :** Transformer un produit en une somme ou une différence.

✓ **Factoriser :** Transformer une somme ou une différence en un produit.

LA MÉTHODE

▷ Tester une égalité

1. Je calcule séparément l'expression donnée dans chaque membre de l'égalité. Pour cela, je remplace la (ou les) lettre(s) par la (les) valeur(s) donnée(s).

2. Je vérifie si les deux résultats sont égaux : si oui, l'égalité est vérifiée.

Exemple -8 est-il solution de l'équation $2x + 3 = x - 5$?

$2 \times (-8) + 3 = -16 + 3 = -13$ $\Big\}$ Avec $x = -8$, l'égalité est vérifiée.
$-8 - 5 = -13$ $\quad\quad\quad\quad\quad\quad$ Donc -8 est solution de l'équation.

▷ Développer et réduire une expression littérale

Exemples

1er cas : simple développement
$5(x+8) = 5x + 5 \times 8 = 5x + 40$
$7(2x-4) = 7 \times 2x - 7 \times 4 = 14x - 28$

> Je distribue le 5 (ou le 7) aux nombres situés dans les parenthèses.

2e cas : double développement
$(2x+3)(x-4) = 2x \times x + 2x \times (-4) + 3x + 3 \times (-4)$
$(2x+3)(x-4) = 2x^2 - 8x + 3x - 12$
$(2x+3)(x-4) = 2x^2 \quad\; -5x \quad -12$

> Je distribue $2x$ et 3 aux nombres situés dans les secondes parenthèses, puis je réduis le résultat.

▷ Factoriser une expression littérale

Exemples

$A = 7x - 35 = 7 \times x - 7 \times 5$
7 est le facteur commun.
Je peux factoriser par 7 :
$A = 7x - 35 = 7(x-5)$

$B = (5x-2)(3x+4) - (7x-3)(3x+4)$
$B = (3x+4)[(5x-2) - (7x-3)]$
Je peux réduire les termes entre crochets :
$B = (3x-4)[5x - 2 - 7x + 3]$
$B = (3x-4)(-2x+1)$

MINI INTERRO

1. Calcule $8x^2 - 3x + 5$ pour $x = -1$.

2. Réduis $4x^2 - 8x - 9 + 2x^2 + 3x + 17$.

3. Développe $7(5-2x)$.

4. Factorise $12x - 18$.

82

1 Vrai ou faux ?

Coche la case qui convient.

	V	F
a. On peut réduire $7a + 8b - 5c$.	☐	☐
b. $4^3 = 4 \times 4 \times 4$.	☒	☐
c. $5(2x - 3) = 10x - 15$.	☐	☒
d. Pour $x = 3$, on a $5x - 8 = 6$.	☐	☒
e. Le double de y s'écrit y^2.	☐	☒

2 Traduction

Recopie et complète le tableau suivant.

En français	Expression littérale
....	$5(x + 4)$
....	$7 - 2x$
Produit de la somme de 5 et x et de la différence entre 8 et le triple de x	....
Quotient de la différence entre 9 et y et de la somme de x et 8	....

3 Réduction

Associe chaque expression littérale à sa forme réduite.

a. $7x + 8 - 2x + 5$ ○   ○ $6x^2 + 5$
b. $6y + 4x + 9 + 4y - x - 4$ ○   ○ $15x - 6y + 12$
c. $5 \times 3x + 12 - 3 \times 2y$ ○   ○ $5x + 13$
d. $8 + 2x \times 3x - 3$ ○   ○ $10y + 3x + 5$

4 Sans calculatrice

On donne l'expression $A = 3x + 2x + x + 3x + x$.

Calcule la valeur de A pour $x = 861\,997{,}2005$.

5 Tester une égalité

Soit l'équation $x^2 = x + 2$.

– 1 et 2 sont-ils solutions de cette équation ?

....
....
....

6 Astucieux

$7 \times 27 = 7 \times (30 - 3) = 7 \times 30 - 7 \times 3 = 210 - 21 = 189$

$29 \times 105 - 5 \times 29 = 29 \times (105 - 5) = 29 \times 100 = 2\,900$

Observe les deux calculs précédents, puis calcule astucieusement.

a. 17×13 c. $15 \times 81 + 15 \times 19$
b. 29×8 d. $32 \times 25 - 12 \times 25$

7 Développements

Développe et réduis les expressions suivantes.

$A = 3(2x - 8)$ $C = 2(3c + 5) - 4(c + 3)$
$B = -5(-2y + 7)$

8 Factorisations

Factorise les expressions suivantes.

$A = 15x + 25$ $D = 2x^2 + 4x$
$B = 4x - 8$ $E = 6x^2 + 12x + 3$
$C = -6x + 24$ $F = x(2x + 3) - 7(2x + 3)$

9 Géométrie littérale

ABCD est un rectangle de largeur $2x + 8$ et de longueur $4x - 5$.

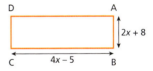

a. John pense que ce rectangle a le même périmètre qu'un triangle équilatéral de côté $4x + 2$. A-t-il raison ?

b. Leila pense que l'aire de ce rectangle est égale à $8x^2 + 22x - 40$. A-t-elle raison ?

c. Que peux-tu dire de ce rectangle si $x = 6{,}5$ cm ?

10 CONTRÔLE EXPRESS

a. Réduis l'expression :
$A = 2x \times 4x - 9x + 7 - x^2 + 5x - 15$.

b. Calcule $B = 3x^2 - 5x + 2$ pour $x = -2$.

c. Développe $C = 3x(5x - 4)$.

d. Factorise $D = 3x(2y - 3) - 6(2y - 3)$.

Corrigés p. 19 du livret.

8 Calcul littéral (2)

RETENIR

Règles

MOTS CLÉS

✓ **Inégalité stricte :**
– 8 est strictement inférieur à 2 se note – 8 < 2 et 2 est strictement supérieur à – 8 se note 2 > – 8.

✓ **Inéquation :** Une inéquation est une inégalité dans laquelle une lettre désigne un nombre inconnu.

• On **ne change pas le sens** d'une inégalité lorsque l'on ajoute ou que l'on soustrait un même nombre aux deux membres de cette inégalité.

Exemples Si $x - 5 \leq 12$, alors $x - 5 + 5 \leq 12 + 5$, donc $x \leq 17$.
Si $x + 9 \geq 15$, alors $x + 9 - 9 \geq 15 - 9$, donc $x \geq 6$.

• On **ne change pas le sens** d'une inégalité lorsque l'on multiplie ou que l'on divise les deux membres de cette inégalité par un même nombre strictement positif.

Exemples Si $\frac{x}{3} \leq 5$, alors $\frac{x}{3} \times 3 \leq 5 \times 3$, donc $x \leq 15$.
Si $7x \geq 21$, alors $7x \div 7 \geq 21 \div 7$, donc $x \geq 3$.

• On **change le sens** d'une inégalité lorsque l'on multiplie ou que l'on divise les deux membres de cette inégalité par un même nombre strictement négatif.

Exemples Si $x \leq 6$, alors $x \times (-5) \geq 6 \times (-5)$, donc $-5x \geq -30$.
Si $-6x \geq 18$, alors $-6x \div (-6) \leq 18 \div (-6)$, donc $x \leq -3$.

LA MÉTHODE

▷ **Tester une inégalité**

Exemple 1 5 est-il solution de l'inéquation $3x - 8 < 9$?
Je remplace x par 5 et je vérifie que le résultat est inférieur strictement à 9.
$3 \times 5 - 8 = 15 - 8 = 7$ et $7 < 9$.
Donc 5 est bien solution de l'inéquation $3x - 8 < 9$.

Exemple 2 – 3 est-il solution de l'inéquation $6x + 4 \geq -2$?
$6 \times (-3) + 4 = -18 + 4 = -14$ et $-14 < -2$.
Donc – 3 n'est pas solution de l'inéquation $6x + 4 \geq -2$.

Exemple 3 – 4 est-il solution de l'inéquation $4x + 7 \geq -9$?
$4 \times (-4) + 7 = -16 + 7 = -9$
Le résultat est égal à – 9.
Donc – 4 est solution de l'inéquation $4x + 7 \geq -9$.

MINI INTERRO

Complète.

1. Si $-5 \leq x$, alors -40 ...... $8x$.

2. Si $7 \geq x$, alors 4 ...... $x - 3$.

3. Si $x < 9$, alors $-2x$ ...... -18.

4. Si $-8x > -32$, alors x ...... 4.

Exemple 4 8 est-il solution de l'inéquation $2x - 5 \leq x + 13$?
Je remplace x par 8 **séparément** dans les deux membres et je compare les deux résultats obtenus :
$2 \times 8 - 5 = 16 - 5 = 11$ et $8 + 13 = 21$.
$11 < 21$
Donc 8 est solution de l'inéquation $2x - 5 \leq x + 13$.

S'ENTRAÎNER

1. Vrai ou faux ?

Coche la case qui convient.

	V	F
a. –13 est strictement supérieur à –2.	☐	☐
b. –27 < –21	☐	☐
c. 7 est solution de $2x > 14$.	☐	☐
d. 7 est solution de $2x \geq 14$.	☐	☐
e. Si $x \leq 9$, alors $-2x \leq -18$.	☐	☐

2. Graphiquement

Associe chaque inégalité à la représentation graphique orange qui convient.

   ○   ○ $x < 4$

   ○   ○ $x \leq 4$

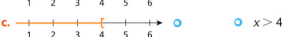   ○   ○ $x > 4$

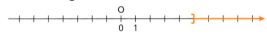   ○   ○ $x \geq 4$

(a. b. c. d. correspond aux quatre représentations graphiques ci-dessus.)

3. Traduction

L'ensemble des nombres strictement supérieurs à 5 se note $x > 5$ et sa représentation sur une droite graduée est :

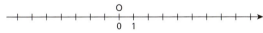

Complète les phrases et les représentations graphiques comme dans l'exemple précédent.

a. L'ensemble des nombres .... se note $x \leq -3$ et sa représentation sur une droite graduée est :

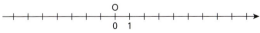

b. L'ensemble des nombres strictement inférieurs à 2 se note .... et sa représentation sur une droite graduée est :

c. L'ensemble des nombres .... se note .... et sa représentation sur une droite graduée est :

4. Remplacement

Complète les inégalités suivantes avec le symbole qui convient : $>$, $<$, $\leq$ ou $\geq$.

a. Si $x \geq 3$, alors $-2x$ .... -6.
b. Si $x < -2$, alors $-2x$ .... 4.
c. Si $-5x > 15$, alors x .... -3.
d. Si $7x \leq -7$, alors x .... -1.
e. Si $x < -3$, alors $-2x$ .... 6.
f. Si $x \geq -1$, alors $6x$ .... -6.

5. Encadrement

N est un nombre tel que $N - 5 \geq 3$ et $-3N > -36$.

Donne un encadrement par deux entiers du nombre N. Déduis-en un encadrement du double de N.

6. Tester une inégalité

a. –7 est-il solution de l'inéquation $5x + 7 \geq -9$?
b. 6 est-il solution de l'inéquation $-9x + 4 < -5$?

7. Double test

Soit l'inégalité $-x + 5 \geq 3x - 7$.

Est-elle vraie pour $x = 3$? et pour $x = 4$?

8. Moyenne

Au premier trimestre, Alice a eu aux cinq premiers devoirs de mathématiques les notes suivantes :
4   8   10   12   20.

Détermine la note minimale qu'elle doit avoir au prochain devoir si elle veut une moyenne supérieure ou égale à 11.

9. CONTRÔLE EXPRESS

Sachant que $-12 < x < -4$, complète les encadrements suivants.

a. .... $< x - 5 <$ ....
b. .... $3x$ ....
c. .... $-2x$ ....
d. .... $x + 8$ ....
e. .... $\dfrac{x}{2}$ ....
f. .... $\dfrac{x}{-4}$ ....

Corrigés p. 19 du livret.

9 Résoudre une équation du premier degré

RETENIR

Définition

Une **équation** est une égalité dans laquelle une ou plusieurs lettres apparaissent. Cette lettre est appelée l'**inconnue**.

Exemple L'égalité $x^2 = 2x + 8$ est une équation dont l'inconnue est x.

Résoudre cette équation, c'est déterminer toutes les valeurs de l'inconnue x pour lesquelles l'égalité est vérifiée.

Pour $x = 4$ $\begin{cases} x^2 = 16 \\ 2x + 8 = 8 + 8 = 16 \end{cases}$ Pour $x = 5$ $\begin{cases} x^2 = 25 \\ 2x + 8 = 10 + 8 = 18 \end{cases}$

4 est une solution de l'équation $x^2 = 2x + 8$, mais 5 ne l'est pas.

MOT CLÉ

✓ **Solutions d'une équation :** Ce sont les valeurs prises par les inconnues pour que l'égalité soit vérifiée.

LA MÉTHODE

▷ Résoudre une équation du premier degré

Exemple Résoudre l'équation $2x + 7 = 1$.

$2x + 7 = 1$
$2x + 7 - 7 = 1 - 7$
$2x = -6$
$\dfrac{2x}{2} = \dfrac{-6}{2}$
$x = -3$

> Je sais que l'égalité ne change pas si je fais une même opération dans chaque membre de l'équation.

Je vérifie que -3 est bien la solution de l'équation :
$2 \times (-3) + 7 = -6 + 7 = 1$. Donc -3 est la solution de l'équation.

▷ Mettre en équation un problème

Exemple Je pense à un nombre. Ce nombre est égal au quintuple de ce nombre ajouté à 2. Quel est ce nombre ?

1. Je note x le nombre cherché.
2. Je traduis l'énoncé par une équation : $x = 5x + 2$.
3. Je résous l'équation : $5x + 2 = x$
   $5x - x + 2 = x - x$
   $4x + 2 = 0$
   $4x + 2 - 2 = 0 - 2$
   $4x = -2$
   $\dfrac{4x}{4} = \dfrac{-2}{4}$
   $x = \dfrac{-1}{2}$
4. Je vérifie que $\dfrac{-1}{2}$ est le nombre cherché : $5 \times \left(-\dfrac{1}{2}\right) + 2 = \dfrac{-5}{2} + \dfrac{4}{2} = \dfrac{-1}{2}$.
5. Je conclus : le nombre cherché est $\dfrac{-1}{2}$.

MINI INTERRO

Résous les équations suivantes.
1. $5x = 35$
2. $x - 9 = 13$
3. $\dfrac{x}{4} = 8$

S'ENTRAÎNER

1. Vrai ou faux ?

Coche la case qui convient.

	V	F
a. –2 est solution de l'équation $x^2 = 4$.	☐	☐
b. –5 est solution de $13 = 8 - x$.	☐	☐
c. L'équation $x^2 + 3 = 6$ admet 2 comme solution.	☐	☐
d. Pour $x = 3$, on a $5x - 8 = 6$.	☐	☐
e. 9 est solution de l'équation $\dfrac{45}{x} = 5$.	☐	☐

2. Équations basiques

Résous les équations.

a. $x - 12 = 37$ c. $-7x = 42$

b. $x + 6 = -9$ d. $\dfrac{x}{6} = -4$

3. Traduction

Traduis chaque phrase par une équation, puis trouve le nombre x qui convient.

a. La somme de x et de 2 vaut 6.

b. Le triple de x vaut 33.

c. 9 retranché de x vaut 4.

d. Le quotient de x par 7 vaut 8.

4. Plusieurs étapes

Résous les équations.

a. $5x - 12 = 23$ b. $6x + 11 = 29$

5. Avec développement

Résous les équations.

a. $5(2x + 3) = 7$ b. $3(4x - 2) = x + 5$

6. Âge inconnu

Un grand-père et son petit-fils ont 56 ans à eux deux. Le grand-père a 50 ans de plus que son petit-fils.

Détermine l'âge du petit-fils.

....

....

7. Notes

La note de Paul est égale aux deux tiers de la note de Marie.
La somme des deux notes est égale à 27,5.

Trouve les notes de Marie et de Paul.

....

....

8. Nombre d'années

Un homme a 45 ans et son fils 6 ans.

Dans combien d'années l'âge du père sera-t-il le double de l'âge de son fils ?

....

....

9. Géométrie littérale

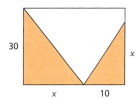

Détermine x pour que l'aire en orange soit égale à la moitié de l'aire du rectangle.

....

....

10. CONTRÔLE EXPRESS

Résous les équations.

a. $4x + 5 = 29$

b. $5 - x = -3$

c. $6x - 17 = -5$

Corrigés p. 20 du livret.

87

10 Proportionnalité (1)

GESTION DE DONNÉES

RETENIR

1/ Égalité des produits en croix

- Dans un tableau de proportionnalité, les **produits en croix** sont **égaux**.
- On utilise cette propriété pour calculer une **quatrième proportionnelle**.

MOT CLÉ

✓ **Quatrième proportionnelle :** C'est la quatrième valeur d'un tableau dont on connaît déjà trois valeurs.

Exemple Dans le tableau de proportionnalité ci-dessous :

180	30
15	x

$180 \times x = 30 \times 15$

D'où : $x = \dfrac{30 \times 15}{180} = 2{,}5$

2/ Pourcentages et échelles

- Une situation utilisant un **pourcentage de t %** est une situation de proportionnalité où le coefficient de proportionnalité est $\dfrac{t}{100}$.

Exemple Dans une classe de 25 élèves, 60 % des élèves pratiquent un sport.

Nombre d'élèves sportifs	x	60
Nombre d'élèves	25	100

$x = \dfrac{60}{100} \times 25 = 15$

Ainsi, 15 élèves pratiquent un sport dans la classe.

- L'**échelle** e d'une carte est le coefficient de proportionnalité entre les longueurs sur la carte et les longueurs réelles :

$$e = \dfrac{\text{longueur sur la carte}}{\text{longueur réelle}}$$

Attention ! Les longueurs doivent être exprimées dans la même unité.

LA MÉTHODE

▷ **Déterminer un pourcentage**

Exemple Dans un collège de 650 élèves, 312 sont des externes.

Nombre d'externes	312	x
Nombre d'élèves	650	100

$x = \dfrac{312 \times 100}{650} = 48$. Ainsi il y a 48 % d'externes dans ce collège.

▷ **Utiliser une échelle**

Exemple Une carte est à l'échelle $\dfrac{1}{3\,000\,000}$. On veut savoir ce que représente dans la réalité 7 cm mesurés sur la carte.

Distance sur la carte (en cm)	1	7
Distance réelle (en cm)	3 000 000	x

$x = \dfrac{3\,000\,000 \times 7}{1} = 21\,000\,000$

donc 7 cm sur la carte représentent 21 000 000 cm = 210 km en réalité.

MINI INTERRO

Un atelier fabrique 6 000 valises par an, mais 2,1 % de ces valises ont un défaut. Calcule le nombre de valises qui ont un défaut.

S'ENTRAÎNER

1 Quiz

Coche la case qui convient.

a. Dans une urne, il y a 8 boules dont 5 bleues et 3 rouges. Le pourcentage de boules bleues est :
☐ 62,5 %   ☐ 5 %   ☐ 8 %

b. Dans ma trousse, 40 % de mes 15 stylos sont rouges. Le nombre de stylos rouges est :
☐ 4   ☐ 6   ☐ 15

2 Prix des légumes

Dans un supermarché, le prix des légumes est proportionnel à la masse de légumes achetée.

Complète le tableau suivant.

Masse de carottes (en kg)	2,5	4,5	
Prix (en €)		5,25	21,00

3 Les océans sur Terre

Les océans recouvrent environ 70 % de la surface terrestre. La superficie totale des océans est d'environ 360,5 millions de km². **Calcule la surface de la Terre.**

Surface des océans (en millions de km²)	70	360,5
Surface de la Terre (en millions de km²)	100	

4 Maquette

Une maquette de voiture a une longueur de 6 cm. En réalité, la voiture mesure 4,50 m de long.

a. Détermine l'échelle de cette réduction.

b. La maquette d'une caravane est accrochée derrière la maquette de la voiture et mesure 52 mm de long. Calcule la longueur réelle de la caravane.

5 Soldes

Pendant les soldes, un magasin de musique fait une remise de 20 % sur tous les articles. Jérôme dispose de 200 €.

a. Il souhaiterait acheter un lecteur MP3 qui coûte, avant réduction, 215 €. Peut-il se l'offrir ?

b. Jérôme voudrait également acheter des écouteurs d'une valeur de 36 € avant réduction. A-t-il les moyens de les acheter ?

6 Avec un tableur

Dans la ville de Tary, trois listes de candidats se sont présentées aux élections municipales.
Le tableau ci-dessous donne les résultats :

	A	B	C
1		Nombre de votes	Pourcentage obtenu
2	Liste « En avant Tary »	1 076	
3	Liste « Tary plus haut »	1 026	
4	Liste « Vivre à Tary »	393	

a. Reproduis ce tableau sur une feuille de calcul.

b. Quel est le nombre de votes total ?

c. Quelle formule dois-tu entrer dans la cellule C2 pour obtenir le pourcentage obtenu par la liste « En avant Tary » ?

d. Étire cette formule vers le bas afin d'obtenir les pourcentages obtenus par les autres listes.

e. Quelle liste a remporté les élections ? Avec quel pourcentage ? (Arrondis le résultat à 0,01 % près.)

7 Gaspillage d'eau

L'eau est précieuse et il faut essayer de ne pas la gaspiller. Une petite fuite de robinet peut entraîner des pertes d'eau importantes.

a. Un robinet goutte et perd ainsi 18 L en 4 heures. Calcule le volume d'eau perdu en une journée, puis en un mois (de 30 jours).

b. En France, un m³ d'eau coûte en moyenne 3,09 €. Calcule combien coûte la fuite du robinet pendant un mois.
(*Rappel* : 1 L = 0,001 m³.)

8 CONTRÔLE EXPRESS

a. En 2014, 55 552 voitures électriques ont été vendues en France. Ces voitures représentaient 3,1 % du nombre total des voitures vendues.
Calcule le nombre total de voitures vendues en France en 2014.

b. Dans un verre de jus d'orange de 125 mL, il y a 40 mg de vitamine C.
Quelle quantité de jus d'orange faut-il boire pour respecter la dose quotidienne de vitamine C conseillée (60 mg par jour) ?

Corrigés p. 20 du livret.

11 Proportionnalité (2)

RETENIR

Représentation graphique

MOT CLÉ

✓ **Origine d'un repère :** C'est le point O (0 ; 0) où les deux axes du repère se croisent.

- Une situation de proportionnalité est représentée graphiquement dans un repère par des **points alignés avec l'origine** du repère.
- Si les points ne sont pas alignés avec l'origine du repère, alors le graphique ne représente pas une situation de proportionnalité.

LA MÉTHODE

▷ **Reconnaître graphiquement une situation de proportionnalité**

Pour déterminer si une série de points correspond à une situation de proportionnalité :

1. Je place les points dans un repère.
2. Je regarde s'ils sont tous alignés sur une même droite.

Exemple Le tableau suivant est-il un tableau de proportionnalité ?

x	1	3	5	7
y	1,40	4,2	7	9,8

Attention ! Les deux axes doivent être gradués à partir de 0.

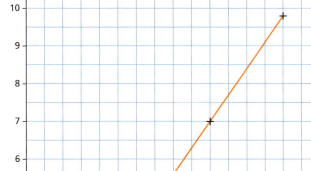

MINI INTERRO

1. Le graphique suivant représente-t-il une situation de proportionnalité ?

2. Combien coûtent 3,5 kg de pommes ?

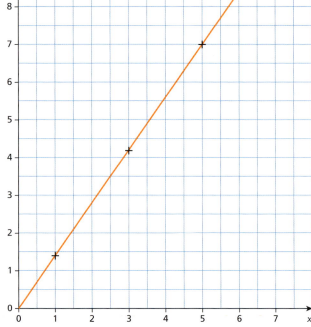

Ici, on voit que tous les points sont alignés avec l'origine du repère.
Donc le graphique représente une situation de proportionnalité.
Ainsi, le tableau est un tableau de proportionnalité.

1 Vrai ou faux ?

Coche la case qui convient.

	V	F
a. Toutes les situations de proportionnalité peuvent être représentées graphiquement par des points alignés avec l'origine du repère.	☐	☐
b. Les deux axes doivent être gradués de la même manière.	☐	☐
c. Sur un graphique, une situation de proportionnalité est représentée par des points alignés de façon croissante.	☐	☐

2 Proportionnalité ?

On donne le tableau ci-dessous :

x	1	2	4,5	5,5
y	2	4	7	11

a. Représente graphiquement la situation décrite par le tableau (x en abscisse et y en ordonnée).

b. D'après le graphique, le tableau est-il un tableau de proportionnalité ? Justifie.

3 Location de vélos

Pendant des vacances au bord de la mer, Thomas veut louer un vélo et se renseigne auprès de trois loueurs. Le prix dépend de la durée de location du vélo.

On a représenté ci-dessous les tarifs des trois loueurs :

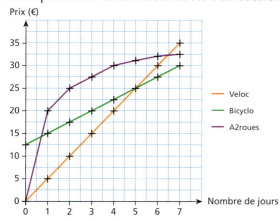

a. Pour chacun des trois loueurs, le prix est-il proportionnel à la durée de location ? Justifie la réponse.

b. Thomas a loué un vélo avec Veloc pour 4 jours. Combien a-t-il payé ?

c. Son ami Xavier a loué avec Veloc pour 11 jours. Combien a-t-il payé ?

4 Robes et tissu

Annie veut se fabriquer des robes. Le prix du tissu pour ses robes est proportionnel à la longueur de tissu achetée. Annie a trouvé, sur Internet, 30 mètres de tissu pour 45 €.

a. Représente graphiquement le prix du tissu en fonction de sa longueur (longueur en abscisse et prix en ordonnée).

b. Avec la précision du graphique, lis :
– le prix de 40 m de tissu ;
– le prix de 70 m de tissu ;
– la longueur de tissu achetée pour 90 €.

c. Retrouve les résultats de la question **b.** par le calcul.

5 Avec un tableur

On compare les tarifs, en euros, de trois opérateurs de téléphonie mobile en fonction du nombre d'heures des forfaits : la ligne 1 donne le nombre d'heures de communication.

	A	B	C	D	E
1		2	4	6	10
2	Belle télécom	10	20	30	50
3	Rouge télécom	24	28	32	40
4	Defer télécom	15	30	33	39

a. Reproduis ce tableau sur une feuille de calcul d'un tableur.

b. En utilisant l'assistant graphique, représente, dans un même graphique, les tarifs des trois opérateurs.

c. Pour chaque opérateur, indique si le tarif est proportionnel au temps de communication. Justifie la réponse.

6 CONTRÔLE EXPRESS

Dans une station essence, M. Mate prend 48 L d'essence et paye 64,80 €. Le prix d'essence est proportionnel à la quantité achetée.

a. Représente graphiquement le prix payé à cette station en fonction de la quantité d'essence achetée (quantité en abscisse et prix en ordonnée).

b. À l'aide du graphique, donne :
– le prix approximatif de 35 L d'essence ;
– la quantité approximative d'essence correspondant à 70 €.

Corrigés p. 21 du livret.

12 Moyenne pondérée, médiane, étendue

RETENIR

1/ Moyenne pondérée

- On considère une **série statistique pondérée** par des effectifs.

MOT CLÉ

✓ **Série statistique pondérée** : Quand les valeurs du caractère ont chacune un effectif.

Exemple On a relevé le nombre d'enfants de 50 familles :

Nombre d'enfants	0	1	2	3	4	5
Effectif	8	11	18	8	3	2

- Pour calculer sa **moyenne pondérée** :
  – on additionne les produits de chaque valeur par son effectif ;
  – puis on divise le résultat obtenu par l'effectif total de la série.

Exemple $M = \dfrac{0 \times 8 + 1 \times 11 + 2 \times 18 + 3 \times 8 + 4 \times 3 + 5 \times 2}{50} = 1{,}86$

La moyenne pondérée de la série ci-dessus est de 1,86 enfant par famille.

2/ Médiane et étendue

- La **médiane** M_e d'une série partage cette série en deux séries de même effectif.

- L'**étendue** e d'une série statistique est la différence entre la plus grande et la plus petite valeur de la série.

Exemple $e = 5 - 0 = 5$ L'étendue de la série ci-dessus est égale à 5 enfants.

LA MÉTHODE

▷ Calculer une médiane

Par convention, pour calculer la médiane d'une série statistique :

- Si l'effectif total N est **pair**, alors je prends comme médiane la moyenne des valeurs situées aux rangs $\dfrac{N}{2}$ et $\dfrac{N}{2}+1$.

Exemple Dans la série ci-dessus, l'effectif total est égal à 50 : il est pair. $\dfrac{50}{2} = 25$, donc la médiane est la moyenne des 25ᵉ et 26ᵉ valeurs.

Pour pouvoir déterminer facilement la médiane, je peux calculer les **effectifs cumulés croissants** :

Nombre d'enfants	0	1	2	3	4	5
Effectifs	8	11	18	8	3	2
Effectifs cumulés croissants	8	19	37	45	48	50

$M_e = \dfrac{2+2}{2} = 2$

- Si l'effectif total N est **impair**, alors je prends comme médiane la valeur située au rang $\dfrac{N+1}{2}$.

Attention ! Les valeurs doivent être rangées dans l'ordre croissant.

MINI INTERRO

On donne une série de 13 éléments, rangés par ordre croissant : 2 ; 2 ; 4 ; 4 ; 5 ; 7 ; 7 ; 10 ; 10 ; 10 ; 12 ; 12 ; 12.

Détermine la médiane et l'étendue de cette série.

1 Quiz

On donne la série statistique suivante, rangée par ordre croissant : 5 ; 5 ; 9 ; 10 ; 11 ; 14 ; 14 ; 14 ; 17.

Coche la réponse qui convient.

a. L'effectif total est égal à :   ☐ 17   ☐ 9   ☐ 5
b. La moyenne est égale à :   ☐ 99   ☐ 11   ☐ 5
c. L'étendue est égale à :   ☐ 12   ☐ 6   ☐ 7
d. La médiane est égale à :   ☐ 10   ☐ 12   ☐ 11

2 Salaires

Le tableau suivant donne la répartition des salaires dans une entreprise :

Salaire (en €)	1 200	1 600	1 900	2 100	4 000
Effectif	2	3	5	3	1

a. Quel est l'effectif total de cette entreprise ?

b. Calcule le salaire moyen dans cette entreprise (arrondi à l'unité).

c. Cette moyenne reflète-t-elle bien les salaires de l'entreprise ? Pourquoi ?

3 Médiane

Détermine la médiane et l'étendue de cette série statistique : 34 ; 25 ; 78 ; 56 ; 26 ; 14 ; 45 ; 15 ; 56.

4 Avec un tableur

Voici les résultats obtenus par chaque élève à un devoir noté sur 40 :
3 ; 4 ; 5 ; 7 ; 9 ; 10 ; 11 ; 15 ; 18 ; 20 ; 24 ; 27 ; 30 ; 34 ; 36 ; 38.

a. Reproduis ce tableau sur une feuille de calcul d'un tableur en entrant toutes les notes dans la ligne 1.

	A	B	C	D	E	…
1	Note	3	4	5	7	…
2	Effectif total					
3	Moyenne					
4	Médiane					

b. Quel est l'effectif total de la série ? Entre ce nombre dans la cellule B2.

c. Quelle formule dois-tu entrer dans la cellule B3 pour calculer la moyenne de cette série ? Quelle est alors la moyenne de la série ?

d. Quelle formule dois-tu entrer dans la cellule B4 pour calculer la médiane de cette série ? Quelle est alors la médiane de la série ?

e. Interprète les résultats trouvés aux deux questions précédentes.

5 Voyage, voyage

Cléo, qui a 15 ans, décide de partir en colonie de vacances. Elle contacte deux agences qui lui donnent les renseignements suivants :
• Agence Voyo : 21 personnes, moyenne d'âge de 11,6 ans et âge médian de 17 ans.
• Agence Gogo : 21 personnes, moyenne d'âge de 11,6 ans et âge médian de 11 ans.

a. Cléo veut se retrouver avec des jeunes de son âge. Quelle agence doit-elle choisir ? Justifie.

b. Les tableaux ci-dessous donnent la répartition des effectifs des deux agences de voyages. Associe chaque répartition à une agence. Justifie.

Âge	9	10	11	12	16	18
Effectif	1	3	10	5	1	1

Âge	4	5	6	17	18
Effectif	2	4	4	6	5

c. En observant les répartitions, Cléo va-t-elle finalement choisir une autre agence ? Justifie.

6 CONTRÔLE EXPRESS

À la sortie d'une salle de cinéma, un journal enquête auprès des spectateurs pour qu'ils donnent une note (sur 20) au film projeté.

Note	6	8	10	12	14	15	17
Effectif	1	5	7	8	12	9	8

a. Calcule la note moyenne obtenue par le film.

b. Le film est jugé « À voir » si au moins 50 % des spectateurs ont donné une note supérieure ou égale à 14. Ce film peut-il être jugé « À voir » ? Justifie.

Corrigés p. 22 du livret.

13 Diagrammes en bâtons et histogrammes

GESTION DE DONNÉES

RETENIR

Vocabulaire

MOT CLÉ

✓ **Valeurs isolées :**
On dit que les valeurs d'une série sont isolées lorsqu'on peut les visualiser une par une.

- Une série statistique peut être représentée graphiquement par un **diagramme en bâtons** ou un **histogramme**.
- Le diagramme en bâtons est utilisé pour des séries à **valeurs isolées**.
- L'histogramme est utilisé pour représenter des séries regroupées en **classes**.

LA MÉTHODE

▷ **Construire un histogramme**

Exemple On donne la série statistique suivante :

Âge	[0 ; 20[	[20 ; 40[	[40 ; 60[	[60 ; 80[	[80 ; 100[
Nombre d'habitants	340	300	580	380	80

Pour construire l'histogramme représentant cette série :

1. Je trace 2 axes gradués (âge en abscisse et nombre d'habitants en ordonnée).

2. Je construis des rectangles qui ont :
– tous la même largeur, égale à l'amplitude de la classe ;
– une hauteur égale à l'effectif de la classe.

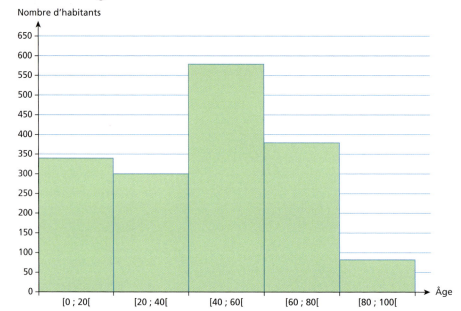

MINI INTERRO

Dans l'histogramme représenté dans « La méthode » :

1. Quelle est l'amplitude de chaque classe ?

2. Combien d'habitants ont au moins 60 ans ?

3. Combien d'habitants ont moins de 80 ans ?

94

1. Quiz

On donne le diagramme en bâtons suivant.

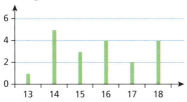

Coche la case qui convient.

a. L'effectif de la valeur 14 est :
☐ 14   ☐ 5   ☐ 1

b. L'effectif total est :
☐ 18   ☐ 14   ☐ 19

c. Le nombre de valeurs dont l'effectif est 4 est :
☐ 2   ☐ 4   ☐ 6

d. La moyenne de cette série est environ de :
☐ 15,68   ☐ 15,5   ☐ 9

2. Les 24 heures du Mans

La compétition des 24 heures du Mans-Moto a pour but de faire le plus grand nombre de tours d'un circuit pendant 24 heures.

a. Représente cette série à l'aide d'un diagramme en bâtons.

Nombre de tours	770	780	790	800	810	820
Effectif	5	4	3	5	2	1

b. Calcule le nombre moyen de tours effectués par l'une de ces motos.

3. Avec un tableur

Le tableau ci-dessous donne le nombre d'habitants de 4 villages du sud de la France :

	Enfants (− de 12 ans)	Jeunes (12 à 20 ans)	Adultes (21 à 65 ans)	Seniors (+ de 65 ans)
Val-sur-Mer	24	32	85	67
Ste-Martine	59	58	156	134
Bottenoux	87	99	213	167
Valletrou	34	28	78	105

a. Reproduis ce tableau sur une feuille de calcul d'un tableur, puis à l'aide de l'assistant graphique, construis un diagramme en bâtons permettant de comparer le nombre d'enfants de chaque village.

b. Construis un diagramme en bâtons permettant de comparer le nombre d'adultes de chaque village.

4. Établissement scolaire

Le diagramme en bâtons ci-dessous donne la répartition des classes d'un établissement scolaire en fonction du nombre d'élèves :

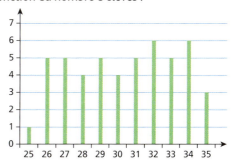

a. Construis le tableau des effectifs de cette série.

b. Calcule le nombre moyen d'élèves par classe (donne le résultat arrondi à l'unité). Interprète le résultat obtenu.

c. Détermine la médiane et l'étendue de cette série. Interprète les résultats obtenus.

5. CONTRÔLE EXPRESS

On a mesuré la vitesse de passage des voitures dans une rue limitée à 50 km/h pendant une journée.

a. Calcule le nombre total de voitures qui sont passées dans cette rue.

b. Calcule le centre de chaque classe de vitesse.

c. Calcule la vitesse moyenne d'un véhicule en remplaçant chaque classe par son centre.

d. Quel pourcentage de véhicules est en excès de vitesse ?

14 Probabilités

RETENIR

1/ Définitions

- Il y a **équiprobabilité** lorsque toutes les issues d'une expérience aléatoire ont la même probabilité.

- En situation d'équiprobabilité, la probabilité p d'un événement est :

$$p = \frac{\text{nombre d'issues favorables}}{\text{nombre d'issues possibles}}$$

C'est un nombre compris entre 0 et 1.

Exemple Le lancer d'un dé équilibré est une expérience aléatoire.

La probabilité de l'événement « Tomber sur un chiffre pair » est : $p = \frac{3}{6} = \frac{1}{2}$.

En effet, les issues possibles sont les 6 nombres entre 1 et 6 ; parmi celles-ci, les issues favorables sont les 3 nombres pairs : 2, 4 et 6.

- Un événement dont la probabilité est égale à 0 est un **événement impossible**.

- Un événement dont la probabilité est égale à 1 est un **événement certain**.

2/ Lien entre fréquences et probabilités

Si on répète un **très grand nombre de fois** la même expérience aléatoire, alors on observe que la fréquence d'un événement se rapproche d'une « fréquence théorique » qui est égale à la probabilité de l'événement.

LA MÉTHODE

▷ Calculer la probabilité d'un événement en situation d'équiprobabilité

Exemple On s'intéresse à l'expérience aléatoire : « Tirer au hasard une carte dans un jeu de 52 cartes. »

Toutes les cartes ont la même probabilité d'être tirées, il s'agit donc d'une situation d'équiprobabilité.

- Soit A l'événement « Tirer un valet ». Je détermine la probabilité de l'événement A :
  – l'événement A est composé de 4 issues (il y a 4 valets dans le jeu) ;
  – il y a 52 issues à cette expérience aléatoire ;
  – ainsi : $p(A) = \frac{4}{52} = \frac{1}{13}$.

- Soit B l'événement « Tirer une carte comprise entre 2 et As ».
L'événement B est un événement certain (en effet, toutes les cartes ont une valeur entre 2 et As). Ainsi $p(B) = 1$.

GESTION DE DONNÉES

MOTS CLÉS

✓ **Issue** : C'est le résultat possible d'une expérience aléatoire.

✓ **Événement** : C'est un ensemble d'issues d'une expérience aléatoire.

MINI INTERRO

Une urne contient 3 boules rouges et 3 boules jaunes. On tire au hasard une boule de cette urne.

Justifie qu'il s'agit d'une situation d'équiprobabilité, puis détermine la probabilité de tirer une boule jaune.

S'ENTRAÎNER

1 Quiz

Le jeu de la roulette comporte 37 cases numérotées de 0 à 36. Les cases sont alternativement rouges et noires sauf la case 0 qui est verte.
On fait tourner la roulette avec une bille.

Coche la case qui convient.

a. La probabilité que la bille tombe sur la case 0 est :

☐ $\frac{1}{37}$ ☐ 0   ☐ $\frac{1}{36}$

b. La probabilité que la bille tombe sur une case noire est :

☐ $\frac{18}{36}$ ☐ $\frac{18}{37}$ ☐ $\frac{1}{2}$

c. La probabilité de ne pas tomber sur la case verte est :

☐ $\frac{1}{37}$ ☐ $\frac{1}{36}$ ☐ $\frac{36}{37}$

2 Équipe de sport

Dans une équipe de sport, il y a 9 élèves dont 5 filles et 4 garçons. Dans l'équipe, il y a 6 demi-pensionnaires. Le professeur d'EPS désigne, au hasard, un élève pour être le capitaine de l'équipe.

a. Quel est le nombre d'issues possibles ?

b. Quelle est la probabilité que le capitaine soit une fille ?

c. Quelle est la probabilité que le capitaine soit un élève demi-pensionnaire ?

3 Armoires de tee-shirts

Dans l'armoire de Vincent, il y a 4 tee-shirts rouges, 6 blancs, 7 gris et 3 noirs.
Vincent prend un tee-shirt au hasard.

a. Quel est le nombre d'issues possibles ?

b. Soit A l'événement « Le tee-shirt est blanc » et B l'événement « Le tee-shirt est rouge ». Détermine $p(A)$ et $p(B)$.

c. Soit C l'événement « Le tee-shirt est blanc ou rouge ». Détermine $p(C)$.

4 Des billes

Antoine, Margot et Claude ont chacun un sac contenant des billes.

Le contenu de chaque sac est le suivant :

Sac d'Antoine	Sac de Margot	Sac de Claude
5 billes bleues	10 billes bleues et 30 billes rouges	100 billes bleues et 3 billes rouges

Chacun pioche au hasard une bille dans son sac. Qui a la probabilité la plus grande de tirer une bille bleue ?

5 Fréquences et probabilités

Un dé équilibré a 6 faces de couleurs différentes :
1 face rouge, 1 face blanche, 1 face noire, 1 face verte et 2 faces orange.

a. On lance 100 fois ce dé et on note à chaque fois la couleur de la face obtenue :

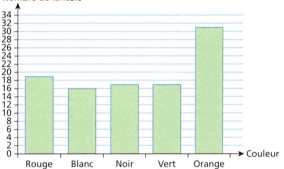

Détermine la fréquence d'apparition de la couleur blanche.
Détermine la fréquence d'apparition de la couleur orange.

b. Quelle est la probabilité d'obtenir la couleur blanche ?
Quelle est la probabilité d'obtenir la couleur orange ?

c. Explique pourquoi il y a des écarts entre les fréquences trouvées à la question a. et les probabilités calculées à la question b.

6 CONTRÔLE EXPRESS

Un sac contient 10 boules jaunes, 6 boules rouges et 4 boules vertes. Chaque boule a la même probabilité d'être piochée.

On pioche au hasard une boule dans le sac.

a. Calcule la probabilité de piocher une boule jaune.

b. Calcule la probabilité de piocher une boule rouge ou verte.

Corrigés p. 23 du livret.

15 Triangles et parallélogrammes

RETENIR

1 / Triangles

● **Propriété** : Dans un triangle, la **somme des angles** est égale à 180°.

Exemple Dans un triangle ABC quelconque, $\widehat{BAC} + \widehat{ABC} + \widehat{ACB} = 180°$.

● **Cas des triangles particuliers**
Si un triangle est **rectangle**, alors ses deux angles aigus sont **complémentaires**.
Si un triangle est **isocèle**, alors ses deux angles à la base sont **égaux**.
Si un triangle est **équilatéral**, alors ses trois angles sont **égaux** et mesurent chacun 60°.

2 / Parallélogrammes

● **Propriétés** : Si un quadrilatère est un parallélogramme, alors :
– ses côtés opposés sont **parallèles** et de **même longueur** ;
– ses diagonales ont le **même milieu** ;
– il a un **centre de symétrie**, qui est le point d'intersection de ses deux diagonales ;
– ses angles de sommets opposés sont **égaux** ; ses angles de sommets consécutifs sont **supplémentaires**.

● **Cas des parallélogrammes particuliers**

Rectangle	Losange	Carré
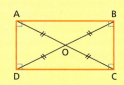	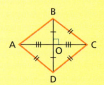	
● $\widehat{BAD} = \widehat{ABC} = \widehat{BCD} = \widehat{ADC} = 90°$; ● [AC] et [BD] ont le même milieu et AC = BD.	● AB = BC = CD = AD ; ● [AC] et [BD] ont le même milieu et (AC) ⊥ (BD) ; ● (AC) et (BD) sont des axes de symétrie de ABCD.	Si ABCD est un carré, alors il a toutes les propriétés d'un rectangle et d'un losange.

MOTS CLÉS

✓ **Base d'un triangle isocèle** : La base d'un triangle isocèle est le côté opposé au sommet principal (sommet où se croisent les deux côtés de même longueur).

✓ **Angles de sommets opposés** : Dans un quadrilatère, deux angles ayant pour sommets respectifs les extrémités d'une même diagonale sont appelés angles de sommets opposés.

LA MÉTHODE

▷ **Démontrer l'existence d'un parallélogramme**

Je peux utiliser l'une des trois propriétés suivantes.

1. Si un quadrilatère a ses **côtés opposés parallèles**, alors c'est un parallélogramme.

2. Si un quadrilatère non croisé a **deux côtés parallèles et de même longueur**, alors c'est un parallélogramme.

3. Si un quadrilatère a ses **diagonales de même milieu**, alors c'est un parallélogramme.

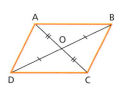

(AB)//(DC) et (AD)//(BC)
AB = DC et AD = BC

MINI INTERRO

1. Construis un triangle ABC isocèle en B.

2. Construis le point D symétrique du point B par rapport à la droite (AC).

3. Quelle est la nature du quadrilatère ABCD ?

S'ENTRAÎNER

1 Vrai ou faux ?

Coche la case qui convient.

	V	F
a. Un triangle isocèle possède un axe de symétrie.	☐	☐
b. Les diagonales d'un rectangle sont des axes de symétrie.	☐	☐
c. Le losange, le rectangle et le carré sont des parallélogrammes.	☐	☐
d. Un carré est un losange.	☐	☐

2 Triangle isocèle

ABC est un triangle tel que $\widehat{ABC} = 67°$ et $\widehat{ACB} = 46°$.

Démontre que le triangle ABC est isocèle.

3 Triangle équilatéral

a. Trace un cercle de centre O et de rayon r (r est un nombre que tu choisis librement).

Sur ce cercle, marque deux points distincts A et B tels que l'angle $\widehat{AOB}$ mesure 60°.

b. Démontre que le triangle OAB est un triangle équilatéral.

4 Avec les angles

ABC est un triangle tels que BC = 10 cm, $\widehat{ABC} = 50°$ et $\widehat{ACB} = 80°$.

a. Construis le triangle ABC.

b. Calcule, en justifiant, la mesure en degrés de $\widehat{BAC}$.

5 Parallélogramme

ABCD est un quadrilatère tel que AC = 12 cm et BD = 8 cm.

a. Explique comment faire pour construire ABCD de telle sorte qu'il soit un parallélogramme.

b. Existe-t-il plusieurs solutions ?

6 Rectangle

ABD est un triangle rectangle en A.

a. Explique comment faire pour construire le point C de telle sorte que le quadrilatère ABCD soit un rectangle.

b. Existe-t-il plusieurs façons de faire ?

7 Losange

ABCD est quadrilatère tel que AC = 8 cm et BD = 6 cm.

Explique comment faire pour construire ce quadrilatère ABCD de telle sorte qu'il soit un losange.

8 Construire un losange

Construis, en justifiant, un losange de 20 cm de périmètre et possédant une diagonale de 4,2 cm.

9 Carré

ABCD est un quadrilatère tel que AC = 12 cm.

Explique comment faire pour construire ce quadrilatère ABCD de telle sorte qu'il soit un carré.

10 Construire un carré

Construis un carré EFGH tel que EG = 8 cm.

11 Propriété des angles d'un triangle

L'objectif de cet exercice est de démontrer que la somme des angles d'un triangle est égale à 180°.

Dans la figure ci-dessous :
– les droites (tz) et (BC) sont parallèles ;
– les droites (tz) et (BC) sont coupées par la sécante (Cv) respectivement en A et C ;
– les droites (tz) et (BC) sont coupées par la sécante (Bu) respectivement en A et B.

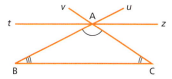

a. Montre que $\widehat{BAC} = \widehat{uAv}$.

b. Montre que $\widehat{ABC} = \widehat{uAz}$ et $\widehat{ACB} = \widehat{tAv}$.

c. Déduis-en que $\widehat{BAC} + \widehat{ABC} + \widehat{ACB} = 180°$.

12 CONTRÔLE EXPRESS

Construis un parallélogramme vérifiant les trois conditions suivantes :
– ses diagonales forment un angle de 40° ;
– une de ses diagonales mesure 9 cm ;
– l'un de ses côtés mesure 3,5 cm.

Corrigés p. 23 du livret.

16 Translations

GÉOMÉTRIE GRANDEURS ET MESURES

RETENIR

1 / Image d'un point par une translation

Définition : Étant donnés deux points A et B, dire qu'un point M a pour image un point M' par la translation qui transforme A en B signifie que le quadrilatère ABM'M est un parallélogramme.

Exemple ABM'M est un parallélogramme, donc :
— le point M' est l'image du point M par la translation qui transforme A en B ;
— le point M est l'image du point M' par la translation qui transforme B en A.

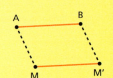

Cas particulier : Si le point M **appartient à la droite** (AB), son image M' par la translation qui transforme A en B appartient aussi à la droite (AB) :
- A et B, d'une part, et M et M', d'autre part, sont dans le même sens ;
- MM' = AB.

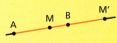
M appartient à [AB].

M n'appartient pas à [AB].

MOTS CLÉS

✓ **Direction d'une droite :** Une droite donnée représente une certaine direction ; toutes les droites parallèles à une droite donnée sont de même direction.

✓ **Sens d'une droite :** Une direction comporte deux sens différents (par exemple, une droite (AB) comporte le sens de A vers B et le sens de B vers A).

2 / Caractérisation d'une translation

La translation qui transforme A en B est caractérisée par trois éléments :
— une **direction** : celle de la droite (AB) ;
— un **sens** : le sens de A vers B ;
— une **longueur** : la longueur du segment [AB].

LA MÉTHODE

▷ **Construire l'image de M par la translation qui transforme A en B**

• **À l'aide de l'équerre et de la règle graduée**

1. Je trace la droite d passant par le point M et parallèle à la droite (AB).	2. Sur cette droite d, **dans le sens de A vers B**, je marque un point M' tel que AB = MM'.
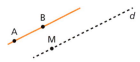	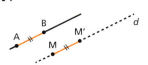

MINI INTERRO

On donne ci-dessous un parallélogramme ABCD.

Complète les phrases suivantes.

1. Par la translation qui transforme A en B, l'image du point D est le point ... .

2. Par la translation qui transforme C en B, le point A est l'image du point ... .

• **À l'aide du compas et de la règle**

1. Je trace un arc de cercle de centre M et de rayon AB.	2. Je trace un arc de cercle de centre B et de rayon AM, puis je nomme M' le point à l'intersection des deux arcs de cercle.
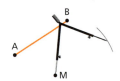	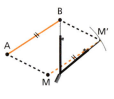

100

S'ENTRAÎNER

1 Vrai ou faux ?

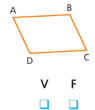

En observant le parallélogramme ABCD ci-contre, coche la case qui convient.

	V	F
a. La translation qui transforme A en B est la même que la translation qui transforme B en A.	☐	☐
b. La translation qui transforme A en B transforme aussi D en C.	☐	☐
c. D est l'image de B par la translation qui transforme A en C.	☐	☐

2 Translations et parallélogramme

Cite toutes les translations qui engendrent le parallélogramme ABCD de l'exercice 1.

3 Translation et quadrillage

À l'aide du quadrillage, construis :

a. M' et N', images respectives de M et N par la translation qui transforme A en B ;

b. E' et F', images respectives de E et F par la translation qui transforme B en A.

4 Image d'un point par une translation

Construis D et F, images respectives de C et E par la translation qui transforme A en B.

5 Avec un logiciel de géométrie

a. Construction
Marque deux points distincts A et B.
Marque un point M n'appartenant pas à (AB).
Construis M', image de M par la translation qui transforme A en B.
Trace le quadrilatère ABM'M.
Trace [AM'] et [BM] les deux diagonales de ABM'M.
Nomme O leur point d'intersection.

b. Expérimentation
Fais afficher les longueurs AB et MM' ; OA et OM' ; OB et OM. Déplace le point A ou le point B, puis lis les mesures affichées. Répète plusieurs fois cette opération. Que constates-tu ?
Quelle conjecture peux-tu émettre sur la nature de ABM'M ?

6 Frise

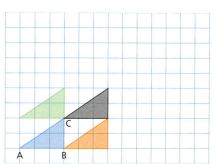

a. Observe la figure ci-dessus, puis complète les phrases suivantes.

La translation qui transforme A en B transforme le triangle bleu en le triangle ....

La translation qui transforme le triangle vert en le triangle gris est la translation qui transforme le point ..... en le point ..... .

La translation qui transforme le triangle bleu en le triangle vert est la translation qui transforme le point ..... en le point ..... .

La translation qui transforme A en C transforme le triangle bleu en le triangle ....

b. Continue cette frise de telle sorte qu'elle soit quatre fois plus grande.

7 CONTRÔLE EXPRESS

a. Marque A et B deux points distincts du plan. Trace une droite d non parallèle à la droite (AB). Marque deux points distincts E et F sur d. Construis E' et F', images respectives de E et F par la translation qui transforme A en B.

b. Montre que les quadrilatères ABE'E et ABF'F sont des parallélogrammes.

c. Déduis-en que le quadrilatère EFF'E' est un parallélogramme et que (EF) et (E'F') sont parallèles.

Corrigés p. 24 du livret.

101

17 Théorème de Pythagore

RETENIR

1 / Théorème de Pythagore

Si un triangle est **rectangle**, alors le carré de la longueur de son hypoténuse est égal à la somme des carrés des longueurs des deux autres côtés.

Exemple Le triangle ABC ci-contre est rectangle en A.
Son hypoténuse est le côté [BC].
D'après le théorème de Pythagore :
$BC^2 = AB^2 + AC^2 = 8^2 + 6^2 = 64 + 36 = 100$
$BC = \sqrt{100} = 10$ cm

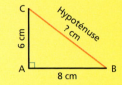

2 / Réciproque du théorème de Pythagore

Si le carré de la longueur d'un côté d'un triangle est égal à la somme des carrés des longueurs des deux autres côtés, alors ce triangle est **rectangle**.

MOTS CLÉS

✔ **Triangle rectangle :**
Un triangle rectangle possède un angle droit (ou deux côtés perpendiculaires).

✔ **Hypoténuse :**
On appelle hypoténuse le côté opposé à l'angle droit d'un triangle rectangle (le plus grand côté du triangle rectangle).

LA MÉTHODE

▷ **Démontrer qu'un triangle donné est rectangle ou non**

1. Je décris le triangle en indiquant ses trois longueurs exprimées dans l'unité donnée.

2. Je calcule **séparément** : d'une part, le carré du plus grand côté ; d'autre part, la somme des carrés des deux petits côtés.

3. Je compare ces deux résultats et je conclus selon qu'ils sont égaux ou différents.

Exemple 1

1. On sait que ABC est un triangle tel que AB = 12 cm, AC = 9 cm et BC = 15 cm.
On veut savoir si ce triangle ABC est rectangle ou non.

2. $BC^2 = 15^2 = 225$ et $AB^2 + AC^2 = 12^2 + 9^2 = 144 + 81 = 225$
Donc $BC^2 = AB^2 + AC^2$

3. Or, d'après la **réciproque du théorème de Pythagore**, si le carré de la longueur d'un côté d'un triangle est égal à la somme des carrés des longueurs des deux autres côtés, alors ce triangle est rectangle.
Comme $BC^2 = AB^2 + AC^2$, on en déduit que **ABC est rectangle en A**.

Exemple 2

1. On sait que ABC est un triangle tel que AB = 11 cm, AC = 7 cm et BC = 13 cm.
On veut savoir si ce triangle ABC est rectangle ou non.

2. $BC^2 = 13^2 = 169$ et $AB^2 + AC^2 = 11^2 + 7^2 = 121 + 49 = 170$
Donc $BC^2 \neq AB^2 + AC^2$

3. Or, si ABC était un triangle rectangle, son hypoténuse serait [BC], son plus grand côté, et, d'après **le théorème de Pythagore**, on aurait alors $BC^2 = AB^2 + AC^2$.
Comme $BC^2 \neq AB^2 + AC^2$, on en déduit que **ABC n'est pas rectangle**.

MINI INTERRO

On donne un triangle EFG rectangle en G.

1. Indique le côté qui est son hypoténuse.

2. Écris l'égalité qui traduit le théorème de Pythagore dans ce triangle.

S'ENTRAÎNER

1 Vrai ou faux ?

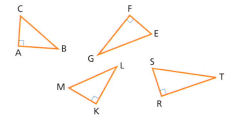

Coche la case qui convient.

	V	F
a. Dans ABC rectangle en A : $BC^2 = AB^2 + AC^2$.	☐	☐
b. Dans EFG rectangle en F : $EF^2 = EG^2 + FG^2$.	☐	☐
c. Dans RST rectangle en R : $RT^2 = RS^2 + ST^2$.	☐	☐
d. Dans KLM rectangle en K : $ML^2 = KM^2 + KL^2$.	☐	☐

2 Longueur inconnue (1)

RST est un triangle rectangle en R tel que RT = 36 cm et RS = 48 cm.

a. Dessine un schéma du triangle RST.

b. Calcule ST en indiquant la propriété utilisée.

3 Longueur inconnue (2)

IJK est un triangle rectangle en J tel que IJ = 56 cm et IK = 70 cm.

a. Dessine un schéma du triangle IJK.

b. Calcule JK en indiquant la propriété utilisée.

4 Triangle rectangle ou non ? (1)

On donne le triangle EFG tel que EF = 24 cm, FG = 18 cm et EG = 30 cm.

a. Construis ce triangle EFG à l'échelle ½.

b. EFG est-il un triangle rectangle ? Justifie ta réponse.

5 Triangle rectangle ou non ? (2)

On donne le triangle MNP tel que MN = 15 cm, MP = 10 cm et NP = 11 cm.

a. Construis ce triangle MNP en vraie grandeur.

b. MNP est-il un triangle rectangle ? Justifie ta réponse.

6 Escargot de Pythagore

On considère le programme de construction suivant.

Construire le triangle ABC rectangle en A, tel que AB = 1 cm et AC = 1 cm.
Construire le triangle BCD rectangle en C, tel que CD = 1 cm.
Construire le triangle BDE rectangle en D, tel que DE = 1 cm.
Construire le triangle BEF rectangle en E, tel que EF = 1 cm.
Construire le triangle BFG rectangle en F, tel que FG = 1 cm.
Etc.

a. Exécute ce programme de construction, pour continuer la figure ci-dessous où l'on a déjà construit les triangles ABC et BCD. Tu construiras 5 triangles.

b. Montre que les hypoténuses des triangles rectangles ainsi construits mesurent respectivement $\sqrt{2}$ cm ; $\sqrt{3}$ cm ; $\sqrt{4}$ cm ; $\sqrt{5}$ cm ; etc.

c. À l'aide d'une règle graduée, donne une valeur approchée de $\sqrt{2}$; $\sqrt{3}$ et $\sqrt{5}$, puis vérifie avec la touche $\sqrt{}$ de ta calculatrice.

7 Losange

ABCD est un losange de centre O dont les diagonales [AC] et [BD] mesurent respectivement 8 cm et 6 cm.

a. Quelle est la nature du triangle AOB ? Justifie ta réponse.

b. Montre que le côté de ce losange ABCD mesure 5 cm. Justifie ta réponse.

8 CONTRÔLE EXPRESS

ABCD est un rectangle tel que AB = 12 cm et BC = 9 cm.

a. Dessine un schéma du rectangle ABCD.

b. Calcule la longueur de la diagonale [AC].

Corrigés p. 25 du livret.

18 Rotations

RETENIR

1 / Image d'un point M par la rotation de centre O et d'angle α

Définition : Dire que le point M′ est l'image du point M par la rotation de sens direct (ou positif) de centre O et d'angle α signifie que :
- OM = OM′ ;
- $\widehat{MOM'} = α$;
- on tourne de M à M′ dans le sens contraire des aiguilles d'une montre.

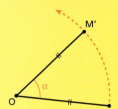

2 / Propriétés des rotations

L'image d'une figure par rotation est superposable à la figure initiale.
On en déduit qu'une rotation **conserve** les longueurs, les alignements, les angles et les aires.

Exemple Sur la figure ci-contre, le triangle A′B′C′ est l'image du triangle ABC par la rotation de sens direct, de centre O et d'angle 50°.
Les longueurs des côtés correspondants de ABC et A′B′C′ sont égales : AB = A′B′ ; AC = A′C′ ; BC = B′C′.
Les angles correspondants de ABC et A′B′C′ sont égaux : $\widehat{BAC} = \widehat{B'A'C'}$; $\widehat{ABC} = \widehat{A'B'C'}$; $\widehat{BCA} = \widehat{B'C'A'}$.
ABC et A′B′C′ ont la même aire.
Donc, les triangles ABC et A′B′C′ sont **superposables**.

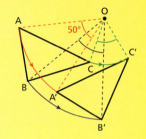

MOTS CLÉS

✓ **Arc de cercle :**
C'est une partie d'un cercle (le cercle lui-même est l'arc plein).

✓ **Angle au centre :**
C'est un angle dont le sommet est le centre d'un cercle (par exemple, A et B étant deux points distincts d'un cercle de centre O, l'angle $\widehat{AOB}$ est un angle au centre de ce cercle).

✓ **Sens direct et sens indirect :** Dans une rotation, le sens **direct** est le sens contraire du sens des aiguilles d'une montre ; le sens **indirect** est le sens des aiguilles d'une montre.

LA MÉTHODE

▷ Construire l'image d'un point par une rotation

Exemple Étant donnés deux points O et A, pour construire l'image A′ de A par la rotation de sens direct, de centre O et d'angle de mesure 60° :

Le point A se déplace dans le sens de la flèche, sur un cercle de centre O et de rayon [OA].
L'angle de la rotation est la mesure de l'angle au centre $\widehat{AOA'} = 60°$.

1. Je trace un arc de cercle de centre O et de rayon [OA].

2. Sur cet arc de cercle, et dans le sens contraire des aiguilles d'une montre, je marque le point A′ tel que $\widehat{AOA'} = 60°$.

MINI INTERRO

Observe la figure et complète.

1. Par la rotation de sens direct, de centre O et d'angle de mesure 90°, l'image de A est ..., A est l'image de ..., l'image de D est ..., B est l'image de ... .

2. A est l'image de C par la rotation de sens direct, de centre ... et d'angle ... .

104

S'ENTRAÎNER

1 Vrai ou faux ?

Coche la case qui convient.

	V	F
a. Par une rotation de centre O, si M' est l'image de M, alors OM = OM'.	☐	☐
b. Si MA = MB, alors il existe une rotation de centre M qui transforme A en B.	☐	☐
c. Une symétrie centrale est une rotation d'angle 180°.	☐	☐
d. Une figure ayant ses côtés de même longueur est un polygone régulier.	☐	☐
e. Le losange est un polygone régulier.	☐	☐
f. Le carré est un polygone régulier.	☐	☐
g. Un polygone régulier est le résultat d'une rotation de centre le centre de son cercle circonscrit.	☐	☐

2 Identifier une rotation

a. Construis un triangle ABC, isocèle en A.

b. Indique le centre et l'angle de la rotation qui transforme B en C ou C en B.

3 Polygones réguliers

a. Trace un cercle de centre O et de rayon 3 cm. Puis, en partageant ce cercle en 4 parties égales, construis un carré ABCD inscrit dans ce cercle.

b. En procédant de la même façon, construis un pentagone (5 côtés) régulier ABCDE inscrit dans un cercle.

c. Puis construis un octogone (8 côtés) régulier ABCDEFGH inscrit dans un cercle.

4 Démonstration

a. Place deux points distincts B et C (dans ce sens). Construis le point A, image du point C par la rotation de centre B et d'angle de mesure 60°. Trace les côtés du triangle ABC.

b. Démontre que ABC est un triangle équilatéral.

5 Avec un logiciel de géométrie

a. À l'aide d'un logiciel de géométrie :
• Place deux points distincts B et C (dans ce sens).
• Construis le point A, image du point C par la rotation de centre B et d'angle de mesure 60°.

• Trace les côtés du triangle ABC.
• Vérifie que le triangle ABC est bien un triangle équilatéral, en faisant afficher à l'écran la mesure en degrés de chacun des angles $\widehat{BAC}$, $\widehat{ABC}$, $\widehat{ACB}$ et la longueur de chacun des segments [AB], [AC] et [BC].
• Construis le point O, centre du cercle circonscrit au triangle ABC, puis ce cercle.
• Trace les segments [OA], [OB] et [OC].
• Fais afficher à l'écran la mesure en degrés de chacun des angles au centre $\widehat{AOB}$, $\widehat{AOC}$ et $\widehat{BOC}$.
Que constates-tu ?

b. Indique le centre et l'angle d'une rotation qui transforme le triangle ABC en lui-même. Par cette rotation, indique les images de A, de B et de C.

6 Frise

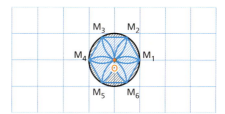

On donne ci-dessus une figure géométrique constituée d'une rosace et d'un hexagone régulier inscrits tous deux dans un cercle de centre O.

a. Quelle rotation transforme M_1 en M_2 ? M_1 en M_3 ? M_1 en M_4 ?

....

b. Quelle est l'image du point M_1 par la symétrie centrale de centre O ?

....

c. Quel autre nom porte une rotation d'angle de mesure 180° ?

....

d. En utilisant tes connaissances sur les transformations (symétries axiales, symétries centrales, translations, rotations), déplace la figure donnée pour réaliser une frise, en reproduisant deux fois la figure initiale.

7 CONTRÔLE EXPRESS

Construis un triangle équilatéral ABC.
Indique le centre et l'angle de la rotation qui transforme :

a. B en C ou C en B ;

b. A en C ou C en A ;

c. A en B ou B en A.

Corrigés p. 26 du livret.

105

19 Cosinus d'un angle

RETENIR

1 / Cosinus d'un angle aigu d'un triangle rectangle

● **Définition** : ABC étant un triangle rectangle en A, on appelle cosinus d'un angle aigu du triangle ABC le rapport : $\dfrac{\text{côté adjacent}}{\text{hypoténuse}}$.

Exemple Dans le triangle ABC ci-contre :
$\cos(\widehat{ABC}) = \dfrac{AB}{BC}$ et $\cos(\widehat{ACB}) = \dfrac{AC}{BC}$.

Remarque : Le cosinus est un nombre sans unité.

● Si on connaît la mesure en degrés d'un angle, on peut calculer son cosinus à l'aide d'une calculatrice, grâce à la touche $\boxed{\cos}$.

2 / Propriétés du cosinus d'un angle aigu

Le cosinus d'un angle aigu est un **nombre compris entre 0 et 1**.
Si la mesure d'un angle aigu augmente, alors la valeur de son cosinus diminue.

Exemples $\cos(0°) = 1$; $\cos(30°) \approx 0{,}87$; $\cos(60°) = 0{,}5$; $\cos(90°) = 0$.
On a : $0° < 30° < 60° < 90°$, mais $\cos(0°) > \cos(30°) > \cos(60°) > \cos(90°)$.

MOTS CLÉS

✓ **Angle aigu** : Un angle aigu est un angle dont la mesure est comprise entre 0° et 90°.

✓ **Hypoténuse** : L'hypoténuse d'un triangle rectangle est le côté opposé à l'angle droit (le côté qui fait face à l'angle droit).

LA MÉTHODE

▷ **Calculer la mesure d'un angle aigu d'un triangle rectangle**

Exemple Soit un triangle ABC rectangle en A tel que AB = 8 cm et BC = 10 cm.
Pour trouver une valeur approchée de la mesure en degrés de l'angle $\widehat{ABC}$:

1. **Je calcule le cosinus de l'angle** $\widehat{ABC}$ à l'aide la formule : $\cos(\widehat{ABC}) = \dfrac{AB}{BC} = \dfrac{8}{10}$.

2. **Je calcule l'angle** $\widehat{ABC}$ à l'aide de la calculatrice (configurée en mode degrés) :

$\boxed{\text{Shift}}$ ou $\boxed{\text{INV}}$ ou $\boxed{2^{\text{nd}}}$ $\quad \boxed{\cos^{-1}}\left(\dfrac{8}{10}\right)$ ou $\boxed{\text{Acs}}\left(\dfrac{8}{10}\right) \quad \boxed{\text{EXE}}$ ou $\boxed{=}$

Ou encore $\boxed{\text{Shift}}$ ou $\boxed{\text{INV}}$ ou $\boxed{2^{\text{nd}}}$ $\quad \boxed{\text{Trig}} \quad \boxed{\cos^{-1}}\left(\dfrac{8}{10}\right)$
Donc $\widehat{ABC} \approx 36{,}9°$ au dixième près.

▷ **Calculer une longueur inconnue d'un triangle rectangle**

Exemple 1 **Calcul de la longueur AB d'un côté de l'angle droit**

Soit un triangle ABC rectangle en A tel que BC = 12 cm et $\widehat{ABC} = 40°$.
$\cos(\widehat{ABC}) = \dfrac{AB}{BC}$,
donc $\cos(40°) = \dfrac{AB}{12}$
D'où $AB = 12 \times \cos(40°) \approx 9{,}2$ cm.

Exemple 2 **Calcul de la longueur BC de l'hypoténuse**

Soit un triangle ABC rectangle en A tel que AB = 9 cm et $\widehat{ABC} = 50°$.
$\cos(\widehat{ABC}) = \dfrac{AB}{BC}$, donc $\cos(50°) = \dfrac{9}{BC}$
D'où $BC \times \cos(50°) = 9$
et $BC = \dfrac{9}{\cos(50°)} \approx 14{,}0$ cm.

MINI INTERRO

Dessine un triangle ABC, rectangle en A.

1. Quelle est l'hypoténuse ?
2. Quel est le côté adjacent à l'angle ABC ? Quel est le côté adjacent à l'angle ACB ?
3. Écris la formule permettant de calculer cos(ABC) et cos(ACB) à partir des longueurs des côtés du triangle ABC.

S'ENTRAÎNER

1 Vrai ou faux ?

En observant le triangle ABC rectangle en A ci-contre, coche la case qui convient.

	V	F
a. AB = BC × cos($\widehat{ABC}$)	☐	☐
b. BC = AB × cos($\widehat{ABC}$)	☐	☐
c. BC = $\dfrac{AB}{\cos(\widehat{ABC})}$	☐	☐
d. $\widehat{ACB}$ = 90° − $\widehat{ABC}$	☐	☐
e. BC = AC × cos($\widehat{ACB}$)	☐	☐

2 Avec Pythagore

ABC est un triangle tel que AB = 8 cm, AC = 6 cm et BC = 10 cm.

a. En calculant BC² puis AB² + AC², montre que ABC est rectangle en A.

b. Construis le triangle ABC.

c. Écris sous forme fractionnaire la valeur exacte de cos ($\widehat{ABC}$).

d. Écris sous forme fractionnaire la valeur exacte de cos ($\widehat{ACB}$).

3 Avec la calculatrice

Soit un angle de mesure 60°.

a. À l'aide de la calculatrice, calcule cos (60°).

b. Illustre la réponse obtenue à la question précédente par la construction d'un triangle ABC, rectangle en A, tel que $\widehat{ABC}$ = 60°, sans te servir du rapporteur.

4 Formule et calculatrice

a. Construis le triangle ABC, rectangle en A, tel que AB = 7 cm et BC = 9 cm.

b. À l'aide de la formule du cosinus, écris sous forme fractionnaire la valeur exacte de cos ($\widehat{ABC}$).

c. À l'aide de la calculatrice, donne une valeur approchée de la mesure de l'angle $\widehat{ABC}$ (arrondie au dixième de degré près).

5 Calcul de longueur (1)

ABC est un triangle rectangle en A tel que $\widehat{ABC}$ = 35° et BC = 12 cm.

a. Dessine un schéma du triangle ABC.

b. Écris la formule de cos ($\widehat{ABC}$) dans le triangle ABC, rectangle en A.

c. En remplaçant par les valeurs dans la formule de cos ($\widehat{ABC}$), calcule la longueur AB (arrondie au dixième de cm près).

6 Calcul de longueur (2)

ABC est un triangle rectangle en A tel que AB = 11 cm et $\widehat{ABC}$ = 30°.

a. Dessine un schéma du triangle ABC.

b. Calcule la longueur BC (arrondie au dixième près).

c. Calcule la mesure en degrés de l'angle $\widehat{ACB}$. Puis calcule la longueur AC (arrondie au dixième près).

7 Pythagore et cosinus

ABC est un triangle rectangle en A tel que AB = 12 cm et AC = 9 cm.

a. Dessine un schéma du triangle ABC.

b. Calcule la longueur BC à l'aide du théorème de Pythagore.

c. À l'aide de la calculatrice, donne une valeur approchée de la mesure de l'angle $\widehat{ABC}$ (arrondie au centième de degré près).
Déduis-en une valeur approchée de l'angle $\widehat{ACB}$ (arrondie au centième de degré près).

d. Vérifie le résultat obtenu dans la question précédente en calculant la longueur BC (arrondie à l'unité près) à l'aide de cos ($\widehat{ABC}$) et de la longueur AB, ou de cos ($\widehat{ACB}$) et de la longueur AC.

8 CONTRÔLE EXPRESS

ABC est un triangle rectangle en A tel que AB = 15 cm et AC = 8 cm.

a. Dessine un schéma du triangle ABC.

b. Calcule BC à l'aide du théorème de Pythagore.

c. Calcule la valeur exacte de cos ($\widehat{ABC}$), écrite sous forme fractionnaire.

d. À l'aide de la calculatrice, trouve une valeur approchée de l'angle $\widehat{ABC}$, à l'unité près.
Déduis-en une valeur approchée de l'angle $\widehat{ACB}$ à l'unité près.

Corrigés p. 26 du livret.

20 Parallélépipèdes et sphères

RETENIR

1 / Parallélépipède rectangle (ou pavé droit)

• Un **parallélépipède rectangle** est un solide délimité par deux bases rectangulaires superposables et quatre faces latérales rectangulaires.

• **Volume d'un parallélépipède rectangle** : $\boxed{V = a \times b \times c}$ où a est la longueur de la base, b la largeur de la base et c la hauteur du parallélépipède.

• La **section** d'un parallélépipède rectangle :
– par un plan parallèle à l'une de ses faces est un rectangle qui a les mêmes dimensions que cette face ;
– par un plan parallèle à l'une de ses arêtes est un rectangle dont l'une des dimensions est la longueur de cette arête.

Exemples Section de ABCDEFGH par un plan parallèle :
– à la face ADHE (à gauche) ;
– à l'arête [BF] (à droite).

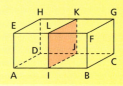 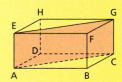

2 / Sphère et boule

• La **sphère** S de centre O et de rayon R est l'ensemble des points M de l'espace tels que OM = R. La sphère pleine est appelée **boule** de centre O et de rayon R.

• **Aire d'une sphère** : $\boxed{A = 4 \times \pi \times R^2}$ et **volume d'une boule** : $\boxed{V = \dfrac{4}{3} \times \pi \times R^3}$

• La **section d'une sphère** de rayon R par un plan est un cercle de rayon r. La **section d'une boule** de rayon R par un plan est un disque de rayon r.

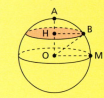

Exemple La section par un plan parallèle au plan de l'équateur de la sphère ci-contre (de centre O et de rayon OM) est un cercle de centre H et de rayon HB.

MOTS CLÉS

✓ **Grand cercle :**
C'est un cercle tracé sur la surface d'une sphère, qui a le même centre et le même rayon que cette sphère. Par exemple, l'**équateur** est le grand cercle de la sphère terrestre situé à égale distance des deux pôles.

✓ **Parallèle :**
C'est un cercle imaginaire parallèle à l'équateur.

✓ **Méridien :** C'est un demi-cercle imaginaire qui joint les deux pôles terrestres (Nord et Sud).

LA MÉTHODE

▷ **Repérer des points sur la sphère terrestre**

Le repérage d'un point se fait grâce à deux coordonnées :
– la **latitude** (mesure en degrés de l'angle séparant un parallèle de l'équateur) ;
– la **longitude** (mesure en degrés de l'angle séparant un méridien du méridien de référence, qui passe par l'observatoire de Greenwich, près de Londres).

Exemples Pour les points A, B et M ci-contre :
A(0° ; 0°), B(0° ; 10° O) et M (30° N ; 10° O).

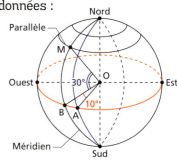

MINI INTERRO

1. Calcule l'aire d'une sphère de rayon 9 cm (arrondis au dixième de cm², en prenant $\pi \approx 3{,}14$).

2. Calcule le volume d'une boule de rayon 9 cm (arrondis au cm³ près, en prenant $\pi \approx 3{,}14$).

1 Vrai ou faux ?

Coche la case qui convient.

	V	F
a. La latitude est la mesure en degrés de l'angle qui sépare un parallèle de l'équateur.	☐	☐
b. La longitude est la mesure en degrés de l'angle qui sépare un méridien du méridien de Greenwich.	☐	☐

2 Aire et volume

a. Quelle surface de cuir est nécessaire (chutes non comprises) à la fabrication d'un ballon de foot sphérique de diamètre 22 cm ? Arrondis le résultat au cm² près.

b. Une louche hémisphérique a un diamètre de 12 cm. Quelle est sa capacité en centilitres lorsqu'elle est remplie à ras bord ? Arrondis le résultat au centilitre près.

3 Soupière

Une soupière hémisphérique a un diamètre de 30 cm.

a. Calcule le volume (en cm³) de cette soupière.

b. Quelle quantité de soupe (en litres) contient cette soupière lorsqu'elle est remplie aux trois quarts ? Arrondis le résultat au dixième de litre.

4 Planisphère

Lorsque l'on projette la sphère terrestre sur un plan, on obtient un planisphère (voir la figure ci-dessous) :
– les lettres N, S, E et O indiquent les 4 points cardinaux (Nord, Sud, Est et Ouest) ;
– la ligne horizontale rouge représente l'équateur, la ligne verticale bleue le méridien de Greenwich ;
– les lignes horizontales (parallèles) servent à mesurer la latitude (de 0° à 90° N et de 0° à 90° S) ;
– les lignes verticales (méridiens) servent à mesurer la longitude (de 0° à 180° E et de 0° à 180° O).

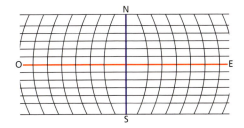

On suppose que l'écart entre deux lignes verticales est de 20° et que l'écart entre deux horizontales est de 10°.

Situe les points suivants sur le planisphère.
A(0° ; 20° E)   C(20° S ; 40° E)   G(0° ; 0°)
B(30° N ; 20° E)   D(20° S ; 60° O)   H(10° N ; 20° O)

5 Section d'un parallélépipède rectangle

1. ABCD est un rectangle tel que AB = 12 cm et BC = 9 cm.

a. Dessine un schéma du rectangle ABCD.

b. Calcule la longueur de la diagonale [AC].

2. ABCDEFGH ci-contre est un parallélépipède de base le rectangle ABCD et dont la hauteur mesure 8 cm. On a coupé ABCDEFGH par un plan parallèle à l'arête [BF].

a. Quelle est la nature des triangles ABC et ACG ?

b. Calcule la longueur de la diagonale [AG] du parallélépipède ABCDEFGH.

c. Montre que le quadrilatère ACGE est un rectangle.

6 Section d'une sphère, d'une boule

La boule ci-contre de centre O et de rayon 20 cm a été coupée par un plan parallèle à celui de l'équateur.

a. Quelle est la nature de cette section ?

b. A, B et M sont trois points de la sphère. Indique les longueurs OA, OB et OM.

c. Soit H le centre de cette section et [HB] un de ses rayons. Calcule HB sachant que AH = 8 cm.

d. Si on pose OB = R, AH = d et HB = r, exprime r en fonction de R et de d.

7 CONTRÔLE EXPRESS

Le mille marin est la longueur d'un arc de grand cercle terrestre d'amplitude 1 minute (notée 1′).
La vitesse d'un navire en mer est exprimée en nœuds : le nombre de nœuds correspond au nombre de milles marins parcourus en une heure.

a. Sachant que 1° = 60′ et que la longueur d'un grand arc de cercle terrestre est d'environ 40 000 km, quelle est la longueur en km d'un mille marin ? Arrondis le résultat au millième près.

b. Calcule la vitesse en km/h d'un navire qui avance à 20 nœuds. Arrondis le résultat au km/h près.

Corrigés p. 27 du livret.

21 Pyramides et cônes

GÉOMÉTRIE GRANDEURS ET MESURES

RETENIR

1 / Pyramide

- Une **pyramide** est un solide délimité par une base polygonale (triangle, quadrilatère, pentagone…) et des faces latérales triangulaires.

- Le point d'intersection de toutes les faces latérales est le **sommet** de la pyramide. La distance qui sépare le sommet et la base est sa **hauteur**.

- Une pyramide de sommet S est dite **régulière** lorsqu'elle a pour base un polygone régulier de centre O (triangle équilatéral, carré) et pour hauteur [SO].

- Les faces latérales d'une pyramide régulière sont des triangles isocèles tous superposables et avec chacun pour sommet principal le sommet S.

Exemple La pyramide à base carrée SABCD ci-contre est régulière.

- **Volume d'une pyramide :** $V = \dfrac{1}{3} \times B \times h$ où B est l'aire de la base et h la hauteur.

MOTS CLÉS

✓ **Polygone régulier :** C'est un polygone dont les côtés sont tous de même longueur et qui est inscriptible dans un cercle (triangle équilatéral, carré, pentagone régulier, hexagone régulier…).

✓ **Polyèdre :** C'est un solide délimité par des faces polygonales (par exemple une pyramide à base triangulaire, aussi appelé tétraèdre).

✓ **Secteur circulaire :** C'est une surface d'un disque, délimitée par les deux côtés d'un angle au centre et l'arc de cercle intercepté par cet angle au centre.

2 / Cône de révolution

- Un **cône de révolution** est un solide délimité par une base qui est un disque et une surface latérale courbe (surface conique), dont le développement est un secteur circulaire.

- Le rayon du disque de base est le **rayon** du cône. La distance séparant le sommet et la base est la **hauteur** du cône.

- Un cône de révolution est engendré par la rotation d'un triangle rectangle autour d'un des côtés de l'angle droit.

Exemple Le cône ci-contre est engendré par la rotation du triangle AOB, rectangle en O, autour de l'axe (OA). L'hypoténuse [AB] de AOB est appelée **génératrice**.

- **Volume d'un cône :** $V = \dfrac{1}{3} \times B \times h = \dfrac{1}{3} \times \pi \times r^2 \times h$ où B est l'aire du disque de base (de rayon r) et h la hauteur.

MINI INTERRO

1. Calcule l'aire d'un carré ABCD tel que AB = 12 cm.

2. Sachant que le carré ABCD est la base d'une pyramide régulière de hauteur 15 cm, quel est le volume de cette pyramide ?

3 / Section d'une pyramide ou d'un cône

- La **section** d'une pyramide ou d'un cône par un plan parallèle à sa base est une **réduction** de sa base.

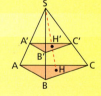

LA MÉTHODE

▷ **Construire le patron d'une pyramide ou d'un cône**

Exemples Voir les exercices 2 et 6 de la page suivante.

110

S'ENTRAÎNER

1 Vrai ou faux ?

Coche la case qui convient.

	V	F
a. La base d'une pyramide régulière est un polygone régulier.	☐	☐
b. La hauteur d'une pyramide régulière passe par le centre de sa base.	☐	☐
c. Un cône est un polyèdre.	☐	☐

2 Patron d'une pyramide régulière

La pyramide régulière à base carrée SABCD ci-contre est telle que AB = 6 cm et SA = 10 cm.

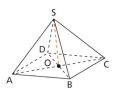

a. Construis son patron.

b. Code les longueurs égales.

3 Hauteur d'une pyramide

L'objectif de l'exercice est de calculer la longueur de la hauteur [SO] de la pyramide SABCD de l'exercice 2.

a. Explique pourquoi le triangle ABC est rectangle en B.

b. En appliquant le théorème de Pythagore au triangle ABC, calcule la longueur AC (arrondie au dixième de cm).

c. Que représente le point O sur le segment [AC] ? Déduis-en la longueur OA (arrondie au dixième de cm).

d. Sachant que AOS est un triangle rectangle en O, calcule la longueur SO (arrondie au cm).

4 Volume d'une pyramide

L'objectif de l'exercice est de calculer le volume (en cm³) de la pyramide SABCD de l'exercice 2.

a. Calcule l'aire (en cm²) du carré ABCD, base de la pyramide SABCD.

b. Sachant que la hauteur [SO] de cette pyramide mesure 9 cm, calcule son volume (en cm³).

5 Volume d'un cône de révolution

La base d'un cône de révolution a un rayon de 9 cm. Sa hauteur mesure 12 cm.

a. Fais un dessin en perspective cavalière de ce cône.

b. Calcule l'aire de sa base, arrondie au centième de cm² (prends π ≈ 3,14).

c. Calcule son volume, arrondi au centième de cm³.

6 Patron d'un cône de révolution

On donne ci-contre la représentation en perspective cavalière d'un cône de révolution tel que OB = 4 cm et OA = 7,5 cm.
L'objectif de l'exercice est de construire un patron de ce cône, dont voici un dessin à main levée.

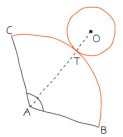

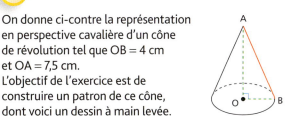

a. En raisonnant dans la représentation en perspective cavalière du cône, calcule la longueur AB à l'aide du théorème de Pythagore.

b. Calcule P, le périmètre du disque de base du cône arrondi au dixième de cm (prends π ≈ 3,14).

c. Sachant que l'arc de cercle $\overset{\frown}{BC}$ a pour rayon AB et que sa longueur L est égale au périmètre du disque de base du cône, montre que la mesure en degrés de l'angle au centre $\widehat{BAC}$ est égale à $\frac{4}{8,5} \times 360°$.

d. Déduis-en la mesure en degrés de l'angle au centre $\widehat{BAC}$ (arrondie au degré près).

e. Construis, avec les instruments de géométrie, le patron de ce cône de révolution.

7 CONTRÔLE EXPRESS

Une pyramide SABC a pour base un triangle ABC, rectangle en A, et pour hauteur [SA].
On suppose que :
AB = 4 cm, AC = 3 cm et AS = 6 cm.

a. Dessine une représentation en perspective cavalière de cette pyramide.

b. Dessine à main levée un patron de cette pyramide, puis code les longueurs égales.

c. Construis, avec les instruments de géométrie, un patron de cette pyramide.

d. Calcule l'aire (en cm²) du triangle ABC, rectangle en A.

e. Calcule le volume (en cm³) de cette pyramide SABC.

Corrigés p. 28 du livret.

22 Vitesse moyenne

RETENIR

Définition

La vitesse moyenne v est égale au quotient d'une distance d par la durée t du trajet :

$$v = \frac{d}{t}$$

Si la distance est exprimée en kilomètres (km) et la durée en heures (h), alors la vitesse s'exprime en km/h. On note aussi km · h^{-1}.

Si la distance est donnée en mètres (m) et la durée en secondes (s), l'unité de la vitesse est le m/s ou m · s^{-1}.

Exemple La vitesse est de 35 km/h signifie que le véhicule parcourt 35 km en une heure.

Si un oiseau parcourt 2 m en une seconde, alors sa vitesse moyenne est de 2 m/s.

MOTS CLÉS

✓ **Mouvement uniforme :**
C'est un mouvement à vitesse constante.

✓ **Heure décimale :**
L'heure décimale est un nombre décimal exprimant une durée en heures. Par exemple, 1 h 30 min = 1,5 h.

LA MÉTHODE

▷ **Déterminer une vitesse moyenne**

Exemple Je connais la distance parcourue $d = 135$ km et la durée du trajet $t = 1$ h 12 min. Je peux déterminer la vitesse moyenne v, c'est-à-dire la distance parcourue en une heure.

Pour cela, je dois convertir 1 h 12 min en heures décimales :
1 h 12 min = 72 min : je divise 72 par 60, je trouve 72 = 1,2 × 60, donc 1 h 12 min = 1,2 h.

J'applique la formule $v = \dfrac{d}{t} = \dfrac{135}{1,2} = 112,5$. La vitesse moyenne est de 112,5 km/h.

▷ **Utiliser la vitesse moyenne**

• **Pour déterminer une distance**

Exemple Je connais la vitesse moyenne $v = 75$ km/h et la durée du trajet $t = 2$ h 42 min.

J'écris la formule $v = \dfrac{d}{t}$. J'en déduis que : $\boxed{d = v \times t}$.

Je convertis 2 h 42 min en heures décimales :
2 h 42 min = 162 min et 162 = 2,7 × 60, donc 2 h 42 min = 2,7 h.
Je calcule la distance $d = 75 \times 2,7 = 202,5$ km.

• **Pour déterminer une durée**

Exemple Je connais la vitesse moyenne $v = 50$ km/h et la distance parcourue $d = 180$ km.

J'écris la formule $v = \dfrac{d}{t}$. J'en déduis que : $\boxed{t = \dfrac{d}{v}}$.

Je calcule la durée $t = \dfrac{180}{50} = 3,6$ h.

Je convertis en heures et minutes :
3,6 × 60 = 216 min = 180 min + 36 min = 3 h 36 min.

MINI INTERRO

1. Un scooter parcourt 171 km en 3 h. Quelle est sa vitesse moyenne ?

2. Une voiture roule à la vitesse de 75 km/h. Quelle distance parcourt-elle en 3 h ?

3. Une voiture roule à la vitesse de 75 km/h. En combien de temps parcourt-elle 525 km ?

S'ENTRAÎNER

1 Vrai ou faux ?

Coche la case qui convient.

	V	F
a. 25 km/h signifie qu'on parcourt 25 km en une heure.	☐	☐
b. Si on parcourt 25 m en 10 s, alors $v = 25$ m/s.	☐	☐
c. 4,5 h = 4 h 30 min	☐	☐
d. 24 min = 0,4 h	☐	☐
e. En 3 h, à la vitesse de 15 km/h, on parcourt 55 km.	☐	☐

2 Vitesses

Relie les phrases aux vitesses qui conviennent.

- a. 60 km en 1 h   ○   ○ $v = 120$ km/h
- b. 210 km en 2 h   ○   ○ $v = 200$ km/h
- c. 150 km en 1 h 30 min   ○   ○ $v = 60$ km/h
- d. 360 km en 3 h   ○   ○ $v = 100$ km/h
- e. 700 km en 3 h 30 min   ○   ○ $v = 105$ km/h

3 Heures décimales

Convertis les durées suivantes en minutes, puis en heures décimales.

a. 1 h 15 min = ... min = ... h
b. 2 h 30 min = ... min = ... h
c. 1 h 06 min = ... min = ... h
d. 3 h 42 min = ... min = ... h

4 Heures, minutes, secondes

Convertis les heures décimales suivantes en heures et minutes.

a. 1,15 h = ...
b. 2,6 h = ...
c. 3,2 h = ...
d. 0,25 h = ...
e. 0,8 h = ...

5 Course

Arthur effectue une course sur un parcours de 21 km en 1 h 12 min.

Calcule la vitesse moyenne d'Arthur.

6 Cyclisme

Un cycliste roule durant 4 h 15 min à la vitesse moyenne de 32 km/h.

Calcule la distance totale parcourue par le cycliste.

7 TGV

Le TGV Paris-Lyon parcourt les 525 km séparant ces deux villes à la vitesse moyenne de 200 km/h.

Calcule la durée du trajet. Tu exprimeras le résultat en heures, minutes et secondes.

8 Au Soleil

La vitesse de la lumière est de 300 000 km·s^{-1}.
La distance de la Terre au Soleil est de 150 000 000 km.

Calcule le temps mis par la lumière du Soleil pour nous parvenir.

9 Marathon

Le marathon tronqué de Lille est effectué sur un parcours constitué de deux boucles de 21 km. Anna couvre la 1re boucle à la vitesse de 17,5 km/h et la 2de boucle en 1 h 30 min.

a. Détermine le temps mis par Anna pour faire la première boucle.

b. Calcule la vitesse d'Anna sur la 2e boucle.

c. Détermine sa vitesse moyenne sur l'ensemble des deux boucles de ce marathon.
Tu donneras une valeur approchée au dixième près de cette vitesse.

10 CONTRÔLE EXPRESS

a. Calcule la vitesse moyenne v sachant que la durée du trajet est $t = 2$ h 30 min et que la distance parcourue est $d = 185$ km.

b. Calcule la durée du trajet t sachant que la vitesse moyenne est $v = 36$ km/h et que la distance parcourue est $d = 108$ km.

c. Calcule la distance parcourue d sachant que la durée du trajet est $t = 4$ h 15 min et que la vitesse moyenne est $v = 18$ km/h.

Corrigés p. 29 du livret.

23 Grandeurs composées

RETENIR

Définitions

• Une **grandeur produit** correspond au produit de deux grandeurs simples.

MOT CLÉ

✓ **Grandeur composée** : Une grandeur composée est définie par le quotient ou le produit de deux grandeurs simples.

Exemples

L'**aire** d'une figure est une grandeur produit ; elle correspond au produit de deux longueurs. Si les longueurs sont exprimées en mètres, m, l'aire s'exprime en m × m = m².
Le **volume** est aussi une grandeur produit, produit de trois longueurs. Si les longueurs sont exprimées en mètres, m, le volume s'exprime en m × m × m = m³.

• Une **grandeur quotient** correspond au quotient de deux grandeurs simples.

Exemples

La **vitesse moyenne** est une grandeur quotient, quotient d'une distance par une durée.
Le **prix à l'unité** est aussi une grandeur quotient, quotient du prix en euros par la quantité exprimée en litres ou en kilogrammes. 5 €/kg signifie qu'un kilogramme coûte 5 € et 0,40 €/L signifie qu'un litre coûte 0,40 €.

LA MÉTHODE

▷ Convertir des unités de grandeurs composées

Pour convertir des unités de grandeurs composées, je dois convertir chaque unité simple constituant la grandeur composée.

• **Convertir des unités de grandeurs produits**

Exemple Convertir des unités d'aire et de volume.

$1 \text{ km}^2 = 1 \text{ km} \times 1 \text{ km} = 1\,000 \text{ m} \times 1\,000 \text{ m} = 1\,000\,000 \text{ m}^2$

$1 \text{ m}^3 = 1 \text{ m} \times 1 \text{ m} \times 1 \text{ m} = 0{,}1 \text{ dm} \times 0{,}1 \text{ dm} \times 0{,}1 \text{ dm} = 0{,}001 \text{ dm}^3$

• **Convertir des unités de grandeurs quotients**

Exemple Convertir des unités de vitesse de m/s en km/h.

$1 \text{ m/s} = \dfrac{1 \text{ m}}{1 \text{ s}} = \dfrac{3\,600 \text{ m}}{3\,600 \text{ s}} = \dfrac{3\,600 \text{ m}}{1 \text{ h}} = \dfrac{3{,}6 \text{ km}}{1 \text{ h}} = 3{,}6 \text{ km/h}$

Donc pour convertir des m/s en km/h il suffit de multiplier par 3,6.
Et pour convertir des km/h en m/s il suffit de diviser par 3,6.

Exemples Convertir des masses volumiques.

$25 \text{ g/L} = \dfrac{25 \text{ g}}{1 \text{ L}} = \dfrac{25 \text{ g}}{100 \text{ cL}} = 0{,}25 \text{ g/cL}$

$25 \text{ g/L} = \dfrac{25 \text{ g}}{1 \text{ L}} = \dfrac{0{,}025 \text{ kg}}{1 \text{ L}} = 0{,}025 \text{ kg/L}$

MINI INTERRO

1. Quel prix va-t-on payer si on achète 7 kg de pommes au prix de 1,30 €/kg ?

2. Calcule l'aire d'un rectangle de largeur 7 cm et de longueur 12 dm.

3. Convertis 5 m/s en km/h.

S'ENTRAÎNER

1 Vrai ou faux ?

Coche la case qui convient.

	V	F
a. 72 km/h = 20 m/s	☐	☐
b. Un débit exprimé en L/min est une grandeur quotient.	☐	☐
c. 3 km² = 3 000 m²	☐	☐
d. La masse volumique en g/L est une grandeur produit.	☐	☐
e. 5 g/L = 0,005 g/mL	☐	☐

2 Conversions de vitesse

Convertis :

a. 72 km/h en m/s.

b. 50 m/s en km/h.

c. 36 m/min en km/s.

3 Géométrie

SABCD est une pyramide à base rectangulaire ABCD de dimensions 6 cm et 8 cm, et de hauteur SA = 9 cm.

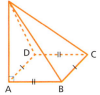

a. Calcule son volume en cm³.

b. Convertis ce volume en dm³.

Rappel : pour une pyramide,
$$\text{volume} = \frac{\text{aire de la base} \times \text{hauteur}}{3}$$

4 Rapidité

Un rhinocéros court à la vitesse de 15 m/s, un chat à la vitesse de 48 km/h.

Qui court le plus vite ?

....

....

5 Énergie

L'énergie consommée par un appareil électrique de puissance P fonctionnant pendant une durée t est $E = P \times t$.
Si la puissance P est exprimée en watts (W) et la durée en heures (h), l'énergie sera exprimée en wattheures (Wh).

Calcule l'énergie en Wh consommée par un radiateur électrique de 1 500 W fonctionnant pendant cinq heures trois quarts. Convertis en kWh.

....

....

6 En avion

Le trafic d'une société de transport s'obtient en multipliant la somme des distances parcourues par le nombre total de passagers. Il se mesure en kilomètres-passagers.

Sur une ligne aérienne de 850 km, il y a deux vols aller-retour par jour et les vols ont lieu tous les jours. La capacité de l'avion est de 250 sièges.

Calcule le trafic hebdomadaire de cette ligne.

....

....

7 Carburant

En Europe, la consommation en carburant d'un véhicule est usuellement exprimée en L/100 km (litres par centaine de kilomètres).

a. Calcule, en L/100 km, la consommation d'un véhicule ayant consommé 18,56 L pour faire 320 km.

b. Calcule le nombre de kilomètres parcourus (arrondi au dixième près) avec 1 litre de carburant. Ce nombre est la consommation en km/L.

8 Fontaine

Une fontaine coule avec un débit constant de 0,6 L/s.

Exprime, en m³, le volume d'eau qui s'écoule de cette fontaine par jour.

Rappel : 1 L = 1 dm³.

9 CONTRÔLE EXPRESS

a. Calcule la vitesse moyenne d'un véhicule parcourant 132 km en 1 h 30 min.

b. Calcule la durée de fonctionnement d'un radiateur de 1 500 W si l'énergie dépensée est de 12 750 Wh.

c. Calcule la distance que peut parcourir un véhicule consommant 3 L/100 km dont le réservoir contient 15,6 L.

Corrigés p. 29 du livret.

24 Écrire et exécuter un programme simple

RETENIR

Objectif du chapitre : faire avancer un chat dans un labyrinthe pour trouver le chemin de la sortie à l'aide du logiciel de programmation Scratch.

Scratch Offline Editor version 2 est téléchargeable gratuitement à l'adresse suivante : scratch.mit.edu/scratch2download/

Boucles et instructions conditionnelles

MOT CLÉ

✓ **Instruction conditionnelle :**
Elle peut se traduire par :
« **Si** la condition est vraie, **alors** exécute ces actions. »

- Une **boucle** permet de recommencer, un nombre de fois décidé à l'avance ou non, les instructions écrites dans cette boucle.

Exemple Dans le jeu du labyrinthe, on utilise la boucle « répéter indéfiniment » pour déplacer le lutin « chat » à chaque fois qu'une touche flèche du clavier est pressée (voir instructions ci-contre).

- Une **instruction conditionnelle** permet de réaliser des actions quand certaines conditions sont remplies.

Exemple Dans le jeu du labyrinthe, on utilise une instruction « si [condition] alors [action] » pour programmer le déplacement du chat de 5 pas vers la droite si la flèche droite est pressée (voir ci-contre).

LA MÉTHODE

▷ Ajouter une condition à un programme

Exemple Après avoir programmé les déplacements du chat (voir instructions ci-dessus), je souhaite que le chat s'arrête lorsqu'il touche un mur (segment noir). J'ajoute donc une condition quand il touche la couleur noire.

Voici le début du programme complété :

Pour changer de couleur dans la brique « couleur … touchée ? », je clique sur le petit carré « couleur », puis sur un mur.

MINI INTERRO

Dans le programme de « La méthode », explique ce qui se passe lorsque le chat se déplace vers la droite et touche un mur de couleur noire.

116

ALGORITHMIQUE ET PROGRAMMATION

S'ENTRAÎNER

1 Quiz

Coche la bonne réponse.

Dans le logiciel de programmation Scratch :

a. Pour que le chat se déplace vers la gauche, l'instruction correcte est :
☐ « ajouter – 10 à x »
☐ « ajouter – 10 à y »
☐ « ajouter 10 à x »

b. Pour programmer une condition, j'utilise la brique :
☐ « répéter indéfiniment »
☐ « couleur … touchée ? »
☐ « si … alors … »

2 Programmer les déplacements du chat

Dans « La méthode », tu as appris à programmer le déplacement du chat pour qu'il s'arrête lorsqu'il touche un mur en se déplaçant vers la droite. Voici le programme pour que le chat s'arrête dès qu'il touche un mur quelle que soit la direction. Certaines instructions manquent au programme.

a. Trouve l'instruction manquante pour que le chat s'arrête quand il touche un mur dans son déplacement vers la gauche.

....

....

b. Trouve l'instruction manquante pour que le chat s'arrête quand il touche un mur dans son déplacement vers le haut.

....

....

c. Importe un nouveau lutin « labyrinthe » (depuis un fichier image enregistré sur ton ordinateur). Écris le programme, puis teste-le en déplaçant le chat dans le labyrinthe à l'aide des flèches du clavier.

3 Programmer le jeu du labyrinthe

Après avoir programmé les déplacements du chat dans l'exercice précédent, il s'agit dans cet exercice de programmer le début et la fin du jeu.

a. Au début du jeu, lorsqu'on clique sur le drapeau vert, le chat doit être placé à l'entrée du labyrinthe. Pour cela, il faut d'abord repérer l'entrée du labyrinthe (on suppose qu'elle est placée en haut de l'écran). Indique les coordonnées de l'entrée de ton labyrinthe.

....

....

b. Quelle instruction dois-tu insérer juste après la première brique du programme (drapeau vert) pour que le chat se place à l'entrée du labyrinthe ?

....

....

c. À la fin du jeu, le chat dit : « Bravo ! » au joueur pour le féliciter d'être sorti du labyrinthe. (On suppose que la sortie du labyrinthe est placée en bas de l'écran.) Voici les instructions ajoutées à la fin du programme.

À quoi correspond la valeur – 160 dans la brique verte (ce type de brique est un « opérateur ») ?

....

....

d. La programmation est finie, tu peux tester ton jeu !

Corrigés p. 29 du livret.

25 Programmer le tracé de figures

RETENIR

Objectif du chapitre : à l'aide du logiciel de programmation Scratch, tracer le triangle ABC rectangle en B tel que AB = 70 et BC = 100 (on choisit de grandes longueurs, sinon le triangle ne se voit pas).

Scratch Offline Editor version 2 est téléchargeable gratuitement à l'adresse suivante : scratch.mit.edu/scratch2download/

Opérateurs

Dans Scratch, un opérateur est une instruction permettant :
– de réaliser les quatre **opérations de base** (addition, soustraction, multiplication, division) ;
– de **comparer** deux nombres ;
– de calculer la **racine carrée** ou le **cosinus** d'un nombre…

Remarque : En cliquant sur la flèche à côté du mot *racine* dans la dernière brique du menu *Opérateurs*, tu as accès à d'autres fonctions mathématiques, comme le cosinus.

MOT CLÉ

✓ **Opérateur :** Le logiciel de programmation Scratch peut effectuer des calculs grâce aux briques vertes nommées « opérateurs ».

LA MÉTHODE

▷ **Programmer un déplacement d'une longueur calculée**

Exemple Dans un triangle EFG rectangle en G, on a EG = 20 et FG = 50. Pour programmer un déplacement du chat de la longueur EF :

1. Dans EFG rectangle en G, [EF] est l'hypoténuse. Donc, je calcule la longueur EF à l'aide du théorème de Pythagore :
$$EF = \sqrt{EG^2 + GF^2} = \sqrt{20^2 + 50^2}$$

2. J'écris des instructions permettant de calculer la longueur EF grâce au logiciel :
– J'insère l'opérateur « racine de ».
– Dans cet opérateur, j'insère l'opérateur « … + … ».
– Dans ce deuxième opérateur, j'insère les deux opérateurs « 20*20 » et « 50*50 ».

3. Dans une brique « avancer de … », j'insère la suite de calculs de l'étape précédente.

Scratch n'a pas d'opérateur « carré d'un nombre ». Il faut donc écrire le calcul des deux carrés comme deux multiplications.

MINI INTERRO

Dans le logiciel de programmation Scratch, indique la suite d'instructions pour calculer : $\sqrt{\left(\dfrac{1}{3}\right)^2 - 20}$.

118

S'ENTRAÎNER

1 Quiz

Coche la bonne réponse.

Dans le logiciel de programmation Scratch :

a. Le calcul du cosinus est accessible dans le menu :
☐ *Mouvement* ☐ *Contrôle* ☐ *Opérateurs*

b. Pour calculer 10^4, je programme :
☐ 10*10*10*10 ☐ 10^4 ☐ 10^4

2 Programmer le calcul d'une longueur

On considère le triangle ABC rectangle en B tel que AB = 70 et BC = 100.

a. Quel calcul permet de déterminer la longueur AC en fonction des longueurs AB et BC ? Écris ce calcul avec les valeurs numériques correspondantes.

Aide : Tu peux t'inspirer du calcul effectué dans « La méthode » page précédente.

....
....

b. Quelle suite de calculs faut-il écrire pour que Scratch fasse ce calcul automatiquement ?

....

c. Fais déplacer le chat de la longueur AC calculée.

3 Programmer le calcul d'une mesure d'angle

Dans l'exercice précédent, on a calculé la longueur AC du triangle ABC rectangle en B tel que AB = 70 et BC = 100.
On souhaite tracer ce triangle à l'aide de Scratch en déplaçant le chat (avec le stylo en position d'écriture) de A à B, puis de B à C, puis de C à A. Pour cela, il faut aussi calculer de quel angle tourne le chat lorsqu'il arrive en B puis en C.

a. De quel angle le chat doit-il tourner lorsqu'il arrive en B ?

....

b. Écris cos($\widehat{BCA}$) en fonction des longueurs du triangle.

....

c. Déduis-en la mesure de l'angle $\widehat{BCA}$ en fonction des longueurs du triangle. Tu utiliseras la fonction acos (ou $\cos^{-1}$).

....

d. Voici la suite de calculs dans Scratch permettant de calculer de quel angle tourne le chat lorsqu'il arrive en C. Complète-la.

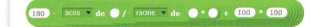

4 Programmer le tracé d'un triangle rectangle

Voici le programme du tracé du triangle ABC rectangle en B tel que AB = 70 et BC = 100.
Certaines instructions ont été effacées.

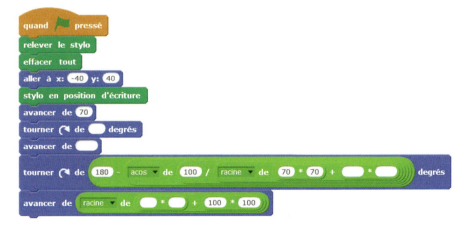

À l'aide des deux exercices précédents, complète ce programme, puis teste-le pour tracer le triangle rectangle ABC.

Corrigés p. 30 du livret.

119

Histoire-Géographie
EMC

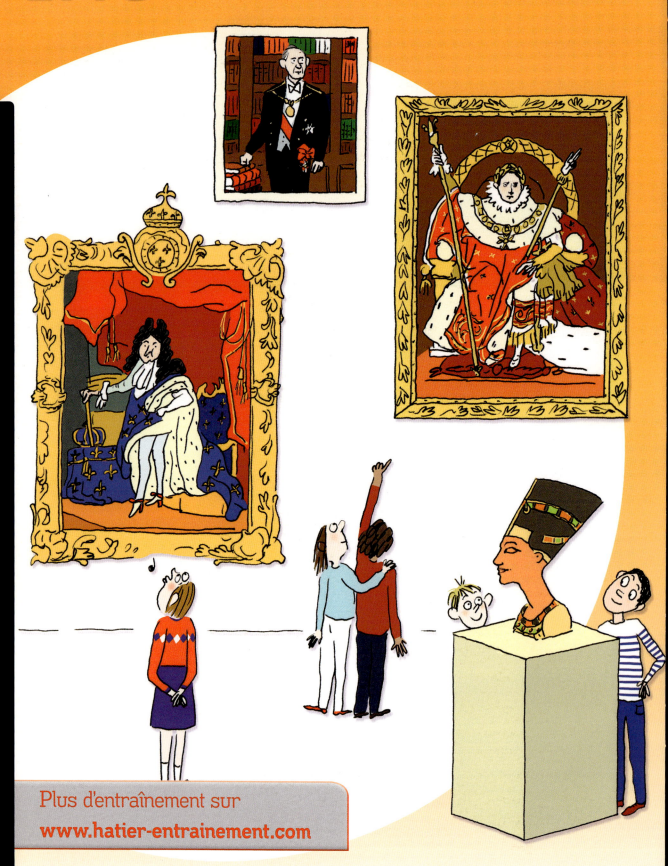

Plus d'entraînement sur
www.hatier-entrainement.com

HISTOIRE

DATE **ÉVALUATION**

1. Commerce international et bourgeoisies marchandes au XVIIIe siècle — 122
2. Les traites négrières et l'esclavage — 124
3. L'Europe des Lumières au XVIIIe siècle — 126
4. Révolution française et Empire (1) — 128
5. Révolution française et Empire (2) — 130
6. Les conséquences en Europe de la Révolution française — 132
7. L'Europe et la « révolution industrielle » au XIXe siècle (1) — 134
8. L'Europe et la « révolution industrielle » au XIXe siècle (2) — 136
9. Conquêtes et sociétés coloniales — 138
10. Voter en France de 1815 à 1870 — 140
11. La troisième République en France — 142
12. Conditions féminines en France au XIXe siècle — 144

GÉOGRAPHIE

13. Approches de la mondialisation — 146
14. L'urbanisation du monde (1) — 148
15. L'urbanisation du monde (2) — 150
16. Des villes inégalement connectées aux réseaux de la mondialisation — 152
17. Les mobilités transnationales : un monde de migrants — 154
18. Les mobilités transnationales : le tourisme international — 156
19. Mers et océans, un monde maritimisé (1) — 158
20. Mers et océans, un monde maritimisé (2) — 160
21. Les États-Unis face à la mondialisation — 162
22. L'Afrique de l'Ouest face à la mondialisation — 164

ENSEIGNEMENT MORAL ET CIVIQUE

23. Pourquoi respecter les autres dans leur diversité ? — 166
24. Comment la laïcité permet-elle de mieux vivre ensemble ? — 168
25. Comment est appliquée la justice en France ? — 170
26. Pourquoi nos libertés ont-elles des limites ? — 172
27. Comment le citoyen est-il au cœur de la démocratie ? — 174
28. Pourquoi s'engager dans une association ? — 176

Histoire-Géo. EMC

1 Commerce international et bourgeoisies marchandes au XVIIIe siècle

RETENIR

1 / Les domaines coloniaux

MOT CLÉ

✓ **Empire colonial** : ensemble de territoires conquis, dominés et exploités par une puissance étrangère souvent éloignée.

- Depuis les grandes découvertes du XVe siècle, le Portugal, l'Espagne, la France, le Royaume-Uni et les Provinces-Unies (Pays-Bas actuels) possèdent des **comptoirs** (ports pour le commerce) ou des **empires coloniaux** sur les autres continents. Ces puissances européennes exploitent leurs colonies avec qui elles réalisent d'importants échanges de marchandises.

2 / L'essor du commerce

- Au XVIIIe siècle, les Européens contrôlent le commerce à l'échelle mondiale. Les **ports européens de la façade atlantique** se développent d'autant plus que le **commerce triangulaire** s'intensifie (voir chapitre 2, p. 124). Les pays européens importent de leurs colonies des matières premières, produits miniers (or, argent) ou agricoles (canne à sucre, tabac, café depuis l'Amérique ; épices et soieries depuis l'Asie) et exportent des produits finis (armes, vêtements, alcool...).

MINI INTERRO

1. Quel est l'intérêt des empires coloniaux pour les pays européens ?

2. Comment s'organise le commerce entre les pays européens et leurs colonies ?

3. Où se situent les ports qui se développent au XVIIIe siècle ?

3 / Les bourgeoisies marchandes

- Le commerce international avec les colonies enrichit considérablement les **marchands européens** qui l'organisent. Des **armateurs** de la **bourgeoisie** financent les voyages et en perçoivent les bénéfices. Ils habitent souvent dans des **hôtels particuliers** des grandes villes portuaires du littoral atlantique (Nantes ou Bordeaux en France) où ils vivent de manière luxueuse.

LE DOCUMENT CLÉ

▷ **L'Europe et ses colonies vers 1700**

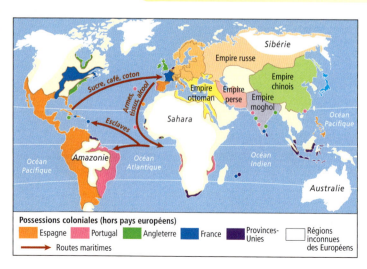

1. Expliquer. Ce planisphère donne deux informations : les territoires conquis par les Européens (couleurs) et les principales routes maritimes commerciales (flèches).

2. Conclure. Les Européens n'ont pas exploré le monde entier (l'intérieur de l'Afrique ou l'Australie leur sont inconnus) mais ils ont conquis des territoires, surtout en Amérique, sur les côtes africaines et dans le Sud-Est de l'Asie. Ils organisent un commerce avec ces colonies.

S'ENTRAÎNER

1 Vrai ou faux ?

Relis le cours et coche la bonne case.

	V	F
a. Une colonie est un pays indépendant.	☐	☒
b. Les Européens ont beaucoup de colonies en Amérique.	☒	☐
c. Les Européens font venir des épices d'Asie.	☒	☐
d. Nantes et Bordeaux se situent sur le littoral méditerranéen.	☐	☒
e. Les riches marchands font partie de la bourgeoisie.	☒	☐

2 Un navigateur anglais, James Cook

Fais une recherche sur James Cook :
quand a-t-il vécu ? Quelles terres a-t-il découvertes ?
Quels navigateurs français lui ont succédé
dans cette partie du monde ?

....
....
....
....
....

3 Les États européens vers 1730

Relis le cours et étudie la carte pour répondre aux questions.

a. Cite les pays qui possèdent des colonies ou des comptoirs commerciaux au XVIIIe siècle.

b. Cite trois autres puissances européennes qui n'ont pas de colonies.

c. Quel est le grand port des Provinces-Unies ? Du Royaume-Uni ?

d. Cite deux ports méditerranéens et deux ports atlantiques.

e. Quelle est la particularité du Saint Empire ?

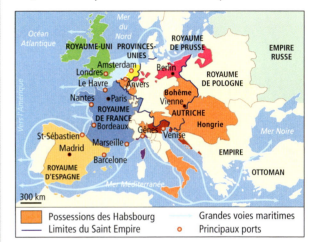

4 CONTRÔLE EXPRESS

Relis le cours et observe le tableau pour répondre aux questions.

a. Présente le document (type, sujet, auteur, date, dimensions, lieu de conservation).

b. Situe Bordeaux et fais une recherche pour savoir par qui et dans quel but ce tableau a été commandé.

c. Décris de manière ordonnée le tableau.

d. Quels renseignements ce tableau nous donne-t-il sur Bordeaux au XVIIIe siècle ?

Détail de la vue d'une partie du port et de la ville de Bordeaux, prise du côté des Salinières, huile sur toile de Claude Joseph Vernet, 1758, 263 cm × 165 cm. Paris, musée national de la Marine.

Corrigés p. 30 du livret.

2 Les traites négrières et l'esclavage

RETENIR

1 / Plusieurs traites négrières

- La traite négrière est le commerce des esclaves noirs capturés en Afrique. La **traite orientale** est pratiquée dès le VIIe siècle par les musulmans.

- La **traite occidentale**, organisée par les Européens, débute au XVe siècle. Elle touche l'ouest et le centre de l'Afrique et les esclaves sont essentiellement transportés vers l'Amérique. Cette traite transatlantique est à son **apogée au XVIIIe siècle** car, dans les colonies, les Européens ont développé d'immenses **plantations** qui nécessitent une main-d'œuvre nombreuse.

- Il faut ajouter les traites « internes » entre États et ethnies africains.

2 / La traite atlantique

- Les esclaves noirs sont, dans leur majorité, des **prisonniers** faits lors de guerres entre États ou ethnies africains. Les « **négriers** » échangent la marchandise importée d'Europe (textiles, métaux, alcools) contre des esclaves. Ceux-ci sont **transportés par bateau vers les colonies américaines** dans de très mauvaises conditions. Le voyage dure en moyenne trois mois et la mortalité y est élevée.

- **Vendus** ensuite aux propriétaires de plantations, les esclaves sont considérés comme une **marchandise**, sans identité, subissant violences morales et physiques. Ils servent de **main-d'œuvre gratuite** à leur propriétaire qui a sur eux droit de vie et de mort.

- Les navires repartent vers l'Europe chargés de sucre, tabac, café… cultivés dans les plantations. Le « **commerce triangulaire** » fait référence à ces trois pôles : Europe, Afrique, Amérique (voir carte chapitre 1, p. 122).

MOTS CLÉS

✓ **Plantation** : grande exploitation agricole dans les colonies américaines ou antillaises.

✓ **Négrier** : marchand européen spécialisé dans le commerce des esclaves noirs.

MINI INTERRO

1. Qu'est-ce qu'un esclave ?
2. Que font les esclaves noirs en Amérique ?
3. Entre quels pôles s'organise la traite négrière atlantique ?

LE DOCUMENT CLÉ

▷ **Une plantation des Antilles au XVIIIe siècle**

■ *Une plantation des Antilles au XVIIIe siècle*, copie colorisée d'une planche de l'*Encyclopédie*.

1. **Expliquer.** Au 1er plan, on voit un plant de canne à sucre ; au 2e plan, au centre, des pâturages et à droite, les bâtiments destinés à transformer la canne en sucre ; à gauche, de petites maisons identiques et sans confort pour les esclaves. Au 3e plan, au centre, s'étendent les champs de canne à sucre ; à gauche, la maison du propriétaire domine l'exploitation.

2. **Conclure.** Cette représentation est idéalisée : elle insiste sur une organisation rationnelle et ne rend pas compte des dures conditions de vie des esclaves.

S'ENTRAÎNER

1. Les traites négrières, VIIe-XIXe siècles

Observe la carte, puis réponds aux questions.

a. Qu'est-ce que la traite négrière ?

b. Quels sont les deux types de traites qui apparaissent sur la carte ?

c. Sur quel continent se trouvent les principales régions « exportatrices » d'esclaves ?

d. Cite deux régions en Amérique où sont transportés les esclaves.

e. Complète la carte en faisant apparaître schématiquement le commerce triangulaire.

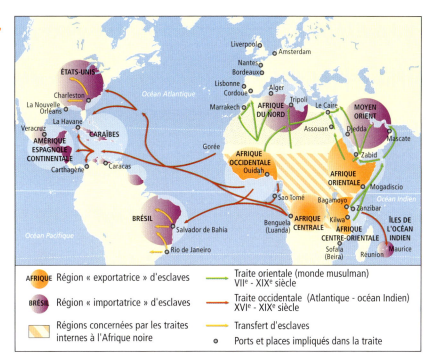

2. CONTRÔLE EXPRESS

Étudie l'illustration, puis réponds aux questions.

Ce document représente l'arrivée des esclaves acquis par le capitaine Gaugy à bord de la *Marie Séraphique*, navire négrier nantais armé par Gruel. Au nombre de 307, ces hommes, femmes et enfants, traités à Loangue, sont amenés par les pirogues qui s'approchent du navire. Au-dessous de cette aquarelle [...] les contenus détaillés de la cale, de l'entrepont et du pont, nous renseignent sur la manière dont s'organise la traversée. L'entassement des captifs, leur position notée avec minutie jusqu'à révéler la présence de plusieurs d'entre eux enveloppés de linge, sans doute souffrants, au milieu de l'entrepont, sont autant de témoignages visuels qui confirment combien la traversée de l'Atlantique était une épreuve difficile. (Texte du musée)

a. Quel est le nom du navire ?

b. Comment s'appelle le marchand qui organise la traversée ? D'où est-il originaire ?

c. Combien d'esclaves transportait ce navire ?

d. Où se tenaient les esclaves durant la traversée ? Dans quelles conditions ?

e. Où se trouvaient les marchandises ?

f. Sur quel continent sont transportés les esclaves ?

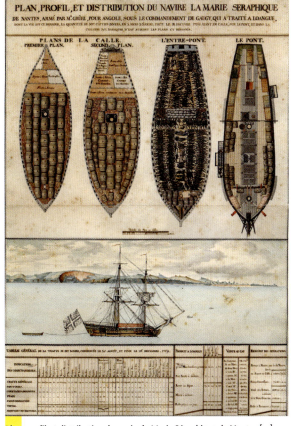

Plan, profil et distribution du navire la Marie Séraphique de Nantes [...], René Lhermitte, vers 1770, musée des Ducs de Bretagne, Nantes.

Corrigés p. 30 du livret.

3 L'Europe des Lumières au XVIIIe siècle

RETENIR

1 / Le XVIIIe, siècle des Lumières

• Nourri par les **progrès scientifiques** et la **découverte du monde**, un **courant de pensée**, les Lumières, se développe dans toute l'Europe. Des philosophes et des savants utilisent leur **raison** (réflexion critique) pour **remettre en cause les croyances traditionnelles et le système politique et social** de leur époque. Ils veulent répandre la lumière de la connaissance.

2 / De nouvelles idées pour progresser

• Dans le domaine **politique**, les penseurs **critiquent la monarchie absolue et la société d'ordres**. Ils définissent des **droits naturels** que possède chaque être humain : les **libertés** (pensée, expression, publication) et l'**égalité** devant la loi et la justice. La plupart des philosophes, comme **Montesquieu** ou **Voltaire**, proposent une monarchie parlementaire inspirée du modèle anglais. **Rousseau** revendique une République et une forme de démocratie (le peuple est à la base du gouvernement).

• Dans certains pays, des monarques absolus demandent conseil à des philosophes français. Frédéric II reçoit Voltaire en Prusse et Catherine II invite **Diderot** en Russie. Mais ces « **despotes éclairés** » appliquent peu les idées des Lumières.

3 / La transmission des idées

• Malgré la censure, les idées sont diffusées par les **livres** (l'*Encyclopédie*, 1751-1772). Elles sont discutées dans les cafés, les **sociétés savantes ou littéraires**, et parfois dans les **salons** de la haute bourgeoisie ou de la noblesse. Ce sont les prémisses de la formation d'une opinion publique.

MOT CLÉ

✓ **Société d'ordres** : société divisée en trois ordres : clergé, noblesse et tiers état. Clergé et noblesse ont le plus de privilèges (avantages accordés à une partie de la population).

MINI INTERRO

1. Quels principes défendent les philosophes en général ?
2. Qu'est-ce qu'un despote éclairé ?
3. Comment se diffusent les idées des Lumières ?

LE DOCUMENT CLÉ

▷ **Les trois pouvoirs**

Il y a dans chaque État trois sortes de pouvoirs : la puissance législative, la puissance exécutrice et la puissance de juger. Lorsque le pouvoir législatif est réuni au pouvoir exécutif, dans la ou les mêmes personnes, il n'y a pas de liberté : on peut craindre que le même monarque ou la même assemblée ne fasse des lois tyranniques pour les appliquer tyranniquement. Chez les Turcs, où les trois pouvoirs sont réunis sur la tête du Sultan, il règne un affreux despotisme.

■ Montesquieu, *De l'Esprit des lois*, 1748.

1. **Expliquer.** Montesquieu distingue trois pouvoirs : législatif (faire les lois), exécutif (faire appliquer les lois) et judiciaire (juger en fonction des lois). Pour éviter la tyrannie et assurer la liberté, ces trois pouvoirs doivent être exercés par des personnes différentes.

2. **Conclure.** Montesquieu, philosophe des Lumières, s'inspire du modèle anglais et critique la monarchie absolue où le roi concentre tous les pouvoirs. Son principe de séparation des pouvoirs est un des piliers des démocraties actuelles.

S'ENTRAÎNER

1 Vrai ou faux ?

Coche la case qui convient.

	V	F
a. Au XVIIIe siècle, la France est une monarchie absolue admirée par les philosophes des Lumières.	☐	☐
b. Voltaire, Montesquieu, Diderot et Rousseau sont des philosophes des Lumières.	☐	☐
c. L'*Encyclopédie* a été rédigée dans la première moitié du XVIIIe siècle.	☐	☐
d. Le courant des Lumières n'a touché que la France au XVIIIe siècle.	☐	☐
e. Les philosophes défendent les principes de liberté et d'égalité civile.	☐	☐
f. Les philosophes risquent la censure, la prison ou l'exil quand ils défendent leurs idées.	☐	☐
g. Voltaire a pris la défense du protestant Jean Calas.	☐	☐
h. Le pouvoir exécutif est celui de pouvoir exécuter une personne.	☐	☐
i. Au XVIIIe siècle, la société française est divisée en trois catégories.	☐	☐

2 L'*Encyclopédie*

Lis le texte, puis réponds aux questions.

> Le but d'une Encyclopédie est de rassembler les connaissances éparses sur la surface de la Terre ; d'en exposer le système général aux hommes avec qui nous vivons, et de les transmettre aux hommes qui viendront après nous ; afin que les travaux des siècles passés n'aient pas été des travaux inutiles pour les siècles qui succéderont ; que nos neveux, devenus plus instruits, deviennent en même temps plus vertueux et plus heureux, et que nous ne mourions pas sans avoir bien mérité du genre humain.

■ *Encyclopédie* de Diderot et d'Alembert, 1751-1772, article « Encyclopédie ».

a. Quand a été rédigée l'*Encyclopédie* ?

b. Qui sont les deux directeurs de l'*Encyclopédie* ?

c. Quels sont les deux objectifs de l'*Encyclopédie* ?

d. Qu'est-ce qui permet aux hommes d'être plus heureux selon le texte ?

3 CONTRÔLE EXPRESS

Observe le tableau et lis le texte, puis réponds aux questions.

La famille Calas implorant Voltaire, École française, XVIIIe siècle.

> Voltaire a critiqué à plusieurs reprises l'organisation politique, sociale et religieuse de la France. Ses engagements lui ont valu deux séjours à la Bastille et un exil en Angleterre. À partir de 1758, il s'installe à Ferney, près de la frontière suisse, où il combat l'intolérance religieuse et l'injustice.
>
> En 1762, le protestant Jean Calas est accusé du meurtre de son fils retrouvé pendu dans la cave de la maison. Reconnu coupable, il est exécuté par le supplice de la roue. La famille Calas rend alors visite à Voltaire pour qu'il défende la mémoire de Jean Calas. En 1763, Voltaire publie un *Traité sur la tolérance* qui démontre l'innocence de Jean Calas, condamné en raison de sa religion. Voltaire obtient ainsi sa réhabilitation en 1765.

a. Où se déroule la scène représentée sur le tableau ? Où se situe Voltaire ?

b. Pour quelle raison la famille Calas vient-elle l'implorer ?

c. Pourquoi Jean Calas a-t-il été condamné ? Qu'obtient finalement Voltaire ?

d. D'après le texte, qu'est-ce qui montre que Voltaire prend des risques pour défendre ses idées ?

Histoire

Corrigés p. 31 du livret.

127

4 Révolution française et Empire (1)

RETENIR

1 / La fin de la monarchie absolue

• Les états généraux se déclarent en 1789 **Assemblée nationale**. Les députés votent la *Déclaration des droits de l'homme et du citoyen* (DDHC) qui garantit des libertés aux citoyens et la **souveraineté nationale**.

• En 1791, la **Constitution** officialise une **monarchie limitée** : Louis XVI conserve le pouvoir exécutif ; l'Assemblée, élue au **suffrage censitaire** (réservé aux citoyens riches), fait les lois. Le 21 septembre 1792 est proclamée la **Ire République**.

• Les Français deviennent des **citoyens** participant aux choix politiques. Les **clubs** (associations politiques) et **les journaux se multiplient**.

2 / Des bouleversements économiques et sociaux

• En août 1789, l'Assemblée vote l'**abolition des privilèges** puis la DDHC assure l'**égalité des citoyens** devant la loi, les impôts et les emplois. Elle proclame la **liberté de conscience** : chacun choisit et exerce librement sa religion.

• L'assemblée reconnaît l'importance de la **propriété privée**. Les péages sont supprimés pour favoriser la **liberté des échanges**. Une loi **supprime les corporations** (associations de métiers) permettant à chacun de s'installer librement. En revanche, le droit de grève est interdit pour les artisans.

MOTS CLÉS

✓ **Constitution** : elle fixe l'organisation des pouvoirs et le fonctionnement du gouvernement d'un pays.

✓ **Révolution** : changement radical et transformations très profondes obtenus généralement par la lutte.

✓ **Souveraineté nationale** : le pouvoir vient des citoyens qui élisent des représentants.

LE DOCUMENT CLÉ

▷ **Frise chronologique de la Révolution française**

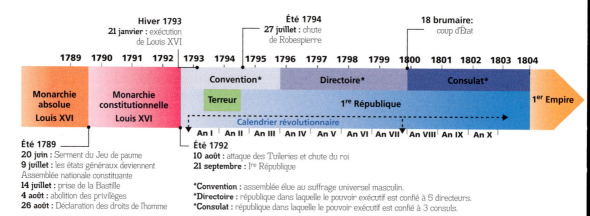

Été 1789
20 juin : Serment du Jeu de paume
9 juillet : les états généraux deviennent Assemblée nationale constituante
14 juillet : prise de la Bastille
4 août : abolition des privilèges
26 août : Déclaration des droits de l'homme

Été 1792
10 août : attaque des Tuileries et chute du roi
21 septembre : Ire République

*Convention : assemblée élue au suffrage universel masculin.
*Directoire : république dans laquelle le pouvoir exécutif est confié à 5 directeurs.
*Consulat : république dans laquelle le pouvoir exécutif est confié à 3 consuls.

MINI INTERRO

1. Quels changements ont lieu en 1789 ?
2. Quand est proclamée la République en France ?
3. Qu'est-ce qu'un club ?

1. Expliquer. La frise donne deux indications : les différents régimes politiques (couleurs) et les principaux événements (points).

2. Conclure. La Révolution s'effectue sur une longue période et connaît une succession de régimes politiques. Après l'échec de la monarchie constitutionnelle, la République est proclamée. Elle change le calendrier pour montrer sa volonté de tourner la page avec l'Ancien Régime (monarchie absolue et société d'ordres).

S'ENTRAÎNER

1 Test de connaissances

Numérote ces événements révolutionnaires dans l'ordre chronologique, puis indique leur date.

❏ Prise de la Bastille ....
❏ Terreur ....
❏ Serment du Jeu de paume ....
❏ Fin de la monarchie ....
❏ Fin de la Ire République ....
❏ DDHC ....
❏ Proclamation de la Ire République ....

2 La prise de la Bastille

Étudie les documents, puis réponds aux questions.

Miniature sculptée dans une pierre de la Bastille, musée Carnavalet, Paris.

Comme les états généraux dépassent le cadre fixé par le roi en voulant rédiger une constitution, Louis XVI fait venir des troupes autour de Paris puis renvoie Necker, ministre favorable aux réformes. Inquiets, les Parisiens décident de s'armer. Le 14 juillet 1789, ils s'emparent de fusils et de canons aux Invalides puis, pour trouver de la poudre, prennent d'assaut la Bastille, forteresse à l'est de Paris qui sert de garnison et de prison royale. Informé, Louis XVI éloigne les soldats et rappelle Necker. Dès le 15 juillet, la Bastille est démolie. Les blocs de pierre sont réutilisés pour d'autres constructions mais certains sont sculptés à l'image de la forteresse, puis vendus et envoyés dans les départements pour commémorer l'événement.

a. Que représente la miniature ? Décris-la.

b. Pourquoi a-t-on réalisé cette sculpture ? Quel matériau a été utilisé ?

c. Quelles sont les deux raisons qui poussent les Parisiens à s'armer ?

d. Pourquoi attaquent-ils la Bastille ?

3 CONTRÔLE EXPRESS

Lis le texte et étudie le tableau, pour répondre aux questions.

Pour résoudre une crise financière (déficit budgétaire et forte dette), Louis XVI convoque en 1789 les états généraux (assemblée représentant les trois ordres du royaume, clergé, noblesse et tiers état, qui donne des avis au roi). À cette occasion, les Français rédigent des cahiers de doléances où ils expriment leur volonté de changements. Comme le roi n'annonce aucune réforme, les représentants du tiers état, rejoints par quelques membres du clergé, se déclarent Assemblée nationale le 17 juin 1789. Puis ils se réunissent le 20 juin 1789 dans la salle du Jeu de paume (ancêtre du tennis). Ils prêtent serment de ne pas se séparer avant de donner une constitution à la France.

Esquisse du Serment du Jeu de paume, Jacques-Louis David, 1791, Musée national du château de Versailles.

a. Pourquoi Louis XVI réunit-il les états généraux en 1789 ?

b. Quand a lieu le serment du jeu de Paume ?

c. Qu'est-ce qui montre que les députés prêtent serment sur l'esquisse ?

d. Comment David a-t-il montré l'enthousiasme et le souffle de changement sur son esquisse ?

e. Que jurent les députés réunis ?

Corrigés p. 31 du livret.

5 Révolution française et Empire (2)

RETENIR

1 / Du Consulat à l'Empire

- Napoléon Bonaparte prend le pouvoir par un **coup d'État** le 18 brumaire an VIII (9 novembre 1799). Il instaure le **Consulat**, régime autoritaire dans lequel Bonaparte, Premier consul, concentre les pouvoirs et limite les libertés.

- Pour renforcer son pouvoir et créer un régime héréditaire, Bonaparte se fait sacrer **empereur des Français** en 1804 et règne jusqu'à sa défaite à Waterloo en 1815.

2 / Les principales mesures

- Bonaparte veut **réorganiser la France**. En 1800, il renforce la **centralisation** et crée les **préfets**.

- Alors que la République s'est attaquée, depuis 1792, à la religion catholique, Bonaparte veut **réconcilier les Français** : il signe en 1801 avec le pape un **Concordat** qui met fin aux querelles religieuses.

3 / Les « masses de granit »

- Bonaparte veut **reconstruire une nouvelle société** sur des « masses de granit », image désignant des bases solides. Il instaure la **Légion d'honneur** pour récompenser ceux qui le servent fidèlement. Il crée les **lycées** pour former les officiers et les fonctionnaires. Il fonde une nouvelle monnaie, le **franc germinal**, qui renforce l'économie.

- Dans le domaine juridique, Bonaparte fait rédiger le **code civil**, recueil de lois qui traitent des litiges entre les personnes. Il permet d'**unifier le droit** en France et confirme certains acquis de la Révolution, comme l'égalité devant la loi ou la propriété.

MOTS CLÉS

✓ **Coup d'État** : prise du pouvoir de façon illégale, souvent par la force.

✓ **Préfet** : représentant du gouvernement placé à la tête de chaque département.

HISTOIRE

LE DOCUMENT CLÉ

▷ **Un franc germinal**

1. **Expliquer.** Le franc germinal est une pièce de cinq grammes en argent. Cette pièce comporte deux faces : le droit (face noble) avec le profil de Napoléon Bonaparte et l'inscription « Bonaparte, Premier consul », et le revers avec la valeur faciale (1 franc), la date (an XI) et la mention « République française ».

2. **Conclure.** Bonaparte crée, en 1803, une monnaie stable et forte pour favoriser les échanges et le développement économique. Cette pièce montre aussi l'aspect autoritaire du régime : bien que le Consulat soit une République, Bonaparte est représenté à la manière des rois.

■ Un franc germinal, an XI (1803).

MINI INTERRO

1. Quels régimes politiques sont créés par Napoléon Bonaparte ?

2. Cite deux mesures importantes prises par Napoléon Bonaparte. Quels sont leurs objectifs ?

3. Qu'est-ce que le code civil ?

S'ENTRAÎNER

1 Vrai ou faux ?

Coche la case qui convient.

	V	F
a. Napoléon Bonaparte prend le pouvoir en 1789.	☐	☐
b. Napoléon Bonaparte prend le pouvoir par la force.	☐	☐
c. Le Consulat est une monarchie.	☐	☐
d. Napoléon Bonaparte a créé le code civil.	☐	☐
e. Napoléon devient empereur en 1804.	☐	☐
f. Napoléon remporte la victoire de Waterloo.	☐	☐
g. L'Empire se termine en 1815.	☐	☐
h. La Légion d'honneur et les préfets n'existent plus aujourd'hui.	☐	☐

2 La Légion d'honneur

Lis le texte et observe la photographie, puis réponds aux questions.

Extrait de la loi créant la Légion d'honneur

Article 1. Sont membres de la Légion d'honneur tous les militaires qui ont reçu les Armes d'honneur. Pourront y être nommés les militaires qui ont rendu des services majeurs à l'État dans la guerre de la liberté ; les citoyens qui, par leur savoir, leurs talents, leurs vertus, ont contribué à établir les principes de la République, ou faire aimer et respecter la justice ou l'administration publique.

■ Loi du 29 floréal an X (19 mai 1802).

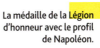
La médaille de la Légion d'honneur avec le profil de Napoléon.

a. Quand a été créée la Légion d'honneur ? À quoi sert-elle ?

b. À quel régime politique fait référence le mot « République » dans le texte ?

c. Souligne dans le texte les deux catégories de personnes qui peuvent recevoir la Légion d'honneur.

d. Qui figure au centre de la médaille ? La médaille date-t-elle de la même année que le texte ? Justifie ta réponse.

3 CONTRÔLE EXPRESS

Étudie le tableau et le texte pour répondre aux questions.

Napoléon Bonaparte est sacré « empereur des Français » par le pape le 2 décembre 1804, dans la cathédrale Notre-Dame de Paris. Il règne sous le nom de Napoléon Ier.

a. Présente le document.

b. Où et quand Napoléon est-il sacré empereur des Français ? Quel était le régime politique auparavant ?

c. Quels insignes du pouvoir apparaissent sur le tableau ?

d. Quels sont les éléments du tableau qui rappellent la monarchie absolue de Louis XVI ? Ceux qui s'en éloignent ?

e. Que cherche à montrer Napoléon avec ce tableau ?

Napoléon Ier en costume du Sacre, François Gérard, 1805, musée national du Château de Fontainebleau.

Corrigés p. 31 du livret.

6 Les conséquences en Europe de la Révolution française

1 / Révolution, Empire et guerre

MOT CLÉ

✓ **Sentiment national :** sentiment d'appartenir à un peuple partageant une langue, une histoire, une religion... et distinct des autres peuples.

- À partir de 1792, la France est souvent en guerre. Dans les territoires conquis ou les pays dominés, la guerre contribue à forger une **identité nationale**. La France y **diffuse les principes révolutionnaires** (égalité en droits). Sa domination est mal acceptée et les peuples refusent d'être dirigés par un pays étranger.

- Bonaparte mène des guerres contre ses voisins européens. Ses victoires, comme Austerlitz en 1805, lui permettent d'**agrandir le territoire** français. En **1811**, Napoléon Ier domine l'Europe. Toutefois, **les défaites s'accumulent à partir de 1812**. En 1815, Napoléon est définitivement **vaincu à Waterloo**.

2 / Le congrès de Vienne (1815)

MINI INTERRO

1. Quelles sont les conséquences des victoires de la France ?

2. Quel est le but du congrès de Vienne ?

3. Quel régime politique domine en Europe en 1815 ?

- Après les défaites de Napoléon, les pays européens se réunissent à Vienne. Le **Royaume-Uni**, la **Russie**, l'**Autriche** et la **Prusse** imposent leurs décisions.

- La France retrouve ses **frontières de 1789**. **Prusse, Autriche et Russie s'agrandissent** et le Royaume-Uni assure ses colonies et ses routes maritimes. Les **monarchies absolues** dominent, à quelques exceptions (Royaume-Uni, France...).

- Alors que les guerres de la Révolution ont contribué à façonner des **sentiments nationaux, les peuples ne sont pas pris en compte** : les Polonais sont partagés entre la Prusse, la Russie et l'Autriche, l'**Italie** est morcelée en sept pays sous influence autrichienne, l'**Allemagne** en 38 États.

▷ La Marseillaise

Premier couplet
Allons enfants de la Patrie,
Le jour de gloire est arrivé !
Contre nous de la tyrannie,
L'étendard sanglant est levé, *(bis)*
Entendez-vous dans les campagnes
Mugir ces féroces soldats ?
Ils viennent jusque dans vos bras
Égorger vos fils, vos compagnes !

Couplet 6
Amour sacré de la Patrie,
Conduis, soutiens nos bras vengeurs
Liberté, Liberté chérie,
Combats avec tes défenseurs ! *(bis)*
Sous nos drapeaux que la victoire
Accoure à tes mâles accents,
Que tes ennemis expirants
Voient ton triomphe et notre gloire !

Refrain
Aux armes, citoyens,
Formez vos bataillons !
Marchons, marchons !
Qu'un sang impur abreuve nos sillons !

■ *Chant de guerre pour l'armée du Rhin* (devenu *La Marseillaise*), Rouget de Lisle, 1792.

1. Expliquer. Ces paroles encouragent les citoyens français (« enfants de la Patrie ») à prendre les armes pour défendre leur liberté et leur pays envahi par des « féroces soldats » combattant pour les tyrans (rois européens).

2. Conclure. Il s'agit d'un chant révolutionnaire (défense de la liberté) et patriotique (défense du pays) adopté comme hymne national en 1795 puis définitivement à partir de 1879.

S'ENTRAÎNER

1 Quiz

Relis les chapitres 4, 5 et 6 et coche la ou les bonne(s) réponse(s).

a. La DDHC :
☐ est adoptée le 26 août 1789.
☐ affirme que le roi est souverain.
☐ énonce les libertés individuelles.

b. En 1791, avec la monarchie constitutionnelle,
☐ les pouvoirs sont séparés entre le roi et l'Assemblée.
☐ seuls les citoyens les plus riches votent.
☐ tous les citoyens votent.

c. Napoléon Bonaparte :
☐ prend le pouvoir légalement en 1799.
☐ devient empereur en 1804.
☐ restreint la plupart des libertés.

d. Le code civil, paru en 1804 prévoit :
☐ de rétablir les privilèges.
☐ de nommer Napoléon empereur.
☐ l'égalité devant la loi.

e. Les guerres de la Révolution :
☐ forment des sentiments nationaux.
☐ diffusent des principes de la Révolution.
☐ permettent à la France de s'agrandir.

f. En 1815 :
☐ le congrès de Valence se réunit.
☐ la France retrouve ses frontières de 1789.

2 L'Europe en 1815

Étudie la carte, puis réponds aux questions.

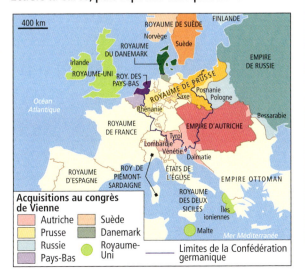

a. Où se déroule le congrès chargé de réorganiser l'Europe en 1815 ?

b. Qui participe à ce congrès ? Qui prend les décisions ?

c. Complète le tableau suivant.

Pays	Territoires gagnés en 1815
	Rhénanie, Saxe, Posnanie
Russie	
	Tyrol, Lombardie, Vénétie, Dalmatie
France	

d. Comment s'appelle l'ensemble qui regroupe les trente-huit États allemands ?

3 CONTRÔLE EXPRESS

Observe le tableau, puis réponds aux questions.

Dos de Mayo, Francisco de Goya, 1814, musée du Prado, Madrid.

En 1808, Napoléon a contraint le roi espagnol à abdiquer pour le remplacer par son frère Joseph. Les Espagnols, conscients de leur identité, se soulèvent contre cette domination étrangère. Le 2 mai 1808, les cavaliers français (cuirassiers et mamelouks) sont attaqués par les Madrilènes.

a. Où et quand se déroule la scène ? Pourquoi ?

b. Pourquoi les Espagnols se sont-ils révoltés ?

c. Décris la scène. Comment Goya a-t-il rendu la violence des combats ?

d. Fais une recherche sur le tableau *Tres de Mayo* de Goya. Que représente-t-il ?

e. Comment ce tableau entretient-il l'idée d'un sentiment national espagnol ?

Corrigés p. 31 du livret.

7 L'Europe et la « révolution industrielle » au XIXᵉ siècle (1)

RETENIR

1 / L'industrialisation

● Elle s'effectue grâce aux **progrès techniques** (machine à vapeur de Watt). On peut ainsi **produire plus, plus vite et moins cher**, et répondre à des besoins croissants. Les machines sont regroupées dans des usines pour contrôler la main-d'œuvre, la qualité du produit et protéger les secrets de fabrication. L'**industrie naissante** soutient la croissance économique générale et entraîne une baisse des prix.

2 / Les rythmes et les lieux

● Au début du XIXᵉ siècle (phase 1), l'industrialisation touche surtout la **production de coton**, la **sidérurgie**, la **métallurgie** et les **transports** (navires à vapeur, chemin de fer). Elle repose sur l'extraction du **charbon**, ressource énergétique qui permet de faire fonctionner les machines à vapeur.

● Dans les années 1880 (phase 2), l'industrie utilise de nouvelles sources d'énergie (**électricité**, **pétrole**) et touche d'autres secteurs de production comme la **chimie** ou l'**automobile**. L'organisation évolue vers un travail à la chaîne (fordisme, taylorisme).

● L'industrialisation concerne d'abord le **Royaume-Uni** puis l'**Europe du Nord-Ouest** et les **États-Unis**. Les usines se concentrent dans **certaines régions** (Nord et Est en France). Elles s'installent à proximité des **villes**, des **mines** de charbon et de fer, ou de **cours d'eau**, qui favorisent les échanges.

MOT CLÉ

✓ **Industrie** : production en grande quantité par des machines dans des usines.

LE DOCUMENT CLÉ

▷ **Les grands pays industriels**

1. **Expliquer.** En 1870, le Royaume-Uni domine avec plus d'un tiers de la production industrielle mondiale. Au début du XXᵉ siècle, les États-Unis sont passés en tête. La part du Royaume-Uni a régressé.

2. **Conclure.** Le Royaume-Uni, berceau de l'industrialisation, connaît une avance confortable, mais est dépassé à la fin du XIXᵉ siècle.
Dès le début du XXᵉ siècle, les États-Unis s'imposent comme 1ʳᵉ puissance industrielle.

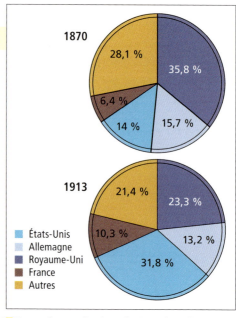

■ La part des pays dans la production industrielle mondiale, en 1870 et 1913.

MINI INTERRO

1. Quels sont les avantages de la production par des machines ?

2. Quels sont les premiers secteurs économiques touchés par l'industrialisation ?

3. Où se localisent les usines ?

134

S'ENTRAÎNER

1 Vrai ou faux ?

Coche la case qui convient.

	V	F
a. La machine à vapeur a été inventée par James Volt à la fin du XVIIIe siècle.	☐	☐
b. L'industrie est apparue aux États-Unis.	☐	☐
c. La première énergie pour faire fonctionner les machines est le charbon.	☐	☐
d. L'électricité apparaît au début du XIXe siècle.	☐	☐
e. Au XIXe siècle apparaissent de nouveaux moyens de transport comme le train et la voiture.	☐	☐
f. Grâce aux machines, on peut produire en grande quantité.	☐	☐
g. La 2e phase de l'industrialisation concerne l'automobile et la chimie.	☐	☐
h. Le pétrole est utilisé dans la 1re phase de l'industrialisation.	☐	☐
i. L'industrialisation s'accompagne de la construction d'usines abritant des machines.	☐	☐
j. En 1913, la France est la première puissance industrielle du monde.	☐	☐
k. La Ruhr en Allemagne est une grande région industrielle.	☐	☐

2 Charbon et chemin de fer

Étudie le tableau, lis le texte, puis réponds aux questions.

Les Docks de Cardiff, Lionel Walden, 1894, huile sur toile. Paris, musée d'Orsay.

Dans le sud-ouest du Royaume-Uni, le pays de Galles possède de nombreuses mines de charbon. Le charbon est transporté par train vers le port de Cardiff pour être exporté. Grâce à cette activité, la population de Cardiff passe de moins de 20 000 habitants en 1851 à 129 000 en 1891.

a. Dans quel pays se trouve Cardiff ?

b. Décris les différents plans du tableau.

c. Comment évolue la population de la ville ?

d. Quelle source d'énergie est utilisée par les trains ? Que peuvent-ils transporter ?

3 CONTRÔLE EXPRESS

Étudie la carte, puis réponds aux questions.

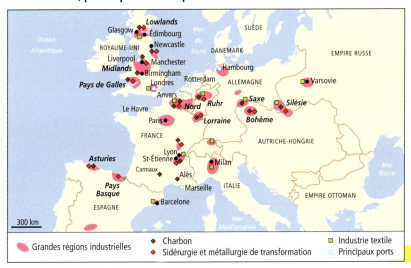

L'Europe industrielle à la fin du XIXe siècle.

a. Dans quel pays débute l'industrialisation ?

....

b. Cite deux pays qui s'industrialisent à la fin du XIXe siècle.

....

c. Qu'est-ce que la sidérurgie ?

....

d. Pourquoi les industries se développent-elles souvent près des mines de charbon ?

....

Corrigés p. 31 du livret.

135

8 L'Europe et la « révolution industrielle » au XIXᵉ siècle (2)

RETENIR

1 / Une forte croissance démographique

- Les **taux de natalité** sont **élevés** alors que les taux de mortalité baissent (**progrès dans l'alimentation, la médecine**…), d'où une forte augmentation de la population européenne, de la consommation et une **émigration vers d'autres continents**.

2 / Deux courants idéologiques

- Le **libéralisme** s'impose comme idée politique dominante. Il est attaché aux **libertés** fondamentales, héritées des Lumières et de la DDHC. Dans le domaine économique, il prévoit le libre-échange et une faible intervention de l'État.

- Le **socialisme**, dont le marxisme est un courant, veut lutter contre les inégalités sociales. En 1848, **Karl Marx** publie *Le Manifeste du Parti communiste* qui prône une révolution des **prolétaires** pour instaurer un État communiste.

3 / Recompositions sociales

- La **bourgeoisie** investit dans les entreprises, la finance, le grand commerce. D'autres classes sociales apparaissent : les **ouvriers** ont des **conditions de vie et de travail difficiles** (salaires faibles, logements insalubres…). Les **classes « moyennes »** se développent : fonctionnaires, petits marchands… Le nombre de **paysans** diminue.

- Des **crises économiques** surviennent à plusieurs reprises au XIXᵉ siècle, qui entraînent parfois des crises politiques. En **1848**, une **vague de révolutions** touche de nombreux pays européens : les peuples réclament un État (**mouvement national**) et davantage de libertés (**mouvement libéral**).

- L'**Église catholique** imprègne encore fortement la société. Condamnant le libéralisme et le marxisme, elle défend un **engagement social** pour aider ceux qui souffrent. Les **scientifiques**, libérés de la tutelle religieuse, multiplient les découvertes.

MOT CLÉ

✓ **Prolétaire** : ouvrier ou paysan qui ne possède comme richesse que sa force de travail vendue au patron contre un salaire.

LE DOCUMENT CLÉ

▷ **Le développement des villes**

1. Expliquer. Dans les quatre pays, le nombre de personnes vivant en ville augmente. Le Royaume-Uni et l'Allemagne sont plus urbanisés que la France et la Russie.

2. Conclure. Il y a un lien entre urbanisation et industrialisation, car les usines s'installent généralement à proximité des villes qui fournissent de la main-d'œuvre et sont des marchés de consommation. En Russie, pays encore faiblement industrialisé au début du XXᵉ siècle, le monde rural domine nettement.

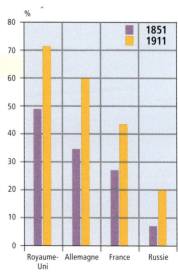

■ Le taux d'urbanisation en Europe.

MINI INTERRO

1. Quelles sont les conditions de travail et de vie des ouvriers ?

2. Quelles sont les deux idéologies dominantes au XIXᵉ siècle ?

3. Pourquoi la population européenne augmente-t-elle au XIXᵉ siècle ?

S'ENTRAÎNER

1 Vrai ou faux ?

Coche la case qui convient. V F

a. L'industrialisation entraîne le développement des villes. ☐ ☐

b. Karl Marx défend le libéralisme. ☐ ☐

c. Une vague de révolutions touche l'Europe en 1868. ☐ ☐

d. Karl Marx publie le *Manifeste du Parti communiste* en 1848. ☐ ☐

e. Le libéralisme souhaite une forte intervention de l'État dans l'économie. ☐ ☐

f. Le socialisme veut réduire les inégalités sociales. ☐ ☐

g. Karl Marx souhaite que les ouvriers et les paysans prennent le pouvoir par une révolution. ☐ ☐

h. Les ouvriers sont des travailleurs indépendants. ☐ ☐

2 Un entrepreneur français

Lis le cours, le texte, puis réponds aux questions.

Le Creusot et Eugène Schneider (1805-1875)

Le Creusot est une ville située dans le bassin houiller [...] en Bourgogne. Le charbon y fut exploité dès le Moyen Âge pour les besoins locaux. Dans les années 1780, une société est fondée [...]. En 1836, l'entreprise de sidérurgie du Creusot fut rachetée par les frères lorrains Adolphe et Eugène Schneider, le maître de forges Boigues (membre de leur famille) et le banquier Seillière chez qui ils avaient travaillé.

Dans les années 1850-1860, Eugène Schneider fit du Creusot une usine gigantesque, tout en étendant son pouvoir sur le monde des affaires, de la finance et de la politique. Le poids économique du Creusot était considérable. Il produisait plus de 130 000 tonnes de fonte, presque autant de fer, plus de 100 locomotives par an.

Dès 1870, il installa des convertisseurs Bessemer pour produire de l'acier. Il se tourna aussi vers la production de canons. Dans cette entreprise travaillaient 15 550 ouvriers. La ville grandit à l'ombre de l'usine : 6 000 habitants en 1846, 16 000 en 1860, 25 000 en 1875. [...] Patron de choc, Eugène Schneider réprima durement les deux grèves de 1850 et 1870 : l'armée rétablit l'ordre, les meneurs furent condamnés à des peines de prison et de nombreux grévistes furent licenciés. À la mort d'Eugène, son fils, son petit-fils et son arrière-petit-fils lui succédèrent.

■ Patrick Verley, *La Révolution industrielle*, Éditions Gallimard, 1997.

a. Que produit l'entreprise d'Eugène Schneider ? Grâce à quelle source d'énergie ?

b. Quelle est la taille de l'entreprise ? Justifie.

c. Comment évolue la ville du Creusot ?

d. Comment les ouvriers tentent-ils d'améliorer leurs conditions de travail ?

e. À quelle catégorie sociale appartient Eugène Schneider ?

3 CONTRÔLE EXPRESS

Réponds aux questions à l'aide du texte et du schéma.

Karl Marx est un philosophe allemand qui observe le monde issu de l'industrialisation et les inégalités qu'il engendre. Dans le *Manifeste du Parti communiste*, il dénonce le système capitaliste, encourage les prolétaires à se révolter pour mettre en place un système communiste.

Situation observée par Marx :
Système capitaliste et lutte des classes

Prolétaires (ouvriers, paysans) exploités — CONTRE — **Capitalistes** (bourgeois, propriétaires, banquiers) exploiteurs

↓

Marx propose :
Les prolétaires prennent le pouvoir par une révolution.

↓

Dictature du prolétariat :
Les prolétaires exercent le pouvoir et confisquent les usines, les commerces, les banques…
La bourgeoisie disparaît.

↓

Instauration d'un État communiste :
Fin de la propriété privée.
Partage des profits à égalité entre tous.
Disparition des classes sociales.

Mise en place d'un système communiste selon Karl Marx.

a. Qu'est-ce que la lutte des classes ?

b. Qui sont les prolétaires ?

c. Comment doivent-ils prendre le pouvoir ?

d. Sur quoi repose le système communiste ?

Corrigés p. 32 du livret.

9 Conquêtes et sociétés coloniales

1 / Les raisons de la colonisation

MOTS CLÉS

✓ **Métropole** : pays qui possède une colonie.

✓ **Ségrégation** : fait de vivre séparément, de se côtoyer sans se mélanger.

• Les pays européens cherchent à dominer de nouveaux territoires pour des **raisons politiques** (accroître leur puissance), **économiques** (matières premières et débouchés pour leurs produits industriels), **religieuses** (christianiser de nouvelles populations), **démographiques** (donner des terres aux Européens dont le nombre augmente) et **civilisatrices** (les Européens pensent être supérieurs et veulent apporter le progrès aux populations jugées inférieures).

2 / La conquête coloniale

• Les Européens se partagent **l'Afrique et une partie de l'Asie** au cours du XIXe siècle. Leur **avance technique** dans les transports et les armements explique une **conquête rapide** qui se fait par la force. Les révoltes des colonisés sont réprimées de manière violente. En 1914, le **Royaume-Uni** possède le premier empire colonial (plus de 30 millions de km^2 et 400 millions d'habitants) et la **France** le deuxième (10 millions de km^2 et 48 millions d'habitants).

MINI INTERRO

1. Pour quelles raisons les Européens font-ils la conquête de colonies ?

2. Quels continents sont colonisés au XIXe siècle ?

3. Dans les colonies, quelle est la situation entre colons et colonisés ?

3 / Le système colonial

• Les métropoles **dominent et exploitent leurs colonies** et leurs populations (travail forcé). Parallèlement, les Européens étendent la **médecine** pour soigner leur main-d'œuvre et développent les **réseaux de transport** et les ports pour exporter les produits des colonies. Les enseignants et les missionnaires européens **imposent leurs modèles culturels** (langue, histoire, religion). Dans les colonies, il y a **une ségrégation et de fortes inégalités** entre les populations locales et les colons européens, qui disposent de droits et de revenus supérieurs.

▷ La conquête d'une colonie

Conquête de l'Annam et du Tonkin par la France

Les villages brûlaient et on se réjouissait de voir tous ces incendies. [...] Puis on vit les fuyards se massacrer à moitié roussis à la sortie de leur village. Alors la grande tuerie commença. On tira des salves et c'était un plaisir de voir ces gerbes de balles s'abattre sur eux [...]. C'était une espèce d'arrosage qui les couchait tous. [...]

Quand on arrive avec une poignée d'hommes pour imposer sa loi à tout un pays immense, il faut faire beaucoup de morts, jeter beaucoup de terreur sous peine de succomber soi-même.

■ Pierre Loti, *Le Figaro*, 17 octobre 1883.

1. Expliquer. Pierre Loti, officier de Marine et écrivain, participe en 1883 à la conquête de l'Indochine (Asie). Il rend compte d'une conquête violente (incendies, tuerie) par des Français peu nombreux, mais disposant d'un armement techniquement avancé (armes à feu).

2. Conclure. Ce témoignage ne cherche à masquer ni la brutalité des colonisateurs qui s'imposent par la force, ni une certaine fascination pour un combat inégal.
Cet article vaudra à son auteur des ennuis avec le gouvernement de Jules Ferry, promoteur de l'expansion en Indochine.

1 Quiz

Coche la ou les bonne(s) réponse(s).

a. Un pays qui possède des colonies s'appelle :
- ☐ une mégalopole.
- ☐ une métropole.
- ☐ une mégapole.

b. Les Européens construisent des routes dans leurs colonies pour :
- ☐ acheminer les produits vers l'Europe.
- ☐ améliorer la vie des colons.
- ☐ occuper les colons.

c. Dans les colonies, les Européens imposent :
- ☐ leurs langues.
- ☐ la religion chrétienne.
- ☐ le port de l'uniforme.

d. Les principaux pays colonisateurs au XIXe siècle sont :
- ☐ l'Espagne et le Royaume-Uni.
- ☐ le Royaume-Uni et la France.
- ☐ la France et l'Espagne.

e. Les Européens conquièrent rapidement leurs colonies grâce à :
- ☐ leur avance technique dans les transports.
- ☐ leur avance technique dans l'armement.
- ☐ leur avance technique dans la médecine.

2 L'influence européenne dans les colonies

Étudie la photographie ci-dessous, puis réponds aux questions.

Travaux de broderie à l'école des Sœurs de Saint-Joseph de Cluny à **Brazzaville**, Congo, début du XXe siècle.

a. Quand a été prise cette photographie ? dans quelle colonie ?

b. À quel pays appartient cette colonie ?

c. Quel lieu et quelle activité sont représentés sur la photographie ? Qui enseigne ?

d. Quels objectifs de la colonisation illustre cette photographie ?

3 CONTRÔLE EXPRESS

Étudie le planisphère et relis le cours, puis réponds aux questions.

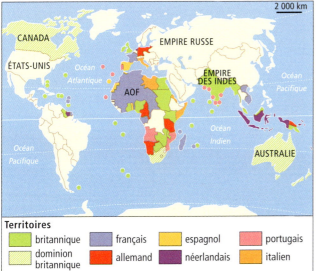

L'Europe et ses colonies en 1914.

a. Quels sont les deux continents les plus colonisés en 1914 ?

....

b. Quel continent n'est presque plus colonisé ?

....

c. Quels sont les pays européens qui possèdent des colonies en Afrique ? Cite les deux pays qui en ont le plus.

....

d. Cite deux colonies allemandes et deux colonies italiennes. Pourquoi ces deux pays ont-ils peu de colonies ?

....
....
....

Corrigés p. 32 du livret.

10 Voter en France de 1815 à 1870

HISTOIRE

 **RETENIR**

1 / Un suffrage censitaire (1815-1848)

- Il est établi sous la **monarchie constitutionnelle** instaurée en 1815. La loi soumet le **droit de vote et d'éligibilité** à des **conditions de sexe** (être un homme), **d'âge** (au moins 30 ans pour voter, 40 ans pour être élu) **et de richesse** (payer plus de 300 francs d'impôt pour voter et plus de 1 000 francs pour être élu). En 1820, le **double vote** permet aux citoyens les plus riches de voter deux fois.

- Après la Révolution des « **Trois Glorieuses** » (1830), le montant d'impôt et l'âge sont abaissés, ce qui permet de doubler le nombre de votants. Le double vote est supprimé. Un fort courant républicain et une crise économique déclenchent la **révolution de 1848**, à l'issue de laquelle la IIe République est proclamée.

2 / Un suffrage universel (1848-1870)

- La IIe République abolit l'esclavage et instaure le **suffrage universel masculin**. Tous les hommes, âgés d'au moins 21 ans, peuvent élire directement leurs **députés** et le **président de la République**. Le vote devient **secret**.

- Le 23 avril 1848, le taux de participation de la première élection est proche de 84 %. Le 10 décembre, Louis-Napoléon Bonaparte est élu président de la République mais, en décembre 1851, il organise un **coup d'État** pour rester au pouvoir.

- En décembre 1852, Bonaparte rétablit l'Empire et devient Napoléon III. Le suffrage reste universel masculin mais **les plébiscites et les élections sont très encadrés**. Le gouvernement favorise des **candidats officiels**. En 1870, après la **défaite de Sedan**, Napoléon III abdique.

MOTS CLÉS

✓ **Plébiscite** : vote de la population qui répond à une question par oui ou par non.

✓ **Droit d'éligibilité** : droit d'être élu.

MINI INTERRO

1. Qu'est-ce qu'un suffrage censitaire ?
2. Quand le vote devient-il universel pour tous les hommes et secret ?
3. Qui règne de 1852 à 1870 ?

 **LE DOCUMENT CLÉ**

▷ **Une gravure de 1848**

■ *Le vote ou le fusil*, Bosredon, 1848.
« Ça, c'est pour l'ennemi du dehors ; pour le dedans, voici comme l'on combat loyalement les adversaires… » Paris, BnF.

1. **Décrire et expliquer.** La révolution de février 1848 vient de renverser la monarchie constitutionnelle pour établir la IIe République. Un homme, vêtu comme un ouvrier, repousse d'une main son fusil. De l'autre main, il introduit un bulletin de vote dans une urne qui rappelle l'Antiquité.

2. **Conclure.** La gravure évoque l'instauration du suffrage universel masculin. Tous les hommes, sans condition de richesse, ont le droit de voter. Ils doivent abandonner la violence et les combats pour faire confiance aux représentants élus par les citoyens. Il s'agit des fondements de la démocratie.

S'ENTRAÎNER

1 Quiz

Coche la ou les bonne(s) réponse(s).

a. Pour voter sous la monarchie constitutionnelle, il faut :
☐ être une femme.   ☐ être riche.
☐ avoir au moins 20 ans.

b. Pour voter sous la IIe République, il faut :
☐ être un homme.   ☐ être riche.
☐ avoir au moins 21 ans.

c. Le premier président de la République est élu directement par les citoyens en :
☐ 1815.   ☐ 1830.   ☐ 1848.

d. Sous le Second Empire, le droit de vote est :
☐ accordé à tous les hommes.
☐ accordé aux citoyens les plus riches.
☐ très surveillé par le gouvernement.

e. Le double vote de 1820 à 1830 permet :
☐ à deux personnes de voter une fois.
☐ à une personne de voter deux fois.

2 Monarchies et républiques

Complète les dates manquantes et la légende de la frise chronologique.

.... 1830 .... 1852 ....

| Ier Empire | Monarchies constitutionnelles | IIe République | 2nd Empire | IIIe République |

★ ....

▱ ....

▭ ....

▨ Suffrage ....

▥ Suffrage ....

3 CONTRÔLE EXPRESS

Les élections des villageois de Tocqueville (Manche)

« Nous devions aller voter ensemble au bourg de Saint-Pierre, éloigné d'une lieue de notre village. Le matin de l'élection, tous les électeurs, c'est-à-dire toute la population mâle au-dessus de vingt ans, se réunirent devant l'église. Tous ces hommes se mirent à la file deux par deux, suivant l'ordre alphabétique. Je voulus marcher au rang que m'assignait mon nom, car je savais que dans les pays et dans les temps démocratiques, il faut se faire mettre à la tête du peuple et ne pas s'y mettre soi-même. Au bout de la longue file venaient sur des chevaux de bât ou dans des charrettes, des infirmes ou des malades qui avaient voulu nous suivre ; nous ne laissions derrière nous que les enfants et les femmes ; nous étions en tout cent soixante-dix. [...] Je dis quelques mots que la circonstance m'inspira. Je rappelai à ces braves gens la gravité et l'importance de l'acte qu'ils allaient faire ; je leur recommandai de ne point se laisser accoster ni détourner par les gens, qui, à notre arrivée au bourg, pourraient chercher à les tromper ; mais de marcher sans se désunir et de rester ensemble, chacun à son rang, jusqu'à ce qu'on eût voté. »

■ TOCQUEVILLE Alexis Clérel, « *Souvenirs de 1848* ».

a. En quelle année ont lieu les élections évoquées dans ce texte ?

b. Quel régime politique a été instauré cette année-là ? Après quel événement ?

c. D'où sont originaires les habitants qui vont voter ? Où vont-ils voter ?

d. Comment appelle-t-on ce type de suffrage ?

e. Dans quel ordre les gens doivent-ils voter ?

Corrigés p. 32 du livret.

Histoire

141

11 La troisième République en France

RETENIR

1 / Mise en place de la IIIᵉ République

- La République est proclamée le **4 septembre 1870**. Le gouvernement s'installe à Versailles et engage des négociations avec les Prussiens. Refusant la défaite, les Parisiens se révoltent et forment la **Commune** qui s'achève par une sévère répression en mai 1871. La paix est finalement signée avec l'Allemagne, mais le pays reste **divisé entre monarchistes et républicains**, et le nouveau régime peine à s'imposer. Progressivement, les républicains deviennent majoritaires.

2 / Mesures adoptées par la IIIᵉ République

- Régime parlementaire, elle conserve le suffrage universel masculin, rétablit les **libertés** et favorise l'**égalité**. En 1882, l'école devient gratuite, laïque et obligatoire jusqu'à 13 ans. À l'**école** et à la **caserne** (service militaire) s'apprennent les principes républicains. Dans les **municipalités**, l'élection des maires au suffrage universel rapproche le citoyen de la vie politique.

- Elle met en place la **laïcité** en 1905 (loi de séparation des Églises et de l'État) : il n'y a pas de religion officielle et l'État ne salarie plus le clergé.

3 / Une République secouée par des « affaires »

- La IIIᵉ République résiste à plusieurs **crises** comme l'**affaire Dreyfus**. En 1894, un jeune officier juif, Alfred Dreyfus, accusé de trahison, est condamné sur de fausses preuves. L'opinion publique informée par la **presse** se divise. Des **intellectuels** comme Zola animent le débat qui révèle un fort courant **antisémite** en France. Dreyfus est reconnu innocent en 1906.

MOTS CLÉS

✓ **Laïcité** : séparation du politique et du religieux. L'État n'exerce aucun pouvoir sur la religion et la religion n'a pas de pouvoir politique.

✓ **Antisémitisme** : attitude de ceux qui sont contre les Juifs, dans leurs idées, leurs paroles, leurs actes ou les mesures discriminatoires qu'ils veulent mettre en place.

LE DOCUMENT CLÉ

▷ **Un régime parlementaire**

1. **Expliquer.** Le Parlement, appelé « Assemblée nationale » (députés et sénateurs), a le pouvoir législatif. Président de la République et gouvernement, dirigé par le président du Conseil, ont le pouvoir exécutif. Les citoyens élisent leurs représentants, directement (députés) ou indirectement (sénateurs, président de la République).

2. **Conclure.** La IIIᵉ République est un régime parlementaire : le Parlement joue un rôle central et peut renverser le gouvernement par un vote. Le président de la République n'utilise pas ses pouvoirs (droit de dissolution) et joue un rôle honorifique.

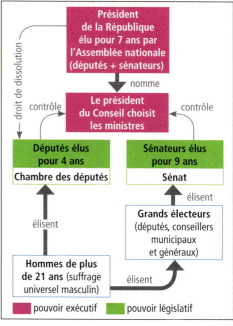

La IIIᵉ République selon les lois constitutionnelles de 1875.

MINI INTERRO

1. Qu'est-ce que la Commune ?

2. Quelles mesures montrent que la IIIᵉ République est laïque ?

3. Quelle grande affaire divise la France ?

S'ENTRAÎNER

1 Quiz

Coche la bonne réponse.

a. Quel événement a donné naissance au second Empire ?
- ❏ Une défaite militaire
- ❏ Une révolution
- ❏ Une victoire militaire
- ❏ Un coup d'État
- ❏ Un plébiscite

b. Quelles sont les deux grandes mesures de la IIe République ?
- ❏ Le suffrage universel et la séparation des Églises et de l'État
- ❏ L'abolition de l'esclavage et l'école gratuite et obligatoire
- ❏ *La Marseillaise* comme hymne national et le suffrage universel
- ❏ L'abolition de l'esclavage et le suffrage universel
- ❏ Le suffrage censitaire et l'école gratuite et obligatoire

c. Quand se déroule l'affaire Dreyfus ?
- ❏ De 1848 à 1852
- ❏ En 1871
- ❏ De 1881 à 1882
- ❏ De 1894 à 1906
- ❏ De 1906 à 1913

d. Un régime parlementaire, c'est un régime :
- ❏ sans parlement.
- ❏ sans gouvernement.
- ❏ où le parlement a le pouvoir exécutif.
- ❏ où le parlement peut renverser le gouvernement.
- ❏ où les ministres sont élus.

e. En numérotant les cases, remets dans l'ordre chronologique les événements suivants :
- ❏ les lois Ferry
- ❏ la Commune
- ❏ Napoléon III devient empereur
- ❏ la révolution de 1830
- ❏ la défaite de Sedan face aux Prussiens

f. La laïcité, cela signifie que l'État :
- ❏ interdit toutes les religions.
- ❏ ne tolère qu'une religion.
- ❏ n'intervient pas dans les affaires religieuses.
- ❏ nomme les évêques et salarie le clergé.

2 Un événement majeur de la IIIe République

Lis le cours et étudie le document pour répondre.

La Une de *L'Aurore*, 13 janvier 1898.

a. Qui a écrit cet article ? dans quel journal ? en quelle année ?

b. À qui est adressé l'article ?

c. Fais une recherche pour savoir pourquoi l'auteur a rédigé cet article.

3 CONTRÔLE EXPRESS

Observe le document et réponds aux questions.

Affiche électorale pour les élections législatives du 2 février 1879. Arrondissement de Pontivy, anonyme, 1879. Paris, musée d'Histoire contemporaine, BDIC.

a. Qui élit-on lors des élections législatives ?

b. Qui peut voter pour les élections de 1879 ?

c. Quelle est la tendance politique de chaque candidat ?

d. Qu'est-ce qui permet de les distinguer sur l'image ?

e. D'après toi, lequel des deux candidats a fait réaliser cette affiche ? Justifie ta réponse.

Corrigés p. 32 du livret.

12 Conditions féminines en France au XIXᵉ siècle

RETENIR

1 / Inégalités politique et civile

- Dès 1789, la femme est **exclue du suffrage et de la vie politique**, contrainte à se consacrer à son foyer et considérée comme influençable dans ses choix. À la fin du XIXᵉ siècle apparaissent les premiers mouvements de **suffragettes**. Des associations féminines réclament le droit de vote et un projet de loi est déposé en 1914.

- Avec le **code civil** (1804), la femme est une **mineure sur le plan juridique**. Elle est placée sous l'autorité de son père, puis de son mari, dont l'autorisation est nécessaire pour ouvrir un livret de caisse d'épargne, toucher un salaire, adhérer à un syndicat…

2 / Des conditions sociales variées

- Les femmes sont généralement mariées. Elles s'occupent des **tâches domestiques et des enfants**. Les femmes célibataires sont peu nombreuses et mal considérées.

- Dans la **bourgeoisie**, souvent aidées de personnel, elles peuvent se consacrer à la vie sociale et s'occuper **d'associations ou d'œuvres de bienfaisance**.

- Les femmes des milieux modestes travaillent. À la **campagne**, elles s'occupent de traire les animaux, cultiver le potager, ramasser le bois, participer à la moisson. **En ville**, elles travaillent dans l'atelier familial ou à domicile, souvent dans le textile. Dans la deuxième moitié du XIXᵉ siècle, elles sont de plus en plus nombreuses dans les **usines** où elles occupent des emplois peu qualifiés et mal payés.

- Peu syndiquées, elles participent pourtant **aux grèves et aux manifestations**. Elles sont souvent à l'origine de mouvements sociaux quand les prix augmentent et menacent l'équilibre du budget du foyer.

MOT CLÉ

✓ **Suffragette** : militante du suffrage (droit de vote) pour les femmes.

MINI INTERRO

1. Quel texte place les femmes sous l'autorité de leur père ou de leur mari ?

2. Comment les femmes de la bourgeoisie exercent-elles une influence ?

3. Quels types de travaux les femmes font-elles à la campagne ?

LE DOCUMENT CLÉ

▷ **Une affiche publicitaire**

1. **Décrire et expliquer.** L'affiche représente une femme souriante, vêtue de couleurs vives. Ses cheveux sont détachés et sa taille marquée, critères de beauté de l'époque. La femme utilise le savon dont l'affiche fait la publicité.

2. **Conclure.** Avec l'industrialisation, la société de consommation apparaît. L'image de la femme, associant beauté et joie de vivre, est très souvent utilisée sur les affiches publicitaires de la fin du XIXᵉ siècle. La consommatrice utilise le produit auquel elle confère une vision positive.

■ Chéret, 1891.

S'ENTRAÎNER

1 Vrai ou faux ?

Coche la bonne réponse.

	V	F
a. Les femmes obtiennent le droit de voter en 1848.	☐	☐
b. Le code civil place la femme dans une situation juridique dépendante de son mari.	☐	☐
c. La plupart des femmes vivent dans la bourgeoisie.	☐	☐
d. Les femmes n'ont pas le droit de travailler au XIXe siècle.	☐	☐
e. Une suffragette est une femme qui réclame le droit de voter.	☐	☐
f. Pour les hommes, la femme est destinée aux tâches ménagères.	☐	☐

2 Portrait de famille

Observe le tableau pour répondre aux questions.

La famille Bellelli, Edgar Degas (1834-1917), 1858. Huile sur toile. Paris, musée d'Orsay.

a. Présente le document (nature, auteur, date, sujet, lieu de conservation).

b. Selon toi, à quelle catégorie sociale appartient cette famille ?

c. Quels éléments du tableau le prouvent ?

d. Quelle impression se dégage de la mère de famille ?

e. Fais une recherche sur le site du musée pour trouver d'autres œuvres de ce peintre. En dehors de ce portrait de famille, comment a-t-il représenté d'autres femmes du XIXe siècle ?

3 CONTRÔLE EXPRESS

Lis le texte et l'extrait puis réponds aux questions.

Émile Zola écrit une série de livres dont l'histoire se déroule sous le second Empire. Il s'attache à décrire précisément la société de cette époque. Dans *L'Assommoir*, il raconte la vie de Gervaise Coupeau venue s'installer à Paris. Son mari blessé et incapable de travailler, elle ouvre une blanchisserie qui, dans un premier temps, rapporte de l'argent. Mais progressivement les affaires tournent mal. Gervaise vend sa boutique et tombe dans la misère…

« Clémence achevait de plisser au fer sa trente-cinquième chemise d'homme. L'ouvrage débordait ; on avait calculé qu'il faudrait veiller jusqu'à onze heures, en se dépêchant. Tout l'atelier, maintenant, n'ayant plus de distraction, bûchait ferme, tapait dur. Les bras nus allaient, venaient, éclairaient de leurs taches roses la blancheur des linges. On avait encore empli de coke la mécanique, et comme le soleil, glissant entre les draps, frappait en plein sur le fourneau, on voyait la grosse chaleur monter dans le rayon, une flamme invisible dont le frisson secouait l'air. L'étouffement devenait tel, sous les jupes et les nappes séchant au plafond, que ce louchon d'Augustine, à bout de salive, laissait passer un coin de langue au bord des lèvres. Ça sentait la fonte surchauffée, l'eau d'amidon aigrie, le roussi des fers, une fadeur tiède de baignoire où les quatre ouvrières, se démanchant les épaules, mettaient l'odeur plus rude de leurs chignons et de leurs nuques trempées […]. Et, par moments, au milieu du bruit des fers et du tisonnier grattant la mécanique, un ronflement de Coupeau roulait, avec la régularité d'un tic-tac énorme d'horloge, réglant la grosse besogne de l'atelier. »

■ Émile Zola, *L'Assommoir*, chapitre V, 1877.

a. En t'aidant du chapitre 11, indique quel rôle Émile Zola a joué dans l'affaire Dreyfus.

b. Souligne les passages qui montrent que Gervaise s'occupe d'une blanchisserie, établissement chargé de laver et de repasser le linge.

c. Montre, avec un passage du texte, que cet extrait se situe au début du roman, quand la blanchisserie fonctionne bien.

d. Quel type de femmes Zola a-t-il décrit dans ce roman ? Qu'est-ce qu'il nous apprend sur leurs conditions de vie au travers du personnage de Gervaise ?

Histoire

Corrigés p. 32 du livret.

145

13 Approches de la mondialisation

La **mondialisation** est la mise en relation des différentes régions du monde grâce à des échanges de marchandises, capitaux (argent), d'informations et d'hommes. Pour l'illustrer à l'échelle mondiale, cette double page présente cinq planisphères en lien avec les chapitres 14 à 19.

1 / Population urbaine

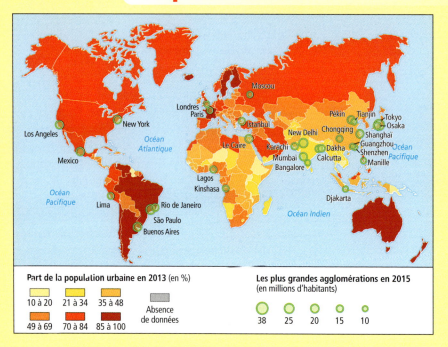

Le planisphère présente à la fois les plus grandes agglomérations mondiales (une ville et ses banlieues) avec les cercles mais aussi la part de la population urbaine (qui vit en ville) dans chaque pays avec les couleurs. Les pays du Nord (développés) sont plus urbanisés, ainsi que ceux d'Amérique du Sud. En revanche, les pays du Sud (en développement), d'Afrique (notamment subsaharienne) et d'Asie du Sud, ont souvent une forte population rurale (qui vit à la campagne).

2 / Flux migratoires

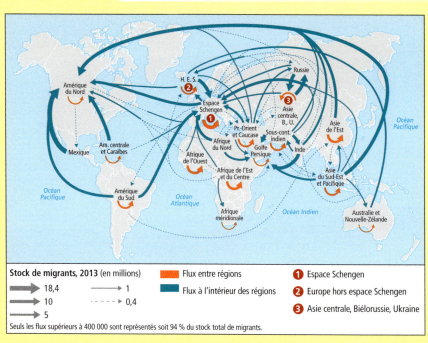

Les flèches représentent les déplacements de migrants. Ces flux en augmentation s'expliquent par les progrès dans les moyens de transport et les inégalités de développement entre les pays. Les migrations d'un pays du Sud vers un autre pays du Sud sont aujourd'hui les plus nombreuses, représentant 37 % des migrations, devant celles d'un pays du Sud vers un pays du Nord (35 % des cas) et d'un pays du Nord vers un pays du Nord (23 % des cas).

3 / Tourisme

En 2014, l'Europe est le continent le plus visité grâce à de bonnes infrastructures et un patrimoine naturel et culturel riche. Elle a attiré 582 millions de personnes, soit près d'un touriste sur deux.
Le tourisme international génère d'importants revenus qui participent aux développements économiques des pays. Les recettes liées à cette activité représentent, en 2014, 1 245 milliards de dollars (la moitié pour l'Europe).

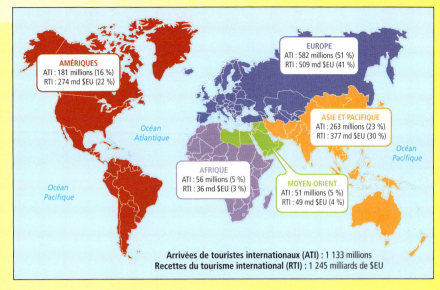

4 / Flux de conteneurs

Ce planisphère à projection polaire représente les flux (échanges) de conteneurs entre les différentes régions du monde ainsi que les principaux ports. Les conteneurs permettent de transporter les produits fabriqués en usine par différents moyens de transport, dont les navires. Les trois pôles majeurs du commerce mondial (la Triade) sont l'Amérique du Nord, l'Europe et l'Asie-Pacifique.

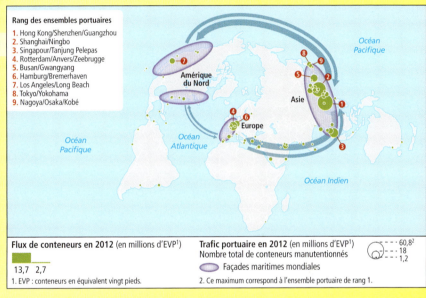

5 / Lieux de pouvoir

Ce planisphère est une projection polaire. Dans les lieux de pouvoir sont prises des décisions ayant une influence sur un espace plus ou moins important. Ces décisions peuvent être d'ordre politique ou économique. Aujourd'hui, les centres de décision se regroupent dans les grandes villes (métropoles).

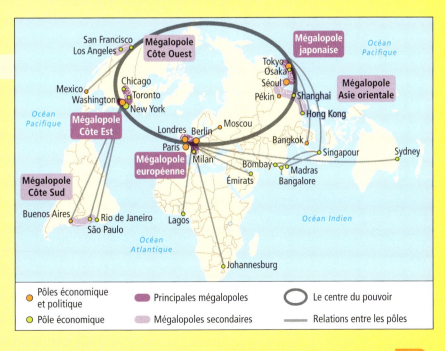

14 L'urbanisation du monde (1)

RETENIR

MOTS CLÉS

✓ **Mégapole** : ville qui dépasse 5 millions d'habitants mais n'a pas forcément d'activités et d'influence importantes.

✓ **Métropole** : grande ville peuplée ayant des fonctions de commandement (politique, économique, culturelle) et une influence sur un territoire plus ou moins vaste. Abrite les sièges sociaux des FTN.

✓ **FTN** : Firme transnationale, entreprise implantée dans plusieurs régions du monde.

1 / Mondialisation et urbanisation

- On observe une **première mondialisation aux XVe et XVIe siècles** avec les grandes découvertes des Européens. Elle s'appuie déjà sur les grandes villes marchandes (Lisbonne, Venise et plus tard Bordeaux et Nantes). Mais les voyages sont encore peu nombreux et les liens entre les villes peu intenses.

- **Au XIXe siècle**, avec les nouveaux transports et l'industrialisation, la mondialisation s'accélère. Elle s'intensifie **après 1945**, concentre les hommes et les activités dans les villes. En 2007, la **population urbaine est devenue majoritaire** sur la Terre. Elle devrait représenter les 2/3 de la population mondiale vers 2050.

2 / Un système hiérarchisé de villes

- La mondialisation s'appuie sur les **métropoles** situées surtout dans les pays développés de la **Triade**. Certaines d'entre elles sont des **« villes mondiales »** (influence mondiale). Trois jouent un rôle exceptionnel dans la mondialisation : Londres, Tokyo, New-York, qui sont des **« villes globales »**. Elles forment un **archipel mégapolitain mondial** participant à la direction du monde et possédant des activités d'innovation.

- **Dans les pays du Sud**, la croissance urbaine est forte avec développement démographique et exode rural (voir carte 1, chapitre 13, p. 146). Les grandes villes ne sont pas toutes des métropoles, centres de décision et d'innovation. On parle alors de **mégapoles** comme en Afrique (Lagos au Nigeria, Le Caire en Égypte) ou en Amérique du Sud (Bogota en Colombie).

MINI INTERRO

1. Qu'est-ce que la mondialisation ?
2. Qu'est-ce qu'une métropole ?
3. Cite deux exemples de « villes mondiales ».

LE DOCUMENT CLÉ

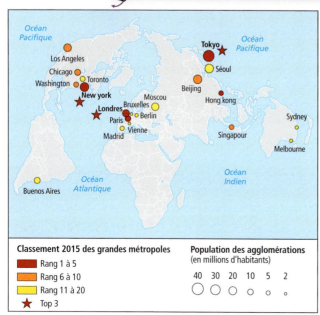

▷ **Planisphère des principales métropoles**

1. **Expliquer.** Ce planisphère est une projection polaire (pôle Nord). Il représente les 20 principales métropoles en fonction de leur population et de leur influence dans le monde.

2. **Conclure.** Les principales métropoles se situent dans la Triade (les trois grands pôles du commerce mondial : Amérique du Nord, Europe de l'Ouest, Asie-Pacifique). Parmi les 20 premières, il n'y en a qu'une seule, dans un pays du Sud (Argentine) et deux dans un pays émergent (Chine). Tokyo, capitale du Japon, est la métropole la plus peuplée (+ 30 millions d'habitants).

S'ENTRAÎNER

1 Vrai ou faux ?

Coche la case qui convient.

	V	F
a. Une grande ville est forcément une métropole.	☐	☐
b. La mondialisation a débuté récemment.	☐	☐
c. la mondialisation entraîne la croissance des villes.	☐	☐
d. Aujourd'hui dans le monde, les gens habitent plus en ville qu'à la campagne.	☐	☐
e. Lagos est une ville mondiale.	☐	☐
f. Tokyo est la ville mondiale la plus peuplée.	☐	☐

2 Paris, une métropole mondiale

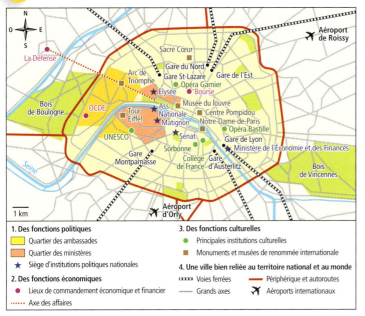

Étudie le document ci-contre et réponds aux questions.

a. Cite deux lieux où sont prises des décisions économiques à Paris.

....

b. Cite deux lieux où sont prises des décisions politiques à Paris.

....

c. Cite un lieu qui montre que Paris a une influence culturelle dans le monde.

....

d. Qu'est-ce qui permet de relier Paris aux autres métropoles ?

....

3 CONTRÔLE EXPRESS

New York, ville monde

Mégapole de 22 millions d'habitants [...], [New York] domine la « mégalopolis »* nord-américaine ou espace urbanisé s'étendant sur 1 000 km depuis la Nouvelle-Angleterre jusqu'au nord de la Virginie. Celle-ci comprend sept métropoles millionnaires**, qui forment un chapelet de 55 millions d'habitants dont Washington. La ville de New York est le siège du pouvoir politique international avec l'ONU, le nœud de la finance internationale (Wall street***), des flux d'internet et des télécommunications les plus denses, du trafic aérien (JFK, La Guardia, Newark) et portuaire (premier port de la façade atlantique [...], le lieu stratégique pour les sociétés financières [...]. C'est le siège indispensable pour les entreprises innovantes, pour les activités de haute valeur ajoutée, pour de nombreux sièges sociaux (25 des 500 plus grandes FTN). C'est la ville des mouvements culturels (mode, marché de l'art, expositions internationales...), des grands médias et télévisions [...]. New York est une ville globale exceptionnelle, tête de pont de la mondialisation.

■ A. Ciattoni, *Géographie et géopolitique de la mondialisation*, Hatier, Paris 2011, p. 151.

* ou mégalopole : vaste ensemble de villes ** de plus de 1 million d'habitants *** nom de la bourse de New York, la première du monde

a. Où se situe New York ?

b. Combien d'habitants compte-t-elle ?

c. Qu'est-ce que la mégalopolis ? Combien d'habitants regroupe-t-elle ?

d. Souligne dans le texte les éléments qui montrent que New York est un centre de décision politique (en rouge), économique (en vert) et culturel (en bleu).

e. Pourquoi peut-on dire que New York est une ville mondiale ?

Corrigés p. 33 du livret.

15 L'urbanisation du monde (2)

RETENIR

1 / L'étalement urbain

• Une métropole est composée d'un **centre** et de **périphéries**. Dans le centre ou à proximité, se trouvent le **CBD** avec des gratte-ciel et des tours qui abritent les sièges des FTN et des grandes entreprises financières qui organisent la mondialisation économique.

• Les périphéries sont constituées d'**activités diverses** qui nécessitent de plus en plus d'espace : résidences, industries, **technopoles**, centres commerciaux… Les habitants quittent généralement le centre-ville pour s'installer dans les périphéries où les logements sont plus grands et les prix moins élevés. Elles ont donc tendance à **prendre de plus en plus d'espace**.

• D'importants **moyens de transports** (autoroutes, voies ferrées) permettent de relier le centre à la périphérie mais aussi les différents pôles de la périphérie entre eux.

2 / La ségrégation sociospatiale

• Les métropoles occupent de vastes espaces et abritent des populations aux niveaux de vie très inégaux. On observe une **séparation dans l'espace** des habitants en fonction de leurs revenus, avec des villes (ou quartiers) riches ou pauvres.

• Dans les métropoles des **États-Unis**, le centre est généralement occupé par le CBD et des quartiers dégradés (ghettos) où se regroupent les minorités ethniques. En Europe, les populations les moins aisées se concentrent dans certaines villes de la périphérie (logements sociaux).

• Dans les **pays du Sud**, des quartiers d'habitats très précaires (bidonvilles) côtoient des quartiers très aisés.

MOTS CLÉS

✓ **CBD** : Central Business District (quartier central des affaires).

✓ **Technopole** : espace qui accueille des activités de haute technologie.

MINI INTERRO

1. De quoi est composé l'espace urbain d'une métropole ?

2. Quelles activités se situent dans les périphéries ?

3. Qu'est-ce que la ségrégation sociospatiale ?

LE DOCUMENT CLÉ

■ Le CBD de New York.

▷ **Manhattan, centre de New York**

1. Expliquer. Cette photographie représente le CBD de New York, ville mondiale. Il est constitué de gratte-ciel qui forment la *skyline* (ligne du ciel). La tour qui dépasse, le *One World Trade Center*, culmine à 541 mètres. C'est l'une des plus hautes tours du monde. Elle remplace les tours jumelles détruites lors des attentats du 11 septembre 2001.

2. Conclure. Les CBD sont à la fois le cœur et la vitrine de la mondialisation. Ils sont aussi un symbole, visé par le terrorisme, montrant la domination des métropoles qui rivalisent pour construire la tour la plus élevée.

1 Quiz

Coche la bonne réponse.

a. Vaste ensemble urbain formé de plusieurs villes :

☐ mégapole

☐ métropole

☐ mégalopole

b. New York fait partie de la mégalopole :

☐ européenne

☐ nord-américaine

☐ japonaise

c. La Triade est constituée de trois pôles :

☐ Amérique du Nord-Europe-Asie-Pacifique.

☐ Amérique du Nord-Europe-Afrique du Nord.

☐ Amérique du Nord-Amérique du Sud-Asie de l'Ouest.

d. Dans les métropoles européennes, les quartiers défavorisés se situent :

☐ dans le centre.

☐ dans le CBD.

☐ dans les périphéries.

e. Les métropoles ont tendance à :

☐ diminuer en nombre.

☐ prendre moins d'importance.

☐ s'étaler dans l'espace.

2 Une banlieue dans la métropole parisienne

Observe le document puis réponds aux questions.

Des lotissements à Bussy-Saint-Georges.

a. De quel type de document s'agit-il ?

....

b. Que représente la photographie ?

....

c. Quelle est l'activité principale de cet espace ?

....

d. Que recherchent les habitants ?

....

3 CONTRÔLE EXPRESS

Deux quartiers de São Paulo

La favela (Paraisópolis) jouxte un quartier riche (Morumbi).

a. Situe São Paulo sur un atlas.

b. Décris la moitié gauche de la photographie.

....

c. Comment appelle-t-on ce type de quartier ? Quelle population y vit ?

....

d. Décris la moitié droite de la photographie.

....

e. De quel type de quartier s'agit-il ? Quelle population y vit ?

....

f. Qu'est-ce qui sépare les deux espaces sur la photographie ?

....

g. Comment appelle-t-on ce phénomène en géographie ?

....

Corrigés p. 33 du livret.

16 Des villes inégalement connectées aux réseaux de la mondialisation

RETENIR

1 / La mise en réseau des villes

MOTS CLÉS

✓ **Interface :** zone de contact entre deux espaces différents.

✓ **Shrinking cities :** villes en rétrécissement, peu intégrées à la mondialisation.

• Les métropoles sont de plus en plus connectées entre elles à l'échelle mondiale par des **flux croissants** de marchandises, capitaux, informations ou personnes.

• Elles possèdent des **réseaux internet** et jouissent d'une **grande accessibilité** grâce à des réseaux de transports denses et efficaces. Beaucoup d'entre elles sont situées sur le littoral. Les ports et aéroports y occupent de vastes superficies.

• Jouant le rôle d'**interfaces**, elles mettent en relation à différentes échelles des villes du même pays, de pays voisins ou d'autres régions du monde.

2 / Des villes plus ou moins connectées

MINI INTERRO

1. Quels flux observe-t-on entre les métropoles ?
2. Qu'est-ce qu'une interface ?
3. Qu'est-ce qui caractérise les *shrinking cities* ?

• **Les métropoles des pays du Nord** sont les mieux connectées aux réseaux de la mondialisation (voir carte 5, chapitre 13, p. 147). New York possède trois aéroports internationaux et le premier port de la façade atlantique. Dans **les pays du Sud**, les métropoles, moins connectées, jouent le rôle de villes-relais de la mondialisation (Shanghai en Chine, Rio de Janeiro au Brésil, Buenos Aires en Argentine, Mumbai et Delhi en Inde, Johannesburg en Afrique du Sud).

• Certaines villes **n'arrivent plus à participer à la mondialisation**. Elles sont touchées par une baisse de la population et des activités économiques, et par une augmentation de la pauvreté et des friches. On parle de *shrinking cities* car le phénomène a d'abord touché de grandes villes industrielles américaines (Detroit). Il touche désormais des villes européennes et des pays émergents.

LE DOCUMENT CLÉ

▷ **La ville de Detroit aux États-Unis**

■ Ville de Detroit (Michigan), le 19 juillet 2013.

1. Expliquer. Detroit est située au nord-est des États-Unis. La photographie représente au premier plan une maison abandonnée et des terrains en friche. Au deuxième plan, on aperçoit les tours du centre-ville de Detroit.

2. Conclure. Autrefois, la ville industrielle, spécialisée dans l'automobile, comptait près de deux millions d'habitants. Aujourd'hui, les usines ont fermé et la production a été délocalisée. La population est estimée à 800 000 habitants avec des taux de chômage proches de 40 %.

S'ENTRAÎNER

1 Vrai ou faux ?

Coche la case qui convient.　　　V　F

a. Les flux commerciaux sont des échanges ❏ ❏
de marchandises.

b. Les métropoles sont souvent situées sur ❏ ❏
le littoral.

c. Les métropoles du Sud sont mieux reliées ❏ ❏
aux réseaux de la mondialisation que celles
du Nord.

d. New York est une ville-relais de la ❏ ❏
mondialisation.

e. Les *shrinking cities* connaissent une forte ❏ ❏
croissance démographique.

2 Les grandes métropoles dans le monde

À partir de la carte 5 (chapitre 13, p. 147), réponds aux questions suivantes.

a. Quelles sont les trois principales mégalopoles dans le monde ?

b. Cite une métropole pour chacune de ces mégalopoles.

c. Où se situent la plupart des grandes métropoles ?

d. Cite deux métropoles africaines et deux sud-américaines.

e. Quelles sont les trois métropoles chinoises ?

3 CONTRÔLE EXPRESS

Étudie la carte pour répondre aux questions.

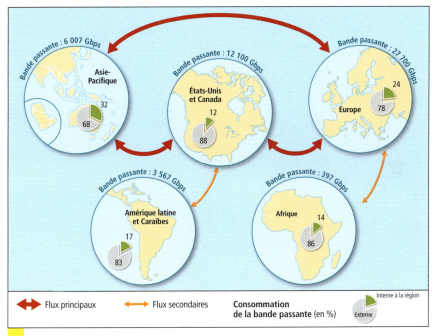

Réseau internet et métropoles :
la bande passante mesure le débit d'informations possible sur internet en gigabits par seconde (Gbps).

a. Quelles sont les trois régions du monde qui ont la bande passante la plus importante ?

b. Entre quelles régions du monde les flux d'informations sont-ils les plus importants ?

c. Pour chaque région, cite deux métropoles importantes qui concentrent les flux.

d. Quelles sont les régions du monde le plus à l'écart des échanges d'informations ?

e. Cite deux exemples de métropoles pour chaque région.

Corrigés p. 33 du livret.

17 Les mobilités transnationales : un monde de migrants

RETENIR

1 / L'augmentation du nombre de migrants

- Les migrants transnationaux **quittent leur pays pour s'installer dans un autre**. Depuis plus de 40 ans, leur nombre est en forte augmentation, près de **250 millions** aujourd'hui contre 150 millions en 2000 et 77 millions en 1975.

- Les **migrations** ont des **causes variées** : fuir un changement **climatique**, des conditions de vie très dures (**économiques**), une guerre ou une dictature (**politiques**) ou faire ses études (**Erasmus**). Elles sont **légales** (titre de séjour) ou **illégales** (« sans-papiers »).

2 / Les flux migratoires et leurs conséquences

- Les migrants sont surtout **originaires des pays du Sud**. Ils se dirigent d'abord **vers d'autres pays du Sud** plus développés parce qu'ils n'ont pas les moyens financiers d'aller plus loin, puis **vers des pays du Nord**, souvent proches, aux niveaux de vie élevés (voir carte 2, chapitre 13, p. 146).

- **Pour les pays d'accueil (pays d'immigration)**, ces migrants constituent souvent une **main-d'œuvre peu qualifiée et peu payée** (restauration, bâtiment, aides aux personnes, nettoyage...). Ils **ralentissent le vieillissement de la population**, surtout en Europe.

- Les migrants gardent des **liens avec leur pays de départ (pays d'émigration)** (envois d'argent, ouverture sur l'extérieur). Si le départ des plus qualifiés (fuite des cerveaux) peut représenter un frein pour le développement de leur pays d'origine, il permet aussi de créer des liens à échelle mondiale.

MOTS CLÉS

✓ **Mobilité transnationale :** déplacement de population entre deux (ou plusieurs) pays.

✓ **Erasmus :** programme mis en place par l'Union européenne pour permettre aux jeunes Européens d'étudier dans un autre pays européen que le leur.

MINI INTERRO

1. Combien de migrants sont installés dans un autre pays que le leur ?

2. Quelles sont les causes des migrations ?

3. Cite une conséquence des migrations pour le pays d'accueil.

LE DOCUMENT CLÉ

▷ **Les immigrés d'Afrique en France**

Plantu, « Entre deux chaises », *Le Monde*, 1985, Musée national de l'histoire et des cultures de l'immigration.

1. **Expliquer.** Un immigré fait le grand écart entre une chaise portant la carte de la France, l'autre celle de l'Afrique.

2. **Conclure.** Le dessinateur a voulu souligner le lien particulier de la France avec ses anciennes colonies. La proximité géographique, l'usage de la langue française et la pauvreté de ces pays expliquent l'émigration de l'Afrique vers la France. Le dessinateur a aussi voulu montrer le sentiment de déracinement que peuvent éprouver les immigrés, qui parfois ne se sentent ni d'un pays, ni de l'autre.

S'ENTRAÎNER

1 Quiz

Coche la ou les bonne(s) réponse(s).

a. Les migrants se dirigent des pays du Sud vers :

☐ les pays du Nord.   ☐ les pays du Sud.

b. Un migrant est une personne qui :

☐ fait du tourisme.

☐ quitte son pays pour aller s'installer dans un autre.

c. Aujourd'hui, dans le monde, il y a :

☐ 250 millions de migrants.

☐ 700 millions de migrants.

d. Le nombre de migrants dans le monde :

☐ diminue.   ☐ augmente.

e. Les migrations ont comme conséquences pour les pays d'accueil :

☐ de fournir une main-d'œuvre manquante.

☐ de compenser le vieillissement de la population.

f. Les migrants qui reçoivent l'autorisation de vivre dans un pays sont :

☐ des sans-papiers.

☐ des migrants légaux.

g. Un pays d'immigration est un pays :

☐ d'accueil.   ☐ de départ.

h. Les États-Unis sont un pays :

☐ d'immigration.

☐ d'émigration.

2 Les migrants en Méditerranée

Observe la carte puis réponds aux questions.

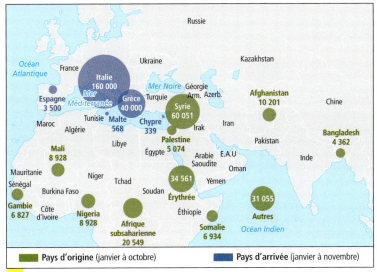

Pays d'origine (janvier à octobre)   **Pays d'arrivée** (janvier à novembre)

200 000 réfugiés ont cherché à rejoindre l'Europe par la mer en 2014, près de dix fois plus qu'en 2012, selon le Haut Commissariat aux réfugiés (HCR) des Nations unies. 3 400 en sont morts.

a. De quel pays sont originaires le plus de migrants en 2014 ?

....

b. Qu'est-ce qui peut l'expliquer ?

....

c. À quelle catégorie de migrants appartiennent ces personnes ?

....

d. Quels pays européens ont accueilli le plus de migrants en 2014 ? Comment l'expliquer ?

....
....

e. Quels risques peuvent représenter ces migrations clandestines ?

....

3 CONTRÔLE EXPRESS

Étudie le planisphère 2 du chapitre 13, p. 146 et réponds aux questions.

a. Comment sont représentés les flux migratoires ?

b. Quelles sont les principales régions d'émigration ?

c. De quel type de pays s'agit-il ?

d. Cite trois pays d'immigration du Nord.

e. Cite deux exemples de flux Sud-Sud et deux exemples de flux Sud-Nord.

f. Quel type de population est concerné par les flux Nord-Nord ?

Corrigés p. 33 du livret.

155

18 Les mobilités transnationales : le tourisme international

RETENIR

1 / Un phénomène en pleine croissance

MOTS CLÉS

✓ **OMT** : Organisation mondiale du tourisme, institution qui dépend de l'ONU.

✓ **Tourisme international** : personnes qui voyagent dans un autre pays, essentiellement pour leurs loisirs. Pour un grand nombre de visiteurs, on parle de tourisme de masse.

● Avec l'élévation des niveaux de vie et la modernisation des moyens de transport (54 % des touristes utilisent l'avion), les touristes internationaux représentent un mouvement massif de population. Selon **l'OMT**, en 2014, **1,1 milliard de personnes** ont voyagé à l'étranger (+ 4,4 % par rapport à 2013).

● Faire du tourisme nécessite du temps et de l'argent. **Originaires de pays du Nord**, les touristes **visitent d'abord des pays du Nord (France, États-Unis...)** qui offrent sécurité et infrastructures (hôtels, aéroports...). **Certains pays du Sud**, proches des pays riches (Mexique, Maghreb), dotés d'atouts naturels (île Maurice) ou de richesses historiques et archéologiques (Chine, Pérou), en accueillent aussi une partie (voir carte 3, chapitre 13, p. 147).

2 / Les conséquences du tourisme international

MINI INTERRO

1. En 2014, combien y a-t-il eu de touristes internationaux ?

2. D'où sont majoritairement originaires les touristes internationaux ?

3. Quelles sont les principales destinations touristiques ?

● Le tourisme génère des emplois (près de 300 millions d'ici 2017) et représente un **secteur important de l'économie** (+ 1 500 milliards de dollars en 2014). Pour certains pays en développement, il est parfois la principale source de revenus.

● Mais le tourisme de masse peut **ne profiter qu'à une partie** d'un pays et **nuire à l'environnement** : pollution, surconsommation des ressources en eau/énergie, destruction de richesses naturelles, dégradation des paysages... L'OMT a décidé que 2017 serait l'année du **tourisme durable** (création de richesses, participation au bien-être de tous, respect de l'environnement).

LE DOCUMENT CLÉ

▷ **Les 10 pays les plus visités au monde**

Pays	Arrivées de touristes internationaux (en millions)	
	2013	2014
1. France	83,6	83,7
2. États-Unis	70	74,8
3. Espagne	60,7	65
4. Chine	55,7	55,6
5. Italie	47,7	48,6
6. Turquie	37,8	39,8
7. Allemagne	31,5	33
8. Royaume-Uni	31,1	32,6
9. Russie	28,4	29,8
10. Mexique	24,2	29,1

Source : Organisation mondiale du tourisme.

1. **Expliquer.** Le tableau mentionne les dix pays comptant la plus forte fréquentation de touristes internationaux en 2014. La France est la destination qui attire le plus d'étrangers avec 83,7 millions de touristes internationaux en 2014. Le tableau montre aussi l'évolution du tourisme entre 2013 et 2014.

2. **Conclure.** La plupart des grandes destinations touristiques mondiales sont des pays européens et des pays développés possédant les infrastructures nécessaires pour accueillir les touristes. On observe également qu'entre 2013 et 2014, le nombre de touristes augmente dans tous les pays, sauf en Chine où il diminue légèrement.

S'ENTRAÎNER

1 Quiz

Coche la ou les bonnes réponses.

a. Les mobilités transnationales concernent :

☐ les migrants.   ☐ les touristes internationaux.

b. Les mobilités transnationales sont :

☐ en augmentation.   ☐ en diminution.

c. Dans le monde, combien de personnes sont installées dans un autre pays que le leur ?

☐ 250 millions.   ☐ 1,1 milliard.

d. Le tourisme international est un secteur économique :

☐ important.   ☐ peu important.

e. Le tourisme peut avoir des conséquences négatives :

☐ sur l'économie.   ☐ sur l'environnement.

f. Parmi ces pays, lesquels figurent parmi les dix premières destinations touristiques ?

☐ France   ☐ États-Unis   ☐ Mali   ☐ Paraguay

☐ Japon   ☐ Chine   ☐ Australie

2 L'augmentation du nombre de touristes internationaux

Étudie le document et réponds aux questions.

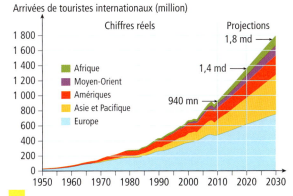

Arrivées de touristes internationaux (1950-2030)

a. Quelle est la nature (type) du document ?

b. En 2010, combien y avait-il de touristes internationaux ?

c. Comment a évolué le nombre de touristes de 1975 à 2010 ?

d. D'après les projections (prévisions), comment doit évoluer le nombre de touristes jusqu'en 2030 ?

e. En 2030, quelles seront les deux régions du monde les plus visitées ?

3 CONTRÔLE EXPRESS

Malmö, l'écologie à la suédoise

Ancien pôle industriel du sud de la Suède, Malmö est considérée aujourd'hui comme étant l'une des villes les plus « vertes » d'Europe. [...] « Une ville de la connaissance » et en harmonie avec l'environnement. [...]

La fin des chantiers navals

[...] « Si vous aviez visité Malmö à la fin des années 1980, vous auriez ressenti l'onde de choc provoquée par le licenciement de milliers d'ouvriers du chantier naval de Kockum [...] », lit-on sur le site « Visit Sweden ». [...]
Mais à partir des années 1990, suite à la fin de l'âge d'or industriel, cette troisième ville de Suède (après Stockholm et Göteborg) traverse avec ses 300 000 habitants une période de grands changements. En 1995, démarre la construction du pont de l'Øresund. [...]
En 1998, c'est l'université de Malmö qui voit le jour [...].
Enfin, le quartier de Västra Hamnen devient le « BO–01 » [...] proposant aux Suédois et aux Européens un « quartier modèle », 100 % vert. Les usines désaffectées, les hangars et les espaces industriels laissent leur place à des pistes cyclables [...], un système de collecte d'eaux pluviales, des espaces verts (installés même sur les toits), un gratte-ciel moderne [...], des panneaux solaires et photovoltaïques qui alimentent les maisons ou encore un système de tri sélectif qui permet de produire du gaz naturel à partir des déchets organiques des ménages.

■ Source : site touteleurope.eu, 24 novembre 2015.

a. Localise et situe la ville de Malmö.

b. Quelle ancienne activité économique dominait à Malmö ?

c. Souligne dans le texte les passages qui montrent que la ville a développé d'autres activités. Lesquelles ?

d. Relève dans le texte les aménagements réalisés pour favoriser ces activités.

e. Pourquoi peut-on parler d'un tourisme durable ?

19 Mers et océans, un monde maritimisé (1)

RETENIR

1 / Le rôle croissant des littoraux

MOTS CLÉS

✓ **Conteneur** : grande caisse métallique et standardisée qui permet de transporter diverses marchandises sur un navire porte-conteneurs.

✓ **Flux** : courant d'échanges.

- La mondialisation a accentué la **concentration** des hommes et des activités sur les villes des littoraux. Les ports sont des **interfaces** qui importent et exportent des produits. Ils mettent en relation leur **arrière-pays** avec le reste du monde grâce à des réseaux de communication (terrestre, ferroviaire, fluvial).

- Les **quatre principales façades maritimes** sont des espaces dynamiques au plan économique : façades pacifique de l'Asie (Chine, Japon), pacifique (Los Angeles) et atlantique (New York) des États-Unis et de l'Europe du Nord-Ouest (Pays-Bas, Belgique…). Les **plus grands ports mondiaux** sont Hong Kong, Shanghai, Singapour et Rotterdam (voir carte 4, chapitre 13, p. 147).

- D'immenses **zones industrialo-portuaires** (ZIP) sont des **lieux d'échanges** (bassins, entrepôts, grues) et **de production** (chantiers navals, industries).

MINI INTERRO

1. Quelles sont les quatre principales façades maritimes mondiales ?

2. Comment sont transportés la plupart des produits industriels entre régions du monde ?

3. Quels sont les trois pôles du commerce mondial ?

2 / Des échanges qui augmentent mais restent inégaux

- Les transports maritimes assurent 80 % **des échanges internationaux**, en **forte hausse** depuis 1950. C'est le **moyen le moins cher** sur de très longues distances. Les produits manufacturés sont transportés par **conteneurs**.

- Le commerce mondial est **dominé** par les **pays riches de la Triade**, l'**Asie-Pacifique** et le **Moyen-Orient** (pétrole). L'essentiel des **flux** se fait **entre pays du Nord**. Les pays du Sud (pauvres) y participent faiblement.

LE DOCUMENT CLÉ

▷ **Le port de Yangshan à Shanghai**

■ Port en eau profonde de Yangshan, zone de libre-échange de Shanghai.

1. **Expliquer.** Cette photographie aérienne vue oblique représente une partie de l'immense ZIP de l'un des plus grands ports de la planète, Shanghai (Chine), sur le littoral Pacifique. On voit un terminal à conteneurs avec au centre, la zone de stockage et à gauche, les quais et les imposantes grues qui permettent de (dé)charger les marchandises. Au fond, un pont de 32 km relie le terminal à la terre ferme.

2. **Conclure.** Comme le trafic maritime se développe, on gagne de l'espace sur la mer. Le port de Yangshan a ouvert en 2004. Son trafic est de 25 millions de conteneurs chaque année.

S'ENTRAÎNER

1 Vrai ou faux ?

Coche la case qui convient.

	V	F
a. Les échanges internationaux augmentent.	☐	☐
b. La population vit de moins en moins sur le littoral.	☐	☐
c. Le nord-ouest de l'Europe est une grande façade maritime.	☐	☐
d. Shanghai est l'un des premiers ports mondiaux.	☐	☐
e. Les ports sont des lieux de production et d'échanges.	☐	☐
f. Un port a peu de liens avec son arrière-pays.	☐	☐
g. Shanghai se situe sur le littoral de l'océan Atlantique.	☐	☐
h. Une ZIP est une zone immergée d'un port.	☐	☐
i. Une interface est un espace qui met en relation deux autres espaces.	☐	☐
j. La Chine appartient à la façade maritime de l'Asie-Pacifique.	☐	☐

2 Le port de Rotterdam

Étudie le croquis, puis réponds aux questions.

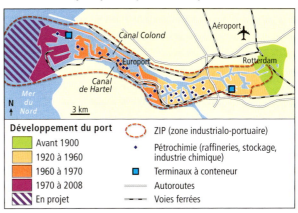

a. Situe Rotterdam. Dans quel pays se trouve cette ville, sur quel littoral et au débouché de quel fleuve ?

b. Dans quelle direction s'est étendu le port de Rotterdam de 1920 à nos jours ?

c. Quels moyens de transport relient le port de Rotterdam au reste du pays et de l'Europe ?

d. Quelle matière première le port de Rotterdam importe-t-il ?

3 CONTRÔLE EXPRESS

Étudie le planisphère pour répondre aux questions.

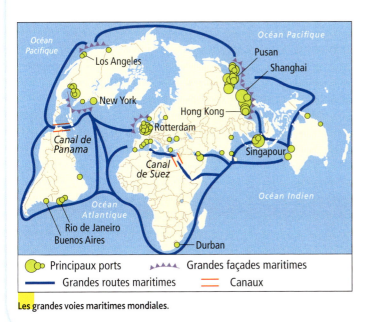

Les grandes voies maritimes mondiales.

a. Cite trois grands ports mondiaux.

....

b. Quelles sont les quatre grandes façades maritimes qui concentrent les principaux ports ?

....

c. Quels océans relie le canal de Panama ? Entre quelles mers se situe le canal de Suez ?

....

d. Repasse en rouge et décris précisément le trajet d'un navire reliant Rotterdam à Singapour.

....

e. À l'aide d'un atlas, place sur la carte les détroits suivants : Gibraltar, Ormuz et Malacca.

....

Corrigés p. 34 du livret.

20 Mers et océans, un monde maritimisé (2)

RETENIR

1 / La pêche, une exploitation trop intensive

- En 2012, la **production de la pêche s'élève à 79,7 millions de tonnes. Cinq pays** (Chine, Pérou, Japon, Inde et Chili) pêchent plus de 40 % des ressources mondiales.

- La quantité de poisson pêchée a fortement augmenté au cours du XXe siècle en raison de **l'augmentation de la population et de la modernisation des techniques** (navires plus gros). Cette **surpêche** entraîne la **disparition de certaines espèces** de poissons.

- La **FAO** tente d'imposer **une pêche responsable et durable** permettant exploitation, préservation et restauration des ressources. Des plans d'action doivent permettre de concilier **niveau de vie correct** pour les pêcheurs, **alimentation suffisante** pour tous et **renouvellement des espèces**.

2 / Des conflits et des problèmes environnementaux

- Mers et océans, qui couvrent les trois quarts de la planète, sont souvent des enjeux importants entre États. Chaque pays possède une **ZEE,** contenant des ressources pour la pêche ou énergétiques (hydrocarbures). La délimitation des ZEE est souvent **source de conflits** entre États.

- Transport maritime et exploitation des ressources **offshore** font peser d'importants **risques technologiques** sur les mers, océans et littoraux. Les activités humaines provoquent de la pollution (eaux usées, produits chimiques, matières plastiques).

- Les océans sont aussi un **régulateur climatique** car en stockant la chaleur, ils freinent le réchauffement de la planète. On observe toutefois une **élévation de la température des eaux marines**, ce qui entraîne une modification des écosystèmes (déplacements de certaines espèces).

MOTS CLÉS

✓ **FAO** : institution des Nations-Unies pour l'alimentation et l'agriculture.

✓ **ZEE** : Zone économique exclusive, espace qui s'étend à 200 miles marins (370,4 km) à partir du littoral. Seul l'État qui possède la ZEE a le droit d'en exploiter les ressources.

✓ **Offshore** : activité loin de côtes, en mer (ou sous la mer).

MINI INTERRO

1. Pourquoi la quantité de poissons pêchés a-t-elle fortement augmenté au cours du XXe siècle ?

2. Quels problèmes pose la surpêche aujourd'hui ?

3. Pourquoi mers et océans sont-ils confrontés à des risques technologiques ?

LE DOCUMENT CLÉ

▷ **Flotte mondiale de pêche et taux de capture**

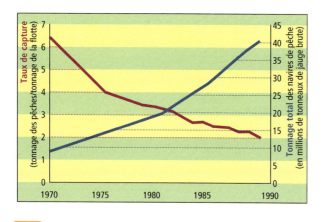

1. **Expliquer.** Depuis 1970, le taux de capture (quantité de poissons pêchés par rapport au nombre et à la taille des navires) a fortement baissé (divisé par 3), tandis que la taille des navires a fortement augmenté (multipliée par 4).

2. **Conclure.** Les navires sont de plus en plus gros (courbe bleue) mais le taux de capture baisse (courbe rouge). Les stocks de poissons à pêcher diminuent donc.

1 Test de connaissances

Complète le tableau avec les propositions suivantes, de façon à associer chaque cause à sa conséquence :
surpêche • augmentation du nombre de poissons pêchés • diminution du nombre de poissons • déplacement de certaines espèces • plan d'action pour limiter les captures • délimitation des ZEE.

Cause	Conséquence
Augmentation de la taille des navires	....
....	Disparition de certaines espèces
Risque d'épuisement de certains stocks	....
....	Conflits entre les pêcheurs
Réchauffement climatique	....
....	Conflits entre États

2 La consommation de poisson

Observe le graphique, puis réponds aux questions.

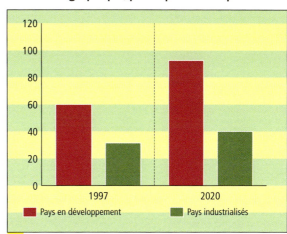

Estimation de la consommation mondiale de poisson (millions de tonnes).

a. En 1997, quelle est la consommation mondiale de poisson ?

b. Globalement, entre 1997 et 2020, comment devrait évoluer la consommation de poisson ?

c. Dans quelle partie du monde cette évolution est-elle la plus forte ? Justifie ta réponse en citant les chiffres.

d. Comment s'explique cette évolution ?

3 CONTRÔLE EXPRESS

Tensions dans l'océan glacial Arctique

Étudie le document pour répondre aux questions.

a. De quel type de document s'agit-il ?

b. Quelle région est représentée sur le document ? Qu'est-ce qui le montre ?

c. Par quel problème est affectée cette région ?

d. Qu'est-ce qui montre que cette région, non exploitée jusque-là, possède des ressources ?

e. Que représentent les cinq sous-marins ? Que veulent-ils ?

L'Arctique, une nouvelle frontière.

Corrigés p. 34 du livret.

161

21 Les États-Unis face à la mondialisation

RETENIR

1 / La première puissance économique mondiale

- Peuplés de 325 millions d'habitants, les États-Unis ont le plus **fort PIB mondial** (plus de 15 000 milliards de dollars). Puissants dans tous les secteurs économiques (agricole, industriel et tertiaire), ils disposent d'une **technologie performante.**

- **1re puissance commerciale,** ils sont **moteurs dans la mondialisation économique** : commerce avec les autres régions du monde, nombreuses **FTN, 1er investisseur** et 1er pays recevant des **IDE**. Ils entretiennent des liens étroits avec les autres membres de la Triade et aussi leurs voisins (Canada, Mexique) et l'Asie de l'Est (Chine). **Pays attractif,** ils reçoivent de nombreux flux migratoires.

- **Puissance politique et militaire majeure**, ils interviennent dans le monde. Depuis 1945, **leur culture et leur mode de vie sont** largement diffusés.

2 / L'organisation du territoire américain

- La mondialisation renforçant le rôle des **métropoles et des littoraux**, le nord-est des États-Unis est le territoire le plus dynamique. La **Megalopolis** contient les **grandes métropoles**, centres de décision politique (Washington) et économique (New York). Elle s'ouvre sur le monde par la façade atlantique.

- La ceinture périphérique (**Sun Belt**) détient des densités de population importantes, des **industries de haute technologie**, de la **recherche** (Silicon Valley) et des **activités culturelles** (Hollywood à Los Angeles). Ouverte sur le Mexique, le Canada et le monde (façades atlantique et pacifique), elle **attire hommes et investissements**.

- À l'Est, les **Grandes Plaines** sont consacrées aux activités agricoles. La moitié Ouest est occupée par des **hauts plateaux et des montagnes**.

GÉOGRAPHIE

MOTS CLÉS

✓ **PIB (Produit intérieur brut)** : ensemble des richesses produites par les entreprises d'un pays.

✓ **IDE (Investissements directs à l'étranger)** : argent investi par des entreprises dans un pays étranger.

MINI INTERRO

1. Quel indicateur permet de mesurer la puissance économique des États-Unis ?

2. Cite trois éléments qui montrent que les États-Unis participent activement à la mondialisation.

3. Quelle est la partie la plus dynamique du territoire américain ?

LE DOCUMENT CLÉ

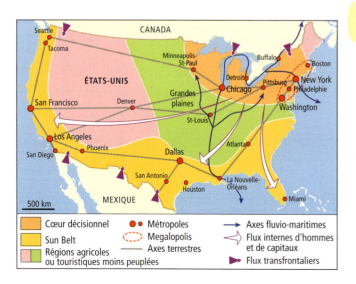

▷ **L'organisation de l'espace des États-Unis**

1. **Expliquer.** La légende comprend quatre parties : les espaces (couleurs), les villes importantes (points), les flux (flèches) et les réseaux de transport (terrestres, fluviaux, maritimes et aériens).

3. **Conclure.** Le Nord-Est et la Sun Belt, espaces dynamiques, comportent le plus grand nombre de métropoles et sont très bien reliés au reste du territoire et au monde par un réseau de transport très dense. Ils témoignent de la métropolisation et de la littoralisation des activités.

162

S'ENTRAÎNER

1 Quiz

Coche la ou les bonne(s) réponse(s).

a. Les États-Unis sont :
- ☐ la 1re puissance commerciale mondiale.
- ☐ la 1re puissance agricole mondiale.
- ☐ la 1re puissance industrielle mondiale.
- ☐ la 1re puissance militaire mondiale.

b. Lesquels de ces pays font partie de la Triade ?
- ☐ Les États-Unis.
- ☐ La France.
- ☐ Le Japon.
- ☐ Le Brésil.

c. Les Grandes Plaines :
- ☐ se situent à l'ouest des États-Unis.
- ☐ sont un vaste territoire agricole.
- ☐ sont très peuplées.
- ☐ abritent la Megalopolis.

d. La Sun Belt :
- ☐ attire les hommes.
- ☐ attire les investissements.
- ☐ est un vaste territoire agricole.
- ☐ est dominée par les activités de haute technologie.

e. La Megalopolis :
- ☐ abrite New York et Washington.
- ☐ se situe au nord-ouest des États-Unis.
- ☐ compte 20 millions d'habitants.
- ☐ est un vaste ensemble de villes.

f. Les États-Unis comptent environ :
- ☐ 32,5 millions d'habitants.
- ☐ 132,5 millions d'habitants.
- ☐ 325 millions d'habitants.
- ☐ 3,25 milliards d'habitants.

g. Les États-Unis sont un pays :
- ☐ émergent.
- ☐ d'émigration.
- ☐ d'immigration.
- ☐ peu peuplé.

h. Une métropole :
- ☐ possède des centres de décision.
- ☐ est un ensemble de villes proches.
- ☐ exerce une influence sur un territoire.
- ☐ est une ville peuplée de plus de 20 millions d'habitants.

2 Un paysage des Grandes Plaines

Étudie la photographie et sa légende, puis réponds aux questions.

Les Grandes Plaines s'étendent sur la moitié Est des États-Unis. Elles sont traversées par le Mississipi et ses affluents.

a. Qu'est-ce qu'une plaine ?

b. Où se situent les Grandes Plaines ?

c. D'après la photographie, quelle doit être la densité de population dans les Grandes Plaines ?

d. Quelle activité économique y est pratiquée ? Décris de quelle manière, en faisant une recherche personnelle.

3 CONTRÔLE EXPRESS

Los Angeles, une grande métropole des États-Unis

Observe la photo et réponds aux questions.

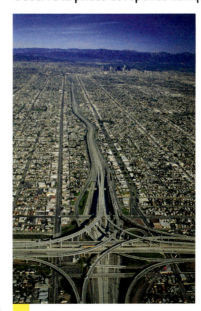

Photographie aérienne de Los Angeles.

a. Présente le document (nature, sujet, date).

b. Localise et situe Los Angeles.

c. À quel type d'espace appartient Los Angeles ?

d. Pourquoi peut-on dire que c'est une ville mondiale ?

e. Décris la photographie et réalise un croquis.

Corrigés p. 34 du livret.

22 L'Afrique de l'Ouest face à la mondialisation

RETENIR

1 / Une région en développement économique

- La région regroupe **quinze pays**, dont la plupart sont **ouverts sur l'océan Atlantique**. Elle fait partie d'un **foyer de peuplement** secondaire (golfe de Guinée). La population se concentre sur le littoral où se trouvent les principales villes.

- Si les pays ont encore de **faibles PIB**, ils connaissent une **forte croissance économique**. Ils exportent des **ressources énergétiques** (pétrole), **minières** (or) ou **agricoles**. Les échanges s'effectuent à partir des **ports** de la façade atlantique.

- Ces pays ont besoin des **investissements étrangers** pour se développer et moderniser leurs infrastructures. Des **FTN** sont présentes pour acheter et exploiter les richesses du sous-sol (Areva l'uranium, Arcelor Mittal le fer).

2 / Des fragilités nombreuses

- La part de l'**industrie** est encore faible par rapport à celle de l'agriculture et les **échanges commerciaux sont déséquilibrés** puisque les pays importent des produits manufacturés.

- Ces pays sont aussi touchés par de **fortes inégalités sociales** et un **faible développement qui entraînent des migrations** vers l'Europe. L'éducation est peu accessible et l'espérance de vie souvent faible en raison de l'insécurité alimentaire, du manque d'accès à la santé ou à l'eau potable.

- Ces pays sont touchés par des phénomènes qui freinent leur développement ou empêchent les investissements étrangers : épidémies (**Ebola**), **désordres politiques**, organisations criminelles.

MOT CLÉ
✓ **Foyer de peuplement** : région du monde qui concentre un grand nombre d'habitants.

MINI INTERRO
1. Comment évolue la population dans les pays de l'ouest de l'Afrique ?
2. Quels sont les principaux types de produits exportés ?
3. Cite trois difficultés qui concernent les pays de l'ouest de l'Afrique.

LE DOCUMENT CLÉ

■ Un troisième quai dans le port de Lomé.

▷ **Le port de Lomé au Togo**

1. Expliquer. Le Togo est un petit pays (57 000 km^2) ayant une ouverture sur l'océan Atlantique. Fin 2014, un troisième quai a été construit dans le port de Lomé avec les investissements d'une entreprise française, ce qui a permis d'augmenter le nombre de navires.

2. Conclure. Le port de Lomé est essentiel puisqu'il réalise 80 % des échanges du pays. Son développement et sa modernisation nécessitent des investissements étrangers qui accroissent le commerce et favorisent l'intégration du Togo dans la mondialisation.

S'ENTRAÎNER

1 L'Afrique de l'Ouest

Étudie la carte et réponds aux questions.

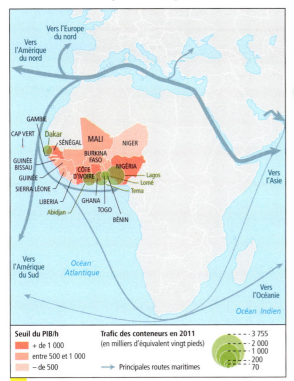

Principaux ports de marchandises en Afrique (2011).

Pays	PIB en 2014 (en millions de dollars)	PIB/h en 2014 (en dollars)	Espérance de vie (en années)
Bénin	9,2	872	59
Burkina Faso	13,4	767	56
Cap Vert	2	3 810	74
Côte d'Ivoire	34	1 370	50
Gambie	0,9	476	59
Ghana	35,5	1 353	61
Guinée	6,8	593	56
Guinée Bissau	1	598	54
Liberia	2,1	495,1	60
Mali	12	693	54
Niger	8,3	484	58
Nigeria	594,3	3 416	52
Sénégal	15,9	1 092	64
Sierra Leone	5,4	868	45
Togo	4,8	691	56

a. Quels États sont enclavés (pas d'accès direct à l'océan) ?

b. Globalement, quel est le niveau de richesse des pays de cette région ?

c. Quels sont les pays les plus riches (plus fort PIB/h) de la région ?

d. Quels sont les principaux ports de la région ? Dans quels pays se situent-ils ?

e. Pourquoi ces ports sont-ils importants pour l'économie de la région ?

2 CONTRÔLE EXPRESS

Lis le texte et réponds aux questions.

Lagos la mégalo

Vue du dixième étage d'un immeuble du quartier de Victoria Island, Lagos, mégalopole de 20 millions d'habitants, a presque l'air d'une ville normale. […] Le directeur général de cette grande entreprise de construction s'est installé dans la capitale économique du Nigeria. […]
À l'horizon, sur une gigantesque étendue de sable de 1 000 hectares, des tractopelles s'activent comme des fourmis. Gabi Massoud planche sur EAC, le nouvel eldorado de l'architecture en Afrique. Cette ville nouvelle […] accueillera dans les prochaines années 250 000 résidents et 150 000 visiteurs, des hôtels de luxe, une marina, un centre commercial de haut standing avec les plus grandes marques mondiales, une avenue aussi grande que les Champs-Elysées et des tours aussi hautes qu'à Manhattan. Ce quartier, entièrement privatisé, a été construit sur des terres arrachées à l'océan. Pour qu'EAC sorte des eaux, il a fallu […] dresser une muraille de 8 kilomètres au large, déverser 100 000 blocs de ciment brise-lames de 5 tonnes chacun, puis ensabler la zone pendant près de sept ans […]. Tout cela pour augmenter la superficie de Lagos, la désengorger et la protéger de la montée de la mer, conséquence du réchauffement climatique.

Projet du quartier EAC à Lagos.

■ D'après un extrait de « Lagos la mégalo », Sophie Bouillon, 30 juin 2014, *Libération*, 1er juillet 2014.

a. Localise et situe Lagos.

b. Combien d'habitants la ville compte-t-elle ?

c. Comment appelle-t-on ce type de ville ?

d. Quel est le nom du nouveau quartier construit ?

e. À quel type de population est-il destiné ? Souligne les passages du texte qui le montrent.

f. Où et comment a été construit ce nouveau quartier ?

Corrigés p. 35 du livret.

23 Pourquoi respecter les autres dans leur diversité ?

L'EXEMPLE QUI FAIT RÉFLÉCHIR

▷ **Quelles différences rencontre-t-on dans les établissements scolaires français ?**

Cette photographie nous montre des différences entre les élèves. Elles sont physiques (comme la taille, le sexe, les couleurs de la peau, des yeux ou des cheveux) mais aussi culturelles (comme les styles vestimentaires ou les coiffures).

1 / Tous les mêmes et tous différents

Nous savons aujourd'hui que les hommes sont génétiquement identiques à 99,9 %. Il n'y a donc qu'**une seule espèce humaine** même si des différences physiques existent. Les individus ont aussi des personnalités complexes et variées, des opinions et des goûts différents.

2 / Des sentiments d'appartenance variés

• Les hommes éprouvent de multiples **sentiments d'appartenance** liés notamment à leurs origines, leur lieu de vie, leur métier, leurs opinions politiques, leur religion ou leur culture.

• Le sentiment d'appartenance peut aussi concerner des ensembles très vastes, comme l'Union européenne ou la **Francophonie** qui unit les personnes francophones (qui parlent français) tout en respectant leur diversité.

3 / Vivre ensemble

• Le **respect mutuel** est une des conditions pour **bien vivre ensemble**. Respecter quelqu'un, c'est avoir de la considération pour lui et l'accepter tel qu'il est. À l'inverse, le racisme et les discriminations sont souvent motivés par la peur de la différence (couleur de peau, handicap…), mais ce sont des délits qui peuvent être sanctionnés par la loi.

• Chez les adolescents, le rejet de la différence, sous la forme du harcèlement, peut mener au repli sur soi et, dans les cas les plus graves, au suicide.

MOTS CLÉS

✓ **Respect :** sentiment de considération que l'on peut avoir envers quelqu'un ou quelque chose.

✓ **Francophonie :** organisation internationale qui rassemble l'ensemble des pays qui ont en commun l'usage de la langue française (soit 274 millions de personnes sur les cinq continents).

MINI INTERRO

1. Pourquoi les « races » humaines n'existent-elles pas ?

2. Quel sentiment peut être à l'origine du rejet d'autrui ?

3. Quelles conséquences le harcèlement peut-il avoir pour des adolescents ?

166

S'ENTRAÎNER

1 Vrai ou faux ?

Coche la réponse qui convient.   V   F

a. La différence génétique entre deux êtres humains est de 1 %. ☐ ☐

b. Les hommes peuvent se sentir appartenir à plusieurs collectivités. ☐ ☐

c. L'égalité signifie que tout le monde doit être pareil. ☐ ☐

d. Respecter quelqu'un, c'est tolérer sa différence. ☐ ☐

e. Les jeunes vivent souvent plus mal le rejet de leur différence que les adultes. ☐ ☐

2 Mal vivre sa différence

Lis ce texte et réponds aux questions.

Le champion d'athlétisme Christophe Lemaitre raconte le harcèlement dont il a été victime lorsqu'il était enfant.

Les premières moqueries ont commencé en CE2. Je n'ai jamais vraiment compris pourquoi. C'est vrai que je zozotais et que je ne parlais pas beaucoup. Je ne sais pas si c'était la raison car j'avais malgré tout quelques copains. Mais du jour au lendemain, j'ai été rejeté, banni. Je n'étais plus invité à jouer avec les autres. Au collège, cela a viré à la catastrophe. Je n'en parlais pas à la maison. Je ne voulais rien dire. [...] Ces années de collège ont été un véritable calvaire. [...] Le matin, j'avais toujours une petite appréhension lorsque j'arrivais devant le portail de l'établissement. La peur de croiser ceux qui m'embêtaient. Ils étaient assez nombreux. Ils ne me tapaient pas – ça n'allait pas jusque-là – mais ils se moquaient de ma grande timidité et notamment de mon cheveu sur la langue. [...] C'était difficile à supporter, surtout sur le moment. De nos jours, certains enfants victimes de harcèlement vont jusqu'à mettre fin à leurs jours. Heureusement, je n'y ai jamais pensé. Ça n'allait pas fort mais je n'aurais jamais envisagé de me suicider [...]. Pendant ces années, j'ai nourri une rage folle à force de garder tout pour moi. C'est ce qui me fait avancer maintenant.

▪ *La Revanche du grand blond* par Christophe Lemaitre avec Christophe Peralta.

a. Quels sentiments Christophe Lemaitre a-t-il ressentis devant l'attitude des autres élèves ?

b. Qu'aurais-tu ressenti si tu avais été à sa place ? Explique en quelques lignes pourquoi tu aurais éprouvé ces sentiments.

c. Imagine que tu es dans la classe de Christophe Lemaitre. Thomas, un autre élève de la classe, lui dit : « Va plus loin, je ne veux pas qu'un débile se mette à côté de moi. » Comment réagis-tu ?

☐ Tu ne dis rien car tu ne veux pas te mêler des affaires des autres.
☐ Tu défends Christophe en t'adressant à Thomas.
☐ Tu rigoles pour que Thomas t'apprécie.
☐ Tu ne dis rien sur le moment mais tu vas voir Christophe plus tard pour le réconforter.

d. Pour défendre Christophe, écris ce que tu pourrais dire à Thomas.

3 CONTRÔLE EXPRESS

Une affiche de la Francophonie

a. Que célèbre cette affiche ?

b. Comment cette affiche représente-t-elle la diversité humaine ?

c. Quels éléments rapprochent ces personnes ?

d. Quelle est l'ambition de la Francophonie ? Explique le sens du slogan de l'affiche.

e. Explique en quelques lignes pourquoi il faut respecter les différences.

24 Comment la laïcité permet-elle de mieux vivre ensemble ?

L'EXEMPLE QUI FAIT RÉFLÉCHIR

▷ **De quels droits sont privés les enfants-soldats ?**

Une charte est un texte composé d'un ensemble de règles à respecter. Depuis 2013, la Charte de la laïcité doit être affichée dans toutes les écoles de France. Elle rappelle la définition de la laïcité (article 2) et la manière dont elle doit être appliquée dans les écoles : les personnels et les élèves sont libres d'avoir leurs propres convictions mais ils ne doivent pas les manifester de manière visible (articles 11 et 14).

Affiche du ministère de l'Éducation nationale, de l'Enseignement supérieur et de la Recherche.

•• LA RÉPUBLIQUE EST LAÏQUE ••

CHARTE DE LA LAÏCITÉ À L'ÉCOLE

1 La France est **une République indivisible, laïque, démocratique et sociale**. Elle assure l'égalité devant la loi, sur l'ensemble de son territoire, de tous les citoyens. Elle respecte toutes les croyances.

2 La République laïque organise **la séparation des religions et de l'État**. L'État est neutre à l'égard des convictions religieuses ou spirituelles. Il n'y a pas de religion d'État.

11 Les personnels ont un devoir de stricte neutralité : ils ne doivent pas manifester leurs convictions politiques ou religieuses dans l'exercice de leurs fonctions.

14 Dans les établissements scolaires publics, les règles de vie des différents espaces, précisées dans le règlement intérieur, sont respectueuses de la laïcité. Le port de signes ou tenues par lesquels les élèves manifestent ostensiblement une appartenance religieuse est interdit.

•• L'ÉCOLE EST LAÏQUE ••

RETENIR

MOT CLÉ

✓ **Laïcité** : principe d'organisation de la société fondé sur la séparation du pouvoir religieux et du pouvoir politique.

1 / Le principe de laïcité

La laïcité est un principe fondateur de la République française. Il naît avec l'affirmation de la liberté de conscience au moment de la Révolution française. Il s'enracine ensuite tout au long du XIXe siècle chez les défenseurs de la République, en réaction à l'influence de l'Église catholique qui s'oppose aux valeurs libérales et démocratiques. La loi de **séparation des Églises et de l'État** est votée en 1905. Désormais, aucune religion n'est reconnue par l'État.

2 / Une valeur constitutionnelle

L'article premier de la Constitution française indique que la République assure l'égalité devant la loi de tous les citoyens sans distinction d'origine, de race ou de religion. La laïcité renforce donc l'**égalité entre les citoyens** puisque tous ont les mêmes droits et les mêmes devoirs quelle que soit leur religion.

3 / Les défis de la laïcité

L'article 14 de la Charte de la laïcité fait référence à la loi de 2004 sur les signes religieux : elle interdit dans l'enceinte des établissements scolaires le port du voile islamique, de la kippa et des croix de grande taille. Garantie du vivre ensemble, la laïcité est une **valeur républicaine qui doit être expliquée et défendue**.

MINI INTERRO

1. Quand la loi de séparation des Églises et de l'État a-t-elle été votée ?

2. Comment la laïcité permet-elle de renforcer l'égalité entre les citoyens ?

3. Quels sont les signes religieux ostensibles interdits par la loi de 2004 ?

S'ENTRAÎNER

1 Quiz

Coche la ou les bonne(s) réponse(s).

a. La laïcité est :
- ☐ un principe d'organisation de la société
- ☐ une valeur républicaine à défendre
- ☐ un droit de l'homme

b. La laïcité renforce :
- ☐ l'égalité entre les citoyens
- ☐ la liberté de conscience
- ☐ la liberté d'expression

c. À l'école, la laïcité permet :
- ☐ le port de signes religieux
- ☐ de ne pas suivre certains enseignements
- ☐ de discuter des différentes religions

2 Les enjeux de la laïcité

Étudie ces documents et réponds aux questions.

Document 1 : Des valeurs républicaines menacées

Après les attentats de janvier 2015 contre le journal Charlie Hebdo *et contre une épicerie casher, qui ont fait 17 morts, et le rassemblement de 4 millions de personnes dans la rue pour rendre hommage aux victimes, la ministre de l'Éducation nationale, Najat Vallaud-Belkacem, réaffirme les valeurs républicaines à l'école.*

« Notre pays vit une situation d'une gravité exceptionnelle [...]. Les attentats barbares ont frappé le cœur de notre République en visant ses valeurs essentielles. Ils ont suscité en réaction la réponse déterminée de toutes les forces du pays et de l'immense majorité de nos concitoyens [...]. Outre la transmission des connaissances, la Nation fixe comme mission première à l'école de transmettre et de faire partager aux élèves les valeurs et principes de la République, et notamment le respect de l'égale dignité des êtres humains, de la liberté de conscience et de la laïcité. Depuis la rentrée 2013, la Charte de la laïcité à l'école est apposée dans toutes les écoles et établissements de France et doit être présentée chaque année aux élèves, mais aussi aux parents. L'ambition nouvelle et forte est de développer la pédagogie de la laïcité car aucune valeur ne se contemple. Elle se discute, elle se débat, elle s'expérimente. »

■ *Mobilisons l'école pour les valeurs de la République*, discours de Najat Vallaud-Belkacem, 13 janvier 2015.

a. Quels « attentats barbares » et quelle « réponse déterminée » sont évoqués par la ministre ?

b. Pourquoi l'école est-elle un lieu privilégié pour réaffirmer la laïcité ?

c. Quels moyens sont utilisés pour diffuser les principes de la laïcité ?

d. Pour prolonger ta réflexion sur cet événement, tu trouveras de très nombreuses ressources à l'adresse : http://www.clemi.org/fr/je-suis-charlie/

Document 2 : La laïcité au quotidien

■ xaviergorce.blog.lemonde.fr/

e. Quelles personnes sont représentées dans cette bande dessinée ?

f. Comment ce document représente-t-il la diversité des croyances religieuses ?

g. En quoi cette bande dessinée illustre-t-elle la laïcité à l'école ?

3 CONTRÔLE EXPRESS

Rédige un paragraphe de quelques lignes en suivant la consigne.
Un élève souhaite venir au collège avec un turban, qu'il porte pour des raisons religieuses. Explique-lui pourquoi il n'en a pas le droit.

Corrigés p. 35 du livret.

25 Comment est appliquée la justice en France ?

L'EXEMPLE QUI FAIT RÉFLÉCHIR

▷ **Comment les établissements scolaires appliquent-ils les principes de la justice ?**

Les sanctions disciplinaires sont prononcées par le chef d'établissement ou par le conseil de discipline [...]. Elles concernent les atteintes aux personnes et aux biens et tous les manquements graves ou répétés aux obligations des élèves. [...]

Les sanctions peuvent faire l'objet d'un recours par les responsables légaux de l'élève devant les tribunaux administratifs. [...]

[La commission éducative] a pour mission d'examiner la situation d'un élève dont le comportement est inadapté aux règles de vie dans l'établissement ou qui ne répond pas à ses obligations scolaires. La finalité est d'amener les élèves à s'interroger sur le sens de leur conduite, aux conséquences de leurs actes pour eux-mêmes et autrui.

■ Extraits du règlement intérieur du collège Gérard-Philipe à Fontaine (Isère). DR

Appliquer les principes de la justice dans un collège est indispensable pour sanctionner les comportements inadaptés aux règles de la vie collective. Le principe de la voie de recours pour contester une procédure disciplinaire est ici rappelé. La finalité est pédagogique : amener l'élève à s'interroger sur ses actes.

RETENIR

MOT CLÉ

✓ **Justice** : institution chargée de faire appliquer le droit.

1 / La nécessité de la justice

La justice à plusieurs fonctions : elle **protège** les libertés, les intérêts et la sécurité de chacun ; elle **punit** ceux qui ne respectent pas les règles (justice pénale) ; elle **tranche** les litiges entre les personnes (justice civile) ou entre un particulier et une administration (justice administrative).

2 / Les principes de la justice

La justice respecte de grands principes : **la présomption d'innocence** (tout individu est considéré innocent jusqu'au verdict du juge) ; **les droits de la défense** (s'exprimer, avoir un avocat, échanger des arguments avec l'accusation dans le cadre d'un débat contradictoire) ; **les voies de recours** (demander à être rejugé) ; **l'égalité d'accès** pour tous les citoyens.

3 / Le fonctionnement de la justice

MINI INTERRO

1. À quoi sert la justice ?
2. Quels sont les principes essentiels de la justice ?
3. Quels tribunaux sont chargés de la justice pénale ?

Il existe de **nombreux tribunaux** : le **tribunal de police** (il exerce la justice pénale pour les infractions les moins graves) ; le **tribunal correctionnel** (il juge les délits et peut infliger des peines allant jusqu'à 10 ans d'emprisonnement) ; la **cour d'assises** (elle juge les crimes et peut condamner à des peines de prison à perpétuité) ; la **cour d'appel** (elle rejuge une affaire lorsque l'une des parties conteste la décision du tribunal) ; le **tribunal de grande instance** (il juge les affaires civiles, comme les divorces) ; le **tribunal des prud'hommes** (il juge les affaires opposant salariés et employeurs) ; le **tribunal administratif** (il juge les affaires mettant en cause l'État).

S'ENTRAÎNER

1 Test de vocabulaire

Relie chaque mot ou expression à sa définition.

Affaire
a. Jean-Marc P. a incendié des voitures.
b. Mathieu B. conteste le montant de son impôt sur le revenu.
c. Lionel G. a braqué une bijouterie.
d. Christophe M. conteste sa condamnation à la prison à perpétuité pour meurtre.
e. Frédéric V. conteste les raisons de son licenciement.

Tribunal
1. Cour d'assises
2. Conseil des prud'hommes
3. Tribunal correctionnel
4. Tribunal administratif
5. Cour d'assises d'appel

2 L'organisation de la justice

Étudie ce schéma et réponds aux questions.

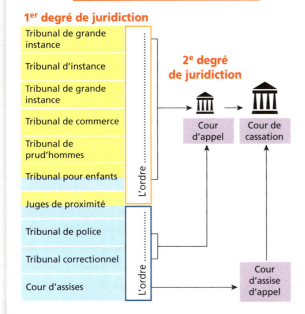

D'après www.vos-droits.justice.gouv.fr

a. Inscris les termes « civil », « pénal » et « administratif » en face des tribunaux concernés.

b. Quels tribunaux réexaminent les affaires jugées par une juridiction du premier degré ?

c. Quelle est la juridiction la plus élevée de l'ordre judiciaire ?

3 CONTRÔLE EXPRESS

Un jugement au tribunal correctionnel

Lis ce texte et réponds aux questions.

Mardi dernier, trois hommes âgés de 19, 23 et 37 ans étaient jugés en comparution immédiate devant le tribunal correctionnel d'Albi pour « vol avec violence ». Les faits remontaient au jeudi 22 novembre : un artisan boucher, se rendant compte du vol des clés du contacteur commandant la grille de sécurité de son commerce, s'était lancé à la poursuite de trois individus. Il les avait rattrapés dans la rue mais au moins deux d'entre eux l'avaient frappé, le troisième lui dérobant son téléphone portable. […] Le tribunal avait prononcé des peines d'un an de prison dont six mois ferme à l'encontre de Daniel, 37 ans et Carl, 23 ans, maintenus en détention, alors qu'Alexandre, 19 ans, condamné à un an dont huit mois assortis d'un sursis et mise à l'épreuve, ressortait libre puisque la partie ferme pourra être aménagée. Malgré tout, ce jugement était très en deçà des réquisitions de la procureur […]. Les propos, rapportés dans nos colonnes, d'une avocate de la défense semblaient mettre en doute la probité des policiers. Autant de raisons qui ont conduit le parquet à faire appel du jugement. Un second procès sera donc organisé.

■ D'après un article de www.ladepeche.fr, La Dépêche du Midi

a. De quel délit sont accusés les trois hommes ? Par quel tribunal sont-ils jugés ?

b. À quelles peines sont-ils condamnés ?

c. Pourquoi les trois hommes ont-ils été condamnés à des peines différentes ?

d. Les principes de la justice sont-ils respectés ? Justifie ta réponse.

e. Quel tribunal réexaminera cette affaire en appel ?

Corrigés p. 35 du livret.

26 Pourquoi nos libertés ont-elles des limites ?

L'EXEMPLE QUI FAIT RÉFLÉCHIR

▷ **Comment des salariés peuvent-ils exprimer leur mécontentement ?**

■ Manifestation de cheminots à Lille le 17 juin 2014

En vertu de la liberté syndicale et du droit de manifestation, des agents de la SNCF défilent contre un projet de réforme. Dans le secteur ferroviaire, le droit de grève est limité par le service minimum : pour permettre aux autres citoyens de se déplacer, 50 % des trains doivent toujours circuler. Est-ce une limite de la liberté d'expression des cheminots ? Ou la possibilité donnée aux usagers d'exercer eux aussi l'une de leurs libertés, celle de se déplacer ?

RETENIR

En démocratie, les citoyens bénéficient de libertés et de droits fondamentaux. Mais pour rendre possible la vie en société, il faut des lois et des règles.

1 / Des libertés fondamentales

MOT CLÉ

✓ **Liberté** : possibilité d'agir et de s'exprimer selon sa propre volonté.

- Il y a les libertés individuelles (que chacun peut exercer séparément des autres citoyens), comme :
  – la **liberté de conscience** (le droit de suivre les idées que l'on juge bonnes, ce qui inclut la liberté de croyance) ;
  – la **liberté d'expression** (le droit d'exprimer ses opinions).
- Et il existe aussi les libertés collectives (que l'on exerce en société), comme :
  – la **liberté d'association** (le droit de créer et de faire partie d'une association) ;
  – la **liberté de réunion** (le droit de se réunir avec d'autres personnes de manière pacifique).

2 / Les libertés face aux exigences sociales

MINI INTERRO

1. Quelles libertés fondamentales exerce-t-on de manière individuelle ?

2. Quelles libertés fondamentales exerce-t-on de manière collective ?

3. Quel texte fixe les règles de fonctionnement dans un collège ?

- Dans une société démocratique, les citoyens sont égaux devant la loi : ils ont tous les mêmes droits et les mêmes devoirs. Mais le bon fonctionnement d'une collectivité nécessite des règles qui fixent des **limites aux libertés**, la liberté des uns s'arrêtant là où commence celle des autres.
- En ce qui concerne la liberté d'expression, chacun peut s'exprimer, mais il est interdit de diffamer (accusation malveillante qui porte atteinte à la réputation de quelqu'un), d'inciter à la haine ou au meurtre, ou encore de porter atteinte à la vie privée ou au droit à l'image, que ce soit dans un journal ou sur Facebook.

S'ENTRAÎNER

1. Mots croisés

Complète la grille à l'aide des définitions.

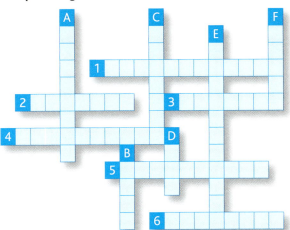

Horizontalement
1. Type de liberté que l'on peut exercer seul.
2. Principe instituant la séparation des institutions religieuses et de l'État.
3. Terme de la devise républicaine au nom duquel on fixe des limites aux libertés.
4. Journal quotidien national le plus vendu en France.
5. Régime politique dans lequel les libertés fondamentales sont garanties.
6. Réseau informatique mondial dans lequel certaines libertés peuvent être exercées.

Verticalement
A. Type d'organisation créée pour défendre les intérêts professionnels de ses membres.
B. Sigle désignant un texte fondamental rédigé en 1789.
C. Avis que l'on peut partager dans le cadre de la liberté d'expression.
D. Règle votée par le Parlement.
E. Type d'aide apportée par des associations comme Médecins sans frontières.
F. Action collective et revendicative qui consiste à cesser le travail.

2. Encadrer la liberté d'expression

Lis attentivement ces descriptifs de différentes situations et réponds aux questions.

Situations	Qualifications
1. Le 15 octobre 2010, le parfumeur Jean-Paul Guerlain s'exprime sur France 2 : « Pour une fois, je me suis mis à travailler comme un nègre. Je ne sais pas si les nègres ont toujours tellement travaillé, mais enfin… »	
2. En août 2013, un internaute publie sur Twitter un hashtag commençant par : « #BrûlonsLesGays »	
3. Le 5 août 2014, l'animateur de télévision Patrick Sébastien dit à une journaliste de *La Montagne* : « Tu es une enfoirée. »	
4. Le 12 décembre 2013, l'animateur de télévision Laurent Baffie affirme que le chroniqueur Jérémy Michalak est responsable de l'arrêt d'une de ses émissions.	
5. En janvier 2014, le magazine *Closer* publie des photographies volées du président de la République François Hollande avec l'actrice Julie Gayet.	

a. Choisis le terme le plus adapté pour qualifier chacune de ces situations : insulte – atteinte à la vie privée – racisme – homophobie – diffamation

b. Réagis à l'une de ces situations et rédige quelques lignes pour expliquer pourquoi la liberté d'expression doit avoir des limites.

3. CONTRÔLE EXPRESS

Libertés et égalité dans les collèges

Lis les dispositions de ce règlement intérieur de collège et réponds aux questions.

Les élèves disposent de droits et de libertés :
– la liberté d'information ;
– la liberté d'expression (que les élèves peuvent exercer individuellement ou collectivement) ;
– la liberté de réunion.

Les élèves doivent respecter certaines obligations :
– respecter l'ensemble des personnes de la communauté éducative ;
– être assidus aux enseignements (obligatoires comme facultatifs) ;
– être ponctuels et respecter les horaires de l'établissement ;
– ne pas porter de signes ou de tenues qui manifestent ostensiblement une appartenance religieuse.

a. Quelles libertés fondamentales sont garanties dans le collège ?

b. Quelles limites sont fixées à ces libertés ?

c. Explique en quoi ces limites permettent d'assurer l'égalité entre les élèves.

d. Lis dans ton carnet de correspondance le règlement intérieur de ton collège pour y repérer quels sont tes droits et tes devoirs.

Corrigés p. 36 du livret.

27 Comment le citoyen est-il au cœur de la démocratie ?

L'EXEMPLE QUI FAIT RÉFLÉCHIR

▷ **Des collégiens acteurs de la démocratie**

Le conseil municipal des collégiens de Pierrefitte-sur-Seine

Le fonctionnement

Seuls les élèves de 5e et de 4e peuvent voter et présenter leur candidature à l'élection des conseillers. [...] le mandat de conseiller dure deux ans. Chaque élève qui se porte candidat doit remplir une profession de foi qui le présente, un document qui est affiché dans son établissement au regard de tous ses camarades. Une fois élus, les conseillers peuvent débattre de toutes les questions relatives à la politique municipale.

Quelques actions réalisées depuis 2010 :
– organisation d'une collecte en faveur des sinistrés affectés par le tremblement de terre d'Haïti ;
– visite de Bruxelles et découverte du Parlement européen.

■ Site internet de la mairie de Pierrefitte-sur-Seine

Dans certaines villes, les jeunes citoyens ont la possibilité de se présenter et d'être élus dans un conseil municipal des collégiens, comme à Pierrefitte-sur-Seine. Ils peuvent ainsi faire l'apprentissage de la démocratie en s'impliquant dans la vie municipale. Ils se réunissent régulièrement pour proposer au maire des actions à mener.

RETENIR

MOTS CLÉS

✓ **Citoyen** : individu qui partage les droits et les devoirs d'autres individus dans une démocratie.

✓ **Démocratie** : régime politique dans lequel la souveraineté émane du peuple.

1. Le fonctionnement de la démocratie

●Depuis la Déclaration des droits de l'homme et du citoyen de 1789, le fonctionnement de la démocratie repose en France sur la **séparation des pouvoirs** : le pouvoir législatif (voter la loi) ; le pouvoir exécutif (gouverner le pays) ; le pouvoir judiciaire (juger les litiges).

●La Constitution de la Ve République (1958) dispose que la souveraineté nationale appartient au peuple qui l'exerce par le vote. En effet, les citoyens de nationalité française et âgés de plus de 18 ans votent pour des élus qui les représentent : on parle de **démocratie représentative**. Ils peuvent aussi voter lors des référendums, pour répondre directement « oui » ou « non » à une question.

MINI INTERRO

1. Quels pouvoirs sont séparés dans une démocratie ?

2. Donne un exemple de « droit-liberté » et un exemple de droit économique et social.

3. Cite deux moyens dont disposent les citoyens pour exprimer leur opinion dans une démocratie participative.

2. Le rôle des citoyens

●Face à la hausse de l'abstention aux élections, il apparaît nécessaire de développer la **démocratie participative** : des débats et des dispositifs de consultation sont organisés pour renforcer l'engagement des citoyens. Les Conseils de quartiers permettent par exemple aux habitants de s'exprimer sur la gestion de leur ville.

●Les citoyens bénéficient de « **droits-libertés** », comme la liberté d'expression ou le droit de vote, et de **droits économiques et sociaux**, comme le droit à l'instruction ou celui d'appartenir à un syndicat. Dans le même temps, la loi impose des **devoirs**, comme payer des impôts ou participer à la « Journée défense et citoyenneté ».

174

S'ENTRAÎNER

1 Test de vocabulaire

Relie chaque mot ou expression à sa définition.

a. Opinion publique

b. Démocratie participative

c. Débat

d. Démocratie représentative

e. Engagement

f. Référendum

g. Vote

1. Forme de démocratie dans laquelle les citoyens élisent des représentants.
2. Consultation directe du peuple.
3. Fait de prendre parti par une action ou par des discours.
4. Discussion organisée autour d'un thème.
5. Ensemble des avis de la population d'un pays.
6. Moyen d'expression de la souveraineté nationale.
7. Forme de démocratie qui associe les citoyens à la prise de décision.

2 Les institutions de la Ve République

Étudie cet organigramme et réponds aux questions.

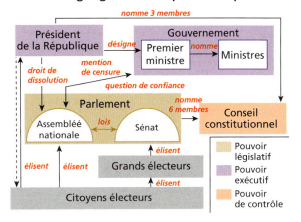

a. Les pouvoirs sont-ils bien séparés en France ?

b. Comment le peuple exerce-t-il sa souveraineté ?

c. La France est une démocratie représentative. Justifie cette affirmation à l'aide du document.

d. En France, la République est dite présidentielle. Montre que le président de la République a un pouvoir supérieur à celui du Parlement.

3 CONTRÔLE EXPRESS

La conquête des droits en France

Utilise la frise chronologique pour répondre aux questions.

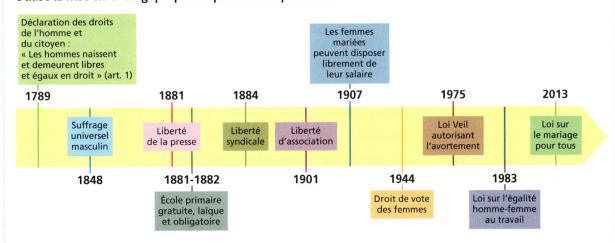

a. Souligne en bleu les droits-libertés conquis depuis 1789.

b. Souligne en rouge les droits économiques et sociaux.

c. Encadre en vert les droits qui concernent spécifiquement les femmes. Dans quels domaines la conquête des droits a-t-elle été plus lente pour les femmes que pour les hommes ?

d. Imagine que tu es un député qui fait un discours à l'Assemblée nationale pour inciter les parlementaires à voter en faveur de l'un de ces droits (celui de ton choix). Que dirais-tu pour les convaincre ?

Corrigés p. 36 du livret.

28 Pourquoi s'engager dans une association ?

L'EXEMPLE QUI FAIT RÉFLÉCHIR

▷ **Pourquoi et comment Solen s'implique-t-il dans l'association Greenpeace ?**

« Je milite à Greenpeace parce que je suis d'accord avec l'objectif de l'organisation qui est la protection de l'environnement et avec le principe de non-violence dont dépendent ses actions », explique Solen, 20 ans. Cet étudiant avoue passer ses week-ends, ses soirées, voire une partie de ses nuits, à sa nouvelle activité. Les militants se rassemblent dans un petit local aux murs recouverts d'affiches Greenpeace, pour discuter des sujets d'actualité liés aux océans, aux OGM (organismes génétiquement modifiés), au nucléaire et au changement climatique.

« L'objet de ces réunions est de s'informer afin d'être capable d'argumenter et de convaincre lorsque nous allons à la rencontre du public », ajoute Solen.

■ Extrait du site www.cidj.com

Greenpeace est une organisation non gouvernementale (ONG), ce qui signifie qu'elle ne dépend pas d'un État et qu'elle fonctionne de manière autonome.

Solen est l'un des militants de l'association. Il partage ses valeurs : ses objectifs (protéger l'environnement) et ses modes d'action (la non-violence). L'engagement de Solen est bénévole et occupe une partie de son temps libre.

RETENIR

MOTS CLÉS

✓ **Association** : réunion de personnes qui partagent un but ou un intérêt commun.

✓ **Bénévole** : membre d'une association qui apporte son aide sans recevoir de rémunération.

1 / Le fonctionnement des associations

● Depuis la loi de 1901, les associations doivent être composées d'au moins deux personnes, y compris mineures, et avoir des statuts déposés en préfecture. Les associations sont à **but non lucratif**, c'est-à-dire que leur but ne doit pas être l'enrichissement personnel de leurs membres.

● La France compte un million d'associations qui regroupent 11 millions de **bénévoles** et 1,3 millions de **salariés**. Leur variété est infinie, depuis une minuscule association de quartier à une ONG présente dans différents pays comme Greenpeace.

2 / Une très grande variété

● Les associations sont toujours un regroupement de plusieurs personnes qui partagent **le même objectif**. Ce but commun peut être notamment humanitaire, environnemental, culturel, sportif, professionnel ou religieux.

● Certaines sont **reconnues d'utilité publique** (comme les associations de lutte contre des maladies). Elles ont alors le droit de récolter des **dons**.

3 / Les différentes formes d'engagement

Appartenir à une association est une **démarche volontaire**. Les citoyens peuvent s'impliquer de différentes façons : comme **donateurs** (en donnant de l'argent) ou comme **militants** (en agissant de manière active pour une cause).

MINI INTERRO

1. Quels sont les avantages pour une association à être qualifiée « d'utilité publique » ?

2. Pourquoi des citoyens adhèrent-ils à des associations ?

3. Parmi les adhérents, qu'est-ce qui distingue les donateurs des militants ?

176

S'ENTRAÎNER

1 Vrai ou faux ?

Coche la réponse qui convient.

	V	F
a. Toutes les associations sont reconnues d'utilité publique.	☐	☐
b. Une association peut ne regrouper que deux personnes.	☐	☐
c. L'engagement dans une association nécessite d'y consacrer du temps.	☐	☐
d. On peut être forcé d'adhérer à une association.	☐	☐
e. Certaines associations permettent à leurs membres de gagner beaucoup d'argent.	☐	☐
f. La liberté de créer et de s'engager dans une association est reconnue en France depuis une loi de 1901.	☐	☐
g. Les associations ne regroupent que des bénévoles.	☐	☐

2 La variété du monde associatif

Complète ce tableau en respectant les consignes.

	Nom de l'association	But de cette association	Exemple d'action
1	Association française pour la percussion		
2	Association des bibliothécaires de France		
3	ASCUL Tennis Lyon		
4	Ligue pour la protection des oiseaux (LPO)		
5	La Croix-Rouge française		
6	Mouvement chrétien des retraités (MCR)		

a. Retrouve quel est le but de chacune de ces associations.

b. Grâce à son nom et à son but, indique pour chaque association quel peut être un exemple de ses actions.

c. Cherche les noms et les actions de trois associations implantées dans ta commune.

3 CONTRÔLE EXPRESS

Le budget d'une association

L'AFM-Téléthon est une association reconnue d'utilité publique qui lutte contre les myopathies (maladies affectant les fibres musculaires). Ses recettes et ses dépenses sont représentées par deux graphiques.

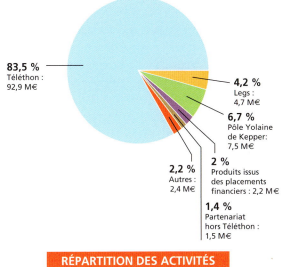

ORIGINE DES RECETTES 2014
111,2 millions d'euros
91 % des recettes issues de la générosité du public

- 83,5 % Téléthon : 92,9 M€
- 4,2 % Legs : 4,7 M€
- 6,7 % Pôle Yolaine de Kepper : 7,5 M€
- 2,2 % Autres : 2,4 M€
- 2 % Produits issus des placements financiers : 2,2 M€
- 1,4 % Partenariat hors Téléthon : 1,5 M€

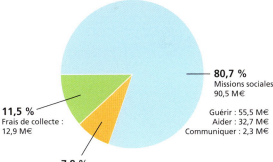

RÉPARTITION DES ACTIVITÉS
112,2 millions d'euros

- 80,7 % Missions sociales 90,5 M€ (Guérir : 55,5 M€ ; Aider : 32,7 M€ ; Communiquer : 2,3 M€)
- 11,5 % Frais de collecte : 12,9 M€
- 7,8 % Frais de gestion : 8,8 M€

Pôle Yolaine de Kepper : maison d'accueil pour personnes en situation de grande dépendance atteintes de maladies neuromusculaires et/ou neurologiques évolutives.
Source : www.afm-telethon.fr

a. Montre que l'association AMF-Téléthon fonctionne grâce à la générosité publique.

b. Quelles sont ses autres sources de financement ?

c. Quels domaines reçoivent le plus d'investissements financiers ?

d. Montre que le fonctionnement d'une telle association représente une part importante de son budget.

Corrigés p. 36 du livret.

DATE   ÉVALUATION

LA PLANÈTE TERRE, L'ENVIRONNEMENT ET L'ACTION HUMAINE

1 Les phénomènes météorologiques et géologiques : risques et enjeux   180

2 Gérer les ressources naturelles : l'eau et le sol   182

3 Activités humaines et écosystèmes   184

LE VIVANT ET SON ÉVOLUTION

4 Les besoins des végétaux chlorophylliens   186

5 La reproduction sexuée des plantes à fleurs   188

6 La diversité génétique   190

LE CORPS HUMAIN ET LA SANTÉ

7 Systèmes nerveux et cardiovasculaire   192

8 Équilibre alimentaire et microbiome   194

9 Le monde bactérien et l'organisme   196

10 La capacité de transmettre la vie   198

SVT

1 Les phénomènes météorologiques et géologiques : risques et enjeux

RETENIR

1 / Phénomènes météorologiques et gestion des risques

- La Terre est une planète active. Elle est formée d'enveloppes externes : l'**atmosphère** et l'**hydrosphère**, qui sont animées de vents et de courants océaniques.

- La **météorologie** étudie les phénomènes atmosphériques. Des relevés réguliers (température, pression atmosphérique, pluviométrie, force du vent) sont effectués dans les stations météorologiques et par satellite (Météosat).

- Les données météorologiques permettent d'**alerter les populations** en cas de risque d'un phénomène dangereux (tempête, ouragan).

2 / Phénomènes géologiques et gestion des risques

- La Terre a aussi une activité interne. La majorité des **séismes** et des **éruptions volcaniques** se produisent aux limites des plaques tectoniques. Les failles et les volcans actifs sont ainsi bien identifiés et surveillés par satellite GPS.

- L'Homme y a installé des observatoires pour effectuer une surveillance en continu. L'augmentation de la sismicité, de la température ou du gonflement d'un volcan permettent de **prévoir un aléa** sismique ou volcanique, et d'évacuer les populations.

- Des **mesures de prévention** comme les constructions parasismiques et l'éducation des populations permettent également de limiter les risques.

- La force d'un séisme est évaluée par sa **magnitude** (échelle de Richter).

MOTS CLÉS

✔ **Aléa** : ici, probabilité de la survenue d'un phénomène naturel.

✔ **Prévision d'un risque** : annonce de la survenue d'un phénomène naturel par des relevés de terrain.

MINI INTERRO

1. Explique pourquoi la Terre est une planète active.

2. Explique la différence entre prévision et prévention.

LE DOCUMENT CLÉ

▷ **Tsunamis : un système d'alerte dans le Pacifique**

- Un tsunami est une **série de vagues destructrices**, pouvant atteindre les côtes. Ces vagues sont créées par le déplacement de terrains sous la mer (séisme sous-marin).

- Depuis le tsunami meurtrier survenu le 26 décembre 2004 en Indonésie, des **dispositifs d'alerte** internationaux et des systèmes de prévention ont été mis en place. Ils aident à réduire les risques pour les populations.

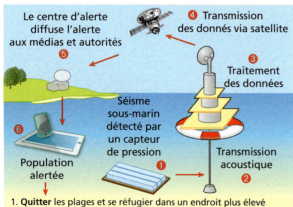

1. **Quitter** les plages et se réfugier dans un endroit plus élevé
2. **Rester** à l'écart des rivières qui se jettent dans l'océan
3. **Attendre** la levée de l'alerte : il peut y avoir plusieurs raz-de-marée

1 Vrai ou faux ?

Coche la case qui convient.

	V	F
a. L'atmosphère est animée de vents.	☐	☐
b. La météorologie étudie les phénomènes géologiques.	☐	☐
c. La magnitude d'un séisme permet d'évaluer sa force.	☐	☐
d. La surveillance des failles par satellite GPS permet de prévoir un séisme.	☐	☐

2 Alerte tsunami

Utilise le document clé page précédente pour répondre aux questions.

a. Comment fonctionne le dispositif d'alerte ?

b. Que faut-il faire en cas d'alerte au tsunami ?

3 Plan d'évacuation à La Réunion

Le piton de la Fournaise est un volcan actif situé sur l'île de La Réunion.
Un observatoire volcanique surveille son activité. En cas de crise éruptive, le plan ORSEC-Éruption volcanique est déclenché.

Niveau d'alerte	Activité volcanique	Plan ORSEC
Préalerte	Sismicité anormale / Déformation du volcan	L'observatoire alerte les autorités.
Niveau 1	Éruption imminente	Cellule de crise activée et mobilisation des services
Niveau 2	Éruption dans l'enclos*	
Niveau 3	Éruption hors enclos : risque pour les habitations des alentours	Préparation de l'évacuation / Secours et sauvetage / Soins médicaux et entraide
Niveau 4	Observation de l'extension des coulées / Menace directe sur les populations	Préparation de l'évacuation / Évacuation

* L'enclos Fouqué, profond de 100 à 400 m, est la partie haute du piton de la Fournaise.

Explique les moyens déployés pour limiter les risques volcaniques à La Réunion.

4 Les tornades, phénomène spectaculaire

Une tornade est un tourbillon de vents très violents (jusqu'à 700 km/h), qui prend naissance à la base des nuages d'orage. Les tornades sont destructrices et causent 300 à 400 morts par an. Aux États-Unis, deux chaînes de montagnes, les Rocheuses et les Appalaches, créent un entonnoir où l'air froid rencontre l'air chaud et humide du golfe du Mexique, ce qui génère d'énormes orages. La zone des grandes plaines, entre ces deux chaînes, est nommée « Allée des tornades ».

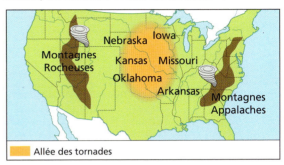

a. Explique ce qu'est une tornade.

b. Repère le Kansas sur la carte, puis explique pourquoi il y a beaucoup de tornades à cet endroit.

5 CONTRÔLE EXPRESS

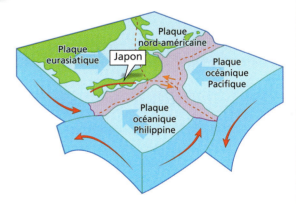

La vulnérabilité d'une société est liée à sa capacité à faire face à un aléa. Ainsi, tous les ans au Japon depuis le séisme du 1er septembre 1923 à Kantô, la population réalise un exercice d'entraînement. Le 1er septembre 2015, ce sont près de 1,7 million de Japonais qui ont participé à cet exercice : le scénario était la survenue d'un séisme de magnitude 7,3 à l'ouest de la capitale.

a. À l'aide du schéma, nomme les plaques tectoniques qui s'affrontent au Japon.

b. À l'aide du texte, discute de la vulnérabilité du Japon face aux risques sismiques.

Corrigés p. 37 du livret.

2 Gérer les ressources naturelles : l'eau et le sol

RETENIR

L'eau et les sols sont des **ressources vitales limitées**. Leur répartition est inégale sur Terre pour une population qui devrait atteindre 9 milliards d'humains en 2050.

1 / L'exploitation de l'eau

- **L'eau douce** utilisée par l'Homme provient des lacs, des rivières et des nappes phréatiques. Ces réservoirs représentent **1 % de l'eau terrestre**. La croissance démographique mondiale et le développement s'accompagnent d'une augmentation croissante des besoins en eau.

- Près de 70 % des prélèvements d'eau sont destinés à l'**agriculture** ; le reste répond aux besoins domestiques et industriels. Selon l'ONU, une « crise de l'eau » s'annoncerait dès 2030.

2 / L'exploitation du sol

- Le sol est une pellicule mince située en surface des continents. Seulement **20 % des sols sont cultivables** pour nourrir 7,2 milliards d'humains, le reste des terres étant trop aride, montagneux ou occupé par d'autres milieux naturels.

- La **pollution** et la **dégradation du sol** entraînent la disparition des êtres vivants qu'il abrite (vers de terre, insectes, champignons, bactéries). Or, ils sont indispensables à l'aération du sol et au recyclage de la matière qui rendent la terre fertile.

MOTS CLÉS

✓ **Ressource naturelle :** matière permettant de subvenir aux besoins des êtres vivants.

✓ **Eau douce :** eau provenant des précipitations et des réservoirs terrestres (nappes phréatiques, lacs, rivières…).

LE DOCUMENT CLÉ

▷ **Vers une gestion durable des ressources naturelles**

Face aux effets néfastes de l'exploitation de l'eau et du sol par l'Homme, il faut adopter de nouvelles pratiques. Seule une gestion durable de ces ressources peut les préserver et éviter de porter atteinte aux générations futures ou d'engendrer des conflits entre les pays.

	Effets néfastes	Gestion durable
Agriculture intensive (surexploitation des sols, utilisation massive de pesticides et d'engrais, irrigation trop abondante)	– Pollution de l'eau – Désertification des sols – Érosion et disparition de la faune du sol	– Pratique d'une agriculture raisonnée respectueuse des sols – Utilisation modérée de pesticides et d'engrais
Déforestation	Érosion des sols	– Maintien du couvert végétal – Reforestation
Surexploitation des réservoirs d'eau (réponse aux besoins agricoles, industriels et domestiques)	– Épuisement des nappes phréatiques – Tarissement des lacs, des mers intérieures	– Réutilisation des eaux usées non potables – Recueil des eaux de ruissellement – Dessalement de l'eau de mer

MINI INTERRO

1. Explique pourquoi les besoins en eau augmentent.

2. Cite des pratiques pouvant détériorer les sols.

S'ENTRAÎNER

1. Vrai ou faux ?

Coche la case qui convient.

	V	F
a. Les ressources en eau douce représentent 10 % de l'eau terrestre.	☐	☐
b. L'accès à l'eau peut entraîner des conflits entre les pays.	☐	☐
c. Les sols sont des ressources renouvelables à l'échelle humaine.	☐	☐

2. La fragilité du sol

Complète avec les mots ou expressions suivants :
disparition des êtres vivants • dépôts de sel • érosion • irrigation • pratiques agricoles intensives • surface

Le sol est une pellicule d'épaisseur variable située en .... des continents. L'exploitation intensive des sols par des .... entraîne une dégradation de 35 % des sols cultivés à cause de l'.................... ou de la ....
Un sol cultivable doit contenir assez d'eau pour les plantes, sinon il doit être irrigué. Cependant, une .... trop importante peut entraîner des .... après évaporation, ce qui affecte 15 % des surfaces irriguées.

3. Dessaler de l'eau de mer

Une usine de dessalement

Près de 40 % des populations vivant à proximité des côtes, la fabrication d'eau douce à partir d'eau de mer est une solution intéressante. De nouveaux procédés d'extraction utilisent aujourd'hui l'énergie solaire. Deux litres d'eau de mer peuvent fournir un litre d'eau déminéralisée, qui doit être traitée pour devenir potable, et un litre d'eau très salée (ou saumure), qui ne doit pas être rejetée car elle pourrait nuire aux écosystèmes.

Donne les avantages et les inconvénients de l'utilisation de l'eau de mer comme source d'eau douce.

4. Lutter contre la désertification

L'avancée du désert de Gobi menace le nord-ouest de la Chine depuis 1950. L'utilisation excessive des ressources en eau douce et la surexploitation des prairies ont transformé la steppe en désert. La déforestation entraîne de grandes tempêtes de sable.

Pour lutter contre ces phénomènes, la Chine a entrepris un vaste programme de reforestation : une « grande muraille verte » formée de 4 500 km d'arbres pour stabiliser les dunes, reformer un sol et faire une barrière aux tempêtes. Ce programme parvient à limiter la désertification, mais les paysans doivent abandonner leurs terres car les arbres puisent l'eau des nappes phréatiques.

a. Explique l'origine de cette désertification.

b. Trouve les points positifs et négatifs du programme entrepris pour lutter contre elle.

5. CONTRÔLE EXPRESS

Dans les années 1960, l'URSS a détourné les fleuves Amou-Daria et Sy-Daria qui alimentaient la mer d'Aral pour irriguer les cultures de coton. L'augmentation de la salinité a entraîné la disparition de la vie marine. Les tempêtes de sable ont emporté le sel sur les régions voisines, ce qui a accentué la désertification.

Mer d'Aral en 1989   **Mer** d'Aral en 2014

La photo satellite prise en 2014 indique la bordure de la mer d'Aral en 1960.

a. Compare les deux photos satellite.

b. Indique les causes de cette catastrophe écologique.

3 Activités humaines et écosystèmes

RETENIR

Sur Terre, la température, l'éclairement, l'humidité varient. Ces variations définissent des milieux de vie (désert, forêt tropicale…). Dans ces milieux, l'association des êtres vivants et de leur environnement forme un **écosystème**.

1 / Les effets négatifs de l'activité humaine

- Les **prélèvements directs** dans la nature par la chasse, la pêche et la déforestation perturbent les chaînes alimentaires et font diminuer la biodiversité.

- Les **pratiques agricoles et industrielles** génèrent des pollutions parfois persistantes de l'eau, de l'air et des sols, ce qui dégrade le milieu.

2 / La préservation des écosystèmes : une nécessité

- Au niveau mondial, la **Convention sur la diversité biologique** a été signée par plus de 190 pays qui s'engagent à lutter pour la préservation de la biodiversité.

- En Europe, de nombreux programmes de sauvegarde sont mis en place. La création d'**espaces protégés** (conservatoires de la biodiversité, parcs naturels…) permet de préserver les écosystèmes localement. Les sites Natura 2000 (plus de 1 700 en France) protègent ainsi les espèces terrestres et marines.

- Les solutions pour une **gestion durable des écosystèmes** sont l'adoption de pratiques plus respectueuses des milieux comme l'agriculture raisonnée et la dépollution des sites dégradés. Un changement des comportements individuels de consommation est aussi nécessaire.

MOTS CLÉS

✔ **Biodiversité :** ensemble des espèces vivantes de la Terre.

✔ **Écosystème :** ensemble des êtres vivants qui interagissent entre eux et avec leur milieu de vie.

LE DOCUMENT CLÉ

▷ **Activités humaines et écosystèmes : le schéma-bilan**

Effets négatifs sur les êtres vivants	Effets positifs sur les êtres vivants
• Chasse et pêche excessives • Déforestation, arrachage des haies	• Quotas de pêche • Consommation durable • Conservatoires de la biodiversité

Écosystèmes

Effets négatifs sur les milieux	Effets positifs sur les milieux
• Pollution de l'air, de l'eau, des sols • Érosion des sols	• Agriculture raisonnée • Dépollution des sites dégradés

MINI INTERRO

1. Explique ce qu'est un écosystème en donnant des exemples.

2. Cite des conséquences des activités humaines sur les écosystèmes.

LA PLANÈTE TERRE, L'ENVIRONNEMENT ET L'ACTION HUMAINE

1 Quiz

Coche la ou les bonnes réponses.

a. La biodiversité :
☐ est l'ensemble des espèces vivant sur Terre.
☐ n'est pas affectée par les activités humaines.
☐ est en danger.

b. Des mesures permettent de préserver les écosystèmes :
☐ instaurer des quotas de pêche.
☐ créer des réserves naturelles.
☐ limiter la déforestation.
☐ pratiquer une agriculture intensive.

c. Les sites Natura 2000 :
☐ sont des sites naturels terrestres protégés.
☐ sont des sites naturels marins protégés.
☐ existent seulement en France.

2 Réhabilitation d'un site pollué

Avant de construire un nouveau quartier en bord de Loire, une ville a dû procéder à la dépollution d'un terrain correspondant à une ancienne décharge. Le site contenait des déchets ménagers non décomposés, du verre, des hydrocarbures, de l'arsenic.

La solution retenue a été le décapage des terres contaminées. Selon leur niveau de contamination, elles ont été réutilisées sur le site ou évacuées vers un centre de traitement.

■ D'après www.paysdelaloire.ademe.fr

a. Cite l'origine de la pollution du site.
b. Explique les mesures prises pour réhabiliter le site.

3 L'impact de la culture du palmier à huile

Lis le texte et observe la photo, puis réponds aux questions.

Nos besoins en huile de palme vont doubler d'ici 2020. Issue du palmier à huile, cette huile est utilisée dans l'alimentation, les cosmétiques et comme biocarburant. En Indonésie, la déforestation pour cultiver cette huile menace les orangs-outans et les tigres de Sumatra.

Le défi actuel est de développer une culture du palmier à huile durable et respectueuse de la biodiversité sans destruction des forêts naturelles, d'éviter les feux, de préserver les sols et de limiter la pollution par les herbicides sans nuire au développement économique des pays producteurs.

a. Précise les usages de l'huile de palme.
b. Explique l'impact de l'exploitation du palmier à huile à partir du texte et de la photo.

4 CONTRÔLE EXPRESS

Les haies sont des milieux abritant de nombreuses espèces d'insectes, d'oiseaux et de mammifères. Leur arrachage pour l'agriculture intensive provoque un ruissellement des eaux de pluie, qui ne sont plus retenues, et un ravinement des sols (érosion par les eaux de pluie qui s'écoulent).

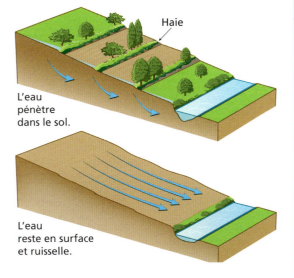

Explique les conséquences de l'arrachage des haies sur les êtres vivants et les sols.

Corrigés p. 37 du livret.

4 Les besoins des végétaux chlorophylliens

RETENIR

Tous les êtres vivants sont constitués de matière organique. Les végétaux verts sont dits **autotrophes** car ils fabriquent leur propre matière à partir d'éléments minéraux. Ce sont les premiers maillons des réseaux alimentaires.

1 / La photosynthèse

- La synthèse de matière organique a lieu au niveau des **feuilles**.

- Celles-ci possèdent des structures appelées stomates (voir le document clé), qui assurent les échanges gazeux avec le milieu extérieur. Les plantes utilisent le **dioxyde de carbone** (CO_2) de l'air pour fabriquer de la matière organique et rejettent du **dioxygène** (O_2).

- Cette réaction est la photosynthèse, possible grâce à l'**énergie lumineuse** du soleil, captée par la chlorophylle, un pigment vert contenu dans les chloroplastes.

$$CO_2 + eau \xrightarrow{lumière} \text{matière organique} + O_2$$

2 / Le transport de la sève

- L'eau et les sels minéraux sont puisés dans le sol grâce aux poils absorbants des racines. Ils forment la **sève brute** transportée jusqu'aux feuilles dans les vaisseaux du **xylème**. Le moteur de ce transport est l'élimination d'eau au niveau des stomates (transpiration).

- La matière organique fabriquée par la plante est véhiculée dans tout l'organisme. Elle est transportée sous forme de **sève élaborée** dans des vaisseaux particuliers : les tubes criblés du **phloème**.

MOTS CLÉS

✓ **Autotrophe** : être vivant capable de fabriquer sa propre matière organique à partir de matière minérale.

✓ **Photosynthèse** : production par les végétaux chlorophylliens de matière organique à partir de matière minérale grâce à l'énergie lumineuse.

LE DOCUMENT CLÉ

▷ **Les stomates et la photosynthèse**

- Les stomates sont des ouvertures naturelles, visibles au microscope électronique à balayage (MEB). Ils se trouvent sur la face inférieure des feuilles d'un végétal chlorophyllien, et interviennent dans la photosynthèse et la transpiration.

MINI INTERRO

1. Quelles sont les différences entre sève brute et sève élaborée ?

2. Quel est le facteur essentiel à la synthèse de matière organique par une plante chlorophyllienne ?

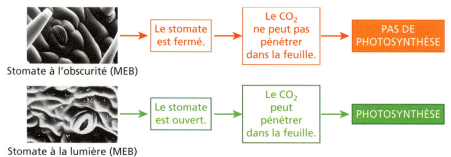

Stomate à l'obscurité (MEB) → Le stomate est fermé. → Le CO_2 ne peut pas pénétrer dans la feuille. → PAS DE PHOTOSYNTHÈSE

Stomate à la lumière (MEB) → Le stomate est ouvert. → Le CO_2 peut pénétrer dans la feuille. → PHOTOSYNTHÈSE

S'ENTRAÎNER

1 Vrai ou faux ?

Coche la case qui convient.

	V	F
a. Pour fabriquer leur matière organique, les végétaux utilisent l'énergie lumineuse.	☐	☐
b. La sève brute est transportée dans les vaisseaux du phloème.	☐	☐
c. Les végétaux utilisent du dioxygène pour fabriquer leur matière organique.	☐	☐
d. Eau et sels minéraux forment la sève brute.	☐	☐

2 Retrouver l'intrus

Entoure l'intrus dans chaque série de mots.

a. sève brute – sels minéraux – matière organique – eau

b. lumière – stomates – racines – feuilles

3 Sève brute ou sève élaborée ?

Complète les cases vides du tableau suivant.

Type de sève	....	....
Quantité d'eau	99 %	80 %
Quantité de nitrates (sels minéraux)	12 mol/mL	0 mol/mL
Quantité de glucides (matière organique)	traces	18 %
Vaisseaux conducteurs	....	....

4 Lumière et obscurité

Obscurité (12 h) — Lumière (12 h)

Début de l'expérience

Feuilles placées à l'obscurité — Feuilles placées à la lumière

Résultats après coloration à l'eau iodée

On place une plante pendant 12 heures à l'obscurité et une autre plante pendant 12 heures à la lumière. On leur prélève des feuilles que l'on décolore pour enlever la chlorophylle, puis on plonge ces feuilles dans de l'eau iodée. L'eau iodée est un colorant jaune qui devient violet-noir en présence d'amidon (matière organique).

a. Que constates-tu pour les feuilles placées à l'obscurité ? Pour les feuilles placées à la lumière ?

....
....
....

b. Quelle relation cette expérience permet-elle d'établir entre lumière et production de matière organique par un végétal chlorophyllien ?

....
....
....

5 CONTRÔLE EXPRESS

On applique un papier imprégné de chlorure de cobalt sur la face supérieure d'une feuille de végétal chlorophyllien et un autre sur la face inférieure de la feuille. Le chlorure de cobalt, bleu lorsqu'il est sec, devient rose quand il est humidifié.

Face supérieure

Face inférieure

a. Pourquoi observe-t-on des points roses sur le papier appliqué sur la face inférieure de la feuille ?

....
....

b. Quelle information cette expérience donne-t-elle sur l'emplacement des stomates ?

....
....

c. Si on réalise la même expérience en plaçant la feuille à l'obscurité, on n'observe l'apparition d'aucun point rose. Explique pourquoi.

....
....

Corrigés p. 37 du livret.

5 La reproduction sexuée des plantes à fleurs

RETENIR

1 / La fleur, organe de reproduction

- Chez les **angiospermes** (plantes à fleurs), la fleur est l'organe permettant la reproduction sexuée.

- Souvent, la fleur est **hermaphrodite** et contient les organes mâles, les étamines, et l'organe femelle, le pistil. Les étamines produisent les gamètes mâles contenus dans le pollen et le pistil produit les gamètes femelles : les ovules.

2 / De la fleur à la graine

- On nomme **pollinisation** le transport des grains de pollen des étamines jusqu'au pistil. Elle est assurée essentiellement par les insectes ou le vent.

- Les grains de pollen sont déposés sur la partie terminale du pistil, le stigmate. Si le grain de pollen est déposé sur le pistil d'une fleur du même individu, on parle d'**autopollinisation**. S'il est déposé sur le pistil d'une fleur d'un autre individu, c'est une **pollinisation croisée**, qui participe à la diversité génétique.

- Lorsque le pollen et le stigmate sont compatibles (car ils proviennent de la même espèce), un tube pollinique se forme pour atteindre l'ovule. Chez les plantes à fleurs, il y a une **double fécondation** : il faut deux grains de pollen pour féconder un ovule. Puis, le pistil grossit et se transforme en fruit ; l'ovule devient la graine.

- Les graines vont alors être transportées par divers **facteurs de dispersion** : le vent, l'eau ou encore les animaux dans leur tube digestif ou sur leurs poils.

MOTS CLÉS

✓ **Angiospermes** : plantes qui possèdent des organes reproducteurs regroupés dans une fleur.

✓ **Hermaphrodite** : se dit d'un organisme qui possède les organes reproducteurs à la fois mâle et femelle.

MINI INTERRO

1. Quelles sont les parties mâles et femelles d'une plante ?
2. Quels sont les éléments qui favorisent la pollinisation ?

LE DOCUMENT CLÉ

▷ **De la pollinisation à la fécondation**

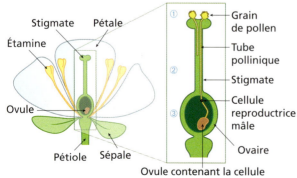

1. **Pollinisation** : c'est le dépôt du grain de pollen sur le pistil.

2. **Germination du grain de pollen** : c'est le développement du tube pollinique en direction des ovules.

3. **Fécondation** : c'est la rencontre du gamète mâle contenu dans le grain de pollen et du gamète femelle contenu dans l'ovaire.

■ Coupe longitudinale de fleur   ■ De la pollinisation à la fécondation

S'ENTRAÎNER

1 Vrai ou faux ?

Coche la case qui convient.

	V	F
a. La plupart des plantes sont hermaphrodites.	☐	☐
b. Le pollen est indispensable à la formation des graines.	☐	☐
c. Seuls les insectes interviennent dans la pollinisation.	☐	☐

2 À chaque mot sa définition

Relie par une flèche chaque mot à sa définition.

- Partie de la plante contenant les graines ○ — ○ Ovule
- Prolongement tubulaire d'un grain de pollen ○ — ○ Pistil
- Partie de la fleur contenant les ovules ○ — ○ Angiosperme
- Plante à fleurs ○ — ○ Fruit
- Future graine après fécondation ○ — ○ Tube pollinique

3 La dispersion des graines

Pour chaque fruit, indique quel est le facteur de dispersion et explique ta réponse.

Fruit de la lampourde

Fruit du pissenlit

4 Une expérience de pollinisation

On dépose des grains de pollen sur un milieu de culture dans trois boîtes de Pétri différentes :
– Au centre de la première boîte, on dépose le pistil d'une plante de même espèce.
– Au centre de la deuxième, on dépose le pistil d'une plante d'espèce différente.
– Au centre de la troisième, on dépose une solution contenant la substance attractive produite par un ovule d'une plante de même espèce.

Voici les résultats obtenus dans chaque boîte après plusieurs heures à 25 °C :

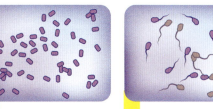

Résultat de la boîte 2   Résultat des boîtes 1 et 3

a. Compare les résultats et indique pour chaque boîte s'il y a ou non présence de tubes polliniques.

....
....

b. Pourquoi les grains de pollen n'ont-ils pas germé dans la boîte 2 ?

....
....

c. En utilisant les résultats de la boîte 3, explique ce qui favorise le rapprochement des cellules reproductrices chez les plantes à fleurs.

....
....

5 CONTRÔLE EXPRESS

Lis le texte puis réponds aux questions.

La gousse de vanille est le fruit du vanillier. Jusqu'au XIXe siècle, cette plante n'était cultivée qu'au Mexique car pour obtenir des gousses, il fallait l'intervention d'une abeille appelée Mélipora seulement présente dans ce pays. Sur l'île de la Réunion, on cherchait à développer la culture de la vanille depuis de nombreuses années sans y parvenir. Un enfant eut un jour l'idée de mettre en contact étamine et pistil de façon manuelle et il obtint des gousses. Cette méthode est encore employée aujourd'hui.

a. Comment la pollinisation naturelle est-elle possible au Mexique ?

b. Quel geste faut-il accomplir aujourd'hui pour obtenir des gousses de vanille ?

c. Explique de quelle façon la mise en relation du pistil et de l'étamine de la fleur de vanille permet d'obtenir des gousses.

Corrigés p. 37 du livret.

6 La diversité génétique

Les êtres vivants sont tous différents les uns des autres. Cette diversité est inscrite dans les gènes.

1 / Les chromosomes, supports du programme génétique

- Un individu possède les **caractères communs** à son espèce, avec des variations individuelles qui font de lui une personne unique. Certains de ces caractères peuvent également être modifiés par l'action de l'environnement.

- Les caractères dits héréditaires d'un individu, car hérités de ses parents, sont inscrits dans un **programme génétique**. Celui-ci est porté par les chromosomes, des filaments présents dans le noyau de chaque cellule.

- L'espèce humaine possède **23 paires de chromosomes**. Seule la 23e paire diffère selon le sexe de l'individu : l'homme possède un chromosome Y et un chromosome X ; la femme possède deux chromosomes X.

- L'ensemble des caractères d'un individu constitue son **phénotype** ; l'ensemble de ses chromosomes son **caryotype**.

2 / Les gènes, unités d'information génétique

- Chaque chromosome est divisé en unités d'information : les **gènes**. Chaque gène détermine un caractère héréditaire précis. Sur chaque chromosome d'une même paire, les gènes occupent la même position.

- Un gène existe sous différentes versions appelées **allèles**. Pour un gène donné, les deux chromosomes d'une même paire portent soit deux allèles identiques, soit deux allèles différents.

- Les allèles dominants s'expriment toujours alors que les allèles récessifs ne s'expriment que lorsqu'ils sont seuls. L'ensemble des allèles d'un individu constitue le **génotype**.

MOTS CLÉS

✔ **Caractère héréditaire** : se dit d'un caractère qui se transmet de génération en génération.

✔ **Gène** : portion de chromosome qui porte une information relative à un caractère héréditaire précis.

✔ **Diversité génétique** : diversité des gènes de tous les êtres vivants.

MINI INTERRO

1. Quelle est la différence entre génotype et phénotype ?
2. Un allèle s'exprime-t-il toujours ?

 LA MÉTHODE

▷ **Déterminer un génotype ou un phénotype**

Paire de chromosomes n° 9						
Génotype	[AA]	[AO]	[AB]	[BB]	[BO]	[OO]
Phénotype (groupe sanguin)	A	A	AB	B	B	O

■ Allèle A dominant   ■ Allèle B dominant   ■ Allèle O récessif

Le gène du groupe sanguin est porté par la paire de chromosomes n° 9. Il existe 4 groupes sanguins différents : A, B, AB et O, mais seulement 3 allèles différents : A et B (dominants), et O (récessif).

1. Je construis un tableau où je schématise les paires de chromosomes pour découvrir les **génotypes** possibles.

2. Je détermine pour chaque combinaison d'allèles le **groupe sanguin** correspondant.

S'ENTRAÎNER

1 Vrai ou faux ?

Coche la case qui convient.

	V	F
a. Le caryotype humain contient 23 chromosomes.	☐	☐
b. Sur une paire de chromosomes, les deux allèles du même gène peuvent être différents.	☐	☐
c. Tous les allèles d'un individu s'expriment.	☐	☐
d. La couleur des yeux appartient au phénotype d'un individu.	☐	☐

2 Caractères héréditaires ou non ?

Souligne en vert les caractères héréditaires et en rouge ceux modifiés par l'environnement :
longueur des cheveux • bronzage • forme des oreilles • groupe sanguin • épaisseur des lèvres • couleur des yeux • cicatrices • forme du menton • musculature • couleur naturelle de la peau.

3 Le sexe d'un individu

Voici le caryotype d'un individu.

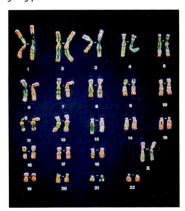

a. L'individu appartient-il à l'espèce humaine ? Explique pourquoi.

....
....
....

b. Trouve le sexe de l'individu. Justifie ta réponse.

....
....
....
....

4 Le daltonisme

Le daltonisme est une anomalie génétique qui entraîne un déficit dans la vision des couleurs. Le gène responsable est porté par le chromosome X. Il existe deux versions de ce gène : l'allèle « N » (vision normale) dominant et l'allèle « d » (daltonisme) récessif.

a. Combien d'allèles du gène impliqué dans le daltonisme un garçon possède-t-il ?

....

b. Quel est le génotype d'un garçon atteint de daltonisme ?

....

c. Quel est le génotype d'une fille atteinte de daltonisme ?

....

d. Quels sont les génotypes possibles pour une fille non atteinte ? Explique ta réponse.

....
....

5 CONTRÔLE EXPRESS

La mucoviscidose est une maladie génétique entraînant de graves difficultés respiratoires. Elle est due à la présence d'un allèle anormal récessif (noté « m^- ») porté par un gène de la paire de chromosomes n° 7. L'allèle normal est noté « M^+ ».

a. Complète le tableau en indiquant le phénotype des individus A, B et C.

	Individu A	Individu B	Individu C
Génotype (paire de chromosomes n° 7)	M^+ m^-	M^+ M^+	m^- m^-
Phénotype (malade ou non)			

b. Les individus de génotype [M^+m^-] sont appelés « porteurs sains ». Explique pourquoi.

....
....

Corrigés p. 38 du livret.

SVT

191

7 Systèmes nerveux et cardiovasculaire

1 / Répondre aux besoins des muscles pendant l'effort

MOTS CLÉS

✓ **Système nerveux autonome** : système nerveux indépendant de la volonté, et dont le centre nerveux est le bulbe rachidien.

✓ **Recrutement capillaire** : ouverture pendant l'effort de capillaires qui sont normalement fermés au repos.

• Lors d'un effort physique, l'énergie nécessaire au travail musculaire est apportée par la réaction chimique entre les **nutriments** et le **dioxygène** (O_2) transportés par le sang jusqu'aux cellules musculaires.

• L'accélération des fréquences cardiaque et respiratoire, contrôlées par le **système nerveux autonome** (voir le document clé), permet de répondre à l'augmentation des besoins des cellules musculaires.

• Fréquence cardiaque et volume d'O_2 consommé augmentent alors jusqu'à une **valeur maximale** : 200 battements/min et 3 L/min environ selon les individus (sportifs ou sédentaires).

• Le flux sanguin est redistribué vers les muscles actifs grâce à l'**irrigation des organes en parallèle** et le **recrutement capillaire** (ouverture de capillaires fermés au repos).

2 / Préserver sa santé

MINI INTERRO

1. Décris les variations du fonctionnement de l'organisme lors d'un effort musculaire.

2. Explique la régulation par le système nerveux lors d'un effort musculaire.

• Une **visite médicale** est obligatoire avant de pratiquer un sport. Le médecin vérifie la fréquence cardiaque et s'assure de l'absence de contre-indications.

• Les performances d'un individu dépendent de son âge, son sexe, sa masse et peuvent s'améliorer par l'**entraînement** (endurance).

• Cependant, l'organisme a des limites. L'emploi de **produits dopants** pour les dépasser peut avoir de graves conséquences sur la santé.

LE DOCUMENT CLÉ

▷ **Le contrôle nerveux de l'activité cardiaque**

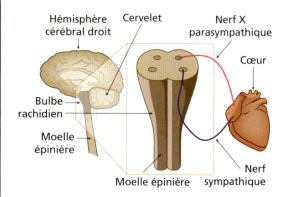

1. Expliquer. Des fibres nerveuses issues du bulbe rachidien dans le cerveau sont reliées au cœur. Un cœur isolé bat spontanément à une fréquence d'environ 100 battements/min. Quand le corps est au repos, le nerf X ou parasympathique diminue cette fréquence cardiaque à 70 battements/min (effet freinateur). Pendant l'effort, c'est le nerf sympathique qui augmente la fréquence cardiaque jusqu'à 200 battements/min (effet accélérateur).

2. Conclure. La fréquence cardiaque est donc contrôlée par le système nerveux autonome.

1 Vrai ou faux ?

Coche la case qui convient.

	V	F
a. Au cours d'un effort, les besoins du muscle en dioxygène et en nutriments diminuent.	☐	☐
b. La fréquence cardiaque augmente lors d'un effort.	☐	☐
c. Le volume d'O_2 maximum consommé par les muscles lors de l'effort varie selon que l'on est sportif ou non.	☐	☐

2 Le rôle du système nerveux

Complète le texte avec les mots ou expressions suivants :
bulbe rachidien • cœur • X (parasympathique) • sympathique • système nerveux autonome

Le .... relie le ....
au ....
Le nerf .... a un effet accélérateur
sur la fréquence cardiaque tandis que le nerf
.... a un effet freinateur.

3 Santé et prévention

Certains sportifs prennent des doses très élevées de stéroïdes anabolisants. Ces produits dopants augmentent la masse musculaire et les performances mais sont nocifs pour la santé.

Recherche les effets secondaires dangereux de ces produits.

4 L'approvisionnement en sang des muscles

Dans la circulation pulmonaire, le cœur et les poumons sont disposés en série.
Dans la circulation générale, les organes sont disposés en parallèle. Le débit cardiaque total est la somme des débits qui traversent chaque organe.
Au repos, environ 10 % des capillaires sanguins qui irriguent les muscles sont ouverts. Pendant l'effort, ils sont tous ouverts pour les muscles actifs.

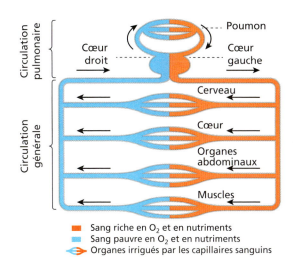

■ Sang riche en O_2 et en nutriments
■ Sang pauvre en O_2 et en nutriments
➤ Organes irrigués par les capillaires sanguins

	Débit cardiaque (% du débit total)	
	Au repos	À l'effort
Poumons	100	100
Cerveau	14	5
Cœur	5	7
Organes abdominaux	58	4
Muscles	23	84

a. Compare le pourcentage du débit cardiaque dans les muscles au repos et pendant l'effort.

b. Explique la variation de ce pourcentage.

5 CONTRÔLE EXPRESS

Lors d'une greffe du cœur, les communications sanguines sont rétablies mais pas les liaisons nerveuses. Lorsqu'on mesure la fréquence cardiaque pendant l'effort chez un homme non greffé du cœur et chez un homme greffé, on obtient les résultats suivants :

	Fréquence cardiaque (battements/min)	
	Homme non greffé	Homme greffé
Repos	70	95
Activité	100	95

Propose une explication aux différences de fréquence cardiaque constatées entre ces deux hommes.

8 Équilibre alimentaire et microbiome

RETENIR

Les aliments que nous mangeons permettent au corps de satisfaire les besoins liés à son fonctionnement et de se maintenir en bonne santé.

1 / Aliments énergétiques et constructeurs

- Les aliments **énergétiques** sont riches en **glucides** (sucres) et en **lipides** (graisses). On les trouve dans les féculents, le pain, les matières grasses et les produits sucrés. Consommés modérément, ils apportent au corps de l'énergie.

- Les aliments **constructeurs** sont riches en **protides**. Ils permettent la construction, l'entretien et le renouvellement des tissus comme les os ou les muscles. On les trouve dans la viande, le poisson, les œufs, les légumineuses et les produits laitiers.

- Les **vitamines** et les **sels minéraux**, non synthétisés par l'organisme, doivent être apportés au corps pour éviter les carences. On les trouve en particulier dans les fruits et légumes.

- L'alimentation doit aussi fournir une quantité suffisante d'**eau**.

2 / Importance du microbiome

- Le **microbiome** est l'ensemble des bactéries présentes dans le corps. Celles présentes dans l'intestin aident notamment à digérer les sucres et les fibres végétales.

- En outre, une flore intestinale pauvre ou déséquilibrée favorise le **stockage des graisses** et les **maladies inflammatoires** de l'intestin.

MOTS CLÉS

✓ **Alimentation équilibrée** : alimentation qui apporte sans excès les aliments dont le corps a besoin.

✓ **Carence** : absence d'un nutriment nécessaire au bon fonctionnement du corps.

✓ **Corpulence** : volume du corps, grosseur.

MINI INTERRO

1. Cite des aliments énergétiques et des aliments constructeurs.

2. Explique les conséquences d'un déséquilibre entre les apports alimentaires et les besoins de l'organisme.

LE DOCUMENT CLÉ

▷ **L'indice de masse corporelle (IMC)**

$$IMC = \frac{\text{masse en kg}}{\text{taille} \times \text{taille en mètres}} = \frac{\text{masse en kg}}{\text{taille}^2 \text{ en mètres}}$$

- Une personne de **corpulence normale** (IMC entre 18,5 et 24,9) a des apports alimentaires équilibrés correspondant aux besoins de l'organisme.

- Une personne **maigre** (IMC inférieur à 18,5) présente des apports alimentaires inférieurs aux besoins de l'organisme. Cela peut entraîner des carences.

- Un individu est en **surpoids** ou **obèse** si son IMC est supérieur à 29,9. Ses apports alimentaires sont supérieurs aux besoins de l'organisme, ce qui entraîne une augmentation de la masse et des risques de maladie cardio-vasculaire. Des maladies ou la prise de certains médicaments peuvent aussi affecter la masse.

S'ENTRAÎNER

1. Vrai ou faux ?

Coche la case qui convient.

	V	F
a. Les aliments fournissent de l'énergie.	☐	☐
b. Les aliments constructeurs sont les lipides et les glucides.	☐	☐
c. La flore intestinale fait partie du microbiome.	☐	☐
d. La flore intestinale favorise la digestion des fibres alimentaires.	☐	☐
e. Un indice de masse corporelle de 27 correspond à une corpulence normale.	☐	☐

2. Bien faire son marché

Recopie le tableau en ajoutant une troisième colonne « Types d'aliments choisis », puis remplis-la à l'aide de tes connaissances.

Catégorie	Rôle
protides	croissance, entretien
glucides	énergie
lipides	énergie
fibres	favoriser le transit
vitamines et sels minéraux	apporter des éléments non synthétisés pour les réactions chimiques
boissons	réhydratation

3. Les régimes alimentaires

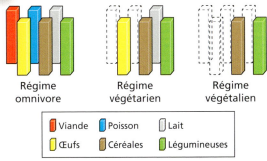

Régime omnivore — Régime végétarien — Régime végétalien

■ Viande ■ Poisson ■ Lait ■ Œufs ■ Céréales ■ Légumineuses

a. À l'aide du document, explique en quoi consistent respectivement un régime végétarien et un régime végétalien.

....
....
....

b. Trouve un avantage et un risque pour la santé lors d'un régime végétalien.

....
....

4. Maladie cœliaque et flore intestinale

La maladie cœliaque se manifeste chez l'enfant par des diarrhées et des maux de ventre s'il mange des bouillies à base de céréales. Après analyse, on constate que la paroi de son intestin est anormale, et que sa flore intestinale est déséquilibrée avec une augmentation des bactéries à Gram-positif. Un régime strict sans gluten (sans céréales) est prescrit.

a. Explique les symptômes de la maladie cœliaque.

....
....

b. Établis le lien entre cette maladie et le microbiome.

....
....

5. CONTRÔLE EXPRESS

a. Utilise la notion d'indice de masse corporelle (IMC) pour caractériser l'obésité. Tu peux t'aider du document clé page précédente.

....
....

b. À l'aide de tes connaissances, indique une cause d'obésité.

....
....

Des chercheurs ont observé que les individus obèses ne possèdent pas la même flore intestinale que les autres. Chez la souris, la présence dans l'intestin de certaines bactéries (comme *Methanobrevibacter smithii*) occasionne une augmentation de 50 % de la masse graisseuse.

c. À l'aide du texte précédent, explique la découverte faite sur le rôle de certaines bactéries dans l'obésité.

....
....
....

Corrigés p. 38 du livret.

9 Le monde bactérien et l'organisme

RETENIR

1 / L'ubiquité du monde bactérien

- Les bactéries sont présentes sur Terre depuis − 3,5 Ga et leur nombre est estimé à 10^{30}. Elles occupent **tous les milieux**, même les plus hostiles (volcans, lacs acides, salés ou glacés) et sont aussi les hôtes des êtres vivants.

- Une bactérie est constituée d'une seule cellule (ronde ou en bâtonnet), délimitée par une membrane et recouverte d'une paroi. C'est un **procaryote** car son cytoplasme ne contient pas de noyau mais un chromosome circulaire unique. C'est un **micro-organisme** car sa taille est de quelques dixièmes de micromètres.

2 / Se protéger des bactéries pathogènes

- Certaines bactéries nous sont favorables, mais d'autres peuvent déclencher des maladies. Elles nous **contaminent** en pénétrant dans le corps de façon directe par contact avec la peau, ou de façon indirecte par l'air, l'eau ou les aliments.

- Si elles se multiplient, c'est l'**infection**, qui provoque des symptômes et parfois la mort si elle est généralisée dans le sang (septicémie).

- Des **mesures d'hygiène** comme le lavage des mains permettent d'éviter la contamination. Quand on procède à la destruction préventive des bactéries, par la chaleur sur les instruments chirurgicaux par exemple, on parle d'**asepsie**.

- Des **produits antiseptiques** sont utilisés pour détruire les bactéries sur une plaie (désinfection).

MOTS CLÉS

✓ **Bactérie pathogène :** micro-organisme pouvant déclencher une maladie.

✓ **Flore microbienne hébergée :** ensemble des bactéries bénéfiques présentes dans le corps humain.

LE DOCUMENT CLÉ

▷ **La flore microbienne hébergée**

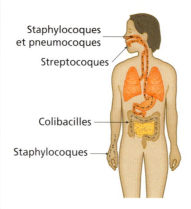

- Notre corps abrite de **très nombreuses bactéries** (10^9) qui sont transmises par la mère lors de la naissance et dont l'action est bénéfique.

- La **flore cutanée** protège la peau de l'invasion de bactéries pathogènes comme les staphylocoques dorés.

- La **flore intestinale** aide à la digestion et l'assimilation des sucres et des fibres végétales. Elles protègent aussi l'intestin des bactéries pathogènes.

MINI INTERRO

1. Donne les caractéristiques d'une bactérie.

2. Cite des effets bénéfiques des bactéries pour l'Homme.

S'ENTRAÎNER

1 Vrai ou faux ?

Coche la case qui convient.

	V	F
a. Les bactéries sont présentes seulement chez les êtres vivants.	☐	☐
b. Les bactéries possèdent un noyau.	☐	☐
c. La flore cutanée nous protège de l'invasion de certaines bactéries.	☐	☐
d. Des produits antiseptiques peuvent empêcher le développement des bactéries.	☐	☐
e. L'asepsie est la destruction des micro-organismes par la chaleur.	☐	☐

2 Asepsie et antisepsie

Explique, à l'aide de tes connaissances, la différence entre l'asepsie et l'antisepsie.

....
....
....

3 Santé et prévention

① Frotter les ongles et les bouts des doigts.

② Frotter la paume des mains.

③ Frotter entre les doigts.

④ Frotter l'extérieur des mains.

a. Explique l'intérêt du lavage des mains pour limiter les risques d'infection.

....
....

b. Observe les différentes étapes du document, et compare-les à la façon dont tu te laves les mains.

....
....

4 Infection par des staphylocoques

On observe au microscope électronique à balayage (MEB, grossissement × 65 000) une goutte du sang d'un patient qui souffre d'une blessure au genou suite à une grave chute à moto.

a. Identifie sur la photo suivante, obtenue lors de l'observation, les globules rouges et les staphylocoques.

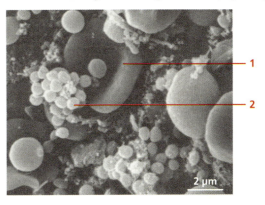

b. Propose une explication à la présence de bactéries dans le sang du patient.

....
....

5 CONTRÔLE EXPRESS

Lis le texte puis réponds aux questions.

Certaines bactéries présentes chez les bovins, comme *E. coli* entérohémorragique (ECEH), peuvent provoquer de graves diarrhées sanglantes parfois mortelles chez l'Homme. La bactérie se transmet par graines germées ou des aliments crus contaminés (viande hachée crue ou mal cuite, lait cru, légumes crus).

Les mesures de prévention à prendre sont de cuire les aliments à une température d'au moins 70 °C. Il faut aussi veiller à laver soigneusement les fruits et les légumes, et à les éplucher s'ils sont mangés crus. Il est fortement recommandé de se laver régulièrement les mains, en particulier avant de préparer des aliments ou de les consommer.

■ D'après l'OMS (Organisation mondiale de la santé).

a. Explique l'origine des infections par les bactéries ECEH.

b. Propose des solutions pour éviter la contamination.

Corrigés p. 38 du livret.

197

10 La capacité de transmettre la vie

RETENIR

Dès la fécondation, le sexe de l'enfant à naître est déterminé par les chromosomes sexuels. À la naissance, les ovaires ou les testicules de l'enfant ne sont pas encore fonctionnels.

1 / Le déclenchement de la puberté

- À la puberté, entre 11 et 15 ans en moyenne, des changements du corps appelés caractères sexuels primaires et secondaires apparaissent. Ils sont dus aux **hormones** produites par le cerveau et libérées dans le sang. Elles vont agir sur les organes cibles en modifiant leur fonctionnement, donnant ainsi à l'adolescent la capacité de se reproduire.

- Ainsi, chez le garçon, les testicules se développent et produisent à leur tour une hormone : la **testostérone**, responsable de la masculinisation du corps (mue de la voix, pilosité, musculature).

- Chez la fille, ce sont les ovaires qui se développent et produisent aussi des hormones, les **œstrogènes**, déclencheurs de la féminisation (formation des seins, pilosité, élargissement du bassin).

2 / Des organes reproducteurs fonctionnels

- L'apparition des **règles** chez la fille et des **éjaculations** chez le garçon sont les signes du fonctionnement des appareils reproducteurs.

- Les testicules produisent les **gamètes mâles** (spermatozoïdes) de façon **continue**, de la puberté à la fin de la vie. Les ovaires produisent les **gamètes femelles** (ovules) de façon **cyclique**, de la puberté à la ménopause vers 50 ans.

> ✓ **Hormone :** substance produite par un organe, libérée dans le sang et agissant sur le fonctionnement d'autres organes appelés cibles.
>
> ✓ **Ovulation :** émission cyclique d'un ovule par l'ovaire.

MINI INTERRO

1. Indique les transformations à la puberté.

2. Explique ce qui déclenche ces transformations.

3. Décris ce qu'il se produit si l'ovule n'est pas fécondé.

LE CORPS HUMAIN ET LA SANTÉ

LE DOCUMENT CLÉ

▷ **Le fonctionnement cyclique de l'ovaire et de l'utérus**

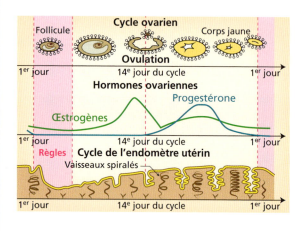

- À chaque cycle d'environ 28 jours, l'ovaire et l'utérus se préparent à une grossesse sous l'action des **hormones ovariennes**.

- Au 14e jour, un **pic d'œstrogènes** déclenche l'expulsion de l'ovule contenu dans un follicule de l'un des ovaires (ovulation). La muqueuse utérine devient épaisse et riche en vaisseaux sanguins pour accueillir l'embryon en cas de fécondation et de grossesse.

- Si l'ovule n'est pas fécondé, **le taux des hormones chute** en fin de cycle et la paroi de l'utérus est éliminée en produisant des saignements : ce sont les menstruations (règles).

S'ENTRAÎNER

1 Vrai ou faux ?

Coche la case qui convient.

	V	F
a. La puberté se situe en moyenne entre 11 et 50 ans.	☐	☐
b. Une hormone produite par le cerveau déclenche la puberté.	☐	☐
c. Les règles et les éjaculations sont les signes qu'on peut avoir un enfant.	☐	☐
d. L'ovulation est déclenchée par une chute des hormones ovariennes.	☐	☐

2 Les hormones sexuelles

Trouve l'hormone correspondante.

a. Cette hormone produite par les testicules à partir de la puberté provoque la masculinisation du corps et la production de spermatozoïdes : ....

b. Ces hormones produites par les ovaires à partir de la puberté provoquent la féminisation du corps et la production d'ovule : ....

3 La production des gamètes

Compare la production des cellules reproductrices (gamètes) chez l'homme et chez la femme.

....
....
....

4 Le retard pubertaire

Chez certains enfants, la puberté ne se déclenche pas : les testicules ou les ovaires ne se développent pas.

a. Propose une explication à ce retard pubertaire.

....
....
....

b. À ton avis, quel traitement pourrait-on proposer pour aider à déclencher la puberté ?

....
....
....

5 Hormones et grossesse

Le graphique ci-dessous représente les taux d'hormones au cours d'une grossesse.

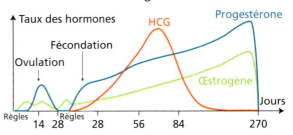

a. Décris les changements observés dans les taux d'hormones ovariennes par rapport à un cycle sans fécondation.

b. La HCG est une hormone produite par l'embryon. Explique l'intérêt de détecter cette hormone dans les tests de grossesse.

6 CONTRÔLE EXPRESS

Replace ces trois photos de la muqueuse utérine dans l'ordre chronologique du cycle. Justifie ton choix.

Doc. 1

Doc. 2

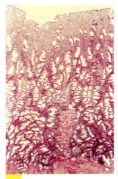
Doc. 3

....
....

Corrigés p. 38 du livret.

DATE   *ÉVALUATION*

PHYSIQUE-CHIMIE

Organisation et transformations de la matière

1   Représenter l'infiniment petit : atomes et molécules   202

2   Identifier des espèces chimiques   204

3   Modéliser une transformation chimique   206

4   Identifier le caractère acide ou basique
d'une solution   208

5   Connaître la structure de l'Univers
et du Système solaire   210

Mouvement et interaction

6   Exploiter la relation entre distance, vitesse et durée   212

7   Modéliser une action mécanique par une force   214

Des signaux pour observer et pour communiquer

8   Utiliser les propriétés des signaux lumineux
et sonores   216

L'énergie et ses conversions

9   Étudier la relation entre tension et intensité   218

10   Distinguer tension alternative et tension continue   220

11   Définir la puissance nominale
d'un appareil électrique   222

12   Les dangers de l'électricité
et les règles de sécurité   224

TECHNOLOGIE

13   Utiliser les ressources naturelles
pour produire de l'énergie   226

14   Coder l'information : la révolution du code-barres   228

15   Optimiser le couple produit/service :
l'exemple de la garantie   230

**Physique-Chimie
Technologie**

1 Représenter l'infiniment petit : atomes et molécules

RETENIR

Tu sais que l'infiniment petit peut être modélisé par des petites particules. Pour mieux comprendre le monde réel qui nous entoure, il est temps de préciser ce qui se cache derrière le mot « particules ».

1 / Les atomes

• Le philosophe grec Leucippe et son disciple Démocrite pensaient, il y a près de vingt-cinq siècles, que la matière était constituée de particules insécables : les atomes *(atomos)*. On sait aujourd'hui que les atomes sont constitués de particules encore plus petites…

• Le diamètre d'un atome est d'environ $d = 10^{-10}$ m (soit 10 millions de fois plus petit que le millimètre).

• Chaque atome est modélisé par une sphère de couleur et représenté par un **symbole**. Ce symbole est souvent la première lettre du nom de l'atome écrite en majuscule, parfois suivie d'une lettre en minuscule.

Atome	Hydrogène	Carbone	Oxygène	Azote	Soufre	Chlore
Symbole	H	C	O	N	S	Cl
Représentation	○	●	●	●	●	●

2 / Les molécules

• Les atomes s'assemblent pour constituer des **molécules**.

• Les molécules sont représentées par des **formules** utilisant les symboles des atomes. Si la molécule contient plusieurs atomes identiques, leur nombre est indiqué en indice du symbole de l'atome.

Nom	Formule	Modèle
Eau	H_2O	
Dioxygène	O_2	
Dioxyde de carbone	CO_2	
Méthane	CH_4	

Exemple L'eau contient 2 atomes d'hydrogène et un atome d'oxygène ; sa formule chimique est H_2O.

MOTS CLÉS

✓ **Atomes** : particules qui composent la matière.
✓ **Molécule** : assemblage de plusieurs atomes.
✓ **Symbole** : lettre (ou groupe de lettres) associée à un atome.

MINI INTERRO

1. De quoi est composée la molécule d'eau ?
2. Quelles sont les couleurs associées aux atomes C, H, O et N ?

ORGANISATION ET TRANSFORMATIONS DE LA MATIÈRE

LA MÉTHODE

▷ **Représenter les molécules de l'air**

L'air est un mélange gazeux, composé d'environ 80 % de diazote (N_2) et 20 % de dioxygène (O_2). Pour 10 molécules au total, il faut donc représenter 8 molécules de N_2 et 2 molécules de O_2 (80 % = 80/100 mais aussi 8/10).

S'ENTRAÎNER

1. Atomes ou molécules ?

Coche la bonne case.

Nom	Atome	Molécule
Dioxygène	....	....
Azote	....	....
Oxygène	....	....
Eau	....	....
Carbone	....	....
Dioxyde de carbone	....	....

2. Nom et formule chimique

Complète le tableau.

Nom	Formule chimique
Dioxygène	....
....	CO_2
Eau	....

3. Questions pour un champion

Je suis un composé chimique constitué uniquement d'atomes de carbone et d'atomes d'hydrogène. Mon « petit frère » est le méthane. Lorsqu'on me représente, on dessine 3 boules noires et 8 boules blanches.

Je suis le ....

4. Planète inconnue

On a déterminé la composition chimique de l'atmosphère d'une exoplanète : 30 % de CO_2, 50 % de H_2 et 20 % de N_2.

Peux-tu faire une représentation moléculaire de cette atmosphère avec un total de 20 molécules ?

....
....
....
....
....
....
....
....

5. CONTRÔLE EXPRESS

Complète le tableau et colorie les atomes de chaque molécule en respectant le code couleur.

	Dioxygène	Diazote	Eau	Dioxyde de carbone	Méthane
Schéma					
Carbone					
Hydrogène					
Oxygène					
Azote					
Formule					

Corrigés p. 39 du livret.

203

2 Identifier des espèces chimiques

RETENIR

Lorsqu'on réalise une expérience, il est souvent nécessaire de vérifier l'identité des espèces chimiques formées pour comprendre le phénomène de transformation. Il existe de multiples techniques physico-chimiques pour cela.

1 / Méthodes et procédés physiques

On peut identifier une **espèce chimique** sans faire de tests chimiques, mais en déterminant une **température de changement d'état** (température de fusion, d'ébullition…), ou sa **solubilité** ou sa **masse volumique**. Une rapide comparaison des mesures obtenues avec celles d'une **base de données** permet d'identifier et de confirmer la nature de l'espèce chimique.

2 / Tests chimiques

Un test chimique permet d'identifier sans hésiter une espèce donnée lors d'une analyse chimique. Lorsque le test est négatif, il confirme son absence.

Nom	Formule	Réactif	Résultat observé
Dioxyde de carbone	CO_2	Eau de chaux	Trouble blanc
Eau	H_2O	Sulfate de cuivre anhydre	Devient bleu
Dioxygène	O_2	Buchette incandescente	Combustion plus vive
Dihydrogène	H_2	Flamme au-dessus du tube	Détonation

3 / Chromatographie

La chromatographie est une méthode de **séparation** et d'**identification** des espèces chimiques constituant un **mélange**. Les différents composants de l'échantillon ont des **vitesses de déplacement** différentes qui permettent de les séparer et de les identifier (souvent par comparaison avec des substances déjà connues).

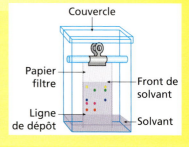

MOTS CLÉS

✓ **Espèce chimique :** ensemble de molécules identiques.

✓ **Test chimique :** expérience dont le résultat prouve la présence ou non d'une espèce chimique.

ORGANISATION ET TRANSFORMATIONS DE LA MATIÈRE

LA MÉTHODE

▷ **Comprendre la technique de la récupération d'un gaz**

• Avant de pouvoir identifier un gaz (O_2, CO_2, H_2, etc.), tu dois être capable d'isoler ce gaz. Il existe une technique simple appelée **récupération d'un gaz par déplacement d'eau** :
– un tube à dégagement conduit le gaz dans un tube à essai rempli d'eau ;
– le gaz, plus léger que l'eau, va progressivement déplacer l'eau du tube et prendre sa place.

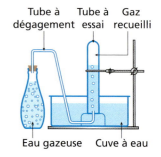

MINI INTERRO

1. Comment détecter la présence d'eau dans un liquide ?

2. Quel gaz est révélé par l'eau de chaux ?

S'ENTRAÎNER

1 Tests et espèces détectées

Complète le tableau.

Test	Espèce chimique
Eau de chaux	....
Bûchette incandescente	....
Sulfate de cuivre anhydre	....
Flamme au-dessus du tube	....

2 Gaz et réactif

Relie les bonnes réponses.

Test	Résultat
Eau de chaux	Devient bleu
Bûchette incandescente	Trouble blanc
Sulfate de cuivre anhydre	Détonation
Flamme au-dessus du tube	Combustion vive

3 Présence d'eau dans les liquides

Ninon a réalisé correctement le test d'identification de l'eau sur deux produits.

Liquide testé	Eau écarlate	Encre bleue
Couleur obtenue	Gris	Bleue

a. Que peux-tu déduire du test sur l'eau écarlate ?

....
....
....

b. Trouves-tu logique le nom de ce produit ?

....
....
....

c. Ninon a un doute concernant la présence d'eau dans l'encre. Qu'en penses-tu ?

....
....
....

4 Propose un protocole

Propose un protocole expérimental complet permettant de capter puis de vérifier la présence de dioxyde de carbone dans une boisson gazeuse ?

....
....
....
....
....
....
....
....
....
....
....

5 CONTRÔLE EXPRESS

Voici les résultats d'une séance de TP consacrée à la récupération du gaz contenu dans un briquet.

Masse de gaz récupérée	0,9 g
Volume de gaz récupéré	370 mL

Quelle est la nature du gaz ?

Données :

Gaz	Propane	Butane
Masse volumique ρ (g/L)	1,85	2,50

....
....
....
....
....
....
....
....

Corrigés p. 39 du livret.

205

3 Modéliser une transformation chimique

RETENIR

Lors d'une transformation chimique, on dit qu'il y a eu une « réaction chimique » et que des produits se sont formés. Voyons comment cela se déroule...

1 / Réaction chimique : réactifs et produits

Une **réaction chimique** est une transformation de la matière au cours de laquelle des espèces sont consommées (les **réactifs**) et d'autres espèces sont formées (les **produits**). Si la réaction dégage de la chaleur, c'est une réaction **exothermique**.

Exemple La combustion du carbone dans le dioxygène se poursuit tant qu'il reste du carbone et du dioxygène dans le système. L'état final est atteint lorsque l'un des réactifs a totalement « disparu » : la réaction chimique s'arrête et la combustion est alors qualifiée de **combustion complète**.

2 / Équation-bilan équilibrée

- Une réaction chimique entre deux réactifs se déroule toujours dans des proportions et des quantités bien déterminées. Il est donc nécessaire de connaître les règles permettant d'équilibrer l'équation-bilan de la réaction.

Exemple La combustion du carbone :

Système chimique	État initial : réactifs	État final : produits
Espèces chimiques	Carbone : C Dioxygène : O_2 (en excès)	Dioxyde de carbone : CO_2 Dioxygène : O_2 (restant)
Température	Température : 20 °C	Température > 20 °C

- Au cours de la réaction chimique, l'organisation des atomes a été modifiée, mais les atomes de carbone et d'oxygène restent présents (en espèce et en nombre).

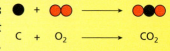

C + O_2 ⟶ CO_2

3 / Conservation de la masse et de la matière

Un principe fondamental de toute transformation chimique est la conservation de la masse, ou principe de Lavoisier (qui a énoncé « rien ne se perd, rien ne se crée, tout se transforme ») : la masse des réactifs qui disparaissent est égale à la masse des produits qui se forment.

LA MÉTHODE

▷ **Équilibrer l'équation chimique de la combustion du méthane**

- Vérifier que tous les atomes présents dans les réactifs se retrouvent en nombre dans les produits.
- Équilibrer dans l'ordre : **C**, puis **H** et enfin **O**.
1. Il y a un **C** de chaque côté.
2. On ajoute une molécule d'eau pour équilibrer les **H** : 4 de chaque côté.
3. On ajoute une molécule de O_2 pour équilibrer les **O** : 4 de chaque côté.

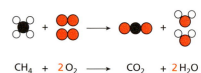

CH_4 + 2 O_2 ⟶ CO_2 + 2 H_2O

MOTS CLÉS

✓ **Réactifs** : espèces présentes au départ de la réaction et qui vont réagir ensemble.

✓ **Produits** : espèces qui apparaissent lors de la réaction.

✓ **Équation-bilan** : écriture qui modélise la transformation de molécules et d'atomes lors d'une réaction.

MINI INTERRO

1. Comment nomme-t-on les espèces présentes au départ d'une réaction chimique ?

2. Dans une combustion, le dioxygène est-il un produit ou un réactif ?

1. Vrai ou faux ?

Coche la bonne réponse.

Lors d'une combustion,	V	F
a. les produits se forment à partir des réactifs.	☐	☐
b. les molécules des réactifs et les molécules des produits sont les mêmes.	☐	☐
c. les atomes présents au départ se retrouvent tous à la fin.	☐	☐

2. Combustion du méthane

Place les espèces chimiques suivantes dans le tableau :
méthane, eau, dioxyde de carbone, dioxygène.

Réactifs	Produits

3. Lavoisier

À partir de l'exemple de la combustion du méthane, explique pourquoi Lavoisier avait raison de dire :
« Rien ne se perd, rien ne se crée, tout se transforme ».

$CH_4 \; + \; 2O_2 \; \longrightarrow \; CO_2 \; + \; 2H_2O$

....
....
....
....
....

4. Conservation de la masse

Lors de la combustion complète de 11 grammes de carbone, 8 grammes de dioxygène vont être consommés et…

Peux-tu terminer le texte ?

....
....
....
....
....

5. CONTRÔLE EXPRESS

J'ai commencé à équilibrer les atomes de carbone. Il reste encore à équilibrer les atomes d'hydrogène, puis les atomes d'oxygène.

Complète le tableau de la combustion du propane.

	Réactifs		→	Produits	
Nom	Propane	+		→	Dioxyde de carbone	+	
Formules chimiques	C_3H_8	+		→	CO_2	+	
Schémas	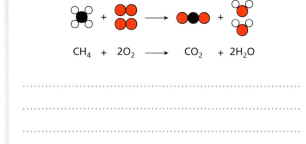			→			
Équation équilibrée	C_3H_8	+		→	3 CO_2	+	

Corrigés p. 39 du livret.

207

4 Identifier le caractère acide ou basique d'une solution

RETENIR

De nombreux emballages présentent des pictogrammes signalant un danger potentiel lié à l'acidité des produits. Pourtant, je peux boire sans problème des sodas qui sont relativement acides. Quelques mesures s'imposent…

1 / Acide ou basique : mesure de pH

- Le **pH** est une mesure de l'**acidité** d'une solution.

- Pour déterminer le pH d'une solution, on utilise soit du **papier pH** (mesure rapide mais peu précise), soit un **pH-mètre** (mesure très précise).

- Une solution est :
  - **acide** lorsque son **pH < 7** (exemple : acide chlorhydrique) ;
  - **basique** lorsque son **pH > 7** (exemple : soude) ;
  - **neutre** lorsque son **pH = 7** (exemple : eau pure).

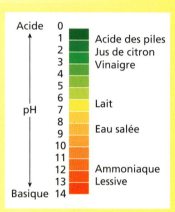

MOTS CLÉS

✓ **pH** : grandeur qui permet de définir si un milieu est acide, basique ou neutre.

✓ **Corrosif** : qui a la propriété de brûler ou d'attaquer certaines matières.

2 / Les dangers des acides et des bases

- Les **pictogrammes de sécurité** signalent les dangers des produits. Par exemple, les solutions acides présentent le pictogramme ci-contre qui signale un produit **corrosif**. Les produits basiques (comme les produits ménagers) sont tout autant dangereux.

- La **dilution** permet de rendre une solution moins dangereuse, car elle diminue la force des acides et des bases. L'ajout de solvant diminue la concentration de la solution.

- Attention : **il ne faut jamais verser d'eau sur un acide**. La réaction est très exothermique avec un risque de projection d'acide. Il faut lire attentivement les étiquettes des produits et prendre les précautions adaptées (gants, lunettes, blouse).

MINI INTERRO

1. Quel est l'intervalle de pH d'une solution acide ?
2. Si je dilue un acide, son pH va-t-il diminuer ?
3. Pourquoi est-il dangereux de verser de l'eau sur un acide ?

LA MÉTHODE

▷ **Connaître les effets d'une dilution sur le pH d'une solution**

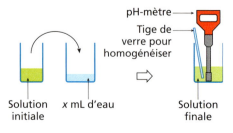

- Si on dilue une solution acide (on ajoute de l'eau), son acidité diminue, c'est-à-dire que son pH augmente mais il reste inférieur à 7.

- Si on dilue une solution basique, sa basicité diminue, c'est-à-dire que son pH diminue mais il reste supérieur à 7.

S'ENTRAÎNER

1 Échelle de pH

Complète le schéma avec les termes suivants : acide, basique, neutre.

```
0           7           14
|-----------|-----------|
```

2 Classement

Voici des mesures de pH relevés lors d'une séance de TP.

Produit	pH
Soude (diluée)	11
Produit lessive	10
Eau de javel	9,7
Lait	6,7
Jus d'orange	4
Cola	2,5
Jus de citron	1,8

Commente ces résultats.

....
....
....
....
....

3 Dans les choux

On extrait une substance colorée du chou rouge en le faisant bouillir et on en verse quelques gouttes dans différents produits.

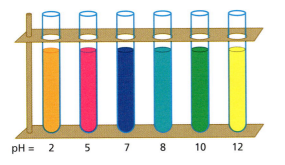

pH =   2   5   7   8   10   12

On dit que le jus de chou rouge est un « indicateur coloré ».

Explique pourquoi.

....
....
....
....
....
....
....

4 Effet de la dilution sur une solution basique

On souhaite diluer de la soude (basique) pour diminuer sa concentration.

Comment vas-tu réaliser cette dilution et quelles précautions dois-tu prendre ?

....
....
....
....
....
....
....

5 CONTRÔLE EXPRESS

Un camarade a procédé à des dilutions d'un acide concentré et a effectué ensuite des mesures de pH.

Tube	A	B	C
pH	3,6	4,1	5,4

Dans quel tube se trouve l'acide le plus concentré ?

....
....
....
....
....
....

Corrigés p. 39 du livret.

5 Connaître la structure de l'Univers et du Système solaire

RETENIR

Depuis la nuit des temps, toutes les civilisations ont cherché à comprendre la structure de l'Univers. Début d'explication sur ce qui nous entoure...

1 / Organisation de la matière dans l'Univers

- Le « **big bang** » désigne l'instant, il y a environ **13,8 milliards d'années**, où l'Univers était extrêmement dense et chaud. Puis l'Univers s'est **dilaté très rapidement** (expansion) et s'est **refroidi**, ce qui a permis la formation d'éléments chimiques légers (hydrogène, hélium).

- Sous l'effet de la **gravitation**, ces éléments forment de grands nuages (nébuleuses), qui se réchauffent et déclenchent des réactions nucléaires : ainsi naissent les premières **étoiles**. Au cœur de ces étoiles, des éléments comme le carbone, l'oxygène et le fer se forment et enrichissent les nuages de gaz interstellaires, qui donnent naissance à de nouvelles étoiles et à leurs cortèges de planètes...

2 / Système solaire et Voie lactée

- La Terre est **en orbite** à 150 millions de kilomètres du Soleil. Autour du **Soleil**, gravitent 7 autres **planètes** et leurs **satellites**, des **astéroïdes**, des **comètes** et des **planètes naines** (comme Pluton).

- Les **comètes** sont des débris contenant de la glace d'eau, résidus de la nébuleuse ayant donné naissance au Système solaire. Les étoiles filantes sont de petits débris rocheux appelés **météorites** qui tombent sur la Terre. Elles proviennent de la ceinture d'astéroïdes ou de débris de comètes.

- Le **Système solaire** s'étend sur **une année-lumière** (al). Il fait partie de la **Voie lactée**, galaxie spirale qui regroupe plusieurs centaines de milliards d'étoiles et qui s'étend sur 100 000 al.

3 / Amas et superamas

- Les galaxies se regroupent en **amas** de galaxies. L'amas dans lequel se trouve notre galaxie est appelé le **Groupe local**. Les amas s'organisent autour d'immenses structures appelées **superamas**.

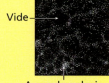
Vide
Amas de galaxie

- La structure de l'Univers est une **structure lacunaire** où les éléments sont séparés par de **grands vides**.

MOTS CLÉS

✓ **Étoile** : corps céleste gazeux qui produit sa propre lumière par réaction de fusion nucléaire.

✓ **Planète** : objet en orbite autour d'une étoile.

✓ **Année-lumière (al)** : distance parcourue par la lumière en une année.

MINI INTERRO

1. Quel est l'âge de l'Univers ?
2. Quel est le nom de notre galaxie ?
3. Que signifie l'expression « l'Univers a une structure lacunaire » ?

LA MÉTHODE

▷ **Exprimer un résultat avec les unités de distance adaptées**

- L'**unité astronomique (ua)** est utilisée pour exprimer les distances dans les systèmes planétaires. Elle correspond à la distance entre la Terre et le Soleil : 1 ua ≈ 150 millions de kilomètres.

- L'**année-lumière (al)** correspond à la distance parcourue par la lumière en une année : 1 al ≈ 10 000 milliards de kilomètres (10^{13} km).

S'ENTRAÎNER

1 Ordre de grandeur

Classe les objets suivants du plus petit au plus grand :
étoile, galaxie, Univers, amas, système planétaire.

....
....

2 Vocabulaire extraterrestre

Attribue les mots suivants à leurs définitions :
comète, astéroïde, étoile filante, météorite, météoroïdes.

Définition	Mot
Gros morceau de roche provenant d'une zone située entre les orbites de Mars et Jupiter.	....
Gros morceau de glace ayant une trajectoire très particulière.	....
Débris spatial de petite taille pouvant provenir d'un astéroïde ou d'une comète.	....
Débris spatial qui entre dans l'atmosphère terrestre.	....
Débris spatial atteignant la surface terrestre après avoir traversé l'atmosphère.	....

3 Système solaire

a. Complète le tableau.

	Satellite	Planète	Étoile
Gravite autour d'une étoile	....	....	....
Gravite autour d'une planète	....	....	....
Objet gazeux	....	....	....
Produit sa propre lumière	....	....	....

b. Rappelle la manière dont s'est formé le Système solaire.

....
....
....
....
....

4 De la Terre à la Lune

Un des principes de calcul de la distance Terre-Lune est la mesure de la durée d'aller-retour d'une impulsion laser émise du sol terrestre vers un réflecteur lunaire. La valeur moyenne de cette durée est 2,56 s.

Calcule la distance moyenne entre la Terre et la Lune.

Rappel : vitesse de la lumière ≈ 300 000 km/s.

....
....
....
....
....
....

5 CONTRÔLE EXPRESS

L'étoile la plus proche du Soleil est Proxima du Centaure située à 4,2 années-lumière.

a. À quelle distance, en kilomètres, se trouve-t-elle de notre Soleil ?

....
....
....
....
....
....

b. Combien de temps mettrait une sonde spatiale se déplaçant à une vitesse de 20 km/s pour parcourir cette distance ?

....
....
....
....
....

Phys.-Chimie

6 Exploiter la relation entre distance, vitesse et durée

 **RETENIR**

Un mouvement est défini par une trajectoire, des distances, des vitesses. Quelle relation existe-t-il entre la distance, le temps et la vitesse moyenne d'un mobile ? Comment convertir des unités de vitesse ?

1 / Relation entre vitesse, distance et durée

- Prenons un exemple : on relève dans un tableau la distance parcourue par un véhicule en fonction du temps.

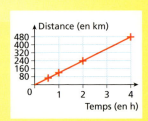

Durée (h)	0,5	1	2	4
Distance (km)	60	120	240	480

MOTS CLÉS

✓ **Mouvement uniforme** : mouvement d'un objet qui se déplace à vitesse constante.

✓ **Grandeurs proportionnelles** : grandeurs qui évoluent de la même manière.

✓ **Vitesse moyenne** : rapport de la distance parcourue par la durée mise pour parcourir cette distance.

Si on reporte sur un graphique les données précédentes, les points sont alignés. On en déduit que le temps et la distance parcourue sont **proportionnels**. Le véhicule se déplace donc à **vitesse constante** et le mouvement est **uniforme**. Si on note v la vitesse constante, d la distance parcourue et t le temps, on obtient la relation suivante : $v = \dfrac{d}{t}$.

- Dans une situation de **vitesse moyenne** (ou constante), la relation mathématique entre la distance parcourue d, la vitesse moyenne v et la durée Δt s'écrit :

$$v = \dfrac{d}{\Delta t} \quad \text{ou} \quad d = v \times \Delta t \quad \text{ou} \quad \Delta t = \dfrac{d}{v}$$

- Les **unités de vitesse** les plus utilisées sont : **km/h** et **m/s**.

2 / Diagrammes vitesse-temps

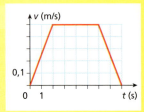

- Outre la trajectoire, il est possible de représenter graphiquement l'évolution du mouvement sous deux formes : le diagramme distance-temps et le diagramme vitesse-temps. Ces diagrammes (ou chronogrammes) dépendent du référentiel choisi.

MINI INTERRO

1. Quelle formule relie la distance, la vitesse et la durée ?

2. Si je me déplace à 120 km/h, quelle distance aurai-je parcouru en 1 minute ?

- Sur le diagramme ci-contre, on observe que la vitesse de l'objet a augmenté (mouvement accéléré), puis que l'objet s'est déplacé à vitesse constante pour enfin ralentir.

 **LA MÉTHODE**

▷ Convertir les unités de vitesse

Il est souvent nécessaire de convertir les unités de vitesse.

Exemple $\quad 30 \text{ km/h} = \dfrac{30 \text{ km}}{1 \text{ h}} = \dfrac{30\,000 \text{ m}}{3\,600 \text{ s}} = 8,3 \text{ m/s}.$

En résumé :

vitesse en m/s = $\dfrac{\text{vitesse en km/h}}{3,6}$ ou vitesse en km/h = $3,6 \times$ vitesse en m/s.

S'ENTRAÎNER

1 Calcul de vitesse moyenne

Voici un enregistrement de la distance parcourue par un coureur à pied en fonction du temps.

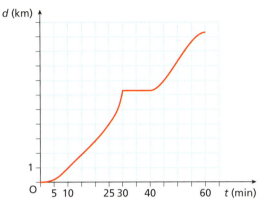

a. Quelle est sa vitesse moyenne (en km/h) sur les 25 premières minutes ?

....
....
....

b. Que s'est-il passé entre les 30ᵉ et 40ᵉ minutes ?

....
....

c. Quelle est sa vitesse moyenne (en km/h) sur les 45 premières minutes ?

....
....

2 Avions de chasse

La vitesse des avions est souvent exprimée en mach. Un avion qui vole à mach 1 se déplace à la vitesse du son (340 m/s).
Un avion de chasse vole à la vitesse de mach 2.

Quelle est sa vitesse en km/h ?

....
....
....
....

3 Ça roule !

Une voiture parcourt 80 km en 1 h 15 min. On désigne par t la durée en heures et d la distance parcourue en km.

a. Quelle est la vitesse moyenne de cette voiture ?

....
....
....

b. Combien de temps mettra-t-elle pour parcourir 224 km à la même vitesse moyenne ?

....
....
....

c. Quelle distance pourra-t-elle parcourir en roulant 2 heures et 45 min à la même vitesse ?

....
....
....

4 CONTRÔLE EXPRESS

Le temps de réaction est la durée qui s'écoule entre le moment où vous voyez un danger et le moment où vous appuyez sur la pédale de frein. Pour une personne vigilante, il est d'environ 1 seconde (une personne très fatiguée, en état d'ivresse ou sous l'emprise de stupéfiants aura évidemment besoin de plus de temps pour réagir). Un véhicule roule à 60 km/h.

Quelle distance, en mètres, parcourt le conducteur si son temps de réaction est de 1 seconde ?

....
....
....
....
....
....
....
....

Corrigés p. 39 du livret.

7 Modéliser une action mécanique par une force

RETENIR

Tu es capable de décrire un mouvement, voyons maintenant comment le créer, ou comment expliquer un état d'équilibre.

1 / Notion de force

MOTS CLÉS

✓ **Force** : interaction entre deux systèmes.

✓ **Dynamomètre** : appareil de mesure de l'intensité d'une force.

✓ **Centre de gravité** : point par lequel un corps tient en équilibre.

• Pour expliquer un mouvement ou un équilibre, la notion de **force** est essentielle. Elle est définie par 4 caractéristiques : son **intensité** ; sa **direction** ; son **sens** ; son **point d'application**.

• Tirer sur une corde équivaut à exercer une **force de contact**. Par contre, un aimant attire un objet métallique sans contact : cette force d'attraction est une **force à distance**.

2 / Mesure et représentation d'une force

• L'appareil de mesure de l'intensité d'une force s'appelle un **dynamomètre**. On déduit la valeur de la force par mesure de l'allongement d'un ressort étalonné.

L'intensité d'une force $\vec{F}$ est notée F et s'exprime **en newtons (N)**.

• Pour étudier un système, il est utile de représenter les forces sur un schéma. Pour représenter la direction et le sens, on trace un segment fléché. Sa longueur correspond à l'intensité de la force et son point de départ est son point d'application.

MINI INTERRO

1. Quelles sont les 4 caractéristiques d'une force ?
2. Quelle est l'unité de l'intensité d'une force ?
3. Avec quel appareil mesure-t-on l'intensité d'une force ?

3 / Équilibre et mouvement

Un objet en équilibre est un objet dont le mouvement n'est pas modifié :
– s'il est immobile, il reste immobile ;
– s'il est en mouvement, la direction, le sens et la vitesse du mouvement restent identiques.

LA MÉTHODE

▷ Étudier un système

Pour étudier un système, tu dois faire l'**inventaire des forces extérieures** appliquées au système :
– le **poids** est la force verticale exercée par la Terre sur l'objet dont le point d'application est le centre de gravité G de l'objet ;
– l'objet est en contact avec le sol ou avec le fil. Il y a donc une seconde force présente qui s'oppose à la première : la **réaction du sol** sur l'objet ou la **tension** exercée par le fil sur l'objet.

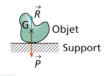

S'ENTRAÎNER

1. Force de contact ou à distance ?

Coche la bonne case.

Système	Force de contact	Force à distance
Aimant-Bille		
Livre-Table		
Terre-Lune		
Raquette-Balle		

2. Que la force soit avec toi !

Rappelle les quatre éléments qui définissent une force ?

....
....
....
....

3. La mécanique du vol

Un avion en vol est soumis à quatre forces :
– son poids, qui l'attire vers le sol ;
– la poussée des réacteurs qui permet son déplacement ;
– la portance des ailes qui permet de prendre de l'altitude ;
– la traînée qui s'oppose au mouvement.

Peux-tu les représenter sur le schéma ?

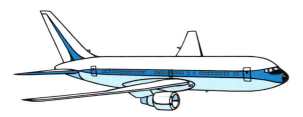

4. Représentation d'une force

Représente la force exercée par la perceuse sur le mur.

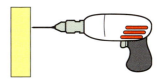

Échelle : 1 cm pour 100 N.
Point d'application : point de contact perceuse/mur.
Direction : horizontale.
Sens : vers la gauche.
Valeur : 400 N.

5. CONTRÔLE EXPRESS

Un enfant saute sur un trampoline élastique (ou *bungy*). Il est attaché par la taille à deux élastiques qui sont eux-mêmes reliés à un portique.

a. Fais l'inventaire des forces extérieures appliquées à l'enfant.

....
....
....
....
....
....
....

b. Représente-les sur un schéma (sans tenir compte de leurs intensités).

Corrigés p. 40 du livret.

8 Utiliser les propriétés des signaux lumineux et sonores

RETENIR

Les ondes électromagnétiques font partie de notre quotidien : radiographie, wi-fi, four à micro-ondes… Si certaines sont visibles (ondes lumineuses), la plupart d'entre elles sont invisibles (rayons X, UV…) mais bien présentes !

1 / Signaux lumineux

- Les **ondes lumineuses** se propagent **dans tout milieu matériel** (solide, liquide ou gazeux) ainsi que **dans le vide** (lumière des étoiles).

- La **vitesse de propagation** des ondes électromagnétiques varie en fonction du milieu dans lequel elles se propagent. Elle se calcule avec la formule suivante :

  $v = \dfrac{c}{n}$ avec c, la **vitesse** (ou **célérité**) **de la lumière** dans le vide ($\approx$ 300 000 km/s) ;

  n, l'**indice de réfraction** caractéristique du milieu traversé.

- Le **spectre** des ondes électromagnétiques regroupe différents types de rayons utilisés pour des applications précises : imagerie médicale, etc.

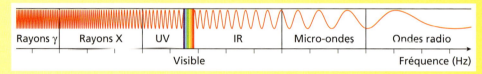

2 / Signaux sonores

- Le **son** ne se transmet que dans un **milieu élastique** (par vibration des atomes) et à une vitesse d'environ **340 m/s** dans l'air. Il peut être **réfléchi** ou **réfracté**, comme la lumière.

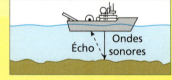

■ Principe du sonar.

- Le **spectre** des ondes sonores (ou acoustiques) se décompose en trois grands domaines selon la fréquence : **infrasons**, **sons audibles** et **ultrasons**.

- Le son se propage **dans toutes les directions** et s'atténue avec la distance en raison de la dispersion de l'énergie acoustique et de son absorption par le milieu (principe de l'échographie ou du sonar). Le **niveau sonore** dépend de l'amplitude de la vibration sonore et s'exprime **en décibels (dB)**. Il se mesure avec un **sonomètre**.

MOTS CLÉS

✓ **Spectre** : répartition des ondes en fonction de leur fréquence.

✓ **Réfraction** : phénomène de déviation d'une onde lorsque l'onde change de milieu de propagation.

✓ **Fréquence** : nombre d'oscillations par seconde.

MINI INTERRO

1. Un signal lumineux s'atténue-t-il dans le vide ?

2. Cite deux applications liées à l'exploitation des signaux sonores et lumineux.

LA MÉTHODE

▷ **Comprendre les notions de fréquence et d'amplitude d'une onde**

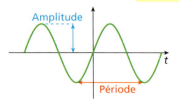

- La **fréquence d'une onde** est le nombre de fois que cette oscillation se répète en une seconde. L'unité de fréquence est le **hertz (Hz)**.

- L'**amplitude** est la valeur maximale du signal. La puissance acoustique, l'intensité et le niveau sonore dépendent de cette amplitude.

S'ENTRAÎNER

1 La bonne association

Associe chaque mot de la liste à l'une des définitions données :
réflexion • réfraction • absorption.

a. L'onde est atténuée lors de sa propagation dans un milieu.

....

b. L'onde change brusquement de direction lorsqu'elle rencontre un nouveau milieu.

....

c. L'onde est légèrement déviée lorsqu'elle arrive dans un nouveau milieu de propagation.

....

2 Écho et radar

Cite un point commun et une différence entre l'écho et le radar.

....
....
....
....
....
....
....
....

3 Échographie et radiographie

Décris la différence entre une radiographie et une échographie.

....
....
....
....
....
....
....

4 La la la la la la la la

Pour accorder son instrument, un musicien utilise un diapason. L'enregistrement du son produit par le diapason est le suivant :

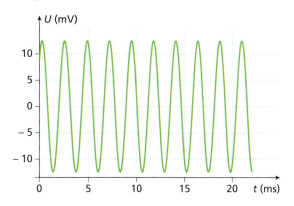

Peux-tu t'assurer que le diapason émet bien la note La_3 dont la fréquence est de 440 Hz ?

....
....
....
....
....
....
....

5 CONTRÔLE EXPRESS

La vitesse du son est de 340 m/s. Un violent orage provoque simultanément un éclair et un coup de tonnerre à 3 km d'un promeneur.

a. Au bout de combien de temps, le promeneur voit-il l'éclair ?

....
....
....

b. Au bout de combien de temps, le promeneur entend-il le tonnerre ?

....
....
....

Corrigés p. 40 du livret.

9 Étudier la relation entre tension et intensité

RETENIR

Te voilà capable de faire les mesures de deux grandeurs électriques : la tension électrique avec un voltmètre et l'intensité du courant avec un ampèremètre. On va essayer maintenant de comprendre la relation qui existe entre ces mesures.

1 / Montage expérimental et mesures pour deux dipôles

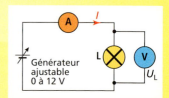

MOTS CLÉS

✓ **Résistance** : dipôle qui transforme l'énergie électrique qu'il reçoit en chaleur.

✓ **Caractéristique** : représentation graphique de l'évolution de la tension en fonction de l'intensité.

• La **caractéristique** d'un dipôle est la **représentation graphique** des variations de la tension aux bornes de ce dipôle en fonction de celles de l'intensité du courant qui le traverse.

• Pour obtenir la caractéristique d'un dipôle, on réalise un montage composé d'un **générateur variable** dont on peut faire varier manuellement la tension, d'un **voltmètre**, et d'un **ampèremètre**. À chaque variation de la tension aux bornes du générateur, on note :
– la valeur U lue sur le voltmètre ;
– la valeur associée I lue sur l'ampèremètre.

U (V)	0				
I (A)	0				

2 / Représentation graphique

MINI INTERRO

1. Peut-on tracer la caractéristique de tout récepteur ?
2. Sais-tu définir la loi d'Ohm ?
3. À quoi correspond l'effet Joule ?

• On obtient donc une série de couples de valeurs (intensité, tension) qui sont les coordonnées des points de la caractéristique.

• Sur un graphique, les intensités sont portées en abscisses (axe horizontal) et les tensions en ordonnées (axe vertical). Ici, U_{AB} représente la caractéristique d'une résistance et U_{BC} celle d'une lampe.

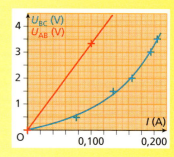

LA MÉTHODE

▷ Appliquer la loi d'Ohm et calculer une résistance

• La caractéristique d'une **résistance** est une droite qui passe par l'origine.

• La tension aux bornes de la résistance est proportionnelle à l'intensité du courant qu'elle reçoit. Le coefficient de proportionnalité correspond à la valeur R de la résistance. On définit alors la **loi d'Ohm** qui lie l'intensité du courant traversant la résistance à la tension entre ses bornes par la formule :

$$U = R \times I \quad \text{avec } R, \text{ valeur de la résistance en } \Omega \text{ (ohms)}.$$

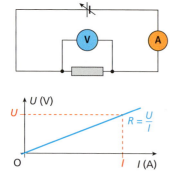

• Un **conducteur** ou **dipôle ohmique** est un récepteur passif. Toute l'énergie électrique qu'il reçoit est transformée en énergie thermique (chaleur) par **effet Joule**.

S'ENTRAÎNER

1 La bonne caractéristique

Parmi les trois représentations graphiques proposées, quelles sont celles qui peuvent être associées à une résistance ou à une lampe ?

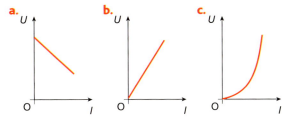

2 Lecture graphique

Un élève a effectué des mesures et a ensuite tracé la caractéristique suivante. On suppose que le générateur est variable.

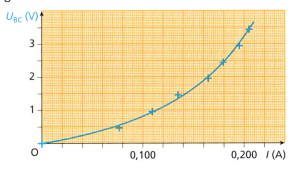

a. Sur le schéma du montage, peux-tu indiquer la position du voltmètre et de l'ampèremètre.

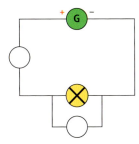

b. Confirmes-tu qu'il s'agit bien d'une lampe et non pas d'une résistance ?

....

c. Si cette lampe est soumise à une tension de 2,5 volts, quelle est l'intensité qui la traverse ?

....

d. Je souhaite que l'intensité du courant passant dans la lampe soit de 0,14 A. Quelle tension doit délivrer le générateur ?

....

3 Tâche complexe

On dispose d'un générateur G de tension constante 3 V, d'un conducteur ohmique R de résistance inconnue et d'une lampe L dont la caractéristique est tracée ci-dessous. Les dipôles sont en série.

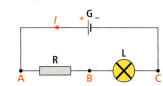

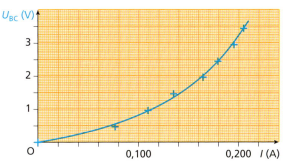

Un ampèremètre a mesuré l'intensité du courant qui circule dans la lampe : $I_L = 0,075$ A.

Quelle est la valeur de la résistance ?

....
....

4 CONTRÔLE EXPRESS

Des camarades ont tracé soigneusement la caractéristique d'une résistance.

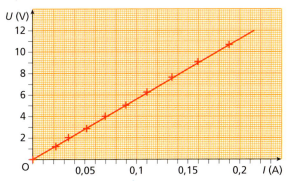

a. Quels sont les éléments qui te confirment que cette caractéristique est bien celle d'une résistance ?

....

b. Détermine la valeur de la résistance de ce dipôle en expliquant bien ta méthode et tes calculs.

....

Corrigés p. 40 du livret.

10 Distinguer tension alternative et tension continue

RETENIR

Alors que les appareils domestiques sont alimentés sur le secteur 220 V, ton téléphone portable utilise des batteries qui délivrent une tension d'à peine 4 V. Nous allons définir les caractéristiques des différents types de tension électrique.

1 / Tension continue, tension variable (alternative et/ou périodique)

MOTS CLÉS

✓ **Amplitude** : valeur maximale du signal en volts (V).

✓ **Période** : durée entre deux points identiques (pour un signal périodique).

✓ **Oscilloscope** : appareil permettant de visualiser les variations de signaux au cours du temps.

Il existe deux grandes familles de générateurs :
– les générateurs de **tension continue** qui délivrent une tension stable au cours du temps (pile, batterie…) ;
– les générateurs qui produisent une **tension variable** au cours du temps : elle peut être **périodique** et/ou **alternative**.

2 / Caractéristique d'une tension périodique alternative

• Deux grandeurs caractérisent ce type de signal :
– l'**amplitude** U_{max} correspondant à la valeur maximale du signal en volts ;
– la **période** T correspondant à la durée en secondes d'un cycle (entre deux points identiques).

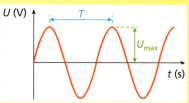

• Deux autres grandeurs peuvent être calculées :
– la **fréquence** f (en hertz, symbole Hz) correspondant u nombre de cycles par seconde, obtenue par la formule : $f = \dfrac{1}{T}$;
– la **tension efficace** U_{eff} (en volts). Pour une tension alternative sinusoïdale, la formule de calcul est $U_{eff} = \dfrac{U_{max}}{\sqrt{2}}$.

MINI INTERRO
1. Qu'est-ce qu'un un signal alternatif ?
2. Quelle est l'unité de mesure de la période ?

3 / Visualisation des signaux avec l'oscilloscope

Un **oscilloscope** permet de visualiser les variations de signaux au cours du temps. La courbe obtenue sur l'écran est appelée **oscillogramme**. Il se branche **en dérivation** aux bornes du dipôle (comme un voltmètre).

LA MÉTHODE

▷ **Calculer la période et l'amplitude d'une tension sur un oscillogramme**

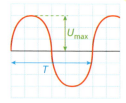

• Amplitude : U_{max} = 3 carreaux × 0,2 volt/carreau
= 0,6 volt.

• Période : T = 6 carreaux × 0,5 ms/carreau
= 3 ms = 0,003 s.

1 Question de vocabulaire

Voici trois oscillogrammes de tensions variables.

Lesquelles sont périodiques ?
Lesquelles sont alternatives ?

a.   b.   c.

....
....

2 Étude d'un oscillogramme

Sur cet oscillogramme d'un signal périodique alternatif, es-tu capable de représenter :
a. en vert, l'amplitude du signal ;
b. en bleu, une période du signal.

3 Électrocardiogramme

Voici un signal électrique enregistré lors d'un électrocardiogramme.

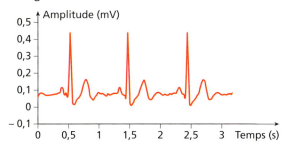

a. Peux-tu calculer la fréquence cardiaque de cette personne ?

....

b. À combien de pulsations/minute bat donc son cœur ?

....
....
....

4 Tension de secteur

La tension de secteur est le nom de la tension présente aux bornes d'une prise électrique. En France, elle présente les caractéristiques suivantes :

Tension de secteur	Alternative-Sinusoïdale	$T = 20$ ms	$U_{eff} = 230$ V

La tension de secteur est très dangereuse car elle peut provoquer des électrisations ou des électrocutions (voir le chapitre 12 sur les dangers).

Peux-tu calculer la fréquence f de cette tension et son amplitude U_{max} ?

....
....
....
....
....
....
....

5 CONTRÔLE EXPRESS

Voici un oscillogramme bi-courbe.

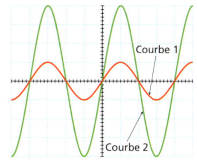

Courbe 1

Courbe 2

Les réglages de l'oscillogramme sont les suivants : vertical : 2 V/carreau ; horizontal : 0,5 s/carreau.

Détermine l'amplitude U_{max} et la période T de chaque courbe.

....
....
....
....
....
....

Corrigés p. 40 du livret.

221

11 Définir la puissance nominale d'un appareil électrique

RETENIR

Sur la plaque signalétique des appareils électriques, les constructeurs indiquent souvent une valeur en watts : il s'agit de la **puissance nominale**, c'est-à-dire la puissance électrique que l'appareil doit recevoir pour fonctionner normalement.

1 / Puissance nominale

MOTS CLÉS

✓ **Puissance** : grandeur électrique exprimée en watts (W).

✓ **Dipôle ohmique** : dipôle transformant l'énergie électrique reçue en énergie thermique.

- La **puissance électrique**, notée P, est une grandeur physique qui s'exprime **en watts (W)** dans le Système international.

- La **puissance nominale** d'un appareil électrique est la puissance électrique qu'il reçoit lorsqu'il est soumis à sa tension nominale. Les puissances nominales des appareils domestiques peuvent varier de quelques watts à plusieurs kilowatts (kW). Les appareils électriques qui chauffent et/ou qui ont un moteur ont une puissance nominale élevée.

Appareil	Ordinateur portable	Réfrigérateur	Téléviseur plasma	Radiateur électrique	Lave-linge
Puissance nominale (W)	30	210	250	1 600	2 900

2 / Formule liant P, U et I

- Pour un **dipôle ohmique**, la puissance électrique reçue est donnée par la relation : $P = U \times I$ avec P en watts (W), U en volts (V) et I en ampères (A).

- Lorsque les appareils sont alimentés par une tension alternative sinusoïdale (par exemple la tension de secteur), U et I correspondent alors à leurs **grandeurs efficaces** (U_{eff} et I_{eff}). En France, pour les appareils électriques branchés sur le secteur, la tension efficace U_{eff} est de 230 V.

LA MÉTHODE

▷ **Calculer l'intensité efficace d'un appareil électrique**

Tes parents ont acheté un nouvel appareil électroménager. Il y est inscrit : $P = 2,2$ kW. Quelle est l'intensité efficace qui traverse cet appareil ?

Données connues :
- la puissance $P = 2,2$ kW $= 2\ 200$ W, car 1 kW $= 1\ 000$ W ;
- tu sais que cet appareil doit être branché sur le secteur : $U_{eff} = 230$ V.

Exploitation de la formule :
- tu connais la formule $P = U_{eff} \times I_{eff}$ et tu cherches la valeur I_{eff} ;
- donc la formule devient : $I_{eff} = \dfrac{P}{U_{eff}}$;
- l'application numérique donne : $I_{eff} = \dfrac{2\ 200}{230} \approx 9,6$ A ;
- l'intensité efficace qui traverse cet appareil, lorsqu'il fonctionne, est de 9,6 A.

MINI INTERRO

1. Quelle est l'unité de la puissance électrique ?

2. Quelle formule lie P, U et I ?

L'ÉNERGIE ET SES CONVERSIONS

S'ENTRAÎNER

1 Bilan

Complète le tableau suivant.

Grandeur	Lettre associée	Unité	Lettre associée
Tension	………	………	………
Intensité	………	………	………
Puissance	………	………	………

2 Lampe de laboratoire

Tu souhaites vérifier les informations indiquées sur les lampes du laboratoire : 0,6 W et 6 V.

Comment peux-tu vérifier, par la mesure ou le calcul, ces deux informations ?

....
....

3 Petites économies

Voici deux questions repérées sur un forum en ligne :

a. J'aimerais changer des ampoules classiques (90 W) par des ampoules basse consommation (15 W). Éclairent-elles de la même façon ?

b. À la maison, je laisse toujours mes appareils en veille. J'ai entendu dire qu'ils consommaient du courant, c'est vrai ?

Peux-tu les aider ?

....
....

4 Électroménager

Un vendeur a mélangé trois étiquettes d'appareils électroménagers affichant les puissances suivantes : 280 W ; 1 600 W ; 2,9 kW.

Peux-tu aider le vendeur à replacer les étiquettes ?

5 Multiprise

Tu viens d'acheter une multiprise pour brancher différents appareils. Voici les informations :
– nombre de prises : 4 ;
– interrupteur : oui ;
– longueur du câble : 1,5 m ;
– puissance : 3 000 W max.

Cette multiprise est utilisée dans une cuisine, où elle sert à brancher un réfrigérateur (300 W), un four micro-ondes (900 W) et un four électrique (1,7 kW).

a. Quelle est la puissance totale demandée par les appareils lorsqu'ils sont en fonctionnement ?

....
....
....

b. De temps en temps, une petite cafetière électrique (600 W) est également branchée sur la multiprise. Est-ce une bonne idée ?

....
....
....

6 CONTRÔLE EXPRESS

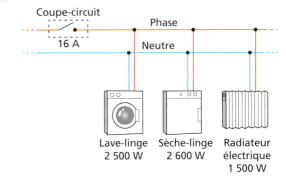

Voici le schéma d'une installation électrique dont les appareils sont branchés sur le secteur (U_{eff} = 230 V). Un coupe-circuit se déclenche automatiquement pour protéger l'installation électrique lorsque le courant dépasse les 16 ampères.

Peux-tu vérifier si les appareils vont pouvoir fonctionner en même temps ?

....
....
....
....

Corrigés p. 41 du livret.

12 Les dangers de l'électricité et les règles de sécurité

RETENIR

En France, environ 25 % des incendies sont d'origine électrique. Il existe pourtant des règles simples pour éviter ces accidents.

1 / Danger pour les personnes

• Une personne est **électrisée** lorsqu'un courant électrique lui traverse le corps. L'**électrisation** peut provoquer des effets allant de simples picotements à des brûlures de peau, une paralysie respiratoire ou un arrêt cardiaque. On dit **électrocution** lorsque ce courant provoque la mort de la personne.

MOTS CLÉS

✓ **Prise de terre** : fil reliant l'appareil à la terre.

✓ **Disjoncteur** : dispositif permettant de couper l'alimentation électrique.

• Le courant délivré *via* les prises électriques arrive par le **fil de phase**, traverse l'appareil électrique puis repart par le **fil neutre**. Le troisième fil, appelé **prise de terre** (symbole ⏚), relie l'appareil à la terre.

• Deux situations de danger possibles :
— contact avec le **fil neutre** et le **fil de phase** (image de gauche) ;
— contact avec le **fil de phase** et le **sol** (image de droite).

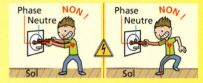

• Une **prise de terre** associée à un **disjoncteur différentiel** assure la protection des personnes. Lors d'un faux contact à l'intérieur de l'appareil, la prise de terre provoque un courant de fuite. Le disjoncteur différentiel détecte instantanément cette anomalie et coupe l'alimentation de l'appareil défectueux.

MINI INTERRO

1. Quels sont les trois fils d'une prise électrique ?
2. Quels dispositifs permettent de protéger les installations de surintensités ?
3. Pourquoi un oiseau posé sur une ligne haute tension ne se fait-il pas électrocuter ?

2 / Danger pour les installations

Le second danger concerne les installations électriques de la maison. Deux situations possibles :
— la **surcharge** (trop d'appareils sont en fonctionnement en même temps) ;
— le **court-circuit** (surintensité souvent due à un faux contact).
Les **fusibles** et le **disjoncteur à maximum de courant** protègent les installations de ces surintensités.

LA MÉTHODE

▷ **Comprendre le rôle de la prise de terre**

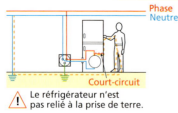

⚠ Le réfrigérateur n'est pas relié à la prise de terre.

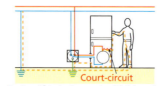
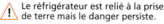

⚠ Le réfrigérateur est relié à la prise de terre mais le danger persiste.

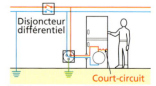

Le réfrigérateur est relié à la prise de terre et le circuit est équipé d'un disjoncteur différentiel qui détecte la fuite de courant.

L'ÉNERGIE ET SES CONVERSIONS

224

S'ENTRAÎNER

1 Dangers potentiels

Indique les situations de danger potentiel.

	Oui	Non
a. Manipuler un appareil électrique en présence d'eau.	☐	☐
b. Dénuder des fils électriques reliés au secteur.	☐	☐
c. Ne pas couper le courant avant de changer une ampoule.	☐	☐
d. Enfoncer un objet dans une prise électrique.	☐	☐
e. Démonter un appareil électrique en fonctionnement.	☐	☐

2 Protection des enfants

Il existe des dispositifs de cache-prises pour protéger les jeunes enfants du risque d'électrisation.

 Clipsez le cache-prise

 Impossible de le retirer sans la clé

Peux-tu décrire les situations de danger potentiel que représentent les prises électriques ?

....
....
....
....

3 Article de journal

« Un banal problème électrique a provoqué un court-circuit puis un incendie dans un immeuble de la rue Ampère, lundi soir. L'occupant du logement en feu a pu s'échapper, mais il a été intoxiqué par les fumées, comme six autres voisins. »

a. Quelle est la cause de cet incendie ?
....
....

b. Peux-tu proposer une solution pour éviter ce genre d'accident grave ?
....
....
....

4 Le bon diamètre

Dans une cuisine, le circuit alimentant une cuisinière électrique doit supporter une intensité de 26 A. La ligne peut être protégée par un coupe-circuit à fusible ou par un disjoncteur.

Section des conducteurs	Courant maximal autorisé par le dispositif de protection	
Cuivre	Fusible	Disjoncteur
1,5 mm^2	10 A	16 A
2,5 mm^2	16 A	20 A
6 mm^2	32 A	30 A

Que proposes-tu comme solutions possibles ?
....
....
....

5 CONTRÔLE EXPRESS

Dans un exercice du chapitre précédent, les trois appareils du schéma ci-dessous ne pouvaient pas fonctionner en même temps car leur puissance totale est de 6,6 kW.

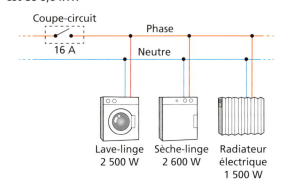

Lave-linge 2 500 W — Sèche-linge 2 600 W — Radiateur électrique 1 500 W

a. Dans ces conditions, quelle est intensité dans le circuit principal ?
....
....

b. Que faut-il changer dans cette installation électrique ? (Tu peux t'aider des données de l'exercice 4).
....
....
....

Corrigés p. 41 du livret.

13 Utiliser les ressources naturelles pour produire de l'énergie

LE PROBLÈME

L'énergie qui alimente un appareil électrique est souvent issue d'autres énergies qui ont été transformées (gaz, charbon, nucléaire…). Dans la production d'énergie mondiale, la part des énergies renouvelables (solaire, éolien, hydroélectricité…) ne cesse d'augmenter. Quelles sont les principales caractéristiques de ces énergies renouvelables ?

LES DOCUMENTS

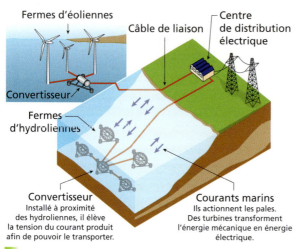

Doc. 1 Éoliennes et hydroliennes.

Doc. 2 Récupération de la chaleur humaine dans la gare ferroviaire de Stockholm (Suède).

Type d'énergie	Origine	Qualification écologique
Biomasse	Matière organique	Renouvelable
Biocarburant	Carburant issu de végétaux	Renouvelable
Chimique	Réactions chimiques	Selon les réactifs
Électrique	Excitation électronique	Selon le type d'excitation
Éolien	Vent	Renouvelable
Fossile	Décomposition de matière organique (charbon, pétrole, gaz)	Non renouvelable
Hydraulique	Mouvement de l'eau (cours d'eau, marée…)	Renouvelable
Mécanique	Mouvement	Selon l'origine du mouvement
Musculaire	Muscle, alimentation	Renouvelable
Nucléaire	Fission atomique	Non renouvelable
Solaire	Soleil	Renouvelable
Géothermie	Chaleur de la Terre	Renouvelable

Doc. 3 Nature des énergies les plus communes.

MOTS CLÉS

✓ **Énergie primaire :** énergie disponible dans la nature, avant transformation.

✓ **Énergie secondaire :** énergie issue de la transformation d'une énergie primaire.

S'ENTRAÎNER

1 Observer

Observe le document 1 et coche les bonnes réponses.

a. Quels types de production d'énergie observes-tu ?
- ☐ une centrale hydraulique   ☐ des panneaux solaires
- ☐ un moulin à vent   ☐ des hydroliennes

b. Les matières premières utilisées sont :
- ☐ le vent   ☐ le Soleil
- ☐ les courants marins   ☐ la biomasse

2 Un transfert d'énergie à Stockholm

Regarde le document 2 et lis le texte pour compléter les phrases. Tu peux aussi t'aider des mots clés.

> Les 250 000 voyageurs qui passent chaque jour par la gare dégagent une chaleur humaine qui peut atteindre 35 °C sous la grande verrière. Cette chaleur est récupérée à travers un réseau de ventilation et d'échangeurs de chaleur, puis redistribuée dans le système de chauffage des immeubles voisins.

a. La chaleur .... est canalisée dans des conduites aspirantes qui chauffent un circuit de transport de l'énergie, pour être véhiculée au niveau des immeubles voisins. La chaleur humaine dans ce cas est qualifiée écologiquement de ....

b. L'énergie dégagée par la chaleur humaine à l'intérieur de la gare est considérée comme une énergie .... car elle est à l'origine de la première création d'énergie du système technique.

c. Les immeubles aux alentours de la gare de Stockholm utilisent une énergie secondaire. Cela signifie que l'énergie a été ....

3 L'hydrolien, une énergie d'avenir

Complète les phrases à l'aide des documents 1 et 3.

a. Les hydroliennes permettent de créer une énergie .... grâce aux courants .... en dessous du niveau de la mer.

b. La rotation des hélices de l'hydrolienne actionne un alternateur qui permet la .... en énergie ....

c. Cette .... secondaire sera acheminée jusqu'aux côtes par un câble électrique, pour y être utilisée.

4 Déduire

Complète les phrases à l'aide des termes de la liste suivante : *transformations • renouvelable • primaire • secondaire*

a. Il n'existe pas de relation directe entre énergie renouvelable et énergie ....

b. En effet, cette dernière est issue d'une ou plusieurs .... énergétiques.

c. L'énergie .... est une énergie directement disponible dans la nature, avant transformation.

d. L'énergie primaire permet de qualifier l'énergie de .... ou non.

5 CONCLURE

Coche les bonnes réponses.

a. Une énergie renouvelable est une énergie
☐ inépuisable ☐ limitée dans le temps.

b. Il existe ☐ sept ☐ douze types d'énergie renouvelable.

c. La qualification écologique en énergie renouvelable ou non est uniquement liée à la nature de l'énergie
☐ primaire ☐ secondaire.

d. Les nombreuses transformations d'énergies primaires en sources d'énergies secondaires (comme la transformation de charbon en électricité)
☐ consomment ☐ produisent de l'énergie.

e. Ces ☐ gains ☐ pertes d'énergie sont du(e)s essentiellement à un dégagement de chaleur au cours de la transformation et du transport.

Technologie

Corrigés p. 41 du livret.

227

14 Coder l'information : la révolution du code-barres

LE PROBLÈME

À partir des années 1970, l'étiqueteuse de prix du commerçant a été remplacée par la flasheuse, et l'étiquette par le code-barres. On peut véritablement parler de révolution du traitement de l'information. Mais quel est le principe d'un code-barres ? Quels types d'informations peuvent être codés de cette manière tout en respectant un cadre légal ?

LES DOCUMENTS

▷ Codage et décodage

Doc. 1 Modèle de codeuse qui imprime le code-barres sur un emballage.

Doc. 2 Utilisation du code-barres dans un commerce pour obtenir des informations sur le produit.

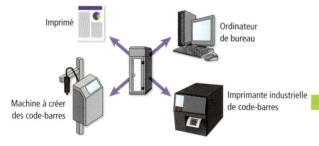

Doc. 3 Un logiciel de codage envoie des informations à différents supports.

▷ Principales fonctions des codes-barres

- Ils renferment les données encodées par les logiciels de codage, respectant ainsi les **obligations légales** d'information sur les produits.
- Ils réduisent les coûts d'emballage.
- Ils assurent le suivi de tous types de produits (aliments, vêtements, lettres et colis postaux, bagages et cartes d'embarquement sur les lignes aériennes…) : c'est la **traçabilité**.
- Ils facilitent la gestion des inventaires, la facturation et la comptabilité.
- Ils permettent l'**identification** d'objets ou de personnes, ainsi que l'**indexation** de documents (archives, bibliothèques…).

MOTS CLÉS

✓ **Codage** : opération définissant une correspondance entre des informations et leur représentation par des caractères ou des symboles faciles à transmettre.

✓ **Traçabilité** : possibilité de suivre la composition, la localisation ou l'évolution d'un produit.

1 Observer

Coche la ou les bonnes réponses.

a. Sur le **document 1**, on identifie :
☐ une imprimante codeuse
☐ des informations essentielles
☐ une caisse automatique
☐ le prix des produits à l'intérieur du carton

b. Sur le **document 2**, l'utilisateur « flashe » le code-barres du produit pour :
☐ donner le prix du produit.
☐ graver un élément sur la boîte.
☐ s'informer de données complémentaires non visibles sur la boîte du produit.

2 Fiabilité et validité

Le code-barres permet de donner des informations très détaillées et actualisées à l'utilisateur, par exemple le prix d'un produit, les quantités en magasin, leur localisation.

Utilise les documents de la page précédente pour compléter le texte.

On utilise des .... de codage qui génèrent un code-barres. Ils permettent l'........................... du prix sur l'emballage et la création des .... légales spécifiques au produit.

3 Efficacité et légalité

Complète le texte à l'aide des documents de la page précédente.

Chaque produit doit afficher des .... obligatoires pour le consommateur du point de vue .... Par exemple, le consommateur doit être informé du prix de vente avant son acte d'achat. Pourtant le prix n'........................... plus directement sur le produit. C'est pourquoi il est indiqué sur un rayonnage, ou bien à une borne où l'article peut être ....

4 Déduire

Complète le texte à l'aide des termes de la liste suivante : *économies • codage • traçabilité • information • étiquetage • identifier*

Le code-barres permet de garantir à la fois une .... des produits et une qualité d'........................... qui limitent l'erreur humaine et optimisent le travail de gestion des produits. Ainsi, en cas de problème de qualité de production (exemple de conserves cuisinées avariées), les logiciels de codage pourront .... les lots de produits fabriqués et indiquer les lieux où ils ont été distribués. Le code-barres permet aussi de réaliser d'importantes .... Le prix d'un produit peut évoluer sans modifier son .... Il suffit de modifier les informations de .... dans le logiciel pour le code-barres concerné.

5 CONCLURE

Coche les bonnes réponses.

a. Des informations sont disponibles grâce à un ☐ piratage ☐ codage dont le support est un code-barres pour un élément particulier : un produit, un emballage, une affiche…

b. Des données relatives à ☐ l'évolution ☐ la fabrication de l'élément considéré peuvent être actualisées à tout moment.

c. Elles sont complétées à volonté de sorte qu'elles restituent une qualité d'information la plus ☐ fiable ☐ probable possible.

d. Lors d'un achat, le consommateur ne peut donc pas être trompé par un manque d' ☐ information ☐ innovation.

e. Non seulement le codage permet de respecter un cadre légal, mais il permet aussi de réaliser des ☐ dépenses ☐ économies importantes pour celui qui l'utilise.

15 Optimiser le couple produit/service : l'exemple de la garantie

LE PROBLÈME

En acquérant un produit neuf, l'utilisateur souhaite que le cycle de vie de son équipement soit le plus long possible. Mais la plupart des biens d'équipements sont prévus pour durer un certain temps ou être utilisés un nombre limité de fois. Comment les fabricants s'adaptent-ils pour offrir le meilleur service pendant le cycle de vie prévu d'un produit ?

LES DOCUMENTS

▷ Fiabilité et durabilité

MOTS CLÉS

✓ **Durabilité** : durée de vie d'un produit dans des conditions données.

✓ **Fiabilité** : aptitude d'un produit à rester fonctionnel dans des conditions données et une durée impartie.

✓ **Obsolescence fonctionnelle** : durée de vie fonctionnelle d'un produit.

Doc. 1 Équilibre entre la garantie et l'obsolescence fonctionnelle.

Motivations des utilisateurs en quête de garantie (notion de fiabilité)	Motivations des fabricants pour maîtriser l'obsolescence fonctionnelle (notion de durabilité)
• Utiliser un objet technique qui fonctionne dans une période de temps prévue, sans tomber en panne. • Acheter un produit neuf prêt à l'emploi et durable. • Échanger l'objet technique en cas de défaillance.	• Éviter les retours de l'objet technique pendant la période de garantie à cause d'un dysfonctionnement (coût élevé). • Dimensionner les spécifications de l'objet technique pour qu'il serve normalement dans la période de temps où il sera utilisé et pas davantage (choix des composants, exemple des objets consommables mono-utilisation comme les cartouches d'encre pour imprimantes).

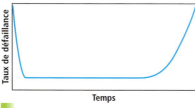

Doc. 2 Courbe de fiabilité d'un objet technique.

Un objet technique est fiable lorsqu'il remplit sa fonction. En début d'utilisation (vie), les défaillances peuvent être importantes (erreurs de production, de qualité des composants, de mise au point). En fin de vie, le produit est usé et remplit de plus en plus mal sa fonction, à l'image d'une vieille voiture qui tombe tout le temps en panne (taux de défaillance élevé).

▷ La garantie d'une voiture

- Voiture (objet technique) = 7 ans ou 100 000 km.
- Moteur = 7 ans ou 180 000 km.
- Peinture et anticorrosion = 7 ans.
- Climatisation = 5 ans.
- Durée d'utilisation maximale préconisée = 8 ans.

Doc. 3 Exemple de garanties constructeur par blocs fonctionnels.

230

S'ENTRAÎNER

1 Observer

Coche la ou les bonnes réponses.

a. Sur le document 2, qui représente une courbe en forme de baignoire, on remarque que :
☐ le taux de défaillance est élevé en fin de vie.
☐ le taux de défaillance est toujours faible.
☐ le taux de défaillance est élevé en début de vie.
☐ le taux de défaillance est faible en fin de vie.

b. En étudiant le document 3, on voit que :
☐ certains composants ont la même garantie.
☐ la voiture est garantie 7 ans sans condition.
☐ certains blocs fonctionnels de la voiture sont garantis au-delà de 7 ans.

2 Définir

Associe chaque mot de la liste suivante à sa définition : *durabilité* • *fiabilité* • *défaillance*

a. Événement qui empêche le fonctionnement d'un objet technique dans des conditions définies :
....

b. Pendant une utilisation identifiée, l'objet technique remplit une fonction donnée sans tomber en panne :
....

c. Temps pendant lequel un objet technique fonctionne dans des conditions données : ....

3 Garantie ou hors garantie ?

Place sur le schéma les éléments suivants. Recopie en rouge les pièces garanties, en bleu celles qui ne le sont pas : *moteur* • *essuie-glace* • *filtre à air* • *radiateur* • *ampoule de phare* • *rétroviseur*.

4 Analyser et déduire

Relie les éléments entre eux et indique s'il s'agit de durabilité (D) ou de fiabilité (F).

Pièce ou caractéristique	Garantie
Moteur ○	○ 100 000 km (....)
Peinture et anticorrosion ○	○ 180 000 km (....)
Climatisation ○	○ 7 ans (....)
Utilisation maximale ○	○ 5 ans (....)
Voiture ○	○ 8 ans (....)

5 Pour aller plus loin

Cherche sur Internet les caractéristiques des garanties suivantes.

a. Garantie de conformité : ☐ légale ☐ contractuelle

Elle s'applique si ....
....
....

b. Garantie des vices cachés : ☐ légale ☐ contractuelle

Elle s'applique si ....
....

c. Garantie commerciale : ☐ légale ☐ contractuelle

Elle s'applique si ....
....
....

6 CONCLURE

Complète la conclusion à l'aide des termes de la liste suivante : *période* • *besoins* • *cycle de vie* • *durabilité* • *garantie*

Pour compenser l'usure, le monde du commerce s'est doté du service de .... qui permet un remplacement à l'identique en cas de dysfonctionnement sur une .... d'utilisation donnée. La .... et la fiabilité permettent aux constructeurs/fabricants d'adapter le .... de leurs produits pour répondre aux .... des utilisateurs, tout en proposant leurs produits au meilleur coût.

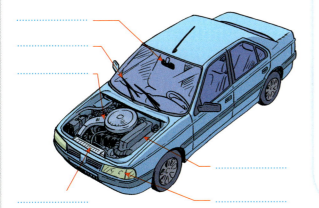

Corrigés p. 41 du livret.

Technologie

231

Anglais

Plus d'entraînement sur
www.hatier-entrainement.com

ANGLAIS

			DATE	ÉVALUATION
1	Le groupe nominal	234		
2	L'expression de la quantité	236		
3	L'adjectif. Les adverbes de manière	238		
4	Les mots interrogatifs	240		
5	Les temps du passé	242		
6	L'expression du futur	244		
7	L'expression de la condition	246		
8	Les auxiliaires modaux	248		
9	L'expression de la possession	250		
10	Le passif	252		
11	Les propositions relatives	254		
12	Le gérondif	256		

Pour t'entraîner À L'ORAL

Cette partie de l'ouvrage est associée à des ressources audio, signalées par ce pictogramme 🎧 et disponibles sur le site **www.editions-hatier.fr**.

1. Dans la zone de recherche du site, tape « Tout savoir » et sélectionne le livre de 4e.

2. Clique sur l'onglet « Ressources à télécharger » et choisis : ANGLAIS 4e.

3. Télécharge le répertoire contenant tous les sons.

4. Joue les sons correspondant au chapitre que tu étudies.

Anglais

1 Le groupe nominal

 **RETENIR**

MINI DICO

✓ cross (to) : traverser
✓ famous : célèbre
✓ hole : trou
✓ wake up (to) : se réveiller

1 / Dénombrables et indénombrables

● Les noms **dénombrables** désignent ce que l'on peut compter : a bike, a door. On peut **les mettre au pluriel**.

● Les noms **indénombrables** désignent ce que l'on ne peut pas compter. Ils ne peuvent ni s'utiliser avec l'article indéfini *a/an*, ni se mettre au pluriel : water.

2 / La formation du pluriel des noms

En général, on forme le pluriel des noms (dénombrables) en ajoutant **la marque s**, que l'on prononce [s] (bike**s**) ou [z] (door**s**). Mais il existe des **exceptions**.

● **Pluriel en -es**
On ajoute -es, prononcé [iz], aux noms terminés par -ch, -s, -sh, -x, -z : coach**es**. On ajoute également -es à certains noms terminés par -o : potato**es**, tomato**es**, hero**es**, echo**es**. Mais : kilos, pianos.

● **Pluriel en -ies ou en -ves**
Le pluriel des noms en -y est en -ies : bab**ies**, countr**ies**, part**ies**, worr**ies**.
Le pluriel des noms en -f, -fe est en -ves : a shelf → shel**ves** • a wife → wi**ves**.

● **Pluriels irréguliers** : a man → **men** • a woman → **women** • a child → **children** a mouse → **mice** • a foot → **feet** • a tooth → **teeth**

3 / Les articles : cas particuliers

● L'article indéfini *a/an* s'emploie en particulier devant un nom de métier.
  She's **an** architect. Elle est architecte.

● On omet **l'article défini the** devant les aliments (He likes red wine), les couleurs (I prefer purple), les repas (He has breakfast at 8).
Cependant, ces noms déterminés par un complément ou un contexte sont alors précédés de *the*. The wine we drank in France was excellent.

 **MINI INTERRO**

1. Quel est le pluriel des mots terminés par –x ?
2. Cite les huit pronoms personnels compléments.

4 / Les pronoms personnels

● Sujets : ***I, you, he, she, it, we, you, they***.

● Compléments : ***me, you, him, her, it, us, you, them***. Ils se placent après le verbe. I called her. Je l'ai appelée.

 LES EXPRESSIONS CLÉS

▷ **Pour présenter quelqu'un**

• Johanna meets Ben.
• Johanna, this is Ben.
• I'd like you to meet Ben.

• Have you met Ben?
• You haven't met Ben, have you?
• I don't think you know Ben.

S'ENTRAÎNER

1 Quiz

Relie ces phrases à l'article qui convient.

a. ..... baker wakes up earlier than a teacher.

b. I didn't like ..... tea I had this morning.

c. ..... tea is my favourite drink.

d. He wants to be ..... actor.

e. ..... robots will probably replace ..... men in 2050.

f. This famous sailor crossed ..... Atlantic Ocean.

g. I visit my grand-parents four times ..... month.

- a
- an
- the
- Ø (absence d'article)

2 Les noms

Trouve les noms anglais correspondant à ces dessins puis place-les dans la colonne qui convient.

Dénombrables	Indénombrables

3 Les pronoms personnels

Remplace les mots soulignés par des pronoms personnels (sujets ou compléments).

a. Mary and Brenda will send the telegram soon.

b. Peter and I have a date with Diana.

c. Her dog must see the vet.

d. You and Janet are my best friends.

4 Présenter quelqu'un

Samantha présente Sandra à Sydney. Que dit-elle ?

5 Un peu de vocabulaire

Family and home / Famille et foyer

father-in-law → beau-père (par mariage)
step-father → beau-père (par remariage de sa mère)
elder → aîné (si deux enfants)
eldest → aîné (si plus de deux enfants)
godfather, godmother → parrain, marraine
only child → enfant unique
twins → jumelles, jumeaux
marry (to), get married (to) → épouser, se marier
do the dishes/the washing-up (to) → faire la vaisselle
do the washing (to) → faire la lessive
do the house work (to) → faire le ménage

6 Test de vocabulaire

Réponds aux questions suivantes.

a. James is my mother's husband but he isn't my father. Who is he?

....

b. Who is Edward whose daughter I've just married?

....
....
....

7 CONTRÔLE EXPRESS

Mets les verbes entre parenthèses au singulier ou au pluriel.

a. His pyjamas .... (be) clean.

b. The police .... (look for) fingerprints.

c. There .... (be) too many people here.

d. The news .... (be) bad today.

e. My trousers .... (have) a hole in the back.

Corrigés p. 42 du livret.

235

2 L'expression de la quantité

RETENIR

1 / Les quantifieurs

MINI DICO

✓ **cheap** : bon marché
✓ **lift (to)** : soulever
✓ **nowadays** : de nos jours
✓ **obvious** : évidemment

● Ce sont des déterminants indéfinis. Ils expriment une idée de **quantité**.

Quantité non définie	
Phrase affirmative	**some** : I have **some** stamps. J'ai des timbres.
Phrase interrogative	**any** : Do you have **any** stamps? As-tu des timbres ? **some** (réponse connue ou offre) : Would you like **some** orange juice?
Phrase négative	**any** : There are**n't any** people there. Il n'y a personne ici. **no** (= not any) : There are **no** tourists in the bus.
Grande quantité	
Dénombrables	Indénombrables
many flowers (beaucoup de fleurs), **many** people	**much** money
a lot of presents (beaucoup de cadeaux)	**a lot of** water
Trop grande quantité	
too many cars (trop de voitures)	**too much** oil
so many things (tellement de choses)	**so much** time
Faible quantité	
a few patients (quelques malades)	**a little** tea (un peu de thé)
Quantité insuffisante	
few taxis (peu de taxis)	**little** sugar
Quantité suffisante	
Enough money / tall **enough**. (enough se place après l'adjectif)	
Totalité	
all + indénombrable ou dénombrable : **all** my time (tout mon temps), **all** my friends	
every + nom au singulier : I see her **every** day. Je la vois chaque jour.	

MINI INTERRO

1. Quels quantifieurs utilise-t-on avec un indénombrable (*sugar* par exemple) ?
2. *Enough* se place-t-il après l'adjectif ?
3. Cite les deux quantifieurs qui expriment une faible quantité.

2 / Les composés de *some, any, no*

● Ils suivent les mêmes règles d'emploi que les déterminants correspondants.
– **Personnes** : *somebody, anybody, nobody*
– **Choses** : *something, anything, nothing*
– **Lieux** : *somewhere, anywhere, nowhere*

LES EXPRESSIONS CLÉS

▷ **Pour exprimer l'accord**

- I agree with Jennifer.
- I share her point of view.
- I am of the same opinion.
- I think she's (quite) right.
- That's true.
- Of course! / Definitely! / Absolutely!

▷ **Pour exprimer le désaccord**

- I think she's wrong.
- I can't admit it.
- I don't agree / I disagree with her.
- I can't say I share her point of view.
- I see things rather differently myself.
- Not at all!

S'ENTRAÎNER

1 Quiz

Relie ces phrases au bon quantifieur.

a. He's drunk; he's had ..... beer. ○
b. I must go to bed early, I'm ..... tired. ○
c. I won't go shopping with you, there are ..... people. ○
d. Don't drive ..... quickly. ○
e. She has ..... work. ○

○ too many
○ too
○ too much

2 Les composés de *some, any, no*

Complète ce dialogue avec *someone*, *no one*, *something*, *anything*, *nothing* et *everything*.

– Edward, there's .... in the shop. Would you help him please?

– Yes, Sir... Can I help you?

– I'm looking for .... for my wife. Do you have .... cheap? .... is so expensive nowadays!

– Actually .... is cheap in this shop. I'm afraid .... can help you here.

3 Exprimer le désaccord 🎧

The teacher has lost the pupil's test *(devoir)*. He asks her to do it again the next day. Obviously the girl will not agree with the teacher's decision.

How will she express her disagreement?

....
....
....

4 Un peu de vocabulaire

Leisure / Loisirs

pastime → passe-temps
spare time, free time → temps libre
stamp-collecting → philatélie
archery → tir à l'arc
hiking → randonnée
climbing → escalade
skating → patinage
horse riding → équitation
tournament → tournoi
team → équipe
relax (to) → se détendre
get some rest (to) / rest (to) → se reposer
listen to music (to) → écouter de la musique
listen to the radio (to) → écouter la radio
practise (to) → s'entraîner

5 Test de vocabulaire

Quel sport pratiquent-ils ? Relie les étiquettes aux personnages.

6 CONTRÔLE EXPRESS

Place *enough* au bon endroit dans chaque phrase.

a. He isn't old to vote.
b. I don't have money, I can't buy the book.
c. Are you strong to lift this shelf?
d. We have bought drinks for the party.

Corrigés p. 42 du livret.

237

3 L'adjectif. Les adverbes de manière

RETENIR

1 / L'adjectif

- L'adjectif est **invariable** qu'il soit épithète ou attribut.
  the **small** window (épithète) → the window is **small** (attribut)
- Certains adjectifs ne peuvent s'employer **que comme attributs** :
  awake, afraid, ill, asleep... My sister is **awake** (réveillée).
- Les **participes passés** et **présents** peuvent être employés comme adjectifs.
  interested → interesting • amused → amusing • bored → boring
  • disappointed (déçu) → disappointing (décevant) • tired (fatigué) → tiring (fatigant)

MINI DICO

✓ careful : prudent
✓ roof : toit
✓ the Earth : la Terre
✓ weak : faible, fragile
✓ worse : pire

2 / L'adjectif au comparatif et au superlatif

- **Règles générales**

	Adjectif court	Adjectif long
Comparatif de supériorité	adjectif + -er + than John is stronger than Bill.	more + adjectif + than A moped is more expensive than a bike.
Comparatif d'égalité	as + adjectif + as I'm as tired as Brian.
Comparatif d'infériorité	less + adjectif + than The play is less interesting than the book.
Superlatif	the + adjectif + -est Helen is the tallest.	the most + adjectif This chair is the most comfortable.

- **Comparatifs et superlatifs irréguliers**

Adjectif	Comparatif	Superlatif	Adjectif	Comparatif	Superlatif
good	better	the best	far	farther	the farthest
bad	worse	the worst	little	less	the least

MINI INTERRO

1. Quels sont les comparatifs de *good* et de *bad* ?
2. *The most...* doit-il être suivi d'un adjectif long ?
3. Quel est le participe présent de *bored* ?

3 / Les adverbes de manière

- Ils se forment en ajoutant **-ly** à l'adjectif.
  slow → slowly • careful → carefully • happy → happily (Ici, le *y* se change en *i*.)

LES EXPRESSIONS CLÉS

▷ **Pour exprimer la surprise**

- How surprised she was!
- What a surprise!
- It was such a surprise!
- It's so surprising/amazing!
- It's incredible!
- It's unbelievable!

▷ **Pour exprimer l'admiration**

- What a nice dinner! What music!
- It was such an incredible concert!
- How great the singers were!
- Wonderful! Terrific!
- It was so beautiful!
- It's the tallest boy I have ever seen!

S'ENTRAÎNER

1 Quiz

Relie ces adjectifs à leur contraire.

- a. careful
- b. friendless
- c. sunny
- d. happy
- e. comfortable
- f. weak
- g. light
- h. high

- sad
- strong
- careless
- heavy / dark
- friendly
- low
- cloudy
- uncomfortable

2 Les adjectifs

Complète chaque phrase avec un adjectif.

a. There is a lot of wind today; it's ....

b. There's a lot of rain in autumn; autumn is a .... season.

c. There are a lot of clouds in the sky; it is ....

d. There's a lot of fog in London; London is a .... city.

e. It's a .... day; the sun is shining.

3 Les adverbes

Donne les adverbes correspondant à ces adjectifs.

- a. careful ....
- b. busy ....
- c. immediate ....
- d. fast ....
- e. good ....
- f. heavy ....
- g. sick ....
- h. general ....
- i. comfortable ....
- j. bad ....

4 Expression 🎧

An astronaut is watching the Earth, he is telling all the surprising and beautiful things he can see and feel.

Express surprise and admiration.

5 Un peu de vocabulaire

Feelings / Sentiments

pleased → content
satisfied → satisfait
delighted → ravi
angry → en colère
annoyed → fâché
upset → contrarié
disappointed → déçu
terrified → terrifié
scared → effrayé
worried → inquiet
burst out laughing (to) → éclater de rire
burst into tears (to) → éclater en sanglots

6 Test de vocabulaire

Mets le signe +, –, ou Ø à côté de chaque adjectif selon qu'il exprime un sentiment positif, négatif ou un sentiment de peur.

- a. annoyed
- b. scared
- c. delighted
- d. worried
- e. angry
- f. pleased
- g. upset
- h. disappointed
- i. satisfied
- j. terrified

7 CONTRÔLE EXPRESS

Compare ce que tu vois en utilisant le comparatif et le superlatif.

Here's the Ross Family.

Corrigés p. 42 du livret.

239

4 Les mots interrogatifs

RETENIR

1 / Ordre des mots dans une question

• Lorsque l'on pose une question avec un mot interrogatif, l'ordre des mots est : **mot interrogatif + auxiliaire + sujet + base verbale ?**

• **Exception** : lorsque le mot interrogatif est sujet, il n'y a ni inversion, ni auxiliaire. **Who** typed the letter? (sujet) Qui a tapé la lettre ?

MINI DICO
- ✓ **kitten** : chaton
- ✓ **scarf** : écharpe
- ✓ **stay (to)** : rester
- ✓ **twice** : deux fois

2 / *Wh-* questions

• Le mot interrogatif interroge sur…

… l'objet, l'activité	what	**What** is this? **What** do you do?
… la personne	who	**Who** helped Matthew? (sujet) **Who** did she marry? (complément)
… le possesseur	whose	**Whose** camera is it?
… le lieu	where	**Where** will you meet?
… la raison	why	**Why** did you take it?
… le moment	when	**When** are you leaving?
… le but	what… for	**What** did you call him **for**?

• **Attention** : ne pas oublier de rejeter la préposition en fin de question si elle accompagne le pronom interrogatif. **What** is she looking **at**?

3 / Questions avec *how*

• Employé **seul ou avec un autre mot**, *how* permet d'interroger sur…

… la manière	how	**How** do you plant these roses?
… la quantité … le prix	how much	**How much** money do you need? **How much** are the gloves?
… le nombre	how many	**How many** people will come?
… la distance	how far	**How far** is your school?
… l'âge	how old	**How old** is your girlfriend?
… la fréquence	how often	**How often** do you see her?
… la durée	how long	**How long** does it take?

MINI INTERRO
1. Quel mot interrogatif interroge sur la distance ?
2. *How* peut-il être suivi d'un adjectif pour former une question ?
3. Que se passe-t-il quand le mot interrogatif est sujet ?

• *How* peut être **combiné à des adjectifs**. **How interesting** was the lesson?

LES EXPRESSIONS CLÉS

▷ **Pour exprimer la probabilité**

- Daniel may / might visit me.
- He could be in Paris soon.
- Perhaps / Maybe he will come.
- I suppose / think / guess he's busy.
- He could be here for my birthday.
- Daniel must have moved to Miami.
- He has probably lost my number.
- He is likely / unlikely to come.

240

1 Quiz

Relie la réponse à la question associée.

a. Security guard. ○   ○ How often does he travel?
b. In 1980. ○   ○ How long has he been working for Safety?
c. In London. ○   ○ What does he do?
d. Twice a week. ○   ○ Where does he live?
e. For 5 years. ○   ○ When was he born?

2 Poser des questions

Observe ces dessins et pose des questions en utilisant les mots interrogatifs suivants.

how long • how wide • how far • how high • how hot

3 Questions-réponses

Trouve les questions correspondant aux réponses données.

a. He came by plane.
b. He plays tennis three times a month.
c. It cost 50 dollars.
d. We'll stay five days.
e. I've been living here since 1999.
f. It depends on the price.
g. Vanessa is playing with Cameron.

4 Probabilité

What are these women saying? Express probability using *can, can't, could, couldn't, may, might*.

5 Un peu de vocabulaire

Nature (animals and plants) / Nature (animaux et plantes)

bark (to) → aboyer
bite (to) → mordre
scratch (to) → griffer
miaow (to) → miauler
purr (to) → ronronner
pet → animal domestique
wild animal → animal sauvage
bloom (to) → éclore, fleurir
thorn → épine
bud → bourgeon
trunk → tronc
root → racine

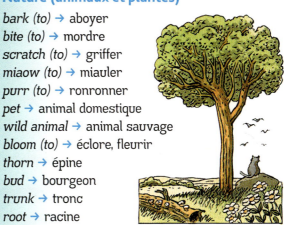

6 Test de vocabulaire

Utilise les verbes du lexique ci-dessus pour compléter les phrases suivantes.

a. Whenever he hears a noise my dog .... like crazy.
b. Our apple-tree will soon ....
c. Don't be afraid, my kitten doesn't .... You can play with him.
d. What's this strange noise ? It's my cat, he .... when he's happy.
e. Look at my arm, your cat .... me.

7 CONTRÔLE EXPRESS

Sur quoi interrogent ces mots interrogatifs ?

a. How often ○   ○ l'appartenance
b. Which ○   ○ le but
c. Whose ○   ○ le choix
d. What for ○   ○ la fréquence

Corrigés p. 42 du livret.

5 Les temps du passé

RETENIR

1 / Le prétérit simple

- Les **verbes réguliers** forment leur prétérit en ajoutant **-ed** à la base verbale à toutes les personnes : rain**ed**, look**ed**.
- Il existe des **prétérits irréguliers**, le même à toutes les personnes. see → **saw**
- Le prétérit sert à raconter des **faits passés sans lien avec le présent**. Le moment du passé est précisé : *ago, last…, in* + date passée, ou *when* + passé.
  We **saw** his parents **last Monday**.
- Utiliser *did* aux **formes interrogative** et **négative**. **Did** you **speak** to him? No, I **didn't**.

2 / Le prétérit continu (ou progressif)

- Formation : **was** ou **were** + base verbale + **-ing**.
- Il exprime l'idée qu'une **action** était **en cours à un certain moment du passé**.
- En opposition avec le prétérit simple, il exprime l'idée qu'une action était en train de se dérouler quand quelque chose s'est produit.
  They **were sleeping** when the phone **rang**. Ils dormaient quand le téléphone sonna.
- **Used to** (+ base verbale) sert à parler d'une **action que l'on faisait** autrefois et que l'on ne fait plus. I **used to** read for hours when I was young.

3 / Le *present perfect*

- Formation : **have** ou **has** + participe passé.
  – Verbes **réguliers** : pour former le participe passé on ajoute **-ed** à la base verbale. watch**ed**, work**ed**, listen**ed**
  – Verbes **irréguliers** : il faut les apprendre par cœur. see → **seen**
- Le *present perfect* exprime le **résultat dans le présent d'une action passée**.
  He **has worked** too much. Result: He is tired.
- Il s'utilise avec les adverbes *already* (déjà), *not… yet* (pas encore), *ever* (toujours), *never* (jamais)… I **have already talked** to her. He **hasn't called yet**.
- Il sert à parler d'une **action qui a démarré dans le passé et qui continue dans le présent**, alors utilisé avec *for* (+ durée) et *since* (+ point de départ de l'action).
  I **have known** Paul **for** a long time. Je connais Paul depuis très longtemps.
  He **has worked** here **since** 1985. Il travaille ici depuis 1985.

MINI DICO

✓ **hitch hike (to)** : faire du stop
✓ **rather** : plutôt
✓ **upset** : contrarié

MINI INTERRO

1. Cite deux moments du passé utilisés avec le prétérit.
2. Comment se forme le *present perfect* ?
3. Au *present perfect*, lequel exprime la durée : *for* ou *since* ?

LES EXPRESSIONS CLÉS

▷ **Pour exprimer le reproche**

- Why did you do it?
- She reproached me with doing it.
- He shouldn't eat so much.
- Can't / Couldn't you be more patient?
- I wish you were nicer.
- How stupid of you to do it!

242

S'ENTRAÎNER

1 Questions-réponses

Pose des questions au prétérit.

a. They left two days ago. When ....?
b. Jason found a new job. What ....?
c. We drank two bottles of wine.
How many ....?
d. Allison bought nice shoes. What ....?
e. I saw Ben last night. Who ....?

2 Used to

Qu'avait l'habitude de faire cet homme lorsqu'il avait 20 ans ? Utilise le vocabulaire suivant :
go to discos, hitch-hike…

3 Le prétérit

William Shakespeare: playwright, actor, director wrote comic, tragic and historical plays.
Write about Shakespeare's life and work.
Use the preterite. Useful vocabulary: *write, be born, die, get married*, etc.

1564: born • 1582: married Anne Hathaway;
3 children • 1588-1592: lived in London,
actor, performances • 1592: *Richard III*
• 1594: *Romeo and Juliet* • 1600-1606:
the "Sonnets" • 1601: *Hamlet* • 1605: *Macbeth*
• 1606: *King Lear* • 1613: Stratford-upon-Avon
• 1616: died in Stratford-upon-Avon.

4 Exprimer le reproche 🎧

A child comes back home quite late. His mother is waiting for him. She is rather angry and upset. Express reproach.

5 Un peu de vocabulaire

Travels and tourism / Voyages et tourisme

go abroad (to) → partir à l'étranger
customs → la douane
delayed → retardé
cancelled → annulé
flight → vol
package holiday → voyage organisé
return ticket (round-trip US) → aller-retour
single ticket (one way US) → aller simple
timetable → horaire
hitch-hike (to) → faire du stop
check in (to) → enregistrer ses bagages
go sightseeing (to) → faire du tourisme

6 Test de vocabulaire

Les mots soulignés ont été mélangés. Remets-les dans la bonne phrase.

a. As you are going to New York and you are planning to come back; you'd better buy a <u>single</u> ticket.
b. If you are staying in London I advise you to get a <u>return</u> ticket.
c. There's too much snow, the plane can't take off, it has been <u>delayed</u>.
d. Our flight is late, it will only take off in 2 hours; it has been <u>cancelled</u>.

7 CONTRÔLE EXPRESS

Observe les illustrations, puis complète ces phrases.

a. She was driving when ....
b. While I .... my mobile phone ....
c. We ....
d. While ....

Corrigés p. 42 du livret.

6 L'expression du futur

RETENIR

Le futur s'exprime de différentes manières.

1 / *Be going to* + base verbale

- *Be* se conjugue au présent ; *going to* et la base verbale sont invariables. Cette expression sert à exprimer une **action qui va se dérouler dans un futur proche**, ce qu'on a l'intention de faire. Elle sert aussi à **prédire un événement**.
  They're **going to stay** with us. It's **going to rain**.

2 / *Be* + V + *-ing* (présent continu)

- Le présent continu sert à parler d'une **action prévue et décidée à l'avance**. La phrase doit contenir un complément de sens futur (*tomorrow, next*). Le sujet est un être animé. The neighbours **are coming** for dinner **next** Monday.

3 / *Will* + base verbale

- Ce procédé sert à exprimer la **décision du sujet** ou à **prédire un événement**, faire une **projection dans l'avenir**. C'est l'expression du futur la plus employée.
  – Volonté : I **will do** it before Friday. Je le ferai avant vendredi.
  – Prédiction : He **will** certainly **call** you. Il t'appellera sûrement.
  – Forme négative : *will not* = *won't*.

- Dans les **subordonnées temporelles** introduites par les conjonctions *when, as soon as, while, until*, le verbe est au **présent** (alors qu'il est au futur en français). Le verbe de la principale est au futur.
  I'**ll tell** her **as soon as** I **see** her. Je lui dirai dès que je la verrai.

MINI DICO

- ✓ **blow (to)** : souffler
- ✓ **housework** : ménage
- ✓ **spacesuit** : combinaison spatiale
- ✓ **succeed (to)** : réussir

LA MÉTHODE

▷ Parler d'un auteur et de son œuvre

1. J'identifie l'auteur.
the author: l'auteur • *the writer*: l'écrivain • *the poet*: le poète • *the playwright*: l'auteur dramatique • *the critic*: le critique • *the journalist*: le journaliste

2. J'identifie son œuvre.
a novel: un roman • *a short story*: une nouvelle • *a play*: une pièce de théâtre • *a criticism*: une critique • *a poem*: un poème • *a newspaper*: un journal

3. J'exprime les intentions de l'auteur.
The author describes, denounces, insists on, underlines (souligne), examines, considers, comments on (= upon), questions (remet en question)…

4. Je parle des idées de l'auteur.
The text deals with (traite), is about…
• The text raises the problem of (soulève)…

MINI INTERRO

1. Quel futur exprime une action prévue d'avance ?
2. À quel temps est le verbe qui suit *when* ou *as soon as* dans une subordonnée de temps ?
3. Quelle est la forme contractée de *will not* ?

S'ENTRAÎNER

1 Quiz

Relie ces phrases au verbe qui convient.

a. When ..... you be back? ○
b. We'll have dinner when you ..... back home. ○   ○ is
c. She ..... get a car as soon as she ..... 18. ○   ○ are
d. Look! It ..... going to snow. ○   ○ will
e. They ..... probably call us. ○

2 Projection dans le futur

What will life be like in 2050? Useful vocabulary: *do the housework, wear spacesuits…*

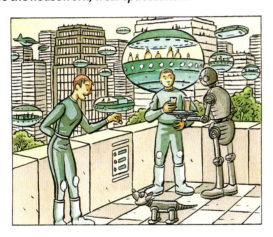

3 L'auteur et son œuvre

Relie le mot anglais à sa traduction française.

a. a playwright ○   ○ un écrivain
b. a short story ○   ○ un auteur dramatique
c. a novel ○   ○ un journal
d. a newspaper ○   ○ une nouvelle
e. a writer ○   ○ un roman

4 Un peu de vocabulaire

Music / La musique

composer → compositeur
conductor → chef d'orchestre
band → groupe
songwriter → parolier

string instruments → instruments à cordes
grand piano → piano à queue
cello → violoncelle
drum → batterie
keyboard → clavier
loudspeaker → haut-parleur
chorus → refrain / chœur (variété)
choir → chœur
play the piano (to) → jouer du piano
play an instrument (to) → jouer d'un instrument

5 Test de vocabulaire

Écris ce que tu vois.

a. ....   e. ....
b. ....   f. ....
c. ....   g. ....
d. ....

6 CONTRÔLE EXPRESS

Complète les phrases avec un verbe au présent ou au futur.

a. I .... (see) you when I .... (have) more time.
b. As soon as they .... (be) back, we .... (go) to the restaurant.
c. Samantha .... (have) a car when she .... (succeed) her exams.
d. When he .... (be) 18, he .... (be able) to vote.
e. Sebastian .... (tell) you the answer when he .... (know) it.

Anglais

Corrigés p. 42 du livret.

245

7 L'expression de la condition

RETENIR

MINI DICO
- ✓ abroad : à l'étranger
- ✓ advice : des conseils
- ✓ income : revenu

1 / *Would* + base verbale

- *Would* permet d'exprimer la **condition**.

  If I had more time I **would drive** you to the station. Si j'avais plus de temps je t'accompagnerais en voiture à la gare.

- *Would* sert également à exprimer le **souhait**, le désir.

  I **would like to** live in Montreal. J'aimerais vivre à Montréal.

- *Would* + base verbale a donc les mêmes valeurs que notre **conditionnel présent**. La forme contractée de l'auxiliaire est 'd.

  I**'d see** her if she wanted. Je la verrais si elle voulait.

2 / Concordance des temps avec *if*

- ***If* + présent + futur** (dans la principale)
  If exprime une **hypothèse réalisable**.

  If I **come** earlier I **will make** dinner. Si je rentre plus tôt je préparerai le dîner.
  If you **run** fast you**'ll catch** the train. Si tu cours vite tu attraperas le train.

- ***If* + prétérit + conditionnel présent** (dans la principale)
  If exprime une **situation imaginaire, non réelle, hypothétique**. Le prétérit ici n'exprime pas le passé mais le non réel.

  If I **had** more time, **I'd go** with you. Si j'avais plus de temps, j'irais avec toi.
  If you **smoked** less you **would feel** better. Si tu fumais moins tu te sentirais mieux.
  If I **were** younger I **would be** a model. Si j'étais plus jeune je serais mannequin. (*were* à toutes les personnes)

3 / *I wish* + prétérit

- *I wish* exprime le **souhait**. L'expression peut être suivie d'un verbe au prétérit. Elle fait alors référence à une **situation hypothétique**.

  I **wish** I **had** a new bike. Si seulement j'avais un nouveau vélo !

MINI INTERRO
1. À quel temps est le verbe qui suit *I wish* (exprimant le souhait) ?
2. *Would* peut-il aussi exprimer le souhait ?
3. À quel temps est le verbe de la principale quand *if* est suivi du prétérit ?

LES EXPRESSIONS CLÉS

▷ **Pour exprimer la condition, le conseil, le souhait**

- *If you sleep now you'll get up earlier.*
- *If she had money she would buy you a computer.*
- *If I were you I wouldn't lie* (mentir) *to them.*
- *We'll go to the country unless* (à moins que) *it rains.*
- *Come with me otherwise* (autrement) */ if not you'll stay alone.*
- *You look tired, you should / ought to see a doctor.*
- *You'd better hurry up if you want to catch your train*

246

S'ENTRAÎNER

1 Quiz

Coche la bonne réponse.

a. I wish I .....
- ☐ will sleep more.
- ☐ can sleep more.
- ☐ could sleep more.
- ☐ sleep more.

b. If I have more time I .....
- ☐ would play tennis.
- ☐ 'll play tennis.
- ☐ play tennis.
- ☐ played tennis.

c. I would eat more if I .....
- ☐ would be hungry.
- ☐ were hungry.
- ☐ am hungry.
- ☐ am being hungry.

d. He told me he .....
- ☐ will post the letter.
- ☐ would post the letter.
- ☐ can post the letter.
- ☐ posted the letter.

2 Exprimer la condition

William Bilton our new president! Complete the President's speech. Useful vocabulary: *to widen* (élargir), *to reduce*, *to build*, *to knock down* (démolir), *taxes* (impôts).

If I were elected, I would ....

If I were president, I ....

3 Conseiller

Nadia wants to improve her English.

What should she do? Give her some good advice using *should*, *shouldn't*, *ought to*, *you'd better*, *if I were you*…

Useful vocabulary: *penpal, original version, travel*…

4 Un peu de vocabulaire

Physical description / La description physique

grown up → adulte
teenager → adolescent
middle-aged → la cinquantaine
elderly people → personnes âgées
attractive → séduisant(e)
good-looking → beau, belle
handsome → beau
pretty → jolie
ugly → laid(e)
bald → chauve
clean-shaven → rasé de près
freckles → taches de rousseur
moustache, beard → moustache, barbe
wrinkle → ride

5 Test de vocabulaire

Describe this man.

....
....
....
....
....
....

6 CONTRÔLE EXPRESS

Complète les phrases suivantes avec un verbe conjugué au temps qui convient.

a. If the weather .... (be) fine, we'll go for a picnic.
b. If I go to New York I .... (visit) my family.
c. If she were older, she .... (drive) her father's car.
d. We would go to the concert if we .... (can) get cheap tickets.
e. If I .... (be) you I wouldn't go abroad.

Corrigés p. 42 du livret.

8 Les auxiliaires modaux

RETENIR

1 / Emploi

MINI DICO

✓ **abroad** : à l'étranger
✓ **break into (to)** : entrer par effraction
✓ **stay (to)** : rester
✓ **truck** : camion

Auxiliaire modal	Notion	Exemples
can / could	• capacité physique et intellectuelle • permission • demande polie • déduction	I **can** touch my toes. **Can** you type this? **Can** I have dinner with you? **Could** you help me, please? They **can** be in the garden.
can't	• interdiction • impossibilité	We **can't** swim here. She **can't** be an actress.
must	• obligation • déduction	You **must** keep the secret. He **must** be a good player.
mustn't	• interdiction	You **mustn't** tell anyone.
may / might	• probabilité • permission	It **may / might** snow. **May** I come in?
needn't = don't have to	• absence d'obligation	I **needn't (don't have to)** hurry, I have time.

2 / Règles générales

– Ils ont **la même forme** à toutes les personnes.
– Ils sont **suivis de la base verbale** du verbe employé.
– Ils n'ont **pas d'infinitif**.
– Ils se conjuguent **sans auxiliaire**.
– Ils **ne peuvent pas se conjuguer à tous les temps** ; ils ont donc des équivalents.

3 / Équivalents

• **Can** = **be able to** I can do it (présent) • I could do it (passé) • I will **be able to** do it (futur) • I **have been able to** do it (present perfect)

• **Must** = **have to**
  I must go there (présent) • I will **have to** go there (futur) • I **had to** go there (passé)

• **May** = **be allowed to**
  He may smoke (présent) • He will **be allowed to** smoke (futur)

LES EXPRESSIONS CLÉS

MINI INTERRO

1. Quel est l'équivalent de *can* ? de *must* ?
2. À part la permission, que peuvent aussi exprimer *may* et *might* ?
3. Par quoi *needn't* peut-il être remplacé ?

▷ **Pour exprimer la permission**

• *May / Can I come in?*
• *Do you mind if I take your car?*
Est-ce que cela vous dérange si…
• *He allowed me to drive his car.*
Il m'autorisa…
• *He let me drive his car.*
Il me laissa…

▷ **Pour exprimer l'interdiction**

• *You can't sit on this chair.*
• *You aren't allowed to use this telephone.*
• *It's forbidden to speak to the actress.*
• *Don't touch the flowers!*
• *You mustn't take this elevator.*
• *I am afraid you can't play here.*

S'ENTRAÎNER

1 Quiz

Relie ces phrases à la notion qu'elles expriment.

a. You can't walk on the grass.
b. She must be sick.
c. You may stay here if you wish.
d. You mustn't smoke in the house.
e. They can still be at work.

- déduction
- interdiction
- permission

2 Modaux au futur

Mets ces phrases au futur.

a. I can't use my phone here.
b. He must go to the post office.
c. She may stay.
d. I must call the manager.

3 La probabilité avec un modal

A man broke into a house. The police know he wears a moustache and a beard. He is thin, with long hair and glasses. Look at the three suspects. **Write sentences expressing probability and certainty using** *could*, *couldn't*, *may*, *might* **and** *must*.

4 Exprimer l'interdiction

Linda is going to the swimming-pool. **Write what she isn't allowed to do using** *can't*, *not allowed to*, *mustn't*.

5 Un peu de vocabulaire

Literature and cinema / Littérature et cinéma

author / writer → écrivain
novelist → romancier
playwright → auteur de pièces de théâtre
character → personnage
plot → intrigue
thriller → roman à suspense
short story → nouvelle
poetry → poésie
director → metteur en scène, réalisateur
soundtrack → bande sonore
subtitles → sous-titres
stuntman → cascadeur
shoot (to) → tourner
rehearse (to) → répéter

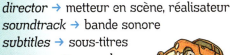

6 Test de vocabulaire

Classe ces mots dans le tableau suivant. Attention, certains d'entre eux peuvent figurer dans les deux colonnes.

plot • soundtrack • subtitles • rehearse (to) • shoot (to) • character • thriller • director

Literature	Cinema

7 CONTRÔLE EXPRESS

Complète ces phrases avec un modal.

a. You .... not make noise here; it's a hospital.
b. You .... take your passport to travel abroad.
c. .... you close the window, please?
d. The teacher is too far; I .... hear him.
e. .... you drive a truck?
f. Look at the sky. It .... rain.
g. .... we go to the museum?

Corrigés p. 43 du livret.

249

9 L'expression de la possession

RETENIR

MINI DICO
- ✓ **backpack** : sac à dos
- ✓ **husband** : mari
- ✓ **lend (to)** : prêter
- ✓ **take an exam (to)** : passer un examen

1 / Le génitif ou cas possessif

- Il exprime un **lien de parenté** ou de **possession**.
Il se forme avec *'s* suivi d'un **nom sans déterminant**.
    Peter**'s** dog, le chien de Peter • her friend**'s** guitar, la guitare de son ami

- Pour les **noms au pluriel** terminés par *s*, on n'ajoute que l'apostrophe.
    her friends**'** guitar, la guitare de ses amis

- Pour les noms au pluriel qui ne prennent pas de *s*, on laisse *'s*.
    the women**'s** gloves, les gants des femmes

2 / Les déterminants possessifs

- Ils servent également à exprimer ce **lien de parenté** ou de **possession** :
    my cat • **your** cat • **his** cat • **her** cat • **its** ball • **our** cat • **your** cat • **their** cat.

- *His / her* : à la troisième personne du singulier, il faut choisir le déterminant possessif **en fonction du genre du possesseur**.
    his glass, son verre à lui (possesseur masculin)
    her glass, son verre à elle (possesseur féminin)

3 / Les pronoms possessifs

- Ils remplacent un nom déterminé par un déterminant possessif. Leur forme varie comme celle des déterminants possessifs, en fonction de la personne :
    mine, yours, his, hers, its, ours, yours, theirs.
    It is **my** bike. It is **mine**. C'est ma bicyclette. C'est la mienne.

4 / Whose

- *Whose* interroge sur l'appartenance.
    Whose bag is it? À qui est ce sac ?

Quatre réponses sont possibles :
    It's Sam**'s** bag. It's Sam**'s**. C'est le sac de Sam. • It's **his** bag. It's **his**. C'est son sac.

MINI INTERRO
1. Cite les huit pronoms possessifs.
2. Trouve la forme correcte : *the men's hats* ou *the men' hats*.
3. Traduis : « l'ordinateur d'Emma ».

LES EXPRESSIONS CLÉS

▷ **Pour exprimer la certitude**
- They must be on holiday.
- I'm certain / sure they went to the party.
- He can't be a manager.
- She can't have lied to him.
- I'm convinced that he is right.

▷ **Pour exprimer l'incertitude**
- I have doubts about the results.
- I am not (quite) convinced about their decision.
- I'm not sure about her motivation.
- I can't say for certain but I think…
- It's difficult to say for certain…

S'ENTRAÎNER

1 Quiz

Relie la phrase au déterminant ou au pronom possessif qui correspond.

a. Pam was walking with ..... hands in ..... pocket.

b. She's a good student; ..... exercises are always good.

c. I don't have my dictionary. Can I use ..... ?

d. Fred and I will lend you ..... house for your party.

e. It's Jennifer's. It isn't mine. It's ..... .

f. The cat is playing with ..... small ball.

- our
- hers
- her
- yours
- its

2 Questions-réponses

Observe ces illustrations et réponds comme dans l'exemple donné.
Exemple : cap. Whose cap is it? It's Nat's cap. It's Nat's. It's his.

ALLISON — NAT

a. glasses   c. bike   e. backpack
b. tennis racket   d. moped

3 Exprimer l'incertitude 🎧

Kimberley has just taken her French exam. She has some doubts about the results. **Express her feelings.**

4 Un peu de vocabulaire

Money and bank / Argent et banque

afford (to) → avoir les moyens
lend to (to) → prêter à
borrow from (to) → emprunter à
owe (to) → devoir (être débiteur)
earn money (to) → gagner de l'argent
earn a living (to) → gagner sa vie
income tax → impôt sur le revenu
loan → prêt
expenses → dépenses
currency → devise
exchange rate → taux d'échange
stock exchange → bourse (marché financier)
share → action

5 Test de vocabulaire

Complète ces phrases avec les mots suivants :
currency • lend • earn • afford • expenses.

a. Allison and Jessica had to take the train, they couldn't .... to take the plane.

b. The dollar is one of the world's strongest ....

c. Cut down on (*Réduisez*) your .... if you want to buy a new car.

d. I need 150€, could you .... me some money?

e. This film star .... 1 million dollar a month.

6 CONTRÔLE EXPRESS

Observe bien cet arbre généalogique et trouve de qui il s'agit.

a. He is Mary's husband.   b. She's Coreen's mother.
c. She's Bernard's sister.   d. He's Gilbert's father.

Corrigés p. 43 du livret.

251

10 Le passif

 **RETENIR**

1 / Formation du passif

- Le passif se forme avec **be** suivi du **participe passé du verbe employé**.
  This hotel **was built** in 2005. Cet hôtel a été construit en 2005.

- Il peut se construire à **tous les temps** : c'est *be* qui change de forme.

Présent simple	The murderer **is arrested**.
Présent continu	The murderer **is being arrested**.
Prétérit simple	The murderer **was arrested**.
Present perfect	The murderer **has been arrested**.

- Le complément d'agent est **introduit par *by***.
  My bike **has been stolen by** Henry. Mon vélo a été volé par Henry.

- Il peut **ne pas être exprimé**, si on ne le connaît pas ou s'il n'a pas d'importance.
  The bag will be brought back. On rapportera le sac.

2 / Le passif des verbes à double complément

- Les verbes suivis de deux compléments comme to give, to tell, to lend (prêter), to teach, to tell, to ask, to send, to show ont **deux constructions passives** possibles.

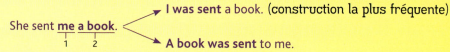

She sent **me a book**.
　　　　　 1　 2

→ I was sent a book. (construction la plus fréquente)
→ A book was sent to me.

3 / Emploi du passif

- Le passif **met l'accent sur celui qui subit l'action**.
  Leonardo da Vinci **painted** Mona Lisa. (actif)
  → Mona Lisa **was painted by** Leonardo da Vinci. (passif)

- Une **phrase avec le sujet « on »** est rendue par une phrase passive en anglais.
  English is spoken here. On parle anglais ici.

MINI DICO

✓ **built** : construit
✓ **dearest** : les plus chers (idée, émotion)
✓ **repair (to)** : réparer
✓ **was born** : est né

MINI INTERRO

1. Par quoi le complément d'agent est-il introduit ?
2. Avec quel auxiliaire se forme le passif ?
3. Le « on » français se traduit généralement par le passif anglais. Vrai ou faux ?

 LES EXPRESSIONS CLÉS

▷ **Pour exprimer les souhaits**

- I want / would like / wish to be a famous painter.
- I want / would like my cousin to lend me his new game.
- If only we had more money! Si seulement… !
- I wish we had more money.
- I'd love to see this film again.
- I feel like visiting this museum. J'ai envie de…
- I'm dying to see her. Je crève d'envie de…

252

S'ENTRAÎNER

1 Quiz

Relie la phrase au verbe au passif qui correspond.

a. ET ..... by Steven Spielberg.
b. Gertie ..... by Drew Barrymore.
c. It ..... 3 Oscars in 1982.
d. Elliot ..... by Henry Thomas.

- was awarded
- was directed
- was played

2 Phrases au passif

Construis des phrases au passif.

a. Buckingham Palace
Built: 1705.
Acquired: 1761 by George III.
Rebuilt: 1821-1835.

b. The Eiffel Tower
Built: 1887-1889.
By Gustave Eiffel.
Illuminated: 2000.

3 Composer des phrases

Forme des phrases avec un élément de chaque colonne.

Exemple : The telephone was invented by Alexander Bell.

The telephone	won	Beethoven
Mickey Mouse	composed	Alexander Bell
The Fifth Symphony	born	Shakespeare
Hamlet	invented	Stratford-upon-Avon
Shakespeare	written	Walt Disney
Fords	made	France
The 1998 Football World Cup	created	Detroit

4 Exprimer le souhait

New Year's Eve: In her journal, Margaret is writing her biggest and dearest wishes for the new year.
What are they? Express them.

5 Un peu de vocabulaire

Love and friendship / Amour et amitié

mood → humeur
happiness → bonheur
disappointment → déception
shy → timide
lonely → solitaire
friendship → amitié
I miss you → tu me manques
fall in love (to) → tomber amoureux
make friends with (to) → se lier d'amitié avec
get on (along) well with someone (to) → bien s'entendre avec quelqu'un
hurt somebody's feeling (to) → blesser quelqu'un, faire de la peine à quelqu'un

6 Test de vocabulaire

Complète ces phrases avec *to hurt somebody's feelings, to fall in love, to get along (on) well, to make friends.*

a. If you want to .... with your new schoolmates don't be shy; speak with them.

b. You said awful things about me, you really ....
....

c. Ben and Johanna never fight, they ....
....

d. As soon as I saw him, I ....
....

7 CONTRÔLE EXPRESS

Transforme les phrases suivantes comme dans l'exemple donné.

Exemple : Someone repairs it: it is repaired.

a. Someone repaired it: it ....
b. Someone was repairing it: it ....
c. Someone has repaired it: it ....
d. Someone will repair it: it ....
e. Someone can repair it: it ....

Corrigés p. 43 du livret.

253

11 Les propositions relatives

RETENIR

1 / Construction

- La proposition relative est reliée à la principale par un **pronom relatif**.

  The woman speaks German. She is my best friend.
  → The woman **who** speaks German is my best friend.

- Le choix de ce pronom dépend de **l'antécédent** (le mot qu'il représente) et de **sa fonction** (sujet ou complément).

MINI DICO

- ✓ appointment : rendez-vous
- ✓ be laid off (to) : être licencié
- ✓ penfriend : correspondant
- ✓ unusual : inhabituel

Fonction du pronom	Antécédent animé	Antécédent inanimé
Sujet	*who*: The girl **who** lives here is Italian.	*which*: They saw an object **which** was unusual.
	that: The girl **that** lives here is Italian.	*that*: They saw an object **that** was unusual.
Complément d'objet direct	*who(m)*: The girl **who(m)** you love is nice.	*which*: The table **which** I sold was old.
	that: The girl **that** you love is nice.	*that*: The table **that** I sold was old.
	Ø (omission): The girl Ø you love is nice.	*Ø* (omission): The table Ø I sold was old.
Complément de nom (dont)	*whose*: I met someone **whose*** daughter I know.	*whose*: The book **whose** cover is black is a dictionary.

*****Attention : whose** daughter I know (dont je connais la fille) : pas d'article devant le nom.

2 / Prépositions

- Si le complément est introduit par une préposition, celle-ci est rejetée en **fin de proposition**.

  The pen (**which / that**) you are writing **with** is mine.
  The man (**whom / that**) I spoke **to** is a famous pianist.

LES EXPRESSIONS CLÉS

▷ Pour exprimer la cause

- *I missed the plane because* (parce que, car) *I left home too late.*
- *Because of* (à cause de) *the snow I can't take the car.*
- *As / Since* (comme, puisque) *I left home late I missed the plane.*
- *That's why we are late.*
- *That's the reason why we are late.*

▷ Pour exprimer la conséquence ou le but

- *She didn't study seriously so / as a result / consequently* (c'est pourquoi) *she failed her exam.*
- *Leave now so that* (afin de) *you won't get there late.*
- *She studied Chinese so that she could be an interpreter.*

MINI INTERRO

1. De quoi dépend le choix du pronom relatif ?
2. Par quoi peut-on remplacer *who* et *which* sujets ?
3. Comment traduire « dont » ?

S'ENTRAÎNER

1 Quiz

Relie deux éléments de chaque colonne pour construire des phrases ayant un sens.

a. They gave him ..... — which disappointed me.
b. She was late ..... — what she had said.
c. Paul brought to me all ..... — which was unusual.
d. She felt sorry for ..... — (that) I needed.
e. They forgot our appointment ..... — what he wanted.

2 Description

My penfriend is the one who's wearing a red scarf, whose bag is green. That's the tall girl who is reading a map.

Qui est le personnage qui correspond à cette description ?

Her name is ....

Nelly   Patricia   June

3 Pronoms relatifs

Dans chacune des phrases suivantes, remplace *that* par l'un des deux relatifs proposés.

a. The man that I love is Italian. (Ø / which)
b. Could you pass me the plate that is in front of you. (which / whose)
c. The little girl that is playing outside is Frank's sister. (who / whose)

4 Exprimer la conséquence

This man has just been laid off (*licencié*).

Express the consequences on him and his family.

5 Un peu de vocabulaire

Government and justice / Gouvernement et justice

law → loi
mayor → maire
member of Parliament (Representative US) → député
Prime Minister → Premier ministre
governor → gouverneur
witness → témoin
appoint (to) → nommer
court room → salle d'audience
prosecutor → procureur
lawyer → avocat
sentence → condamnation
resignation, resign (to) → démission, démissionner
charge with (to) → condamner, accuser

6 Test de vocabulaire

Complète les phrases suivantes avec le mot qui convient.

a. The murderer chose a famous .... (prosecutor / lawyer) to defend him.
b. The .... (lawyer / prosecutor) had proofs that the man was guilty (*coupable*).
c. Because of the Watergate President Nixon had to .... (resign / appoint).
d. The new American president will soon .... (resign / appoint) his Secretaries of State.

7 CONTRÔLE EXPRESS

Complète les phrases suivantes avec un relatif.

a. She's the most interesting journalist .... I have ever met.
b. I had never met the woman .... came yesterday and .... bike is outside.
c. The sick man .... you can see over there is my grandfather.
d. .... is surprising is the way she dresses.
e. I don't know the people ...... car I bought.
f. You're always on the phone, ... is unpleasant.
g. All .... you can see is real.

Corrigés p. 43 du livret.

255

12 Le gérondif

RETENIR

La forme **verbe** + **-ing** (gérondif) peut être **complément** ou **sujet** (il peut se traduire en français par un infinitif ou par un nom).

I enjoy **swimming**. J'aime nager.
Swimming is a good sport. La natation est un bon sport.

1 / Les prépositions suivies du gérondif

● Le gérondif s'emploie **après les prépositions** about, after, before, by, from, of, without, for, in, to (sauf to de l'infinitif).
He went out **after cleaning** his room. Il est sorti après avoir nettoyé sa chambre.
I'm looking **forward to seeing** you soon. J'ai hâte de vous revoir.
I'm not used **to drinking** wine. Je n'ai pas l'habitude de boire du vin.

2 / Les verbes suivis du gérondif

● Les **verbes exprimant les goûts** : to love, to like, to dislike, to enjoy, to hate, to prefer...
I **love cooking** for my friends. I **hate being** late. I **enjoy talking** to new people.

● Les **verbes** to start*, to begin*, to stop, to go on, to keep on / to*, to finish.
Stop crying. Arrête de pleurer.
The baby **started crying**. Le bébé commença à pleurer.
He **went on speaking**. Il continua à parler.

* Attention, ces verbes peuvent également être **suivis d'un infinitif**.

3 / Les expressions suivies du gérondif

● Le gérondif s'utilise après les expressions suivantes.
She **can't bear sleeping** alone. Elle ne supporte pas de dormir seule.
It's **no use getting** up so early. Ça ne sert à rien de se lever si tôt.
They **can't help being** rude. Ils ne peuvent s'empêcher d'être impolis.
It's **worth trying**. Ça vaut la peine d'essayer.

MINI DICO

✓ **borrow (to)** : emprunter
✓ **enjoy** : apprécier
✓ **skating** : patinage (patin à roulettes)

LES EXPRESSIONS CLÉS

▷ **Pour dire ce que l'on aime**

• I like / love / enjoy cooking.
• I'm fond of reggae / listening to reggae.
• I'm crazy about this American sculptor.
• I'm mad about Mark.
• It's fun / good / a pleasure to speak with you.
• It's great! It's terrific! It's exciting!

▷ **Pour dire ce que l'on n'aime pas**

• I dislike / don't like working with Melissa.
• I hate (je déteste) working late.
• I can't stand / can't bear going camping. Je ne supporte pas...
• It's so bad / awful / disgusting / horrible.
• Riding a horse isn't my cup of tea / my thing. Ce n'est pas mon truc.

MINI INTERRO

1. Par quelle forme sont suivis les verbes qui expriment le goût ?
2. Le gérondif s'emploie-t-il après toutes les prépositions ?

S'ENTRAÎNER

1 Quiz

Relie deux éléments pour construire des phrases qui ont un sens.

a. I'm hot. ○ ○ What about going to the movie?

b. If you're free tonight. ○ ○ It's no use calling her again.

c. Jane isn't at home. ○ ○ It's worth reading.

d. I studied Spanish. ○ ○ Do you mind opening the windows?

e. This book is excellent. ○ ○ I don't mind translating the letter for you.

2 Comment dirais-tu que… ?

a. Cela ne sert à rien de courir.
b. Le film vaut la peine d'être vu.
c. Sa voiture a besoin d'être lavée.
d. Cela ne te dérange pas de l'aider.
e. Tu préfères dîner tôt le soir.
f. John ne peut s'empêcher de répéter.

3 L'expression du goût 🎧

Observe les goûts de Mary et construis des phrases avec les verbes donnés correspondant aux symboles.

Love ♥♥♥ • Like ♥♥ • Hate ⛈⛈⛈
• Don't like ⛈⛈ • Don't mind ♥⛈ • Prefer ♥♥.

(Verbes : *to cook, to iron*…)

4 Se présenter

Parle de ce que tu aimes et n'aimes pas.

N°	NAME:			Firstname:		
	I LOVE	I LIKE	I ENJOY	I HATE	I CAN'T STAND	I'M FOND OF	I PREFER

5 Un peu de vocabulaire

Quelques faux amis

to achieve : réaliser • *to complete* : achever • *actually* : en fait • *currently, at the moment* : actuellement • *to attend* : assister • *to wait for* : attendre • *chance* : hasard • *luck* : chance • *eventually* : finalement • *possibly* : éventuellement • *library* : bibliothèque • *bookshop* : librairie • *sensible* : sensé • *sensitive* : sensible • *surname* : nom de famille • *nickname* : surnom • *to sympathise* : compatir • *to make friends* : sympathiser.

6 Test de vocabulaire

Complète les phrases suivantes avec le mot qui convient.

a. Where can you buy books? At a ....
b. Where can you borrow books? At a ....
c. He easily understands how people feel. He is
....
d. It was not .... to do such a stupid thing!

7 CONTRÔLE EXPRESS

Complète ces phrases à l'aide d'un des verbes ou expressions suivants.

like • prefer • hate • keep • be used to • it's no use • it's worth • how about

a. He likes playing tennis but he …… (swim).
b. I ……… (not) ……… (drive) on the left; it's different.
c. I ……… (get up) early especially when I went to bed late!
d. She ……… (ski) but she prefers skating.
e. It ……… (cry). He won't come back.
f. He ……… (tell) me I'm beautiful.
g. I'm hungry. ……… (go out) to dinner ?
h. The film is boring, it ……… not …… (see).

Corrigés p. 43 du livret.

257

Espagnol

Plus d'entraînement sur
www.hatier-entrainement.com

ESPAGNOL

DATE   ÉVALUATION

1 Le présent de l'indicatif. *Ser* et *estar*   260

2 Les pronoms personnels compléments.
Les tournures affectives   262

3 Les prépositions (*a, en, por* et *para*). L'imparfait.
Le passé composé   264

4 Le futur. Le conditionnel.
Les phrases interrogatives et négatives   266

5 Le gérondif et la forme progressive.
Les possessifs   268

6 L'obligation. L'expression du besoin.
Les adverbes de quantité et de manière   270

7 Le subjonctif présent   272

8 L'impératif d'ordre et de défense   274

9 L'expression de l'habitude. Les comparatifs   276

Pour t'entraîner À L'ORAL

Cette partie de l'ouvrage est associée
à des ressources audio,
signalées par ce pictogramme 🎧
et disponibles sur le site **www.editions-hatier.fr**.

1. Dans la zone de recherche du site, tape
« Tout savoir » et sélectionne le livre de 4ᵉ.

2. Clique sur l'onglet « Ressources
à télécharger » et choisis :
ESPAGNOL 4ᵉ.

3. Télécharge le répertoire contenant
tous les sons.

4. Écoute les sons correspondant
au chapitre que tu étudies.

Espagnol

1 Le présent de l'indicatif. *Ser et estar*

RETENIR

1 / Le présent de l'indicatif

- Formation des verbes réguliers :
  – verbes en **-ar** : radical + *-o, -as, -a, -amos, -áis, -an*.
    Los alumnos **cantan** el himno nacional.
  – verbes en **-er** et en **-ir** : radical + *-o, -es, -e, -emos, -éis, -en*.
    Juan **come** mucho chocolate. Nosotros **vivimos** lejos de Madrid.

- Certains verbes diphtonguent ou s'affaiblissent aux trois personnes du singulier et à la 3ᵉ personne du pluriel.

Diphtongue (e → ie / o → ue)		Affaiblissement (e → i)
qu**e**rer *(vouloir)*	p**o**der *(pouvoir)*	p**e**dir *(demander)*
qu**ie**ro	p**ue**do	p**i**do
qu**ie**res	p**ue**des	p**i**des
qu**ie**re	p**ue**de	p**i**de
queremos	podemos	pedimos
queréis	podéis	pedís
qu**ie**ren	p**ue**den	p**i**den

Pedro no **quiere** estudiar. No **puedo** coger el tren de las cuatro. Te **pido** perdón.

- Quelques verbes irréguliers (hors catégories) :
  dar → **doy**, das…   hacer → **hago**, haces…   traer *(apporter)* → **traigo**, traes…
  saber → **sé**, sabes…   poner → **pongo**, pones…   caber *(tenir dans)* → **quepo**, cabes…
  ir → **voy, vas, va, vamos, vais, van**

2 / *Ser* et *estar*

- En règle générale :
  – on utilise *ser* pour définir, décrire ou caractériser un « état permanent » :
    Mario **es** mexicano. Vosotros **sois** amigos. Ellos **son** hermanos.
  – on utilise *estar* pour situer dans le temps ou l'espace ou pour décrire un état souvent « passager » :
    Francia **está** en Europa. **Estamos** en invierno. El cielo **está** cubierto.

- Avec certains adjectifs, on peut utiliser *ser* ou *estar*, selon ce que l'on veut exprimer :
  Mi madre **es** rica. Ma mère est riche.   Esta comida **está** rica. Ce repas est bon.

MINI INTERRO

1. Donne l'irrégularité des verbes à diphtongue et les personnes concernées.
2. Récite la conjugaison du verbe *ir* au présent de l'indicatif.
3. Comment diras-tu « Nous sommes en été » en espagnol ?

COMMUNIQUER

▷ **Parler de son pays**

Vicente quiere conocer a un compañero nuevo.
—Hola, Manuel, **soy** Vicente. ¿Tú **eres** argentino, verdad?
—No, **soy** uruguayo. ¿Sabes? Las clases allí **empiezan** en marzo ya que **estamos** en el hemisferio sur.
—¡Qué curioso! Bueno, ¿y **estás contento** aquí en España?
—Sí. **Tengo** muchas **ganas** de empezar a estudiar.

MINI DICO
✓ **allí:** là-bas
✓ **ya que:** car
✓ **tener ganas:** avoir envie

260

S'ENTRAÎNER

1 Quiz

Coche le verbe correct.

a. ... cansado. ☐ Estoy ☐ Soy
b. ... en el mes de agosto. ☐ Estamos ☐ Somos
c. Sus padres ... médicos. ☐ son ☐ están
d. Barcelona ... en España. ☐ es ☐ está
e. ... muy inteligente. ☐ Eres ☐ Estás

2 Conjugaison

Trouve l'infinitif des verbes conjugués et écris-le dans les parenthèses.

a. Las clases empiezan (..........................) en septiembre.
b. Yo no puedo (..........................) comer carne.
c. Mis padres piensan (..........................) viajar a China.
d. Juan se acuesta (..........................) muy tarde.
e. Valeria almuerza (..........................) todos los días en casa de su madre.

Coup de pouce *carne:* viande • *acostarse:* se coucher • *almorzar:* déjeuner

3 Traduction

Traduis les phrases suivantes.

a. Mis amigos van a la escuela en autobús.
b. Sé muchas cosas.
c. Rafael es mi primo, está en Madrid de vacaciones.
d. Esta mujer es francesa.
e. ¿Dónde están mis llaves?

Coup de pouce *primo:* cousin • *mujer:* femme • *llaves:* clés

4 Donner son avis

Complète le dialogue suivant en conjuguant les verbes proposés.

tener • poder • estar • preferir • querer

–Buenos días, chicos, ¿................. contentos con la vuelta al cole?

–Yo no .... contenta. .... estar en la playa con mis amigos.

–Pero Camila, ya .... 15 años, no .... vivir de vacaciones, debes aprender cosas también.

–Yo .... viajar, salir de fiesta, ver tele y estar con mis amigos. No .... venir a la escuela.

5 Test de vocabulaire

Écris en toutes lettres les chiffres suivants.

a. 67 : ....
b. 30 : ....
c. 83 : ....
d. 94 : ....
e. 79 : ....

6 CONTRÔLE EXPRESS

Traduis les phrases suivantes.

a. Je te donne mes livres.
b. Son frère est très gentil.
c. Les élèves sont en cours de musique.
d. Carmen ne se couche jamais avant dix heures.
e. Veux-tu venir au cinéma avec moi dimanche ?

VOCABULAIRE — Los números de 30 a 100 (Les nombres de 30 à 100)

- 30 : treinta
- 31 : treinta y uno
- 32... : treinta y dos...
- 40 : cuarenta
- 50 : cincuenta
- 60 : sesenta
- 70 : setenta
- 80 : ochenta
- 90 : noventa
- 100 : cien
- 101 : ciento uno
- 102... : ciento dos...

Corrigés p. 44 du livret.

Espagnol

2 / Les pronoms personnels compléments. Les tournures affectives

RETENIR

1 / Les pronoms personnels compléments

	Singulier			Pluriel			Réfléchi (3ᵉ pers.)
COD	me	te	lo, la, le	nos	os	los, las les	se
COI	me	te	le	nos	os	les	se

- Les pronoms personnels compléments se placent devant le verbe.
  Le digo. Je lui dis. Te llamo. Je t'appelle.

- À l'infinitif, au gérondif et à l'impératif affirmatif, ils peuvent se souder à la fin du verbe (c'est l'**enclise**).
  Necesito contar**os** una cosa. Está llamánd**ola** constantemente. Di**me** cuántos años tiene.

2 / Les tournures affectives

- La tournure affective s'utilise avec les verbes exprimant un sentiment ou une sensation, comme **gustar** (aimer). Structure : pronom complément + verbe + sujet.
  Me gusta el cine. J'aime le cinéma. (= Le cinéma me plaît.)
  Os gusta comer. Vous aimez manger.
  Te gust**an** los gatos. Tu aimes les chats.

- On peut ajouter un complément de personne en tête de phrase pour insister ou lever une ambiguïté.
  A ella, le gustan los caramelos.

- Se construisent comme **gustar** : **apetecer** (avoir envie) et **encantar** (adorer).
  Hoy no **me apetece** ir a clase. Aujourd'hui je n'ai pas envie d'aller en cours.
  A mis padres les encanta el mar. Mes parents adorent la mer.

MINI INTERRO

1. Où se placent les pronoms compléments à l'infinitif et au subjonctif ?
2. Que se produit-il lorsque tu mets le pronom complément après l'infinitif ?
3. Comment diras-tu « j'aime les jeux vidéo » en espagnol ?

COMMUNIQUER

▷ Parler de ses goûts

Martina habla de sus gustos y preferencias.

« Pues **a mí me gusta** mucho la naturaleza. Siempre vamos al campo con mis padres, **a ellos les encanta**. Nos gusta más el campo que la playa. Mis padres **prefieren** la montaña porque se puede hacer senderismo y respirar un aire muy puro. A mí me encanta acampar pero no me gusta llevar la mochila… La ciudad también **me gusta**: por ejemplo, ¡Siempre me apetece **ir** al cine, comer con amigos y bailar! »

MINI DICO

✓ **la naturaleza:** la nature

✓ **acampar:** camper, faire du camping

✓ **hacer senderismo:** faire de la randonnée

✓ **la ciudad:** la ville

ESPAGNOL

S'ENTRAÎNER

1 Quiz

Coche la forme qui convient.

	gusta	gustan
a. A mí me … el chocolate.	☐	☐
b. A Juan y Pedro les … mucho el fútbol.	☐	☐
c. A vosotros os … bailar.	☐	☐
d. A tí te … los animales.	☐	☐
e. A nosotros nos … los caramelos.	☐	☐
f. A ellos les … el cine.	☐	☐

2 L'enclise

Réécris les phrases en remplaçant le complément souligné par le pronom personnel qui convient.

Ex : *Necesito llamar a Diego.* → *Necesito llamarle.*

a. Quiero ver a mis abuelos. → …

b. Llevo meses diciendo a mi hijo que se acueste temprano. → …

c. No va a estudiar su lección. → …

d. Lava los platos. → …

e. Di a Juan que no llegue tarde para la cena. → …

Coup de pouce *temprano:* tôt • *plato:* assiette • *cena:* dîner

3 Traduction

Traduis les phrases suivantes.

a. Je t'appelle à neuf heures.

b. Pour toi, c'est facile.

c. Je peux vous appeler demain, monsieur.

d. Nous adorons regarder la télé.

e. J'ai envie de fraises.

4 Parler de ses goûts

Complète le dialogue suivant.

–Oye, Sergio, ¿te ……………… los deportes?

–Sí, ………. encantan. ¿Y a ti, Luis?

–………. mí también, pero no todos. Me ……………… mucho el tenis, por ejemplo. Y a mi padre ………. encanta el fútbol, es del Barça.

–¡Qué chulo! …………… sobre todo me …………… los deportes de riesgo, como las carreras de coche y el boxeo.

Coup de pouce *chulo:* chouette • *sobre todo:* surtout • *carreras:* courses

5 Test de vocabulaire

Relie les expressions aux dessins correspondants.

a. ir a bailar ○   ○ 1.

b. esquiar ○   ○ 2.

c. jugar con el ordenador ○   ○ 3.

d. nadar ○   ○ 4.

6 CONTRÔLE EXPRESS

Construis des phrases d'après le modèle.
(gustar / yo / el baloncesto) → *A mí me gusta el baloncesto.*

a. (encantar / tú / las revistas de moda) → …

b. (apetecer / ellos / ir al cine) → …

c. (gustar / vosotros / las pastas) → …

d. (gustar / nosotros / correr) → …

e. (encantar / mi padre / el mar) → …

VOCABULAIRE — El ocio y los deportes *(Les loisirs et les sports)*

- **ir de compras**: faire du shopping
- **jugar a los videojuegos**: jouer aux jeux vidéo
- **navegar por internet**: surfer sur internet
- **escuchar música**: écouter de la musique
- **sacar fotos**: faire des photos
- **nadar**: nager
- **esquiar**: skier
- **correr**: courir
- **baloncesto**: basketball
- **balonmano**: handball
- **fútbol**: football
- **montar en bicicleta**: faire du vélo

Corrigés p. 44 du livret.

3 — Les prépositions (*a*, *en*, *por* et *para*). L'imparfait. Le passé composé

RETENIR

1 / Les prépositions

a	en
• S'utilise devant un COD désignant un être animé. Invito **a** mis padres. • Indique le mouvement et s'emploie souvent avec des verbes comme *ir*, *salir*, *viajar*. Va **a** Portugal. Viajamos **a** Francia.	• Sert à situer dans l'espace lorsqu'il n'y a pas de mouvement. Viven **en** Roma. El libro está **en** la cama. • Indique une notion de temps. Estamos **en** primavera. • S'utilise devant un moyen de transport. Viaja **en** tren.
por	**para**
• Indique le lieu par où l'on passe. Voy **por** la autopista. • Exprime la cause. No se hace **por** mal tiempo. • Traduit toujours « par » (voix passive). Esa película ha sido realizada **por** Pedro Almodóvar.	• S'utilise pour exprimer le but. Necesito tijeras **para** cortar el papel. • Indique un point de vue, un avis. **Para** mí es muy interesante. • Indique le destinataire. Este libro es **para** Eduardo.

2 / L'imparfait

- L'imparfait se forme avec le radical du verbe + les terminaisons suivantes :
  - pour les verbes en **-ar** : -aba, -abas, -aba, -ábamos, -abais, -aban
  - pour les verbes en **-er** et **-ir** : -ía, -ías, -ía, -íamos, -íais, -ían

  Estaban muy contentos con los resultados de la elección. En 1990, Jorge **vivía** en Perú.

- Il n'y a que 3 verbes irréguliers à l'imparfait : *ir* → *iba*, *ser* → *era*, *ver* → *veía*.

3 / Le passé composé

- Formation : auxiliaire **haber** au présent (*he*, *has*, *ha*, *hemos*, *habéis*, *han*) + participe passé (verbes en -*ar* : **-ado**, verbes en -*er* et -*ir* : **-ido**).
  Hoy me **he levantado** muy temprano.

- Certains participes passés sont irréguliers : *hacer* → *hecho*, *decir* → *dicho*, *ver* → *visto*.
  Juan **ha hecho** sus deberes.

MINI INTERRO

1. Comment diras-tu en espagnol « Je vais en Argentine en avion » ?
2. Quelle est la préposition qui indique le destinataire ?
3. Comment formes-tu le passé composé en espagnol ?

COMMUNIQUER

▷ **Parler de son week-end**

Dos amigas hablan de lo que han hecho durante el puente de la Constitución.
— Hola, María, ¿qué **has hecho** el fin de semana del puente?
— **He viajado** a Madrid, **en tren**, y **he pasado** tres días estupendos. ¿Y tú?
— **Yo he ido en barco** a la isla de Menorca. Hacía sol, ha sido genial: ¡playa todos los días!
— ¿Playa todos los días **en pleno invierno**? ¡Qué suerte! Veo que has disfrutado mucho de tu viaje.

MINI DICO

 puente: pont (long week-end). Le pont de la Constitution a lieu en décembre.

S'ENTRAÎNER

1 Quiz

Entoure la préposition qui convient.

a. Juan va a / en Argentina
b. Paso por / para la casa de mis padres.
c. Han elegido presidente para / a una mujer
d. Mi deporte preferido es montar por / en bicicleta.
e. Necesito pasaporte para / por viajar.

2 Participe passé

Indique le participe passé des verbes suivants.

a. ver → ....
b. esperar → ....
c. decir → ....
d. partir → ....
e. tener → ....

3 Traduction

Traduis les phrases suivantes.

a. Era la hora de comer.
b. ¿Adónde mirábais?
c. Las tiendas abrían a las 16:00.
d. El chico corría para no perder el autobús.

4 Raconter un souvenir d'enfance

Liliana escribe en su diario:

«Cuando era pequeña (yo, montar) .... en bicicleta por las calles de mi ciudad. (yo, pasear) .... por muchos parques y jardines, todos muy bonitos. A veces, (yo, dejar) .... la bici y (yo, coger) .... el tren con mi madre para ir a visitar a una amiga. Juntas (nosotras, ir) .... en coche a la playa y (nosotras, pasar) .... una tarde fantástica.»

Coup de pouce *calles:* rues • *ciudad:* ville • *a veces:* parfois • *juntas:* ensemble

5 Test de vocabulaire

Relie le moyen de transport au dessin qui convient.

a. la bicicleta ○   ○ 1.
b. el barco   ○   ○ 2.
c. el coche   ○   ○ 3.
d. el tranvía   ○   ○ 4.

6 CONTRÔLE EXPRESS

Traduis les phrases suivantes en français.

a. He ido a Italia.
....
b. Para ella ha sido un problema.
....
c. Han estado de vacaciones en Australia
....
d. No sabías que había que pasar por allí.
....
e. Lo he hecho por ti.
....

VOCABULAIRE — Los medios de transporte (Les moyens de transport)

- el avión: l'avion
- el tren: le train
- el autobús: le bus
- la motocicleta: la moto
- el helicóptero: l'hélicoptère
- el cohete: la fusée
- andar: marcher
- a caballo: à cheval

Corrigés p. 44 du livret.

265

4 Le futur. Le conditionnel. Les phrases interrogatives et négatives

RETENIR

1 / Le futur

- Formation du **futur de l'indicatif** : infinitif + *-é, -ás, -á, -emos, -éis, -án*.
  Mañana **visitaré** la Sagrada Familia. El jueves **comeremos** carne.

- Certains verbes irréguliers subissent une modification de leur radical :

  hacer (faire) → har-   decir (dire) → dir-   poder (pouvoir) → podr-
  poner (mettre) → pondr-   querer (vouloir) → querr-   saber (savoir) → sabr-
  salir (sortir) → saldr-   tener (avoir) → tendr-   venir (venir) → vendr-

- Le **futur proche** se forme avec *ir a* + infinitif.
  Mañana **voy a ir** a la piscina. Demain je vais aller à la piscine.

2 / Le conditionnel

- Formation : infinitif + *-ía, -ías, -ía, -íamos, -íais, -ían*.

- Les verbes irréguliers sont les mêmes qu'au futur (même modification du radical).
  Me **encantaría** conocer Italia. No **sabría** contestar esa pregunta.

3 / Les phrases interrogatives et négatives

- La phrase **interrogative** est introduite par un mot interrogatif qui porte toujours un accent écrit : ¿qué?, ¿cómo?, ¿cuándo?, ¿dónde?, ¿por qué?, ¿quién(-es)?, ¿cuál(-es)?, ¿cuánto(-a, -os, -as)?
  ¿**Quién** es el profesor de historia? ¿**Cómo** se llama el alumno nuevo?

- Dans la phrase **négative**, le verbe est toujours précédé d'une négation : *no, ni, nunca* (jamais), *nada* (rien), *nadie* (personne).
  Nunca he comido gazpacho. Juan **no** irá a la fiesta.

- L'adverbe *no* se place toujours devant le verbe. On peut le renforcer en ajoutant un autre terme négatif après le verbe.
  Mi padre **no** ve **nunca** la tele.

MINI INTERRO

1. Explique les deux formations du futur.
2. Cite trois verbes irréguliers au conditionnel.
3. Dans la phrase négative, le verbe est toujours précédé par…

 COMMUNIQUER

▷ **Parler de ses projets**

Un grupo de niños habla de sus proyectos en el patio de la escuela.

MARÍA: Yo **de grande quiero ser** maestra como mi madre. **Me gustaría** enseñar Historia a los niños. Y a ti, Martín, **¿qué te gustaría ser?**

MARTÍN: Pues, **cuando sea mayor me gustaría ser** piloto de avión.

CARLA: **A mí, me gustaría trabajar** en una ONG para ayudar a la gente. ¿Y a ti, Sergio?

SERGIO: Bueno, a mí… ¡**no me gustaría crecer nunca**!

MINI DICO
- ✓ **cuando sea…** : quand je serai…
- ✓ **mayor** : adulte
- ✓ **ayudar** : aider
- ✓ **crecer** : grandir

ESPAGNOL

S'ENTRAÎNER

1 Quiz
Relie l'infinitif au verbe conjugué correspondant.

a. haber ○   ○ seré
b. viajar ○   ○ saldremos
c. salir ○   ○ viajaréis
d. ser ○   ○ harás
e. hacer ○   ○ habrán

2 Conjugaison
Conjugue au conditionnel les verbes entre parenthèses.

a. Yo no (poder) .... viajar en avión.
b. A Juan y a Esteban les (encantar) ....
organizar fiestas.
c. Él no (hacer) .... eso.
d. Nos (comer) .... el plato entero
(l'assiette tout entière).
e. ¿(Tú, volver) .... a ver esa película?
f. (Yo, ir) .... a cualquier parte contigo.

3 Interrogatives et négatives
Complète les phrases avec le mot interrogatif ou le mot négatif qui convient.

a. ¿.................. playas tiene este balneario?
b. .... quiero que .... me dé lecciones (donne des leçons).
c. ¿.................. te gustan tanto las matemáticas?
d. .... en mi vida he comido sardinas.
e. ¿.................. has hecho durante las vacaciones?
f. Dime .... vas a comenzar la escuela.

4 Parler de ses projets
Complète le dialogue suivant.

–Papá, ¿tú qué querías ser ....?
–Quería ser médico, y tú mi niña, ¿que te gustaría ser
.... grande?
–Pues, ... mayor,
me .... trabajar con animales.
–A los que curan animales se les llama veterinarios. ¿Te
.... veterinaria?
–Sí, me ....!

Coup de pouce *curar:* guérir

5 Test de vocabulaire
Relie les métiers aux dessins.

a. el bombero ○   ○ 1.
b. el cocinero ○   ○ 2.
c. el camarero ○   ○ 3.
d. el peluquero ○   ○ 4.

6 CONTRÔLE EXPRESS
Traduis les phrases suivantes en français.

a. No quiero ir a Madrid.
b. Me gustaría visitar el museo del Louvre.
c. ¿Cuántos años tiene tu padre?
d. El perro de mi vecino no ladra nunca.
e. Voy a estudiar mucho este año.

Coup de pouce *vecino:* voisin • *ladrar:* aboyer • *año:* année

VOCABULAIRE — Los oficios (Les métiers)

- **abogado**: avocat
- **arquitecto**: architecte
- **azafata**: hôtesse de l'air
- **agricultor**: agriculteur
- **cantante**: chanteur
- **dependiente**: vendeur
- **enfermera**: infirmière
- **ingeniero**: ingénieur
- **periodista**: journaliste
- **pianista**: pianiste
- **policía**: policier
- **secretaria**: secrétaire

Corrigés p. 44 du livret.

Espagnol

267

5 Le gérondif et la forme progressive. Les possessifs

RETENIR

1 / Le gérondif et la forme progressive

- Formation du gérondif : radical de l'infinitif + **-ando** (verbes en *-ar*) ou **-iendo** (verbes en *-er* et *-ir*). Il est invariable.
  Han venido **andando**. Ils/Elles sont venu(e)s en marchant.

- Quelques verbes ont un gérondif irrégulier : dormir → durmiendo, pedir → pidiendo… Par ailleurs, *-iendo* devient *-yendo* après une voyelle : leer → leyendo, ir → yendo…

- Employé avec *estar*, le gérondif exprime une action progressive, en train de se dérouler.
  Mi padre **está mirando** la televisión. **Estoy comiendo** una manzana.

2 / Les possessifs

- Les **adjectifs** possessifs s'accordent en genre et en nombre et se placent avant le nom.

	Un seul objet possédé (sing.)	Plusieurs objets possédés (pl.)
1re pers.	*mi* (mon ma) • *nuestro, nuestra* (notre)	*mis* (mes) • *nuestros, nuestras* (nos)
2e pers	*tu* (ton, ta) • *vuestro, vuestra* (votre)	*tus* (tes) • *vuestros, vuestras* (vos)
3e pers.	*su* (son, leur)	*sus* (ses, leurs)

Mi casa es blanca. **Nuestros** padres son muy mayores. Soy **vuestra** directora.

- Les **pronoms** possessifs sont utilisés pour remplacer un nom ou accentuer la possession. Ils peuvent ou non être précédés de l'article.

	Un seul objet possédé (sing.)	Plusieurs objets possédés (pl.)
1re pers.	*mío, mía* (mien, mienne) *nuestro, nuestra* (nôtre)	*míos, mías* (miens, miennes) *nuestros, nuestras* (nôtres)
2e pers	*tuyo, tuya* (tien, tienne) *vuestro, vuestra* (vôtre)	*tuyos, tuyas* (tiens, tiennes) *vuestros, vuestras* (vôtres)
3e pers.	*suyo, suya* (sien, sienne)	*suyos, suyas* (siens, siennes)

Esos pantalones son **míos**. –¿Es tu casa? –Sí, es la **mía**.

MINI INTERRO

1. Quels sont les pronoms possessifs des 2e personnes au singulier et au pluriel ?
2. Donne le gérondif de *hablar* et de *dormir*.
3. Pour exprimer une action en train de se dérouler en espagnol, tu utilises…

COMMUNIQUER

▷ **Parler de ses horaires**

Teresa cuenta en un mail a su amiga Juana cómo es su día tipo en Noruega.

«… Los lunes, por ejemplo, **me levanto** a las 7:00 de la mañana. **Me ducho** rápidamente, **desayuno** y a las 7:30 **estoy cogiendo** el autobús. A las 8:30 entro a clase. A las 12:30 **almuerzo** en el comedor del colegio. Vuelvo a clase hasta las 15:00. Llego a mi casa, a las 16:00 **hago los deberes** y **ceno**. **Me acuesto** a las 20:00 y para las 21:00 ya **estoy durmiendo**.»

MINI DICO

- ✓ **Noruega:** Norvège
- ✓ **almorzar:** déjeuner
- ✓ **cenar:** dîner
- ✓ **acostarse:** se coucher

S'ENTRAÎNER

1 Quiz

Par quel pronom possessif peut-on remplacer les expressions soulignées ?

a. Me encantan <u>los juegos de Jorge</u>. ○   ○ el tuyo
b. Este teléfono es de <u>mi hermana</u>. ○   ○ los suyos
c. ¿Vamos con <u>tu coche</u>? ○   ○ la vuestra
d. Yo me preparo <u>mi desayuno</u>. ○   ○ el suyo
e. Es <u>tu casa y de tus padres</u>. ○   ○ el mío

2 Possessifs

Complète avec l'adjectif possessif qui convient.

a. Jaime come todos los domingos con .... abuelos.
b. Voy a reparar .... coche.
c. Nosotros respetamos .... compromisos.
d. Vosotros tenéis que hacer .... maletas y nosotros las nuestras.

3 Forme progressive

Traduis les phrases suivantes.

a. Estoy almorzando.
b. Tus padres te están llamando.
c. Estamos volviendo a casa.
d. Mi hermana está estudiando español.
e. ¿Estás utilizando mi tableta?

Coup de pouce *almorzar:* déjeuner • *tableta:* tablette

4 Parler de ses horaires

Complète le dialogue suivant en conjuguant les verbes proposés.

–Oye, Cristina, ¿qué haces los domingos?
–Bueno, ... (levantarse) bastante tarde, a eso de las 11:00. .... (desayunar) un café solo y a las 13:00 .... (almorzar) con mis padres. Por la tarde .... (ver) un poco la tele, luego .... (jugar) al tenis con mi hermano y hacia las 20:00 .... (cenar) todos juntos, ¿y tú?
–Pues yo también .... (levantarse) tarde. Luego .... (ducharse), ... (vestirse) y voy a casa de mis abuelos. Paso allí todo el día.

5 Test de vocabulaire

Entoure les animaux de la ferme.

el elefante   el perro   el cerdo   el león
el mono   la vaca   la serpiente
el oso   oveja   el pez   el conejo
el caballo   la gallina   el gato

6 CONTRÔLE EXPRESS

Mets les phrases suivantes à la forme progressive.

a. Mi madre lee un libro muy interesante.
b. Los niños comen caramelos.
c. Nosotros jugamos al fútbol.
d. Estudio con mis compañeros.

VOCABULAIRE — Los animales (*Les animaux*)

- **el caballo**: le cheval
- **el cerdo**: le porc
- **el cocodrilo**: le crocodile
- **el conejo**: le lapin
- **el elefante**: l'éléphant
- **la gallina**: la poule
- **el gato**: le chat
- **la jirafa**: la girafe
- **el león**: le lion
- **el mono**: le singe
- **el oso**: l'ours
- **la oveja**: le mouton
- **el pájaro**: l'oiseau
- **el perro**: le chien
- **el pez**: le poisson
- **la serpiente**: le serpent
- **la vaca**: la vache

Corrigés p. 44 du livret.

Espagnol

6 L'obligation. L'expression du besoin. Les adverbes de quantité et de manière

 **RETENIR**

1 / L'obligation

- L'obligation personnelle se traduit par :
- **tener que** + infinitif : exprime une obligation forte (« être obligé de »).
- **deber** + infinitif : exprime une obligation d'ordre moral (« devoir »).

  Tengo que ir al banco. **Tenéis que tomar** los medicamentos.
  Debes hacer las tareas de la escuela. **Debemos llamar** a papá.

- L'obligation impersonnelle (« il faut ») se traduit par : **hay que** + infinitif.

  Hay que comer muchas frutas y verduras.

2 / L'expression du besoin

En règle générale, l'expression « avoir besoin de » en français se traduit par le verbe *necesitar* (sans la préposition *de*) en espagnol.

- *Necesitar* + nom : **Necesito el carné** de conducir para alquilar *(louer)* un coche.

- *Necesitar* + infinitif : Juan **necesita trabajar** para comprarse una casa.

3 / Les adverbes de quantité et de manière

- Les adverbes de **quantité** sont invariables et modifient un verbe, un adjectif ou un adverbe : *poco* (peu), *mucho/muy* (beaucoup), *tanto/tan* (tant), *bastante* (assez), *demasiado* (trop).

  Juan es **bastante** tímido. Me acuerdo **poco** de ti.

- Les adverbes de **manière** se forment en ajoutant *-mente* au féminin des adjectifs se terminant par *-o* au masculin : lento → lenta → lentamente
  Pour les autres adjectifs, on ajoute *-mente* directement : normal → normalmente

 **MINI INTERRO**

1. Comment traduit-on l'obligation personnelle en espagnol ?

2. Faut-il mettre *que* après *deber* ?

3. Traduis la phrase « Mon père travaille trop. »

 COMMUNIQUER

▷ **Exprimer l'obligation**

En clase de español
PROFESOR: Buenos días, chicos. Os voy a decir las reglas que **hay que respetar** en clase de español.
UN ALUMNO: ¿Son **muchas**?

PROFESOR: No, **son pocas** y fáciles. Si hacéis lo que digo no tendréis problemas conmigo: no **debéis olvidar** vuestro libro, siempre **tenéis que tener** en clase vuestro cuaderno y el material necesario para escribir, **hay que levantar** la mano para **pedir la palabra**, **debéis ser puntuales** y **trabajar** en clase y en vuestras casas. ¿Está todo claro?
ALUMNOS: ¡Sí!
PROFESOR: ¡Pues empecemos!

Regla número 53...

MINI DICO

✓ **levantar la mano:** lever la main

✓ **pedir la palabra:** demander la parole

✓ **conmigo:** avec moi

✓ **ser puntual:** être à l'heure

S'ENTRAÎNER

1 Quiz

Coche l'adverbe de quantité qui convient.

a. Ese muchacho es ☐ tanto ☐ muy simpático.
b. Trabajas ☐ tan ☐ demasiado.
c. Estoy ☐ bastante ☐ mucho cansada.
d. Este trimestre estudiamos ☐ muy ☐ poco.
e. En vacaciones me divierto ☐ mucho ☐ tan.

2 L'obligation personnelle

Transforme les phrases suivantes en obligation personnelle.

a. Mi padre viene esta noche. → …
b. Como poco para no engordar. → …
c. Los niños juegan en el parque. → …
d. Vosotros dormís temprano. → …
e. Nosotros ponemos la mesa. → …

Coup de pouce *engordar*: grossir • *temprano*: tôt

3 Traduction

Traduis les phrases suivantes.

a. Il faut fermer les fenêtres.
....
b. Normalement, il doit connaître les règles.
....
c. Nous devons aller à l'hôpital rapidement.
....
d. Il faut faire les devoirs.
....

Coup de pouce fenêtres : *ventanas*

4 Respecter les règles

Complète le dialogue suivant avec les mots proposés (accorde ou conjugue si nécessaire).
regla • profesor • pedir • deber • tener • levantar • estudiar • puntual

– Ayer el ……………… de español nos ha dado
las ……………… para un buen funcionamiento
de la clase.
– ¿Ah si? ¿Y cuáles son?
– Pues, ……………… ………………
la mano para ……………… la palabra,
……………… que ser ……………… y
……………… tanto en clase como en casa.
– ¡Vaya! ¡Va a ser duro este año!

5 Test de vocabulaire

Relie le nom au verbe qui convient.

a. tijeras ○   ○ leer
b. goma ○   ○ cortar
c. libro ○   ○ escribir
d. pegamento ○   ○ borrar
e. bolígrafo ○   ○ pegar

6 CONTRÔLE EXPRESS

Conjugue le verbe entre parenthèses et rajoute *que* si nécessaire.

a. El viernes (yo, deber) ……………… ir de compras.
b. (El, tener) ……………… ordenar su habitación.
c. (Nosotros, tener) ……………… beber mucha agua.
d. Mis amigos (deber) ……………… coger el avión.
e. (Tú, necesitar) ……………… cambiar de trabajo.

VOCABULAIRE — El material escolar (*Les fournitures scolaires*)

- **la agenda**: l'agenda
- **el bolígrafo**: le stylo
- **el cuaderno**: le cahier
- **el estuche**: la trousse
- **la goma**: la gomme
- **la hoja**: la feuille
- **el lápiz**: le crayon
- **la mochila**: le sac à dos
- **la papelera**: la poubelle
- **el pegamento**: la colle
- **la pizarra**: le tableau
- **la regla**: la règle
- **el sacapuntas**: le taille-crayon
- **las tijeras**: les ciseaux

Corrigés p. 44 du livret.

271

7 Le subjonctif présent

RETENIR

1 / Formation

• Le subjonctif présent des verbes réguliers se forme en ajoutant au radical les terminaisons suivantes :
– pour les verbes en **-ar** : -e, -es, -e, -emos, -éis, -en
– pour les verbes en **-er** et **-ir** : -a, -as, -a, -amos, -áis, -an.

• On retrouve les mêmes irrégularités qu'au présent de l'indicatif (verbes à diphtongue, à affaiblissement).

• La plupart des verbes irréguliers à la 1re personne du singulier au présent de l'indicatif conservent l'irrégularité au subjonctif.

tener → teng-o → teng-a, -as…
conocer → conozc-o → conozc-a, -as…

• Quelques verbes sont complètement irréguliers :

ser *(être)*	**estar** *(être)*	**dar** *(donner)*	**saber** *(savoir)*	**ir** *(aller)*	**haber** *(avoir)*
sea	esté	dé	sepa	vaya	haya
seas	estés	des	sepas	vayas	hayas
sea	esté	dé	sepa	vaya	haya
seamos	estemos	demos	sepamos	vayamos	hayamos
seáis	estéis	deis	sepáis	vayáis	hayáis
sean	estén	den	sepan	vayan	hayan

MINI INTERRO

1. Récite la conjugaison de *cantar* et *comer* au présent du subjonctif.

2. Quelles sont les irrégularités du présent de l'indicatif que l'on retrouve au subjonctif ?

3. Comment diras-tu en espagnol « Pourvu qu'il fasse beau ! » ?

2 / Emploi

On emploie le subjonctif présent pour exprimer :
– le désir, la crainte, la volonté : **Queremos que seas** feliz.
– une possibilité : **Es posible que venga** mañana.
– le but (après *para que*) : Le cuenta la historia **para que aprenda**.
– l'hypothèse (après *quizás*, *puede que*, *tal vez*) : **Tal vez desayune** contigo mañana.
– le souhait (après *ojalá*) : **¡Ojalá haga** buen tiempo!
– l'idée de futur (après *cuando*) : **Cuando sea** grande, viajaré por todo el mundo.

COMMUNIQUER

▷ **Conseiller quelqu'un**

Valeria le cuenta a su amiga el enfado con su madre.

– Hola, Andrea. Mi madre no me deja ir a la fiesta del sábado. ¡Me exaspera esta situación!
– Pero bueno, **te aconsejo que no te irrites** tanto. **Te recomiendo que** le **expliques** por qué te gustaría tanto ir a esa fiesta.
– Ya, pero me dirá que no porque he sacado malas notas este trimestre.
– Entonces **es mejor que hagas** los deberes antes de volver a hablar con ella…

MINI DICO

✓ **el enfado:** la dispute
✓ **sacar malas notas:** avoir des mauvaises notes
✓ **entonces:** alors

S'ENTRAÎNER

1 Quiz

Relie chaque subjonctif à l'infinitif correspondant.

a. sepa ○   ○ ser
b. seamos ○   ○ servir
c. pienses ○   ○ hacer
d. sirva ○   ○ saber
e. puedan ○   ○ pensar
f. tengáis ○   ○ poder
g. hagamos ○   ○ tener

2 Faire des hypothèses

Transforme les déclarations en hypothèses avec *puede que*.

a. Está enfermo. → …
b. No le gusta la tele. → …
c. Comemos toda la carne. → …
d. Cantan el himno nacional. → …

3 Conjugaison

Conjugue les verbes entre parenthèses.

a. Te recomiendo que te (dar) …………… un baño de mar.
b. Ojalá que mañana no (llover) …………… .
c. Es posible que Juan (tratar) …………… de comprar la casa.
d. Puede que no (yo, llegar) …………… a tiempo.

4 Donner des conseils

Complète le récit avec les verbes proposés.
intentes • es mejor • pidas • estés • recomiendo

Marta escribe sus conclusiones en su diario íntimo tras una discusión con sus padres.

«Muchas veces discutimos con nuestros padres por tonterías. Después de un momento de reflexión, te aconsejo que les …………… perdón. Te …………… que te calmes e …………… hablar correctamente. …………… que …………… tranquila antes de entablar una conversación.»

Coup de pouce *tras:* après • *discusión:* dispute • *tonterías:* bêtises • *entablar:* entamer

5 Test de vocabulaire

Raye l'intrus dans ces groupes des mots.

a. sol / coche / luna / estrella
b. árbol / flor / bosque / mesa
c. mar / campo / casa / montaña
d. avión / río / cielo / lago
e. isla / pradera / escuela / colina

6 CONTRÔLE EXPRESS

Traduis les phrases suivantes.

a. ¡Ojalá que llueva!
b. Le da verduras al niño para que crezca sano.
c. Cuando seas mayor, podrás conducir el coche.
d. Es posible que ella venga mañana.
e. Te lo digo para que lo sepas.

Coup de pouce L'infinitif de *crezca* est *crecer* (grandir).

VOCABULAIRE — La naturaleza (La nature)

- **la colina**: la colline
- **el bosque**: la forêt
- **la pradera**: la prairie
- **el árbol**: l'arbre
- **la flor**: la fleur
- **el campo**: la campagne
- **la montaña**: la montagne
- **el mar**: la mer
- **el lago**: le lac
- **el río**: le fleuve
- **el cielo**: le ciel
- **el sol**: le soleil
- **la luna**: la lune
- **la estrella**: l'étoile

Corrigés p. 45 du livret.

8 L'impératif d'ordre et de défense

RETENIR

1 / L'impératif d'ordre (impératif affirmatif)

- L'impératif affirmatif prend les formes du subjonctif présent **sauf** à la 2ᵉ personne du singulier et du pluriel :
— pour former la 2ᵉ personne du singulier, on enlève le **s** à la 2ᵉ personne du présent de l'indicatif ;
  hablas → habla
— pour former la 2ᵉ personne du pluriel, on remplace le r de l'infinitif par un **d**.
  cantar → canta**d**

- Il existe huit verbes irréguliers à la 2ᵉ personne du singulier :

  decir → **di**   hacer → **haz**   ir → **ve**   poner → **pon**
  tener → **ten**   salir → **sal**   ser → **sé**   venir → **ven**

2 / La place des pronoms personnels à l'impératif affirmatif

- À l'impératif affirmatif, **l'enclise** est obligatoire : le ou les pronoms personnels se soudent à la fin du verbe. Comme l'accent tonique ne doit pas changer de place, il faut parfois ajouter un accent écrit.

  Dámelo. Donne-le-moi.

- Quand deux pronoms se suivent à la 3ᵉ personne du singulier ou du pluriel, les pronoms *le/les* doivent être changés en *se*.

  Cuéntalo. Raconte-le. Cuéntale. Raconte-lui. Cuéntaselo. Raconte-le-lui.

3 / L'impératif de défense (impératif négatif)

- À l'impératif négatif, on utilise les formes du subjonctif présent pour toutes les personnes. Comme en français, le pronom est placé devant le verbe.

  ¡No **digas** eso! Ne dis pas cela ! ¡No **lo** hagas! Ne le fais pas !

MINI INTERRO

1. À quoi sert l'impératif négatif ?

2. Donne la formation de l'impératif affirmatif à la 2ᵉ personne du singulier et du pluriel.

3. Comment traduis-tu « Dis-le-moi ! » ?

COMMUNIQUER

▷ **Demander son chemin**

Diego está en un hotel de Barcelona y le pregunta a la recepcionista cómo ir a La Pedrera.

— Buenos días, quiero visitar La Pedrera, de Gaudí. ¿Se puede ir andando desde aquí?

— Sí, claro. Cuando salga del hotel, **gire a la derecha** y **camine** unos 50 metros. Luego **gire a la izquierda**, **coja la calle** Paseo de Gracia y **siga todo recto**. Está a unos 700 metros.

— ¿Está un poco lejos, no? ¿Y si tomo un taxi?

— Pues le va a salir muy caro, mejor **coja el metro**, es directo.

— Muy bien, ¡gracias!

MINI DICO
- ✓ **andando:** en marchant
- ✓ **girar:** tourner
- ✓ **lejos:** loin
- ✓ **tomar, coger:** prendre
- ✓ **caro:** cher

S'ENTRAÎNER

1 Quiz

Relie chaque subjonctif à l'infinitif correspondant.

a. repite   seguir
b. siga   repetir
c. sirvamos   decir
d. visten   servir
e. digan   vestir

2 Donner des ordres

Transforme les obligations personnelles en ordres.
Ex : *Tienes que venir a la fiesta.* → *Ven a la fiesta.*

a. Debemos cantar en voz alta.
→ ....

b. Tenéis que comer todo.
→ ....

c. Tienes que decir la verdad.
→ ....

d. Ustedes deben coger el tren de las 12:00.
→ ....

e. Señora, tiene que servir el vino.
→ ....

3 La défense

Mets les phrases suivantes à la forme négative.

a. ¡Coged el coche! → ....
b. Ven a tomar el té. → ....
c. ¡Trátalo bien! → ....
d. Sean buenos chicos. → ....
e. Venid el sábado. → ....

4 Décrire un itinéraire

Complète le dialogue en conjuguant les verbes proposés à l'impératif (utilise le tutoiement).
bajar • coger • caminar • seguir • venir

«Oye, Elena, ... a tomar el té mañana.
Para venir a mi casa es muy fácil: .... el autobús 66 y .... en la parada Puerta del Sol. De allí .... 100 m hacia tu derecha. Luego .... todo recto 30 m y ya estás.»

Coup de pouce *parada:* arrêt • *luego:* ensuite

5 Test de vocabulaire

Complète les phrases suivantes.

a. Los coches andan por la ....
b. Los peatones caminan por la ....
c. Los niños juegan en el ....
d. Para coger el tren vas a la ....
e. Para enviar una carta vas a la ....
f. Si estás enfermo vas al ....

6 CONTRÔLE EXPRESS

Traduis les phrases suivantes en français.

a. No cruces la calle solo.
b. Ven a ver una película conmigo.
c. ¡Cógelo!
d. Haz lo que quieras.
e. No cojáis el autobús.

VOCABULAIRE — La ciudad (*La ville*)

- la acera : le trottoir
- la calle : la rue
- la plaza : la place
- el parque : le parc
- el semáforo : le feu tricolore
- el aparcamiento : le parking
- el banco : la banque
- la estación : la gare
- el hospital : l'hôpital
- la oficina de correos : la poste
- la tienda : la boutique
- el supermercado : le supermarché

Corrigés p. 45 du livret.

9 L'expression de l'habitude. Les comparatifs

RETENIR

1 / L'expression de l'habitude

• Pour exprimer une habitude, on utilise le verbe **soler** (« avoir l'habitude de ») + infinitif.

• *Soler* n'est employé qu'au présent et à l'imparfait de l'indicatif. Attention, c'est un verbe à diphtongue !

Los domingos **solemos almorzar** con mis abuelos.
Ellos **suelen** cocinar platos muy ricos.
Solía ir al cine todos los martes.

2 / Les comparatifs

• Les comparatifs introduisent des rapports de supériorité, d'infériorité ou d'égalité.

supériorité [>]	*más* + nom/adjectif + *que*	Inés tiene **más** cosas **que** mi madre. Juan es **más** guapo **que** Esteban.
égalité [=]	*tan* + adjectif + *como* *tanto (-a, -os, -as)* + nom + *como*	Diego es **tan** amable **como** su padre. Patricia tiene **tantas** amigas **como** Paula.
infériorité [<]	*menos* + nom/adjectif + *que*	Mi padre tiene **menos** dinero **que** mi abuelo. La directora es **menos** simpática **que** la maestra.

• Les comparatifs irréguliers : *mejor* (mieux), *peor* (pire), *mayor* (plus grand), *menor* (plus petit). Ils s'accordent en nombre avec le nom qu'ils déterminent.

Mis notas **son mejores que** las tuyas.

MINI INTERRO

1. Comment exprimes-tu l'habitude en espagnol ?
2. Traduis : « Isabel est aussi sympathique que Beatriz ».
3. Quels sont les quatre comparatifs irréguliers ?

COMMUNIQUER

▷ **Raconter sa journée**

Pedro cuenta lo que suele hacer los lunes.
Todos los lunes **suelo levantarme** a las siete de la mañana.
A las siete y media **suelo desayunar** un café con leche.
A las ocho **suelo coger** el autobús para ir a la escuela.
Desde las ocho y media hasta las cinco estoy en la escuela.
Suelo volver a casa a las cinco y media.
A las seis **suelo hacer** los deberes.
A las ocho **suelo cenar** con mis padres.
Suelo acostarme a las nueve.

MINI DICO
✓ volver : rentrer

7:00
7:30
8:00
8:30-17:00
17:30
18:00
20:00
21:00

S'ENTRAÎNER

1 Quiz

Relie les horaires aux horloges correspondantes.

a. Son las cuatro y media.   1.
b. Es la una y veinticinco.   2.
c. Son las tres menos cuarto.   3.
d. Son las diez en punto.   4.
e. Son las ocho y cuarto.   5.

2 Comparer

Mets les mots dans l'ordre pour faire des phrases correctes.

a. tan / su / Juan / como / alto / padre / es
b. tiene / que Sofía / dinero / menos / Leonor
c. habitantes / París / más / tiene / Barcelona / que
d. cuadernos / Mi / como / hermano / tantos / yo / tiene
e. la / es / Tu / chaqueta / bonita / que / más / suya

3 Traduire

Traduis les phrases suivantes.

a. Ma voiture est meilleure que la tienne.
b. Ses films sont pires que les miens.
c. Le Brésil est plus grand que l'Argentine.
d. La mer est moins loin que la montagne.

4 Raconter une journée type

Raconte la journée de Felipe en utilisant l'expression de l'habitude et les verbes proposés.
jugar • ir • levantarse • comer • desayunar • dormir

Todos los sábados, Felipe .... a las 10:00. Luego .... a las 10:30. .... con el ordenador hasta las 12:00. A las 13:00 .... y a las 14:00 .... la siesta. Cuando se despierta .... a casa de su amigo.

5 Test de vocabulaire

Relie le produit au dessin qui convient.

a. una copa de vino   1.
b. un pedazo de queso   2.
c. un trozo de pan   3.
d. el pollo   4.
e. los huevos   5.

6 CONTRÔLE EXPRESS

Traduis les phrases suivantes.

a. Juan es más inteligente que Pedro.
b. Suelo comer mucho chocolate.
c. Mi escuela tiene menos alumnos que la tuya.
d. Carla suele estudiar tres horas al día.
e. Mis padres no son tan severos como los suyos.

VOCABULAIRE — La comida (La nourriture)

- **el arroz**: le riz
- **el pan**: le pain
- **la fruta**: les fruits
- **la verdura**: les légumes
- **la mantequilla**: le beurre
- **los huevos**: les œufs
- **el queso**: le fromage
- **la carne**: la viande
- **el pollo**: le poulet
- **el agua**: l'eau
- **el café**: le café
- **la leche**: le lait
- **el té**: le thé
- **el vino**: le vin

Corrigés p. 45 du livret.

277

Vers la 3e

		DATE	ÉVALUATION
Français	280		
Mathématiques	282		
Histoire-géographie et EMC	284		
Sciences de la vie et de la Terre	286		
Physique-chimie	288		
Anglais	290		
Espagnol	292		
Vers le brevet	294		

Test-Bilan français

Pour chaque question, coche la ou les cases qui conviennent.

Corrigés p. 46 du livret.

Grammaire

1 • Tous ces mots sont des adverbes, sauf un qui est une préposition. Lequel ?
☐ ailleurs   ☐ beaucoup
☐ pendant   ☐ probablement

2 • Le train est annoncé pour 8 h 17, mais je pense qu'il aura du retard.
a. Combien de propositions comprend cette phrase ?
☐ 1   ☐ 2   ☐ 3
b. Quelle est la nature de la proposition subordonnée ?
☐ relative   ☐ conjonctive   ☐ interrogative indirecte

3 • Ce livre est si passionnant qu'il l'a lu en quelques heures.
Quelle relation logique exprime la proposition subordonnée ?
☐ la cause   ☐ le but   ☐ la conséquence

4 • Après la conjonction *après que*, il faut employer :
☐ l'indicatif   ☐ le subjonctif   ☐ l'impératif

......./5

Orthographe

5 • Sur le ciel sombre, devant moi, se .... les hautes cimes de la montagne.
Quelle forme du verbe convient ?
☐ détachais   ☐ détachait   ☐ détachaient

6 • Quels adjectifs restent invariables ?
☐ bleu   ☐ prune
☐ mauve   ☐ vert d'eau

7 • Je ne pense pas qu'il .... gardé un bon souvenir.
Avec quel mot compléter cette phrase ?
☐ ai   ☐ ait   ☐ es   ☐ est

......./3

Conjugaison

8 • Quelles terminaisons prend le verbe *résoudre* au singulier du présent ?
☐ s, s, t   ☐ ds, ds, d   ☐ x, x, t

9 • Quels verbes prennent les terminaisons *-is, -is, -it* au passé simple, aux personnes du singulier ?
☐ entendre   ☐ courir   ☐ venir   ☐ naître

10 • Dans quelle(s) phrase(s) figure un verbe au subjonctif présent ?
☐ Je ne crois pas qu'il pleuvra.
☐ Il se peut qu'il pleuve.
☐ As-tu envie de nous rejoindre ?
☐ Mes parents ne veulent pas que j'y aille.

......./3

Lexique

11 • Les mots qui suivent sont des synonymes de *léger*, sauf un. Lequel ?
☐ frêle   ☐ délicat   ☐ frugal
☐ imperceptible   ☐ lourd   ☐ vaporeux

12 • Quel mot n'appartient pas à la famille de mots formés sur le radical *alter- / altrui-* (« autre ») ?
☐ altérité   ☐ altercation
☐ alternative   ☐ altitude

......./2

Lire et écrire

13 • Cher Paul, je t'*écris* pour t'inviter à la fête que j'*organise* samedi.
Les verbes en italique sont au présent :
☐ d'énonciation   ☐ de narration
☐ de vérité générale

14 • L'élève expliqua qu'il était resté bloqué dans l'ascenseur.
Les paroles de l'élève sont rapportées :
☐ au discours direct
☐ au discours indirect
☐ au discours indirect libre

......./2

280

L'année prochaine en français

Le programme de français en 3ᵉ te permet de progresser en lecture, écriture, compréhension et expression orale. Tu continues à apprendre le fonctionnement de la langue et à former ta culture littéraire et artistique.

✓ Lecture

● Tu liras des œuvres autour des thèmes suivants : **1.** Se raconter, se représenter ; **2.** Dénoncer les travers de la société ; **3.** Visions poétiques du monde ; **4.** Agir dans la cité : individu et pouvoir ; **5.** Progrès et rêves scientifiques.

● Ces thèmes seront liés à l'écriture, l'histoire des arts… Tu pourras les aborder dans le cadre des EPI (Enseignements pratiques interdisciplinaires).

✓ Expression écrite et orale

● En fin de collège, tu dois être en mesure de rédiger, dans une langue correcte, précise et variée, **différents types d'écrits** : synthèse, récit complexe incluant l'expression des sentiments, écrit argumentatif…

● À l'oral, tu pourras présenter un sujet pendant une dizaine de minutes et participer à des débats organisés.

→ **POUR BIEN DÉMARRER :**
Raconter (1) et (2), p. 54-57 ; *Décrire*, p. 58-59 ; *Argumenter*, p. 60-61 ; *Construire un dialogue*, p. 62-63.

✓ Grammaire

● Tu reverras les différentes **fonctions** déjà étudiées et apprendras à identifier un attribut du COD. L'accent sera mis sur les compléments circonstanciels de condition, d'opposition et de concession, qu'ils soient sous forme de groupes nominaux ou de propositions subordonnées.

● Cette étude te conduira à revoir l'emploi du **subjonctif** dans une subordonnée circonstancielle et celui du **conditionnel** dans un « système hypothétique ».

● Tu poursuivras l'étude des bases de la **grammaire de l'énonciation**, avec l'étude des modalisateurs, et de la **grammaire du texte**, en apprenant à reconnaître et employer des procédés de reprise.

→ **POUR BIEN DÉMARRER :**
Les compléments du verbe, p. 12-13 ; *Les différentes propositions*, p. 14-15 ; *Impératif et subjonctif*, p. 38-39.

✓ Orthographe

● L'objectif est que tu maîtrises en fin de 3ᵉ toutes les **règles d'accord du participe passé** : notamment dans le cas d'un verbe pronominal.

● Tu apprendras à orthographier une **forme verbale en -ant**, sans hésiter.

● Sont également au programme ces **homophones grammaticaux** un peu délicats : *quoique / quoi… que* ; *quel(le) / qu'elle* ; *quelque / quel… que*…

→ **POUR BIEN DÉMARRER :**
Les formes pronominale et impersonnelle, p. 32-33 ; *Les homophones grammaticaux (1) et (2)*, p. 26-29.

✓ Lexique

● En **complément des notions lexicales déjà étudiées**, tu découvriras l'opposition entre sens dénoté et sens connoté, celle entre terme péjoratif et terme mélioratif et la notion d'implicite.

● Tu étudieras le **vocabulaire du raisonnement**.

→ **POUR BIEN DÉMARRER :**
Les figures de style (1) et (2), p. 44-47.

Test Bilan mathématiques

Pour chaque question, coche la ou les cases qui conviennent.

Corrigés p. 46 du livret.

Nombres et calculs

1 · $(-5) \times (-8) \times 3 \div (-6)$ est égal à :
☐ -20 ☐ 20 ☐ -80

2 · Le résultat du calcul $B = \left(\dfrac{2}{3} - \dfrac{1}{6}\right) \div \dfrac{5}{6}$ est :
☐ $\dfrac{3}{5}$ ☐ $\dfrac{5}{18}$ ☐ $\dfrac{18}{30}$

3 · Le calcul $\dfrac{10^5 \times 10^{-9}}{10^9}$ est égal à :
☐ 10^0 ☐ 10^{-8} ☐ 1

4 · Le calcul $\sqrt{25} - \sqrt{16}$ est égal à :
☐ 3 ☐ 1 ☐ 9

5 · La forme développée de l'expression $(2x-5)(x+3)$ est :
☐ $2x^2 + x - 15$ ☐ $2x^2 + 8x - 15$ ☐ $2x^2 - 2x - 2$

6 · L'équation $5(2x-3) = 13$ a pour solution :
☐ $x = -0,2$ ☐ $x = 1$ ☐ $x = 2,8$

......../6

Gestion de données

7 · Sur mon terrain de 200 m², j'ai un potager de 19 m² et une piscine de 36 m².
Quel pourcentage de mon terrain est occupé par le potager et la piscine ?
☐ 9,5 %   ☐ 55 %   ☐ 27,5 %

8 · Voici une série de 7 notes :
2 ; 4 ; 6 ; 9 ; 12 ; 13 ; 17.
La médiane de cette série est :
☐ supérieure à la moyenne
☐ égale à 9, comme la moyenne
☐ inférieure à la moyenne

9 · Dans un jeu de 32 cartes non truqué, la probabilité de tirer un valet est égale à :
☐ $\dfrac{1}{8}$ ☐ $\dfrac{4}{30}$ ☐ $\dfrac{1}{32}$

......../3

Géométrie Grandeurs et mesures

10 · Si un quadrilatère a ses diagonales perpendiculaires et de même milieu, alors ce quadrilatère est un :
☐ rectangle
☐ losange
☐ carré

11 · Soit un triangle ABC et O le milieu de [AC]. Le point D tel que ABCD est un parallélogramme est l'image de :
☐ B par la symétrie centrale de centre O.
☐ A par la translation qui transforme B en C.
☐ B par la symétrie axiale d'axe (AC).

12 · Le théorème de Pythagore permet de :
☐ calculer une longueur inconnue d'un triangle rectangle.
☐ démontrer qu'un triangle donné est rectangle.
☐ démontrer qu'un triangle donné n'est pas rectangle.

13 · Étant donnés deux points distincts A et B, la rotation de centre A et d'angle de mesure 60° permet de construire le point C tel que :
☐ ABC est un triangle isocèle en A.
☐ ABC est un triangle rectangle.
☐ ABC est un triangle équilatéral.

14 · Le cosinus d'un angle aigu d'un triangle rectangle est un nombre :
☐ exprimé en degrés
☐ sans unité
☐ compris entre 0 et 1

15 · Une pyramide régulière :
☐ a pour base un polygone régulier.
☐ a pour faces latérales des triangles équilatéraux.
☐ a pour faces latérales des triangles isocèles.

16 · La vitesse moyenne $v = 80$ km/h est une grandeur :
☐ quotient
☐ produit
☐ simple

......../7

L'année prochaine en mathématiques

En 3ᵉ, tu retrouves des thèmes connus, mais les notions abordées évoluent.

✓ Nombres et calculs

• Tu découvriras les **nombres premiers** et apprendras à rendre une **fraction irréductible**.

• Tu approfondiras l'étude des **puissances** et des **racines carrées**.

→ **POUR BIEN DÉMARRER :**
Puissances de dix, p. 78-79 ;
Racine carrée d'un nombre positif, p. 80-81.

• Tu sauras résoudre algébriquement et graphiquement des **équations** et **inéquations**.

→ **POUR BIEN DÉMARRER :**
Calcul littéral (1) et (2), p. 82-85 ;
Résoudre une équation du premier degré, p. 86-87.

✓ Organisation et gestion de données, fonctions

• Tu poursuivras l'étude de la **représentation de données**.

→ **POUR BIEN DÉMARRER :**
Moyenne pondérée, médiane, étendue, p. 92-93 ;
Diagrammes en bâtons et histogrammes, p. 94-95.

• Tu utiliseras un **arbre de probabilités** pour représenter une expérience aléatoire à une ou plusieurs épreuves.

→ **POUR BIEN DÉMARRER :**
Probabilités, p. 96-97.

• Tu feras le lien entre proportionnalité et **fonctions linéaires**. Tu étudieras les **fonctions affines**.

→ **POUR BIEN DÉMARRER :**
Proportionnalité (1) et (2), p. 88-91.

✓ Grandeurs et mesures

• Tu étudieras l'effet d'un **déplacement**, d'un **agrandissement** ou d'une **réduction** sur les grandeurs géométriques.

• Tu utiliseras les **grandeurs composées** pour résoudre des problèmes.

→ **POUR BIEN DÉMARRER :**
Vitesse moyenne, p. 112-113 ;
Grandeurs composées, p. 114-115.

✓ Espace et géométrie

• Tu découvriras une nouvelle transformation du plan, l'**homothétie**, ainsi que le fameux **théorème de Thalès** et sa réciproque. Tu approfondiras la **trigonométrie** du triangle rectangle.

→ **POUR BIEN DÉMARRER :**
Translations, p. 100-101 ;
Rotations, p. 104-105 ;
Cosinus d'un angle, p. 106-107.

• Tu étudieras les **sections d'une sphère** par un plan. Tu calculeras l'aire d'une sphère et le volume d'une boule.

→ **POUR BIEN DÉMARRER :**
Parallélépipèdes et sphères, p. 108-109.

✓ Algorithmique et programmation

• Tu continueras à développer tes compétences en vue d'écrire et d'exécuter un **programme simple**.

→ **POUR BIEN DÉMARRER :**
Écrire et exécuter un programme simple, p. 116-117 ;
Programmer le tracé de figures, p. 118-119.

Vers la 3ᵉ

Pour chaque question, coche la ou les cases qui conviennent.

Corrigés p. 46 du livret.

Histoire

1 • Quel est le continent le plus colonisé par les Européens au xviiie siècle ?
☐ L'Afrique ☐ L'Asie ☐ L'Amérique

2 • Comment le xviiie siècle est-il surnommé ?
☐ Le siècle des philosophes
☐ Le siècle des Lumières
☐ Le siècle des Temps modernes

3 • Quand la Révolution débute-t-elle en France ?
☐ En 1776 ☐ En 1789 ☐ En 1792

4 • Durant quelle période Napoléon Bonaparte dirige-t-il la France ?
☐ 1799-1815 ☐ 1799-1804 ☐ 1804-1815

5 • Quels avantages représente l'industrialisation au xixe siècle ?
☐ Elle permet de produire plus grâce aux machines dans les usines.
☐ Elle permet de produire plus vite grâce aux machines dans les usines.
☐ Elle permet de produire moins cher grâce aux machines dans les usines.

6 • Quand le suffrage devient-il définitivement universel pour les hommes en France ?
☐ 1789 ☐ 1848 ☐ 1870

7 • Comment sont appelées les femmes qui militent pour avoir le droit de vote ?
☐ Les suffragettes ☐ Les midinettes
☐ Les munitionnettes

……../7

Géographie

8 • Qu'est-ce qu'une métropole ?
☐ Une ville qui a une influence
☐ Une ville qui est un centre de décisions
☐ Une ville peuplée de plusieurs millions d'habitants

9 • Où se dirigent majoritairement les migrants transnationaux ?
☐ Vers une autre région de leur pays
☐ Vers les pays du Nord
☐ Vers les pays du Sud

10 • Quel est le continent le plus visité par les touristes internationaux ?
☐ L'Amérique ☐ L'Asie ☐ L'Europe

11 • Qu'est-ce qu'une interface ?
☐ Une zone de contact entre deux espaces
☐ Un espace enclavé
☐ Une ville qui se rétrécit

12 • Comment s'appelle la zone maritime qui appartient exclusivement à un État ?
☐ La ZIP ☐ La ZEE ☐ La ZUP

13 • Quelle est la première puissance économique mondiale ?
☐ La Chine ☐ Les États-Unis ☐ Le Japon

14 • Comment évolue l'économie des pays d'Afrique de l'Ouest ?
☐ Elle augmente. ☐ Elle stagne. ☐ Elle diminue.

……../7

EMC

15 • Quelles conséquences le harcèlement peut-il avoir sur des adolescents ?
☐ Le repli sur soi
☐ L'épanouissement
☐ Le suicide

16 • Qu'est ce que la présomption d'innocence ?
☐ Le droit à un avocat
☐ La possibilité d'être rejugé
☐ Le fait d'être considéré comme innocent jusqu'au verdict

17 • Pourquoi y a-t-il des limites à nos libertés ?
☐ Pour protéger les libertés des autres
☐ Pour le bon fonctionnement de la collectivité
☐ Pour nous agacer

18 • Comment les citoyens participent-ils à la vie démocratique ?
☐ En votant
☐ En s'abstenant lors des élections
☐ En participant aux débats

……../4

L'année prochaine en histoire-géo et EMC

En 3ᵉ, le programme d'histoire concerne le XXᵉ siècle. En géographie, tu abordes le territoire français et l'Union européenne.

✓ Histoire

● La première moitié du XXᵉ siècle est marquée par les **guerres mondiales** et les **totalitarismes**. Tu verras comment les sociétés ont traversé ces événements, mais aussi les mutations sociales et politiques que ceux-ci ont engendrées.

→ **POUR BIEN DÉMARRER :**
L'Europe et la « révolution industrielle » au XIXᵉ siècle (1) et (2), p. 134-137.

● Tu étudieras l'accès à l'**indépendance des anciennes colonies** européennes lors la seconde moitié du XXᵉ siècle, la **guerre froide** et l'émergence du tiers-monde, ainsi que la **construction européenne**.

→ **POUR BIEN DÉMARRER :**
Conquêtes et sociétés coloniales, p. 138-139.

● Concernant la France, tu t'intéresseras aux évolutions depuis la Libération, aussi bien du côté des **institutions** (IVᵉ et Vᵉ Républiques) que de celui de la **société**. Tu aborderas ainsi la question de la place des femmes, le développement de l'immigration, le vieillissement de la population, la montée du chômage…

→ **POUR BIEN DÉMARRER :**
Voter en France de 1815 à 1870, p. 140-141 ;
La troisième République en France, p. 142-143 ;
Conditions féminines en France au XIXᵉ siècle, p. 144-145.

✓ Géographie

● Tu étudieras les dynamiques territoriales de la France : d'abord à travers l'**urbanisation** et les relations entre les aires d'influences urbaines, mais aussi à travers les mutations des **espaces productifs** et les espaces de **faible densité**.

→ **POUR BIEN DÉMARRER :**
L'urbanisation du monde (1) et (2), p. 148-151.

● L'**aménagement des territoires** permet aux pouvoirs publics de compenser les **inégalités** entre eux. Tu approfondiras le cas d'un aménagement régional et les problématiques que posent les territoires ultramarins.

● Tu apprendras les caractéristiques géographiques de l'**Union européenne**, ainsi que la manière dont la France y trouve sa place. Tu t'interrogeras sur l'influence de la France et de l'Europe **dans le monde**.

→ **POUR BIEN DÉMARRER :**
Les mobilités transnationales : le tourisme international, p. 156-157.

✓ EMC

● Tu travailleras, par exemple, sur le thème de la **citoyenneté** française, mais aussi européenne.

→ **POUR BIEN DÉMARRER :**
Pourquoi nos libertés ont-elles des limites ?, p. 172-173.

● Tu étudieras l'**élaboration des lois** et le travail des députés. Tu découvriras les principes d'un **État démocratique**.

→ **POUR BIEN DÉMARRER :**
Comment est appliquée la justice en France ?, p. 170-171.

● Tu aborderas les types de **conflits** à travers le monde et t'interrogeras sur l'engagement militaire de la France. Tu découvriras la Défense nationale et le rôle de la **Journée défense et citoyenneté**.

Test Bilan SVT

Date ....

Pour chaque question, coche la ou les cases qui conviennent.

Corrigés p. 46 du livret.

La planète Terre, l'environnement et l'action humaine

1 • On peut prévoir :
☐ la météo à court terme grâce aux stations météorologiques et aux satellites.
☐ une éruption volcanique en surveillant la déformation d'un volcan.
☐ un séisme par la surveillance des failles actives.

2 • Les ressources en eau douce et les sols :
☐ sont exploités par l'Homme pour ses propres besoins.
☐ sont des ressources renouvelables à l'échelle d'une vie humaine.
☐ doivent être préservés et nécessitent une gestion durable.

3 • Les activités humaines :
☐ comme la pêche perturbent les écosystèmes, ce qui entraîne une augmentation de la biodiversité.
☐ comme la création de sites protégés préservent la biodiversité.
☐ comme la déforestation sont respectueuses de la biodiversité.

......../3

Le vivant et son évolution

4 • Les plantes utilisent le dioxyde de carbone de l'air pour :
☐ fabriquer de la lumière.
☐ fabriquer de la matière organique et du dioxygène.
☐ fabriquer de la sève brute.

5 • Un grain de pollen :
☐ est déposé sur le pistil d'une autre fleur.
☐ se transforme en fruit.
☐ entraîne la formation du tube pollinique.

6 • Les gènes :
☐ sont différents sur les chromosomes d'une même paire.
☐ sont à la même position sur chacun des chromosomes d'une même paire.
☐ ne sont présents que dans une seule version par cellule.

......../3

Le corps humain et la santé

7 • Lors d'un effort :
☐ les fréquences cardiaque et respiratoire augmentent.
☐ le nerf X augmente la fréquence cardiaque.
☐ l'utilisation de produits dopants est sans conséquences sur la santé.

8 • Les individus :
☐ ont besoin de glucides, de lipides et de protides pour être en bonne santé.
☐ hébergent un microbiome qui n'intervient pas dans la digestion.
☐ ont des apports alimentaires équilibrés quand 18,5 < IMC < 24,9.

9 • Les bactéries sont :
☐ des micro-organismes présents dans tous les milieux.
☐ appelées « flore microbienne hébergée » quand elles ont contaminé le corps humain.
☐ éliminées temporairement par un lavage correct des mains.

10 • À partir de la puberté :
☐ les organes reproducteurs deviennent fonctionnels.
☐ la production d'ovules est continue chez la femme jusqu'à la fin de la vie.
☐ la chute des hormones ovariennes en fin de cycle déclenche les règles.

......../4

L'année prochaine en SVT

En 3ᵉ, le programme de SVT s'organise autour des mêmes thèmes qu'en 5ᵉ et 4ᵉ, qui sont approfondis.

✅ La planète Terre, l'environnement et l'action humaine

● Tu enrichiras tes connaissances sur les **phénomènes géologiques et météorologiques**, et sur l'adaptation aux risques naturels. Tu étudieras le changement climatique lié au rejet de gaz à effet de serre.

→ **POUR BIEN DÉMARRER :**
Les phénomènes météorologiques et géologiques : risques et enjeux, p. 180-181.

● Tu poursuivras l'étude de la gestion des **ressources naturelles** par l'Homme et de l'impact des activités humaines sur la **biodiversité**.

→ **POUR BIEN DÉMARRER :**
Gérer les ressources naturelles : l'eau et le sol, p. 182-183 ;
Activités humaines et écosystèmes, p. 184-185.

✅ Le vivant et son évolution

● Tu maîtriseras les phénomènes de **nutrition animale et végétale** au niveau des tissus et de la cellule.

→ **POUR BIEN DÉMARRER :**
Les besoins des végétaux chlorophylliens, p. 186-187.

● Tu sauras expliquer la diversité génétique des individus. Tu découvriras comment est transmis le patrimoine génétique, et tu établiras le lien avec la théorie de l'**évolution des espèces**.

→ **POUR BIEN DÉMARRER :**
La diversité génétique, p. 190-191.

✅ Le corps humain et la santé

● Tu poursuivras l'étude du **système nerveux** et de l'**activité cérébrale**. Tu t'intéresseras ainsi à la transmission par les neurones des messages nerveux.

→ **POUR BIEN DÉMARRER :**
Systèmes nerveux et cardiovasculaire, p. 192-193.

● Tu étofferas tes connaissances sur les nutriments, la **digestion** et les besoins nutritionnels.

→ **POUR BIEN DÉMARRER :**
Équilibre alimentaire et microbiome, p. 194-195.

● Tu pourras expliquer les **réactions immunitaires**, qui permettent à l'organisme de se préserver des micro-organismes pathogènes. Tu comprendras le principe de la **vaccination**.

→ **POUR BIEN DÉMARRER :**
Le monde bactérien et l'organisme, p. 196-197.

● Grâce à tes connaissances de l'appareil reproducteur et du système hormonal, tu étudieras plus spécifiquement la **sexualité** humaine et celle des mammifères. Tu apprendras la maîtrise de la reproduction.

→ **POUR BIEN DÉMARRER :**
La capacité de transmettre la vie, p. 198-199.

287

Vers la 3ᵉ

Test·Bilan physique-chimie

Date ....

Pour chaque question, coche la ou les cases qui conviennent.

Corrigés p. 46 du livret.

Organisation et transformations de la matière

1 · a. La formule de la molécule d'eau est :
☐ H_2O ☐ O_2 ☐ CO_2

b. La couleur associée à l'atome d'oxygène est le :
☐ bleu   ☐ blanc   ☐ rouge

2 · a. Le sulfate de cuivre anhydre devient bleu en présence :
☐ de dioxyde de carbone   ☐ d'eau   ☐ de dihydrogène

b. Pour mettre en évidence la présence de CO_2, on utilise :
☐ de l'eau de chaux   ☐ une flamme
☐ du sulfate de cuivre anhydre

3 · a. Les espèces présentes au départ d'une réaction sont :
☐ les produits   ☐ les réactifs

b. L'équation-bilan suivante est-elle équilibrée ?
$$C_2H_6 + 5\,O_2 \rightarrow 2\,CO_2 + 3\,H_2O$$
☐ oui   ☐ non

4 · a. Une solution de pH = 4 est :
☐ acide   ☐ neutre   ☐ basique

b. Si je dilue une solution basique, son pH va :
☐ se rapprocher de 14   ☐ se rapprocher de 7
☐ se rapprocher de 0

......../8

Mouvement et interaction

5 · a. Le Système solaire est composé de :
☐ planètes   ☐ satellites   ☐ astéroïdes
☐ comètes   ☐ planètes naines

b. Les satellites naturels sont en orbite :
☐ autour du Soleil   ☐ autour d'une planète

6 · a. Si je me déplace à une vitesse constante de 54 km/h, je parcours 9 km :
☐ en 6 minutes   ☐ en 10 minutes

b. Dans le Système international, la vitesse s'exprime en :   ☐ m/s   ☐ km/h

7 · a. Pour mesurer l'intensité d'une force, on utilise un :   ☐ dynamomètre   ☐ newtonmètre

b. La force exercée par le fil sur l'objet est :
☐ verticale et dirigée vers le haut
☐ verticale et dirigée vers le bas

......../2

Des signaux pour observer et pour communiquer

8 · a. La vitesse de la lumière, dans le vide, est approximativement de :
☐ 340 m/s   ☐ 300 000 km/s

b. Une onde, lorsqu'elle rencontre un nouveau milieu, peut :
☐ s'atténuer   ☐ être réfractée   ☐ être réfléchie

......../6

L'énergie et ses conversions

9 · a. La loi d'Ohm se traduit par :
☐ $U = R \times I$ ☐ $R = U \times I$

b. Une résistance transforme l'énergie électrique :
☐ en énergie thermique   ☐ en énergie lumineuse

10 · a. Sur cet oscillogramme, la tension est :
☐ périodique   ☐ alternative

b. La période du signal est de :   ☐ 0,4 ms   ☐ 0,2 ms

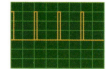

11 · a. La formule de calcul de la puissance P s'écrit :
☐ $P = U \times I$ ☐ $P = \dfrac{U}{I}$

b. La puissance d'un radiateur électrique est plutôt de :   ☐ 2 000 W   ☐ 200 W

12 · a. Il y a danger d'électrisation lorsque tu es en contact :
☐ avec le fil neutre et le fil de phase
☐ avec le fil de phase et le sol

b. Pour protéger sa maison des surintensités, on peut installer :   ☐ des fusibles
☐ des disjoncteurs à maximum de courant

......../8

288

L'année prochaine en physique-chimie

Le programme de physique-chimie s'organise autour de quatre grands thèmes qui sont approfondis chaque année.

✅ Organisation et transformations de la matière

• Tu approfondiras tes connaissances sur la **structure de la matière**, les atomes et les ions.

→ **POUR BIEN DÉMARRER :**
Représenter l'infiniment petit : atomes et molécules, p. 202-203.

• Tu pourras vérifier les règles de conservation lors d'une transformation chimique. Tu pourras également identifier des ions en effectuant des **tests caractéristiques**.

→ **POUR BIEN DÉMARRER :**
Modéliser une transformation chimique, p. 206-207.

• Tu apprendras comment l'énergie chimique se transforme en énergie électrique, par exemple dans le fonctionnement d'une **pile**.

→ **POUR BIEN DÉMARRER :**
Identifier des espèces chimiques, p. 204-205.

✅ Mouvements et interactions

• Tu apprendras à décrire l'**interaction gravitationnelle**, par exemple entre la Terre et la Lune. Tu pourras aussi définir la **force de pesanteur**.

• Tu pourras définir les énergies d'un objet en mouvement, par exemple l'énergie cinétique et l'énergie de position.

→ **POUR BIEN DÉMARRER :**
Exploiter la relation entre distance, vitesse et durée, p. 212-213 ;
Modéliser une action mécanique par une force, p. 214-215.

✅ L'énergie et ses conversions

• Tu apprendras à **classer** et **mesurer** les différentes formes d'énergie.

• Tu seras capable d'établir le **bilan énergétique** d'un système et tu pourras calculer le **rendement** d'une conversion d'énergie.

• Tu seras capable de calculer la **consommation** d'un appareil électrique et de mesurer son coût.

→ **POUR BIEN DÉMARRER :**
Étudier la relation entre tension et intensité, p. 218-219.

✅ Des signaux pour observer et pour communiquer

• Tu découvriras la chaîne de transmission des informations : émetteur, canal, récepteur… Tu verras aussi les conditions nécessaires à une bonne transmission de l'information.

→ **POUR BIEN DÉMARRER :**
Utiliser les propriétés des signaux lumineux et sonores, p. 216-217.

✅ Et en technologie...

• Tu apprendras à réaliser le **prototype** d'un objet communicant. Tu travailleras en **collaboration** avec d'autres pour créer cet objet.

• Tu sauras décrire l'impact des objets et systèmes techniques sur la société et sur l'environnement. Tu approfondiras les **bonnes pratiques** de l'usage des objets communicants.

• Tu apprendras à émettre des hypothèses pour utiliser une modélisation et interpréter les résultats.

• Tu travailleras sur des programmes plus élaborés, que tu décomposeras en **plusieurs sous-problèmes**.

Test Bilan anglais

Date ....

Pour chaque question, coche la case qui convient.

Corrigés p. 46 du livret.

Le groupe nominal

1 • There are not .... people in the library.
☐ many ☐ much ☐ a lot

2 • Be careful! There's .... behind the door.
☐ anybody ☐ somebody ☐ nobody

3 • .... interesting novel!
☐ What ☐ What a ☐ What an

4 • We were all sick! It's .... restaurant in town.
☐ the worst ☐ worst ☐ the more

5 • Comment dirais-tu qu'il n'y a rien dans la boîte ?
☐ There's something in the box.
☐ There isn't nothing in the box.
☐ There's nothing in the box.

6 • Comment dirais-tu que ce vélo est le tien ?
☐ This bike is my bike.
☐ This bike is mine.
☐ This bike is his.

......../6

Le groupe verbal

7 • We have been here .... 5 o'clock.
☐ at ☐ for ☐ since

8 • She was driving when the dog .... on the car.
☐ jumped ☐ has jumped ☐ jumping

9 • I'll tell her as soon as I .... her.
☐ will see ☐ see ☐ have seen

10 • I wish I .... there with you.
☐ could be ☐ can be ☐ will be

11 • If you .... faster you .... the race.
☐ ran … will win
☐ ran … would win
☐ had run … will win

12 • Tomorrow they .... get up earlier.
☐ will have to ☐ must ☐ had to

13 • The roof .... by my neighbour.
☐ was repaired ☐ was repairing ☐ has repaired

14 • This book is worth ....
☐ I read ☐ reading ☐ to read

15 • Comment dirais-tu qu'on a célébré Halloween ici ?
☐ Halloween is celebrated here.
☐ Halloween celebrates here.
☐ Halloween was celebrated here.

......../9

La phrase

16 • .... backpack is it? It's Paul's.
☐ Which ☐ What ☐ Whose

17 • The car .... I bought was very expensive.
☐ whom ☐ whose ☐ which

18 • .... did you call him .... ?
☐ Why … for ☐ What … like ☐ What … for

19 • Roman visited the zoo, ... ?
☐ did he ☐ didn't he ☐ visited he

20 • Comment dirais-tu que Lucy est si fatiguée ?
☐ Lucy is so tired.
☐ Lucy is too tired.
☐ Lucy is so much tired.

......../5

L'année prochaine en anglais

Les nouveaux programmes d'anglais s'appuient sur le CECRL (Cadre européen commun de référence pour les langues). Dans ce cadre, l'apprentissage de l'anglais est organisé autour de cinq grandes activités de communication, avec des niveaux gradués de A1 à C2.

En 3ᵉ, tu es censé atteindre le niveau A2+/B1 (même si, pour le brevet, il suffit d'avoir validé le niveau A2). Voici ce que cela signifie, pour chaque activité de communication.

✅ Écouter et comprendre

- Tu devras être capable de **comprendre les points essentiels** d'un document audio : saisir le sens d'un bulletin d'information, suivre une conversation complète, comprendre le plan général d'un exposé sur un sujet connu.

- Tu pourras suivre un film si l'histoire repose sur l'action.

✅ Prendre part à une conversation

- Tu acquerras les moyens d'**échanger des informations**.

- Tu apprendras à réagir à des sentiments et à exprimer clairement ton point de vue, par exemple sur un film.

- Tu devras être capable de commenter, d'expliquer, de comparer et d'opposer.

- Tu devras savoir interviewer et être interviewé.

→ **POUR BIEN DÉMARRER :**
Les mots interrogatifs, p. 240-241.

✅ Parler en continu

- Tu seras couramment invité à prendre la parole devant un auditoire, pour relater une expérience vécue, parler d'un projet, raconter un livre, présenter un personnage.

- Tu sauras **exprimer tes sentiments et ton opinion personnelle,** et argumenter pour convaincre.

✅ Lire et comprendre

- Tu devras être capable de **localiser une information dans un texte long** : narratif ou explicatif.

- À la lecture d'une lettre personnelle, tu pourras comprendre les événements relatés et les sentiments exprimés.

- Tu apprendras à repérer les grandes lignes d'un texte argumentatif.

✅ Écrire

- Tu apprendras à **rédiger un texte articulé et cohérent**, sur des sujets concrets ou abstraits. Tu seras ainsi en mesure d'écrire un court récit, une description, un essai simple. Tu sauras notamment raconter une expérience et décrire tes réactions et sentiments.

- Tu étudieras comment paraphraser de courts passages ou restituer une information avec tes propres mots.

→ **POUR BIEN DÉMARRER :**
Les propositions relatives, p. 254-255.

Test Bilan — espagnol

Date ....

Pour chaque question, coche la ou les cases qui conviennent.

Corrigés p. 46 du livret.

Le groupe nominal

1 • Coche les verbes avec enclise.
☐ te llamo ☐ se lo dije ☐ la quiere
☐ dímelo ☐ llámalo ☐ pídeselo

2 • Necesito llaves .... entrar.
☐ por ☐ para

3 • Coche les pronoms possessifs :
☐ mi ☐ el vuestro ☐ tu
☐ la mía ☐ sus ☐ las suyas

4 • Quel est l'intrus ?
☐ mucho ☐ bastante
☐ demasiado ☐ temprano

5 • Comment dirais-tu que tu es très fatigué(e) ?
☐ Estoy bastante cansado(a).
☐ Estoy muy cansado(a).
☐ Estoy demasiado cansado(a).

6 • En Londres, hace .... frío .... en París.
☐ tan ... como ☐ tanto ... como
☐ tan ... que ☐ tanto ... que

......../6

Le groupe verbal

7 • .... las nueve y el profesor no .... en clase : .... en retraso.
☐ Son / es / está
☐ Estan / está / es
☐ Son / está / está

8 • A nosotros, nos .... el colegio pero nos .... más las vacaciones.
☐ gustamos / gustamos
☐ gusta / gustan
☐ gustan / gustan

9 • Quel est l'intrus ?
☐ iba ☐ cantabas ☐ ido
☐ comía ☐ salíamos ☐ era

10 • Lesquels de ces participes passés sont irréguliers ?
☐ hablado ☐ querido ☐ comprado
☐ escrito ☐ vestido ☐ puesto

11 • Coche les formes au futur.
☐ iré ☐ vendría ☐ bailaremos
☐ vendrás ☐ hablarán ☐ comeríais

12 • Comment dirais-tu que tu es allé(e) au collège en marchant ?
☐ Estoy andando al colegio.
☐ He ido andando al colegio.

13 • Laquelle de ces phrases traduit un besoin ?
☐ Hay que trabajar mucho. ☐ Necesito descansar.
☐ Debes descansar más.

14 • On emploie le subjonctif présent après...
☐ quizás ☐ como si ☐ para que ☐ es preciso que

15 • Ojalá que no ....
☐ llueve ☐ llueva ☐ lloverá

16 • Laquelle de ces phrases exprime une interdiction ?
☐ No hagas eso. ☐ Habla más claro.
☐ Escucha el discurso.

17 • Comment dirais-tu que tu as l'habitude de te lever à sept heures ?
☐ Me despertaba a las siete.
☐ Hay que despertarse a las siete.
☐ Suelo despertarme a las siete.

......../11

La phrase

18 • Comment demanderais-tu combien il y a de maisons dans ce quartier ?
☐ ¿Cuántas casas hay en este barrio?
☐ ¿Cuáles son las casas de este barrio?
☐ ¿Cómo son las casas de este barrio?

19 • Comment dirais-tu que tu ne regardes jamais la télévision ?
☐ Nunca veo televisión. ☐ Veo nunca televisión.
☐ No veo nunca televisión.

20 • Quel est l'intrus ?
☐ no ☐ nada ☐ ni
☐ nadie ☐ poco ☐ nunca

......../3

L'année prochaine en espagnol

L'apprentissage de l'espagnol est organisé dans le cadre du CECRL (Cadre européen commun de référence pour les langues) autour de cinq grandes activités de communication, avec des niveaux gradués de A1 à C2.

En 3e, à la fin du cycle 4, tu vas atteindre en LV2 le niveau A1 dans toutes les activités et le niveau A2 dans au moins deux d'entre elles. Voici ce que cela signifie, pour chaque activité de communication.

✓ Écouter et comprendre

- Tu devras être en mesure de comprendre des instructions simples pour te déplacer.

- Si on te raconte une histoire simple, tu pourras **en saisir le sens général**. Tu devras être capable de reconnaître si on parle de faits présents, passés ou futurs.

→ **POUR BIEN DÉMARRER :**
L'impératif d'ordre et de défense, p. 274-275.

✓ Réagir et dialoguer

- Tu apprendras à dialoguer sur des **situations courantes**, à communiquer des informations et des idées.

- Tu seras capable de **réagir à des propositions** (accepter, refuser, exprimer tes goûts et opinions).

→ **POUR BIEN DÉMARRER :**
Les phrases interrogatives et négatives, p. 266-267 ; *Les tournures affectives*, p. 262-263.

✓ Parler en continu

Tu devras être capable de t'exprimer de façon simple sur des sujets variés.

- Tu apprendras à **raconter une histoire**, à décrire un objet, une expérience.

- Tu seras également capable de faire une annonce ou de présenter un projet.

→ **POUR BIEN DÉMARRER :**
Les temps, p. 260-261, 264-265, 267-269, 272-275.

✓ Lire et comprendre

- Tu devras être en mesure de **trouver des informations** dans un document informatif : article de journal simple, site internet…

- Tu apprendras également à **comprendre un texte narratif court** et à suivre le déroulement d'une histoire.

→ **POUR BIEN DÉMARRER :**
Les adverbes de quantité et de manière, p. 270-271.

✓ Écrire

- Tu utiliseras tes connaissances lexicales et grammaticales pour **écrire un récit, une description ou un court essai**.

- Tu apprendras à mettre en forme une information simple transmise oralement (par exemple lors d'une conversation téléphonique).

→ **POUR BIEN DÉMARRER :**
Le gérondif et la forme progressive, p. 268-269.

✓ Connaître le monde hispanophone

- Tu apprendras à **connaître les spécificités culturelles d'autres pays** et à les comparer à ta propre culture.

- Tu devras **t'approprier des mots et expressions de la vie quotidienne** et savoir les employer dans des situations de communication courantes.

→ **POUR BIEN DÉMARRER :**
Les loisirs et les sports, p. 263 ; *Les moyens de transport*, p. 265 ; *Les métiers*, p. 267 ; *La nature*, p. 273 ; *La ville*, p. 275 ; *La nourriture*, p. 277.

Vers le brevet

Comme tu le sais déjà, ton année de 3ᵉ se terminera par le passage d'un premier examen : le diplôme national du brevet.

✓ Le contrôle continu en 3ᵉ

● En fait, le brevet ne se limite pas aux trois épreuves finales que tu passeras en fin d'année. Il commence dès le début de l'année avec l'**évaluation régulière de tes acquis** dans chaque discipline.
Comme dans les autres classes, toi et tes parents serez informés des résultats de cette évaluation à la fin de chaque trimestre, à travers un bulletin vous permettant de mesurer tes progrès dans chaque discipline.

● Ce qui est nouveau, c'est qu'à la fin de ta 3ᵉ, tes enseignants se réuniront pour dire si tu as achevé l'**acquisition des connaissances et compétences du « socle commun »**. Pour chacun des domaines indiqués dans le tableau ci-dessous, ils indiqueront un niveau de maîtrise.

Domaines et sous-domaines du socle
1. Les langages pour penser et communiquer
a. Langue française
b. Langages mathématique, scientifique et informatique
c. Langues étrangères et régionales
d. Langages des arts et du corps
2. Les méthodes et outils pour apprendre
3. La formation de la personne et du citoyen
4. Les systèmes naturels et les systèmes techniques
5. Les représentations du monde et l'activité humaine

C'est de cette évaluation que sera déduite ta **note de contrôle continu du brevet**, grâce à un système d'équivalences :
maîtrise insuffisante (10 points),
maîtrise fragile (20),
maîtrise satisfaisante (35),
maîtrise très bonne (50).

✓ L'examen final

● L'examen du brevet, à proprement parler, se compose de **trois épreuves** :
– une épreuve écrite portant sur les programmes de maths, physique-chimie, SVT et technologie ;
– une épreuve écrite portant sur les programmes de français, histoire-géographie, et enseignement moral et civique ;
– une épreuve orale passée dans l'établissement.

● Chacune de ces épreuves est notée sur 100. À l'arrivée, et en comptant la note de contrôle continu, tu devras totaliser au minimum **350 points sur 700 pour obtenir le brevet**, et au moins 420 pour décrocher une mention.

✓ Les deux épreuves écrites

Les deux épreuves écrites sont pluridisciplinaires.

● La **première épreuve**, d'une durée de 3 heures, a pour dominante les **maths** et les **sciences** : selon le cas, physique-chimie/SVT, ou physique-chimie/technologie, ou SVT/technologie.
Le choix des deux disciplines se fait par tirage au sort chaque année.
Elle se compose donc de deux parties, d'une durée de 2 heures pour les maths et d'1 heure pour les sciences.
Les différents exercices permettent d'évaluer tes connaissances dans les disciplines concernées, mais également ton aptitude à raisonner et à conduire une démarche scientifique.
Les deux parties comptent autant l'une que l'autre : 45 points pour chacune, 5 points étant réservés à la présentation de la copie et à la correction de langue.

● La **seconde épreuve** englobe **le français, l'histoire, la géographie**, ainsi que **l'enseignement moral et civique** (EMC).
Elle s'étend sur une journée : le matin, tu répondras à des questions portant sur des documents en histoire, géographie et EMC d'une part, en français d'autre part (durée : 3 heures).
L'après-midi, tu seras évalué(e) en orthographe et en rédaction (durée : 2 heures). Les deux disciplines – français et histoire-géographie-EMC – comptent pour 50 points chacune.

✓ L'épreuve orale

● L'épreuve orale se déroule dans l'établissement. Elle **porte sur un projet** que tu as élaboré dans le cadre des EPI ou des parcours éducatifs (parcours citoyen, parcours d'éducation artistique et culturelle, parcours avenir).
Note bien que ce qui compte dans cette épreuve, c'est **ta capacité à exposer ta démarche**, ainsi que les compétences et connaissances que tu auras acquises grâce à ce projet.

● L'oral dure **15 minutes** : 5 à 10 minutes pour l'exposé et le reste du temps pour un entretien avec le jury.
Tu pourras choisir de présenter l'épreuve individuellement ou en groupe (de trois élèves maximum).
La notation est sur 100 points :
50 points pour la maîtrise du sujet présenté,
50 points pour la maîtrise de l'expression orale.

Table des illustrations

9	Coll.	Kharbine-Tapabor
17	©	DCL
19	ph ©	Coldimages / iStock
25	Coll.	Christophel
27	ph ©	Selva / Leemage
29	ph ©	Aisa / Leemage
43	©	Aubrey Beardsley
55	ph ©	Archives Charmet / Bridgeman Giraudon
59	ph ©	Bequest from the Collection of Maurice Wertheim, Class 1906 / Bridgeman Giraudon
61	ph ©	The Atlantic Slave Trade and Slave Life in the Americas / D. R.
63	Coll.	Christophel
123	ph ©	Photo Josse / Leemage
124	ph ©	Selva / Leemage
125	ph ©	Musée d'Histoire de Nantes
127	ph ©	Bridgeman Giraudon
129 h	ph ©	Marie-Laure Berthier / Musée Carnavalet / Roger-Viollet
129 b	ph ©	Musée Carnavalet / Roger-Viollet
130	ph ©	Monnaie de Paris
131 h	ph ©	Musée national de la Légion d'honneur et des ordres de chevalerie – Paris
131 b	ph ©	Photo Josse / Leemage
133	ph ©	Erich Lessing / Akg-Images
135	ph ©	Photo Josse / Leemage
139	ph ©	Albert Harlingue / Roger-Viollet
140	ph ©	ARJ / Photo 12
143 h	ph ©	The Granger Collection, N.Y.C / Rue des Archives
143 b	ph ©	Photo Josse / Leemage
144	©	BnF, cabinet des Estampes
145	ph ©	RMN – Grand Palais (musée d'Orsay) / Hervé Lewandowski
150	ph ©	King of Hearts / Wikipedia Commons
151 hd	ph ©	Tuca Vieira
151 bg	ph ©	Laurent Grandguillot / REA
152	ph ©	Rebecca Cook / Reuters
154	©	Plantu
157	ph ©	shishic / Istock
158	ph ©	Fan Jun / Xinhua Press / Corbis
161	ill ©	Kevin KAL Kallaugher, Kaltoons.com

163 h	ph ©	Georg Gerster / Rapho / Gamma-Rapho
163 b	ph ©	Chad Ehlers / Tips / Photononstop
164	ph ©	Jean du Boirranger / Hemis.fr
165		Eko Atlantic à venir
166	ph ©	Jon Feingersh – www.agefotostock.com
167	©	Organisation internationale de la Francophonie
168	©	Ministère de l'Éducation nationale, de l'Enseignement supérieur et de la Recherche
169	ill ©	Xavier Gorce
172	ph ©	FRANCOIS LO PRESTI / AFP
183 g	ph ©	SPL / COSMOS
183 m	ph ©	ESA / Ciel et Espace Photos
183 d	ph ©	NASA
185	ph ©	Biosphoto
186 h	ph ©	Brigitte Gaillard-Martinie / Plateau Technique de Microscopie – Centre INRA
186 b	ph ©	BODET Christian / INRA
189 g	ph ©	Muriel Hazan
189 d	ph ©	F. Dillonto / MAP
191 hd	©	ISM
191 bg	©	CNRI / S.P.L. / Cosmos
197	ph ©	Robert Guidoin Ph. D, Laboratoire de Chirurgie expérimentale, Pavillon de Services, Université Laval, Québec
199 hg	©	BIOPHOTO ASSOCIATES / BSIP
199 hd	©	BIOPHOTO ASSOCIATES / BSIP
199 b	©	BIOPHOTO ASSOCIATES / SCIENCE PHOTO LIBRARY / BIOSPHOTO
226 d	ph ©	Franck Fell / Robert Harding-Gettyimages
228 g	ph ©	Nicolas Job / Capa Pictures
228 d	ph ©	Fotolia
230	ph ©	Fotolia

Livret

1	ph ©	auremar – Fotolia
2	ph ©	Picture-Factory / Fotolia
7	ph ©	contrastwerkstatt / Fotolia
9	ph ©	Christian Schwier / Fotolia
10	ph ©	Monkey Business / Fotolia

Classes grammaticales et fonctions

CLASSE GRAMMATICALE	EXEMPLES	DÉFINITION
Mots variables		
nom	*Julie, fille, amitié*	Un nom **désigne** un être, une chose ou une idée. *Julie* est un nom propre, *fille* est un nom commun.
déterminant	*un, le, cette, ses*	Un déterminant **introduit un nom**. Il forme avec lui un groupe nominal (minimal).
adjectif qualificatif	*beau, puissants*	Un adjectif qualificatif apporte des **précisions sur le nom** qu'il qualifie.
pronom	*il, lui, celle, les siens*	En général, un pronom **remplace un nom** ou un groupe nominal (*pro* = « à la place de »).
verbe	*aimer, partait, serons*	Un verbe exprime une action ou un état. Il **se conjugue**, c'est-à-dire qu'il prend une forme différente selon le temps évoqué, le nombre et la personne du sujet.
Mots invariables		
adverbe	*ici, hier, clairement*	Un adverbe peut **s'ajouter** à un verbe, ou à un adjectif, un autre adverbe, une proposition.
préposition	*à, dans, à côté de*	Une préposition **sert de lien** entre un mot et son complément.
conjonction	*mais, ou, et, car, que, quand, dès que*	Une conjonction **relie deux propositions** : – de même nature (conj. de coordination) ; – principale et subordonnée (conj. de subordination).

FONCTION	EXEMPLE	DÉFINITION
À l'échelle d'une proposition		
sujet	**Julie** aime Théo.	Le sujet répond à la question *Qui est-ce qui ? / Qu'est-ce qui ?* suivie du verbe.
complément d'agent	Théo est aimé **de Julie**.	Le sujet devient complément d'agent lors de la transformation d'une phrase active en **phrase passive**.
attribut du sujet	Julie est **étudiante**.	L'attribut du sujet exprime une **caractéristique du sujet** ; il s'y rapporte par l'intermédiaire d'un verbe d'état.
COD	Julie aime **le cinéma**.	Le COD **complète** le verbe, **directement** (sans préposition).
attribut du COD	Elle trouve ce film **époustouflant**.	L'attribut du COD exprime une **caractéristique du COD** ; il s'y rapporte par l'intermédiaire d'un verbe exprimant un choix, un jugement…
COI	Théo s'initie **à la calligraphie**.	Le COI **complète** le verbe, **indirectement** (avec une préposition).
COS	Théo envoie un message **à Julie**.	Le COS complète un verbe qui a déjà un complément d'objet.
complément circonstanciel	Théo et Julie se voient **avec plaisir**.	Un complément circonstanciel exprime une **circonstance** (temps, lieu, manière…) de l'action.
À l'échelle d'un groupe nominal		
épithète	une étudiante **sympathique**	Une épithète **se rapporte directement** à un nom.
complément du nom	une étudiante **en biologie**	Un complément du nom complète un nom à l'aide d'une **préposition**.
apposition	**Passionnée de cinéma,** Julie possède 100 DVD.	Une apposition se rapporte à un GN, dont elle est séparée par une virgule (construction détachée).

Verbes modèles du 1er et du 2e groupe

▷ Chanter

Indicatif

Présent	Passé composé	Imparfait	Plus-que-parfait
je chante	j'ai chanté	je chantais	j'avais chanté
tu chantes	tu as chanté	tu chantais	tu avais chanté
il chante	il a chanté	il chantait	il avait chanté
nous chantons	nous avons chanté	nous chantions	nous avions chanté
vous chantez	vous avez chanté	vous chantiez	vous aviez chanté
ils chantent	ils ont chanté	ils chantaient	ils avaient chanté

Passé simple	Passé antérieur	Futur	Futur antérieur
je chantai	j'eus chanté	je chanterai	j'aurai chanté
tu chantas	tu eus chanté	tu chanteras	tu auras chanté
il chanta	il eut chanté	il chantera	il aura chanté
nous chantâmes	nous eûmes chanté	nous chanterons	nous aurons chanté
vous chantâtes	vous eûtes chanté	vous chanterez	vous aurez chanté
ils chantèrent	ils eurent chanté	ils chanteront	ils auront chanté

Conditionnel / Subjonctif / Impératif

Présent	Passé	Présent	Passé	Présent	Passé
je chanterais	j'aurais chanté	que je chante	que j'aie chanté	chante	aie chanté
tu chanterais	tu aurais chanté	que tu chantes	que tu aies chanté	chantons	ayons chanté
il chanterait	il aurait chanté	qu'il chante	qu'il ait chanté	chantez	ayez chanté
nous chanterions	nous aurions chanté	que nous chantions	que nous ayons chanté		
vous chanteriez	vous auriez chanté	que vous chantiez	que vous ayez chanté		
ils chanteraient	ils auraient chanté	qu'ils chantent	qu'ils aient chanté		

▷ Finir

Indicatif

Présent	Passé composé	Imparfait	Plus-que-parfait
je finis	j'ai fini	je finissais	j'avais fini
tu finis	tu as fini	tu finissais	tu avais fini
il finit	il a fini	il finissait	il avait fini
nous finissons	nous avons fini	nous finissions	nous avions fini
vous finissez	vous avez fini	vous finissiez	vous aviez fini
ils finissent	ils ont fini	ils finissaient	ils avaient fini

Passé simple	Passé antérieur	Futur	Futur antérieur
je finis	j'eus fini	je finirai	j'aurai fini
tu finis	tu eus fini	tu finiras	tu auras fini
il finit	il eut fini	il finira	il aura fini
nous finîmes	nous eûmes fini	nous finirons	nous aurons fini
vous finîtes	vous eûtes fini	vous finirez	vous aurez fini
ils finirent	ils eurent fini	ils finiront	ils auront fini

Conditionnel / Subjonctif / Impératif

Présent	Passé	Présent	Passé	Présent	Passé
je finirais	j'aurais fini	que je finisse	que j'aie fini	finis	aie fini
tu finirais	tu aurais fini	que tu finisses	que tu aies fini	finissons	ayons fini
il finirait	il aurait fini	qu'il finisse	qu'il ait fini	finissez	ayez fini
nous finirions	nous aurions fini	que nous finissions	que nous ayons fini		
vous finiriez	vous auriez fini	que vous finissiez	que vous ayez fini		
ils finiraient	ils auraient fini	qu'ils finissent	qu'ils aient fini		

21 verbes du 3e groupe à connaître

	Indicatif					Subjonctif
	présent	**imparfait**	**passé simple**	**futur**	**passé composé**	**présent**
avoir	j'ai il a ils ont	j'avais il avait ils avaient	j'eus il eut ils eurent	j'aurai il aura ils auront	j'ai eu il a eu ils ont eu	que j'aie qu'il ait qu'ils aient
être	je suis il est ils sont	j'étais il était ils étaient	je fus il fut ils furent	je serai il sera ils seront	j'ai été il a été ils ont été	que je sois qu'il soit qu'ils soient
aller	je vais il va	j'allais il allait	j'allai il alla	j'irai il ira	je suis allé il est allé	que j'aille qu'il aille
partir	je pars il part	je partais il partait	je partis il partit	je partirai il partira	je suis parti il est parti	que je parte qu'il parte
venir	il vient	il venait	il vint	il viendra	il est venu	qu'il vienne
courir	il court	il courait	il courut	il courra	il a couru	qu'il coure
offrir	il offre	il offrait	il offrit	il offrira	il a offert	qu'il offre
cueillir	il cueille	il cueillait	il cueillit	il cueillera	il a cueilli	qu'il cueille
voir	il voit	il voyait	il vit	il verra	il a vu	qu'il voie
devoir	il doit	il devait	il dut	il devra	il a dû	qu'il doive
vouloir	je veux il veut	je voulais il voulait	je voulus il voulut	je voudrai il voudra	j'ai voulu il a voulu	que je veuille qu'il veuille
pouvoir	je peux il peut	je pouvais il pouvait	je pus il put	je pourrai il pourra	j'ai pu il a pu	que je puisse qu'il puisse
savoir	il sait	il savait	il sut	il saura	il a su	qu'il sache
faire	il fait	il faisait	il fit	il fera	il a fait	qu'il fasse
dire	il dit	il disait	il dit	il dira	il a dit	qu'il dise
croire	il croit	il croyait	il crut	il croira	il a cru	qu'il croie
vivre	il vit	il vivait	il vécut	il vivra	il a vécu	qu'il vive
prendre	il prend	il prenait	il prit	il prendra	il a pris	qu'il prenne
peindre	il peint	il peignait	il peignit	il peindra	il a peint	qu'il peigne
résoudre	je résous il résout	je résolvais il résolvait	je résolus il résolut	je résoudrai il résoudra	j'ai résolu il a résolu	que je résolve qu'il résolve
mettre	je mets il met	je mettais il mettait	je mis il mit	je mettrai il mettra	j'ai mis il a mis	que je mette qu'il mette

Principales confusions orthographiques

Je ne confonds plus...	J'identifie...	Exemples
a et à	a : 3e pers. du sg du verbe avoir au présent à : préposition	Il a (= avait) mis du temps à (= avait) arriver.
ou et où	ou : ou bien où : exprime le lieu	Sais-tu où (= ou bien) il est parti en vacances : à la mer ou (= ou bien) à la campagne ?
la et là	la : article défini ou pronom là : adverbe de lieu	La (= ici) carte lui a permis d'arriver là (= ici), comme prévu.
la et l'a	la : article défini ou pronom l'a : le/la + a	La chaise (= le fauteuil) que nous venons d'acheter, il l'a (= l'avait) déjà cassée.
on et ont	on : pronom sujet ont : 3e pers. du pl du verbe avoir au présent	On (= avaient) est surpris par tout le travail qu'ils ont (= avaient) accompli.
son et sont	son : déterminant possessif sont : 3e pers. du pl du verbe être au présent	Ils sont (= étaient) admiratifs de son courage (= sa bravoure).
dans et d'en	dans : préposition introduisant un CC de lieu ou de temps d'en : de + en	Dans quelques minutes (= au bout de quelques minutes), ils arriveront, soulagés d'en sortir (= de sortir de là) indemnes.
sans et s'en	sans : préposition indiquant un manque s'en : se + en	Elle s'en sort (= je m'en sors) très bien sans l'aide de personne.
ce et se	ce : déterminant ou pronom démonstratif se : pronom personnel	Il se (= je me / tu te...) demande encore s'il va aller voir ce film (= celui-ci).
ces et ses	ces : déterminant démonstratif ses : déterminant possessif	Ses (= mes/tes) nombreux amis lui ont offert tous ces cadeaux (= ceux-ci) pour son anniversaire.
c'est et s'est	c'est : pronom démonstratif + verbe être conjugué au présent s'est : pronom personnel réfléchi + verbe être conjugué au présent	C'est (= cela est) ma maison. Il s'est caché dans le jardin.
ni et n'y	ni : conjonction de coordination de sens négatif n'y : ne + y	Je n'ai ni regrets, ni rancœur. D'ailleurs, je n'y pense même plus (= je ne pense même plus à cela).
si et s'y	si : adverbe ou conjonction de subordination s'y : se + y	Il est si (= très) maladroit qu'il doit s'y (= que tu dois t'y) reprendre à deux fois. Si (= au cas où) tu y vas, tu ne seras pas déçu.
quant/quand/qu'en	quant (à) : en ce qui concerne quand : à quel moment, lorsque qu'en : que + en	Quant à (= en ce qui concerne) vos amis, ils sont déjà partis. Quand (= à quel moment) reviendras-tu ? Le cours était intéressant. Qu'en pensez-vous ? (= Que pensez-vous de ce cours ?)
quoique et quoi que	quoique : bien que quoi que : quelle que soit la chose que	Quoique (= bien que) fatigué, il continue de courir. Quoi que (= quelle que soit la chose que) vous fassiez, vous réussirez tout.
quel(le) et qu'elle	quel(le) : déterminant interrogatif ou exclamatif qu'elle : que + elle	Quel jour (= lequel) sommes-nous ? Il faut qu'elle (= qu'il) travaille.